Normenkonkurrenz beim Schutz von Marken
und geschäftlichen Bezeichnungen

Schriften zum Handels- und Wirtschaftsrecht

Herausgegeben von
Herbert Leßmann und Ralph Backhaus

Band 14

PETER LANG
Frankfurt am Main · Berlin · Bern · Bruxelles · New York · Oxford · Wien

Thorsten Schaefer

Normenkonkurrenz beim Schutz von Marken und geschäftlichen Bezeichnungen

PETER LANG
Europäischer Verlag der Wissenschaften

Bibliografische Information Der Deutschen Bibliothek
Die Deutsche Bibliothek verzeichnet diese Publikation in der Deutschen Nationalbibliografie; detaillierte bibliografische Daten sind im Internet über <http://dnb.ddb.de> abrufbar.

Zugl.: Hamburg, Univ., Diss., 2004

D 18
ISSN 1439-4189
ISBN 3-631-53683-6

www.peterlang.de

Meiner Mutter

Danksagung

Die vorliegende Arbeit wurde im Wintersemester 2004/2005 vom Fachbereich Rechtswissenschaft der Universität Hamburg als Dissertation angenommen. Rechtsprechung und Literatur sind bis Januar 2005 weitestmöglich eingearbeitet. Berücksichtigt wurden ferner die durch das am 08.07.2004 in Kraft getretene neue UWG bedingten Änderungen.

Mein besonderer Dank gilt meinem Doktorvater, Herrn Prof. Dr. Reinhard Bork, der meinen juristischen Werdegang entscheidend geprägt und mich auch menschlich stets unterstützt hat. Herrn Prof. Dr. Marian Paschke danke ich für die zügige Erstellung des Zweitgutachtens. Dank gebührt auch Herrn Prof. Dr. Herbert Leßmann und Herrn Prof. Dr. Ralph Backhaus für die Aufnahme in ihre Schriftenreihe zum Handels- und Wirtschaftsrecht.

Großer Dank gilt ferner der Studienstiftung des deutschen Volkes, die mein gesamtes Studium sehr bereichert und meine Promotion großzügig gefördert hat.

Herrn Dr. Volker Deutsch danke ich für die Anregung zu dem behandelten Thema sowie hilfreiche Diskussionen. Am Gelingen meiner Arbeit haben zudem großen Anteil: Kathrin Schmidtmadel, Nathalie Brochard, Ariane Harder, Dr. Klaus Oepen und meine Familie.

Inhaltsverzeichnis

Abkürzungen richten sich, soweit sie nicht aus sich selbst heraus verständlich sind, nach Kirchner, Hildebert/Butz, Cornelie, Abkürzungsverzeichnis der Rechtssprache, 5. Auflage, Berlin, 2003.

1. Kapitel: Einführung

A. Problemstellung

Dieselben Lebenssachverhalte oder solche, die sich weitgehend decken, können die Tatbestände verschiedener Normen erfüllen. Wenn die Gesetze bestimmte Rechtsfolgen, insbesondere die Entstehung von Ansprüchen, an die Erfüllung ihrer Tatbestände knüpfen, kann dies dazu führen, dass mehrere Ansprüche aufgrund eines bestimmten Vorfalls in Betracht kommen. Das Zusammentreffen von mehreren Rechtssätzen oder ganzen Normengruppen, die – zumindest scheinbar – nebeneinander einschlägig sein können, wird als Konkurrenz[1], vereinzelt auch als Gesetzeskonkurrenz[2] oder als Kollision von Normen[3] bezeichnet. Bei Vorliegen einer Konkurrenz stellt sich die Frage des Verhältnisses der konkurrierenden Normen oder Normengruppen zueinander. Es ist zu ermitteln, ob die Normen nebeneinander (kumulativ) oder wahlweise (alternativ) zur Anwendung kommen sollen oder ob eine Norm die andere ausschließen (verdrängen) soll. Denkbar ist, dass ein Gesetz bestimmte Vorgänge einheitlich und abschließend (erschöpfend) regelt. Oder aber ein Anspruchsgläubiger kann dieselbe Rechtsfolge auf Grund mehrerer Normen verlangen. Während zur Lösung des Konkurrenzproblems teilweise auf systematisch-logische Grundsätze zurückgegriffen wird[4], sehen andere das Kernproblem der Konkurrenz in der Ermittlung des teleologischen Zusammenhangs der konkurrierenden Regelungen und des Ausgleichs von zwischen mehreren Rechtsnormen auftretenden Dissonanzen[5]. Dabei spielen auch be-

---

1 Larenz/Canaris, Methodenlehre, S. 266, Georgiades, Anspruchskonkurrenz, S. 1 (Normenkonkurrenz); Röhl, Allgemeine Rechtslehre, § 74 S. 614.

2 Enneccerius-Nipperdey, BGB-AT, § 60, 5 I 1; Hübner, BGB AT, § 25 Rdnr. 430 (Gesetzeskonkurrenz im weiteren Sinne).

3 Dietz, Anspruchskonkurrenz, S. 10. Anders Fikentscher, Wettbewerb und gewerblicher Rechtsschutz, S. 245, 277, 299: Während das Verhältnis konkurrierender Normen dadurch gekennzeichnet sei, dass diese nebeneinander gegeben sein könnten, liege eine Kollision immer dann vor, wenn die Normen miteinander in Widerspruch stünden, es also um ein „entweder oder" gehe.

4 Dietz, Anspruchskonkurrenz, S. 20 ff., hinsichtlich des Konkurrenzverhältnisses der Spezialität.

5 Georgiades, Anspruchskonkurrenz, § 17, S. 169; Larenz/Canaris, Methodenlehre, S. 88; Engisch, Einführung in das juristische Denken, S. 210 f.

stimmte Prämissen, wie die Verhinderung des Leerlaufs und der Bedeutungslosigkeit konkurrierender Normen eine wichtige Rolle[6].

Auf dem Gebiet des Kennzeichenschutzes können sowohl markenrechtliche Bestimmungen untereinander als auch Regelungen aus dem Markengesetz mit solchen aus anderen Gesetzen zusammentreffen. Diese Arbeit beschränkt sich auf das Konkurrenzverhältnis markenrechtlicher zu außermarkenrechtlichen Bestimmungen[7]. Im Vordergrund steht dabei die Situation, dass zu Gunsten eines Rechtsinhabers mehrere Anspruchsgrundlagen zur Verfügung stehen, die auf die Befriedigung desselben juristischen Interesses gerichtet sind, ohne dass dabei allerdings das Sanktionssystem der konkurrierenden Gesetze identisch ist. Es handelt sich daher grundsätzlich nicht um eine so genannte kumulative Konkurrenz bzw. Anspruchshäufung bei auf verschiedene Leistungen gerichteten Ansprüchen[8]. Die Konkurrenzsituation beim Kennzeichenschutz ist ferner dadurch geprägt, dass sich die Tatbestände zweier Normen nur teilweise decken[9]. Damit sind auch Fälle angesprochen, in denen der Sachverhalt nur auf den Tatbestand einer Norm zutrifft. Streng genommen liegt im letzteren Fall eine Konkurrenzsituation nach der oben genannten Definition nicht vor. Da die Normen jedoch in einem gemeinsamen Teilbereich nebeneinander herlaufen, wird auch hier von Konkurrenz gesprochen[10].

Mögliche Rechtsgrundlagen für den Schutz von Marken und geschäftlichen Bezeichnungen sind in erster Linie Normen aus dem Markengesetz (§§ 14 Abs. 2, 15 Abs. 2 und 3 MarkenG), dem Wettbewerbsrecht (§ 3, § 4 Nr. 7, Nr. 9,

---

6 Johann Georg Helm, Haftung für Schäden an Frachtgütern, S. 300.

7 Im Hinblick auf die innermarkenrechtliche Konkurrenzfrage befürwortet der BGH ein selbständiges Nebeneinander der sich aus §§ 14 und 15 MarkenG ergebenden Ansprüche; vgl. zum Verhältnis von Marken- und Werktitelschutz BGH, WRP 2000, 533, 535 – FACTS; BGH, NJW 1997, 3313, 3314 – PowerPoint. Zustimmend die überwiegende Ansicht im Schrifttum: Deutsch, WRP 2000, 854, 856 f.; Starck, Festschrift für Erdmann, 485, 486; Teplitzky, Wettbewerbsrechtliche Ansprüche, Kap. 4 Rdnr. 10; Ströbele/Hacker, UWG, 7. Aufl., § 15 Rdnr. 140. Zum Konkurrenzverhältnis zwischen den Kollisionstatbeständen des § 14 Abs. 2 Nr. 1 bis 3 MarkenG, vgl. Fezer, Festschrift für Erdmann, 281, 288: Kumulativ nebeneinander anwendbar.

8 Sosnitza, Festschrift für Tilmann, 895, 898; Walch, Ergänzender Leistungsschutz, S. 98. Vgl. allgemein Larenz/Wolf, BGB AT, § 18 Rdnr. 26; Georgiades, Anspruchskonkurrenz, S. 3, spricht in Fällen der Anspruchshäufung von einer bloßen Koexistenz von Ansprüchen.

9 Walch, Ergänzender Leistungsschutz, S. 76 und 98; allgemein Larenz/Canaris, Methodenlehre, S. 268.

10 Vgl. Klein, Konkurrenz und Auslegung, S. 12; Röhl, Allgemeine Rechtslehre, § 74 S. 614.

Nr. 10, § 5, § 6 UWG[11], dem Bürgerlichen Recht (§§ 12, 823 Abs. 1, 826, 226 BGB) und dem HGB (§ 37 Abs. 2). Darüber hinaus kommen für die Beurteilung kennzeichenrechtlich relevanter Sachverhalte die Bestimmungen des Urhebergesetzes und des Geschmacksmustergesetzes[12] in Betracht, wenn ein markenrechtlich geschütztes Kennzeichen gleichzeitig die besonderen Anforderungen für ein urheberrechtlich geschütztes Werk i.S.v. § 2 Abs. 2 UrhG erfüllt oder ein Muster, das neu ist und Eigenart hat (vgl. § 2 Abs. 1 GeschmMG), darstellt[13].

Die Arbeit beschränkt sich auf die Untersuchung des Verhältnisses der markenrechtlichen Schutzvorschriften (§§ 14 Abs. 2, 15 Abs. 2 und 3 MarkenG) zur wettbewerbsrechtlichen Generalklausel des § 3 UWG (= § 1 UWG a.F.), einschließlich der für den Kennzeichenschutz relevanten Beispielstatbestände in § 4 UWG, und zu den bürgerlichrechtlichen Vorschriften der §§ 823 Abs. 1 und 12 BGB[14]. Der Untersuchung wird das neue Gesetz gegen den unlauteren Wettbewerb (UWG) zugrunde gelegt. Da jedoch der überwiegende Teil der Untersuchung sowie die wichtigsten Entscheidungen der Rechtsprechung und Beiträge in der Literatur zum Konkurrenzverhältnis noch § 1 UWG a.F. betrafen, wird das alte UWG von 1909 in der Arbeit umfassend berücksichtigt. Hierbei wird auch der Frage nachzugehen sein, ob die UWG-Reform für das Konkurrenzverhältnis zum Markengesetz Änderungen mit sich gebracht hat.

Das Zusammenspiel und die Wechselbeziehungen der einschlägigen Gesetze im Bereich des Kennzeichenschutzes im Sinne eines Gegeneinanders und Nebeneinanders haben häufig zu Abgrenzungsschwierigkeiten geführt und dogmatische

---

11 Am 8.7.2004 ist das neue Gesetz gegen den unlauteren Wettbewerb (UWG) in Kraft getreten. Zugleich wurde das zuvor geltende UWG von 1909 aufgehoben, vgl. nachfolgend 2. Kap. A II 1 a).

12 Am 1.6.2004 ist das neue Geschmacksmustergesetz als Teil des am 12.3.2004 verabschiedeten Geschmacksmusterreformgesetzes in Kraft getreten.

13 Hier wird überwiegend eine kumulative Anwendung der konkurrierenden Vorschriften bejaht, vgl. zu § 1 Abs. 2 GeschmMG a.F.: Ströbele/Hacker, MarkenG, 7. Aufl., § 2 Rdnr. 8; Ingerl/Rohnke, MarkenG, 2. Aufl., § 2 Rdnr. 12; allgemein zum Verhältnis Sosnitza, Festschrift für Tilmann, 895, 896 ff.

14 Die Regelungen über den unbefugten Firmengebrauch nach § 37 Abs. 2 HGB, den Irreführungsschutz gemäß § 5 UWG, die vergleichende Werbung gemäß § 6 UWG, die vorsätzliche sittenwidrige Schädigung des Kennzeicheninhabers gemäß §§ 826, 226 BGB sowie die Bestimmungen aus dem Urheber- und Geschmacksmustergesetz sind nicht Gegenstand dieser Arbeit. Zum Vorrang der §§ 14, 15 MarkenG gegenüber § 5 UWG vgl. Köhler, in: Baumbach/Hefermehl, Wettbewerbsrecht, 23. Aufl., § 5 Rdnr. 1.66-1.75 und 2.39; zum Verhältnis des MarkenG zum Tatbestand der vergleichenden Werbung gemäß § 6 UWG vgl. Sack, WRP 2004, 1405, 1418 f.

Fragen aufgeworfen[15]. Bedeutsam für das Verhältnis der Regelungen ist, inwieweit sich der markenrechtliche, wettbewerbsrechtliche und zivilrechtliche Kennzeichenschutz gegenseitig beeinflusst[16] und welche Auswirkung dies auf die Anwendbarkeit der jeweiligen Bestimmungen hat. Unterschiedliche Prämissen, wie die der nur ergänzenden und lückenfüllenden Funktion des wettbewerbsrechtlichen und bürgerlichrechtlichen Kennzeichenschutzes[17], der abschließenden Spezialregelung der Kennzeichnungsrechte[18], der Polarität des objektivrechtlichen Interessenschutzes im Wettbewerbsrecht und des subjektivrechtlichen Ausschließlichkeitsrechtsschutzes im Kennzeichenrecht[19] sowie der Selbständigkeit und Gleichrangigkeit der außermarkenrechtlichen Bestimmungen[20] prägen die Diskussion.

Im Wesentlichen stehen drei Grundansätze für die Lösung der Konkurrenzfrage im Kennzeichenrecht zur Verfügung. Nach der restriktiven Lösung regelt das Markenrecht sämtliche kennzeichenbezogenen Sachverhalte abschließend und lässt für einen ergänzenden wettbewerbs-, delikts- und namensrechtlichen Schutz keinen Raum. Der entgegengesetzte Lösungsansatz beinhaltet eine autonome und uneingeschränkte Anwendbarkeit der §§ 3, 4 UWG (= § 1 UWG a.F.), 823 Abs. 1, 12 BGB neben den Bestimmungen des Markengesetzes. Schließlich ist ein vermittelnder Ansatz denkbar, dem weitere differenzierende Positionen zugeordnet werden können. Danach ist der Schutz nach dem Markengesetz vorrangig und außermarkenrechtliche Vorschriften können nur für Sachverhalte ergänzend herangezogen werden, die nach dem Markengesetz keine eigene Regelung erfahren haben.

Der vermittelnde Lösungsansatz, dem jedenfalls im Hinblick auf den Bekanntheitsschutz gemäß §§ 9 Abs. 1 Nr. 3, 14 Abs. 2 Nr. 3, 15 Abs. 3 MarkenG der BGH folgt[21], bringt das Abgrenzungsproblem mit sich, ob und gegebenenfalls in welchem Umfang das Markengesetz eine abschließende und erschöpfende

---

15 Vgl. Spengler, GRUR 1950, S. 545; Beier/Kur, Festschrift für Fikentscher, S. 477 ff. Für die Rechtslage in der Schweiz: vgl. Müller, in: v. Büren/David, Schweizerisches Immaterialgüter- und Wettbewerbsrecht, S. 40 f.

16 Nach Dietz, Anspruchskonkurrenz, S. 3, ist nur dann die Frage der Konkurrenzen „rechtlich bedeutungsvoll". Ähnlich Georgiades, Anspruchskonkurrenz, S. 3, für den die Konkurrenzproblematik nur dann auftritt, wenn Normen und Ansprüche nicht zusammenhangslos nebeneinander stehen, sondern in bestimmter Einwirkung und Abhängigkeit auf- und voneinander stehen.

17 Vgl. v. Gamm, Festschrift Bundespatentgericht, S. 133.

18 Vierheilig, GRUR 1977, 704.

19 Fezer, WRP 2000, 863.

20 Schroeter, WRP 1968, 125, 126; Klippel/Pahlow, in: HK-MarkenR, § 2 Rdnr. 3; Fezer, Markenrecht, § 2 Rdnr. 4.

21 BGH, GRUR 1999, 161, 162 – MAC Dog; BGH, GRUR 2000, 70, 73 – SZENE.

Regelung trifft, die der inhaltlichen Ergänzung durch außermarkenrechtliche Tatbestände nicht zugänglich ist. Wenn das Markenrecht für bestimmte Sachverhalte keinen Abwehranspruch gewährt, ist dies möglicherweise insofern ein relevanter Einwand gegenüber der Anwendbarkeit von §§ 3, 4 UWG, 823 Abs. 1, 12 BGB, als die vom Markengesetz gelassenen Freiräume zu einer Sperrwirkung gegen die Anwendung außermarkenrechtlicher Ansprüche führen[22]. Ist beispielsweise die Anlehnung an eine bekannte Marke nach dem Markengesetz nicht verboten, kann dies zur Folge haben, dass auch für die Anwendung außermarkenrechtlicher Vorschriften kein Raum mehr besteht[23].

Auf der anderen Seite kann die Wertung des Markengesetzes, die in der Verneinung von Ansprüchen zum Ausdruck kommt, auch bei der Auslegung der Tatbestandsmerkmale der §§ 3, 4 UWG, 823 Abs. 1, 12 BGB berücksichtigt werden, ohne zur Unanwendbarkeit der genannten Vorschriften zu führen[24]. Ein solches Vorgehen weist Ähnlichkeiten mit der in der Konkurrenzliteratur vertretenen These von der „einwirkenden Anspruchskonkurrenz" auf[25]. Auch unabhängig davon, welcher Konkurrenzlösung gefolgt wird, wird im Rahmen der Anwendung der außermarkenrechtlichen Vorschriften in kennzeichenbezogenen Sachverhalten gefordert, dass diejenigen Grundsätze beachtet werden, die der Ausgestaltung des Kennzeichenrechts zugrunde liegen[26].

B. Die Konkurrenzvorschrift des § 2 MarkenG

Das Markenrecht normiert in § 2 MarkenG eine kennzeichenrechtliche Konkurrenzklausel. Danach schließt der Schutz von Marken, geschäftlichen Bezeichnungen und geographischen Herkunftsangaben die Anwendung anderer Vor-

---

22 Vgl. Peter Ulmer, WRP 1987, 299, 307; Müller, in: v. Büren/David, Schweizerisches Immaterialgüter- und Wettbewerbsrecht, S. 41. Allgemein hierzu Larenz/Canaris, Methodenlehre, S. 91.

23 Vgl. Kotthoff in: HK-WettbR, § 1 Rdnr. 570; Marianne Helm, GRUR 2001, 291, 293.

24 Fezer, Markenrecht, § 2 Rdnr. 9, Eichmann, GRUR 1998, 201, 207; Deutsch, WRP 2000, 854, 858; Schulte-Beckhausen, Das Verhältnis des § 1 UWG zu den gewerblichen Schutzrechten und zum Urheberrecht, S. 177 f.; vgl. auch Ingerl, WRP 2004, 809, 813.

25 Georgiades, Anspruchskonkurrenz, S. 86 u. 218; Johann Georg Helm, Haftung für Schäden an Frachtgütern, S. 286 und 299.

26 BGH, GRUR 1997, 754, 755 – grau/magenta; Hefermehl, GRUR 1968, 378, 379.

schriften zum Schutz von Kennzeichen nicht aus[27]. Eine ausdrückliche Konkurrenzvorschrift, die auch als Öffnungsklausel[28], Anwendungsvorbehalt[29] oder Kollisionsregel[30] bezeichnet wird, ist eine gesetzgeberische Besonderheit, die es im früheren Warenzeichengesetz (WZG) nicht gab. Für die Klärung des Konkurrenzverhältnisses von marken- zu außermarkenrechtlichen Vorschriften zum Schutz von Kennzeichen kommt § 2 MarkenG eine zentrale Bedeutung zu. Zu erörtern ist, ob § 2 MarkenG der Reglungszweck entnommen werden kann, eine autonome und parallele Anwendung außermarkenrechtlicher Vorschriften neben den Bestimmungen des Markengesetzes zu normieren oder ob § 2 MarkenG lediglich die Möglichkeit einer Heranziehung außermarkenrechtlicher Vorschriften für vom Markengesetz nicht erfasste Bereiche regelt. Dabei ist zu berücksichtigen, dass § 2 MarkenG sich auch auf die Anwendbarkeit von anderen Vorschriften als §§ 3, 4 UWG, 823 Abs. 1, 12 BGB bezieht. Auch ist zu untersuchen, inwieweit § 2 MarkenG gemeinschaftskonform auszulegen und das Ziel der Harmonisierung der materiellrechtlichen Bestimmungen durch die Markenrechtsrichtlinie (MarkenRL)[31], die selbst eine Öffnungsklausel nicht enthält, zu beachten ist[32].

C. Praktische Bedeutung des Untersuchungsgegenstands

I. Spezifika des Markengesetzes und fehlende Deckungsgleichheit der Aktivlegitimation

Bei der Beurteilung des Konkurrenzverhältnisses zwischen dem Markengesetz, dem UWG und dem BGB geht es hauptsächlich um die konkurrierenden Unterlassungsansprüche gemäß §§ 14 Abs. 2 und 5, 15 Abs. 2, 3 und 4 MarkenG, 3 i.V.m. 8 Abs. 1 UWG, 823 Abs. 1 i.V.m. 1004, 12 BGB. Trotz des identischen juristischen Interesses unterscheiden sich die konkurrierenden Gesetze in ihren Sanktionssystemen. Es kann daher von Bedeutung sein, auf welche der konkurrierenden Bestimmungen sich der Anspruchsinhaber stützt. Im Gegensatz zum

---

27 Darüber hinaus regelt § 13 Abs. 1 MarkenG, dass auch anderweitige (ältere) Rechte, die einen Unterlassungsanspruch hinsichtlich der Benutzung im gesamten Bundesgebiet begründen, einen Löschungsanspruch darstellen.

28 Eichmann, GRUR 1998, 201, 207; Götte, Die Schutzdauer im wettbewerbsrechtlichen Leistungsschutz, S. 54.

29 Fezer, WRP 2000, 863, 865.

30 Althammer/Klaka, MarkenG, 6. Aufl., § 14 Rdnr. 66.

31 Vgl. nachfolgend 2. Kap. B. II 1.

32 Vgl. hierzu Starck, Festschrift für Erdmann, 485, 488.

UWG und BGB enthält das Markengesetz bestimmte Spezifika, weswegen auch vom „schärferen Schwert" des Markengesetzes gesprochen wird[33]. Nur das Markenrecht sieht Herstellungs- und Besitzverbote (vgl. § 14 Abs. 3 Nr. 1 und 2 MarkenG), Grenzbeschlagnahmen (vgl. §§ 146 ff. MarkenG) und die Verhängung von Strafen (vgl. §§ 143 ff. MarkenG) vor. Besonderheiten des Markengesetzes sind ferner die Zuständigkeit eines Spezialgerichts (vgl. § 140 Abs. 1 MarkenG) und die Erstattung der Kosten eines mitwirkenden Patentanwalts (vgl. § 140 Abs. 3 MarkenG). Markenrechtliche Ansprüche unterliegen gemäß § 20 S. 1 MarkenG i.V.m. § 195 BGB einer längeren Verjährungsfrist als wettbewerbsrechtliche (vgl. § 11 Abs. 1 UWG)[34].

Auf der anderen Seite war die Frage der parallelen Anwendbarkeit von § 1 UWG a.F. neben den markenrechtlichen Vorschriften im früheren UWG wegen der mit dem Markengesetz nicht deckungsgleichen Regelung der Aktivlegitimation in § 13 Abs. 2 UWG a.F. von Bedeutung[35]. Nach § 13 Abs. 2 Nr. 1 UWG a.F. bestand eine erweiterte Klagebefugnis für nicht unmittelbar betroffene Mitbewerber. Daneben war in § 13 Abs. 2 Nr. 2 UWG a.F. die Verbandsklagebefugnis geregelt. Das Markengesetz kennt dagegen eine Klagebefugnis von interessierten Dritten und Verbänden nicht. Im neuen UWG ist die Anspruchsberechtigung abschließend in § 8 Abs. 3 UWG geregelt. Eine wichtige Änderung zum früheren UWG besteht darin, dass die Anspruchsberechtigung nur abstrakt betroffener Mitbewerber i.S.v. § 13 Abs. 2 Nr. 1 UWG a.F. entfallen ist. Die Anspruchsberechtigung nach § 8 Abs. 3 Nr. 1 UWG setzt nunmehr voraus, dass der Mitbewerber in einem „konkreten Wettbewerbsverhältnis" zu dem Verletzer stehen muss. Dies ergibt sich aus der Legaldefinition in § 2 Abs. 1 Nr. 3 UWG[36]. Insofern ist durch das neue UWG ein wichtiger Unterschied zum Markengesetz beseitigt worden. Abweichungen bestehen weiterhin hinsichtlich der Verbandsklagebefugnis; hier ist der Kreis der Anspruchsberechtigten nach § 8 Abs. 3 Nr. 2 UWG derselbe geblieben wie nach § 13 Abs. 2 Nr. 2 UWG a.F.[37]

Auch in Bezug auf die prozessuale Dringlichkeitsvermutung des § 12 Abs. 2 UWG (= § 25 UWG a.F.) kann sich die Frage der Anwendbarkeit von §§ 3, 4

---

33 Ingerl/Rohnke, MarkenG, 2. Aufl., § 14 Rdnr. 80; vgl. hierzu auch Sack, WRP 2004, 1405, 1425; Eichmann, GRUR 1998, 201, 206; Fezer, Markenrecht, § 2 Rdnr. 6.

34 Die Vorschrift ist an die Stelle des bisherigen § 21 UWG a.F. getreten, dessen kurze Verjährungsfrist beibehalten wurde, vgl. hierzu nachfolgend 8. Kap. C I 2.

35 Vgl. Fezer, Markenrecht, § 2 Rdnr. 5.

36 Henning-Bodewig, GRUR 2004, 713, 719.

37 Begr. Reg.-Entw. zum UWG, BT-Drucks. 15/1487, S. 14. Vgl. nachfolgend 8. Kap. D III.

UWG neben §§ 14, 15 MarkenG praktisch auswirken, da das Markengesetz eine entsprechende Regelung nicht enthält[38].

II. Auswirkung auf die Reichweite des Kennzeichenschutzes

Die Konkurrenzfrage ist häufig eng verknüpft mit den Reichweitefragen markenrechtlicher Schutztatbestände[39]. Ein Beispiel hierfür ist die Vorlagefrage des BGH zur Vorabentscheidung durch den EuGH gemäß Art. 234 Abs. 3 EG[40]. Es sollte geklärt werden, ob die Vorschriften der Art. 4 Abs. 4 Buchst. a und Art. 5 Abs. 2 MarkenRL, auf denen die Tatbestände der §§ 9 Abs. 1 Nr. 3, 14 Abs. 2 Nr. 3 MarkenG beruhen, auf Fälle der Warenidentität entsprechend anwendbar sind. Sofern dies nicht der Fall sei, solle der Frage nachgegangen werden, ob die genannten Vorschriften den Schutz bekannter Marken abschließend regeln oder ob ergänzend nationale außermarkenrechtliche Bestimmungen zum Schutz bekannter Marken bei Warenähnlichkeit herangezogen werden dürfen[41]. Auch Formulierungen in der Literatur wie die, dass sich im Hinblick auf §§ 14 Abs. 2 Nr. 3, 15 Abs. 3 MarkenG ein „Rekurs auf das Wettbewerbsrecht oder das bürgerliche Recht in der Regel erübrige“[42], zeigt diesen Zusammenhang auf[43].

Die uneingeschränkte Anwendung außermarkenrechtlicher Bestimmungen zum Schutz von Kennzeichen neben denen des Markengesetzes hätte ungeachtet einer Berücksichtigung markenrechtlicher Wertungen und Schranken bei der Auslegung ihrer Tatbestandsmerkmale einen größtmöglichen Kennzeichenschutz zur Folge. Das ist besonders in Fallgestaltungen relevant, in denen noch nicht vollständig geklärt ist, inwieweit sie durch das Markenrecht abgedeckt sind. Ein in der Rechtspraxis wichtiges Beispiel ist die Verletzung der Rechte eines Kennzeicheninhabers durch Verwendung eines mit dem geschützten Kennzeichen identischen oder ähnlichen Domain-Namens. In diesem Bereich besteht die Möglichkeit, dass sich bei der Anwendung markenrechtlicher Bestimmungen in bestimmten Konstellationen vermeintliche Regelungslücken ergeben. Im Fall einer uneingeschränkten Anwendbarkeit, insbesondere von §§ 3, 4 UWG und 12 BGB, könnte ohne großen dogmatischen Begründungsaufwand mit einer „Billigkeits-

---

38 Vgl. nachfolgend 8. Kap. D IV.
39 Sack WRP 2004, 1405, 1406.
40 BGH, WRP 2000, 1142 ff. – Davidoff.
41 BGH, WRP 2000, 1142, 1147 – Davidoff.
42 Starck, DZWir 1996, 313, 316.
43 Nach Kur, MarkenR 2001, 137, 138, bedeutet die Unklarheit über die Reichweite markenrechtlichen Schutzes auch Unklarheit bezüglich einer ergänzenden Heranziehung der wettbewerbsrechtlichen Generalklausel.

rechtsprechung“ Abhilfe geschaffen werden[44]. Werden dagegen die markenrechtlichen Bestimmungen in ihrem Anwendungsbereich als abschließend betrachtet, so könnte dies (etwa in Fällen fehlender Branchennähe) zu einer Schutzbegrenzung führen. Ein weiteres Beispiel für neuere Anwendungsfelder des Kennzeichenschutzes ist die Fortentwicklung des Einsatzes von Werbeslogans und die Frage, inwieweit Slogans u. a. nach §§ 14, 15 MarkenG ausreichend geschützt werden können bzw. ob die Heranziehung von §§ 3, 4 UWG, 823 Abs. 1, 12 BGB notwendig und möglich ist[45].

III. Mögliche Abgrenzungs- und Anwendungsschwierigkeiten in der Praxis

„Dort wo das Markengesetz den Schutz bekannter Marken versagt, muss dies auch auf wettbewerbsrechtlicher Ebene hingenommen werden. (...) Voraussetzung für einen ergänzenden außermarkenrechtlichen Schutz ist, dass ein Schutz nach dem Markengesetz versagt[46].“

Die Verwendung des Begriffs „Versagen“ sowohl für die Unanwendbarkeit als auch für die Anwendbarkeit außermarkenrechtlicher Vorschriften zeigt anschaulich, mit welchen Schwierigkeiten die Feststellung verbunden sein kann, ob und in welchem Umfang das Markengesetz einen Sachverhalt abschließend regelt bzw. die Anwendung außermarkenrechtlicher Vorschriften im Widerspruch zu markenrechtlichen Wertungen steht. Nicht immer ist eine Bewältigung dieser Fragen mit klassifikatorischen Begriffen möglich, so dass auf eine kasuistische Einzeluntersuchung nicht gänzlich verzichtet werden kann[47]. In diesem Zusammenhang wird auch von „Schnittstellen“[48], „Grenzlinien“[49] oder „äußeren Grenzen“[50] zwischen marken- und außermarkenrechtlichem Schutz gesprochen. Dies kann in der Rechtspraxis zu Anwendungsschwierigkeiten und Rechtsunsicherheiten führen[51]. Ob allerdings solche Abgrenzungsschwierigkeiten völlig zu vermeiden sind, wenn eine autonome Anwendung der außermarkenrechtlichen Bestimmungen propagiert wird, ist zweifelhaft, da einzelne Wertungsfragen dann even-

---

44 Vgl. Soergel/Heinrich, BGB, 13. Aufl., § 12 Rdnr. 117 und 152 a; Ubber, Markenrecht im Internet, S. 81 und 124.
45 Vgl. Heermann, WRP 2004, 263, 270 f.; Ingerl, WRP 2004, 809, 814.
46 Vgl. Kotthoff, in: HK-WettbR, § 1. Rdnr. 570 und 572.
47 Vgl. schon zum WZG Spengler, GRUR 1950, 545, Ingerl/Rohnke, MarkenG, 2. Aufl., § 2 Rdnr. 1.
48 Kur, MarkenR, 2001, S. 137; Ingerl, WRP 2004, 809, 816.
49 Schulz, Festschrift für Horst Helm, S. 237.
50 Kur, GRUR Int. 1998, 771, 778.
51 Deutsch, GRUR 2002, 308, 309; Fezer, WRP 2000, 863, 865.

tuell in die Prüfung der Tatbestandsmerkmale der §§ 3, 4 UWG, 823 Abs. 1, 12 BGB verlagert würden.

IV. Prüfungsreihenfolge

Die Konkurrenzproblematik wirkt sich auch auf die Frage aus, ob für die Prüfung der konkurrierenden Anspruchsgruppen eine bestimmte Rangfolge besteht oder ob die Reihenfolge im Ermessen der Gerichte steht[52]. Dieses Problem bestand auch schon vor Inkrafttreten des Markengesetzes[53]. Nach der Rechtsprechung des BGH sind „in erster Linie" markenrechtliche Anspruchsgrundlagen heranzuziehen[54]. Im Bereich des ergänzenden wettbewerbsrechtlichen Leistungsschutzes wendet der BGH diesen Grundsatz allerdings weniger streng an[55].

V. Gemeinschaftskonformität

Da das Markenrecht zu einem wesentlichen Teil auf der Markenrechtsrichtlinie beruht, ist eine gemeinschaftskonforme Auslegung erforderlich[56]. Eine unbeschränkte Anwendung außermarkenrechtlicher nationaler Vorschriften könnte der mit der Harmonisierung erstrebten Vereinheitlichung und Entwicklung gemeinsamer Schutzstandards innerhalb Europas entgegenwirken. Für die Konkurrenzfrage bedeutsam ist daher, in welchem Umfang außermarkenrechtliche Vorschriften bei einer gemeinschaftskonformen Behandlung markenrechtlicher Konfliktfälle Anwendung finden können[57].

---

52 Vgl. Schulte-Beckhausen, Das Verhältnis des § 1 UWG zu den gewerblichen Schutzrechten und zum Urheberrecht, S. 249.

53 Vgl. nachfolgend 3. Kapitel C I, Fußn. 143.

54 BGH, GRUR 1999, 161, 162 – MAC Dog.

55 Vgl. etwa BGH, GRUR 2001, 251 ff. – Messerkennzeichnung.

56 Sack, GRUR 1996, 663, 665, 673; vgl. nachfolgend 2. Kap. B II.

57 Vgl. Kur, MarkenR 2001, 137, 146; Marianne Helm, GRUR 2001, 291, 293. Allgemein zur Verhinderung einer nationalen Sonderstellung aufgrund einer unbeschränkten Konkurrenz mit nationalen Bestimmungen Johann Georg Helm, Haftung für Schäden an Frachtgütern, S. 310 f.

D. Gang der Arbeit

Das Markenrecht mit dem Zweck der Umsetzung der Markenrechtsrichtlinie und der Vereinheitlichung des Kennzeichenschutzes, die Konkurrenzvorschrift des § 2 MarkenG sowie die Einführung des Bekanntheitsschutzes gemäß §§ 14 Abs. 2 Nr. 3, 15 Abs. 3 MarkenG bilden den Hintergrund, vor dem die Konkurrenzproblematik erörtert wird. Dabei findet die Entwicklung der Rechtsprechung zum außermarkenrechtlichen Kennzeichenschutz und dessen Verhältnis zum markenrechtlichen Schutz besondere Beachtung.

Zunächst soll ein Abriss über die in Betracht kommenden Bestimmungen für den Kennzeichenschutz und deren Voraussetzungen gegeben werden. Im Anschluss wird auf die für das Verhältnis zum außermarkenrechtlichen Schutz bedeutsamen Grundlagen des Markengesetzes und deren Zwecksetzungen, einschließlich der angestrebten Harmonisierung durch die Markenrechtsrichtlinie eingegangen.

Sodann erfolgt ein Rückblick über die wichtigsten Aspekte des zeichenrechtlichen Schutzes unter der Geltung des WZG und dessen Verhältnis zum außerzeichenrechtlichen Schutz nach §§ 1 UWG a.F., 823 Abs. 1, 12 BGB. Dabei wird besonderes Augenmerk auf die Anwendungsschranken des WZG, den „Ergänzungscharakter" des früheren außerzeichenrechtlichen Schutzes, die wichtigsten Entscheidungen (z. B. „DIMPLE" und Rolls-Royce") und auf die wichtigsten Aspekte der damaligen Diskussion im Schrifttum gerichtet. Ein solcher Rückblick ist unverzichtbare Grundlage für das Verständnis der gegenwärtigen Konkurrenzproblematik und der vorgebrachten Argumente. Dem Rückblick folgt ein Abriss über die möglichen Überschneidungen der Anwendungsbereiche von §§ 14, 15 MarkenG und §§ 3, 4 UWG, 823 Abs. 1, 12 BGB.

Ausführlich ist dann die Rechtsprechung des BGH und der Instanzgerichte zum Verhältnis zwischen Markengesetz, UWG und BGB und zu einzelnen Konstellationen des außermarkenrechtlichen Schutzes darzustellen und auszuwerten. Anschließend wird die Kontroverse in der Literatur, in der sich zwei Grundpositionen herausgebildet haben, betrachtet.

Im Anschluss erfolgt eine Untersuchung des Regelungsgehalts von § 2 MarkenG unter Berücksichtigung des Wortlauts, der Entstehungsgeschichte, des Bedeutungszusammenhangs, des europarechtlichen Hintergrundes sowie des Zwecks der Konkurrenzvorschrift.

Alsdann werden die vertretenen Ansätze zur Lösung der Konkurrenzfrage anhand der Kriterien der allgemeinen Konkurrenzlehre, insbesondere des logisch-systematischen Spezialitätsbegriffs von Dietz und der Konkurrenzform der Subsidiarität, überprüft. Ein Schwerpunkt liegt dabei auf den Normzwecken und Wertungsgesichtspunkten der konkurrierenden Vorschriften. Bezüglich der

Normzweckgesichtspunkte im Verhältnis des Markenrechts zum UWG werden allgemeine Grundsätze wie das Prinzip der Nachahmungsfreiheit berücksichtigt.

Weiter interessieren pragmatische Gesichtspunkte, insbesondere die Auseinandersetzung mit den vorgebrachten Gründen für ein Bedürfnis nach der Heranziehung wettbewerbs- oder bürgerlichrechtlicher Anspruchsgrundlagen. Im Rahmen dieser Untersuchung werden Grundsätze für die Reichweite einer Sperrwirkung des Markengesetzes und den verbleibenden Anwendungsbereich von §§ 3, 4 UWG, 823 Abs. 1, 12 BGB herausgearbeitet. Schließlich werden einzelne Fallgestaltungen dargestellt, in denen ein außermarkenrechtlicher Schutz wegen der Sperrwirkung des Markengesetzes ausscheidet und solche, in denen eine Anwendung der §§ 3, 4 UWG, 823 Abs. 1, 12 BGB weiterhin in Betracht kommt.

2. Kapitel: Konkurrierende Schutzvorschriften und Grundlagen des Markengesetzes

A. Konkurrierende Schutzvorschriften

Zur Klärung des Konkurrenzverhältnisses markenrechtlicher Anspruchsgrundlagen zur wettbewerbsrechtlichen Generalklausel und zum bürgerlichrechtlichen Delikts- (§ 823 Abs. 1) und Namensschutz (§ 12 BGB) werden die betreffenden Vorschriften und ihre Voraussetzungen kurz dargestellt.

I. Markenrechtlicher Schutz

1. Entstehung des Schutzes von Marken und geschäftlicher Bezeichnungen

Sowohl für Marken als auch für geschäftliche Bezeichnungen ist zunächst Voraussetzung für einen Unterlassungsanspruch, dass der Anspruchsteller Inhaber einer prioritätsälteren Marke bzw. geschäftlichen Bezeichnung ist, und er dieses Zeichen im geschäftlichen Verkehr und nicht nur zu privaten Zwecken verwendet[58]. Der Begriff der geschäftlichen Bezeichnungen umfasst nach § 5 MarkenG die Unternehmenskennzeichen (§ 5 Abs. 2 MarkenG) und die Werktitel (§ 5 Abs. 3 MarkenG)[59]. Der Erwerb des Schutzes von Marken und geschäftlichen Bezeichnungen gewährt dem Inhaber ein ausschließliches Recht (§§ 14 Abs. 1, 15 Abs. 1 MarkenG). Die Entstehung des Markenschutzes ist in § 4 Nr. 1 bis 3 MarkenG, die der geschäftlichen Bezeichnungen in § 5 MarkenG geregelt. Markenschutz kann formell erreicht werden durch die Anmeldung des Zeichens als Marke und entsteht dann durch die Eintragung des Zeichens als Marke in das vom Patentamt geführte Register (§ 4 Nr. 1 MarkenG). Unabhängig von der Eintragung kann Markenschutz auch durch Benutzung eines Zeichens im geschäftlichen Verkehr, durch Verkehrsgeltung sowie bei notorischer Bekanntheit i.S.d. Art. 6bis Pariser Verbandsübereinkunft entstehen (§ 4 Nr. 2 und 3 MarkenG). Der Schutz von Unternehmenskennzeichen (§ 5 Abs. 2 MarkenG) und Werktiteln

58 Vgl. BGH, GRUR 1987, 438, 440 – Handtuchspender: Zeichenbenutzung muss einem beliebigen eigenen oder fremden Geschäftszweck dienen.

59 Nach § 5 Abs. 3 MarkenG sind Werktitel Namen oder besondere Bezeichnungen von Druckschriften, Filmwerken, Tonwerken, Bühnenwerken oder sonstigen vergleichbaren Werken.

(§ 5 Abs. 3 MarkenG) entsteht grundsätzlich mit Benutzungsaufnahme und in Fällen ursprünglich fehlender Unterscheidungskraft[60] im Wege der Verkehrsgeltung (§ 5 Abs. 2 S. 2 MarkenG)[61].

2. *Verletzungstatbestände*

Die Reichweite des Rechts an der Marke und der geschäftlichen Bezeichnung ist in §§ 14 Abs. 2 bis 4, 15 Abs. 2 bis 3 MarkenG geregelt.

Bei den Verletzungstatbeständen für Marken unterscheidet das Markengesetz drei Arten von Kollisionsfällen: den Identitätsschutz der Marke (§ 14 Abs. 2 Nr. 1 MarkenG), den Verwechslungsschutz der Marke (§ 14 Abs. 2 Nr. 2 MarkenG) und den Bekanntheitsschutz der Marke (§ 14 Abs. 2 Nr. 3 MarkenG). Diese Tatbestände entsprechen in ihren materiellen Voraussetzungen den Löschungstatbeständen des § 9 MarkenG[62].

Im einzelnen untersagt § 14 Abs. 2 MarkenG jedem Dritten, ohne Zustimmung des Markeninhabers ein mit der Marke identisches Zeichen für identische Waren oder Dienstleistungen zu benutzen (§ 14 Abs. 2 Nr. 1 MarkenG, „Doppelidentität“[63]) oder ein der Marke zumindest ähnliches Zeichen für zumindest ähnliche Waren oder Dienstleistungen zu benutzen, wodurch Verwechslungsgefahr entsteht (§ 14 Abs. 2 Nr. 2 MarkenG), oder ein einer im Inland bekannten Marke zumindest ähnliches Zeichen für Waren oder Dienstleistungen zu benutzen, die nicht denen ähnlich sind, für die die Marke Schutz genießt, wodurch die Unterscheidungskraft oder die Wertschätzung der bekannten Marke ohne rechtfertigenden Grund in unlauterer Weise ausgenutzt oder beeinträchtigt wird (§ 14 Abs. 2 Nr. 3 MarkenG, so genannter erweiterter Markenschutz[64]).

Im Rahmen des § 14 Abs. 2 Nr. 3 MarkenG ist zwischen vier Verletzungsvarianten zu unterscheiden: Die Ausnutzung der Wertschätzung der bekannten Marke (Fälle der Rufausbeutung oder des Imagetransfers), die Beeinträchtigung der Wertschätzung einer bekannten Marke (z. B. Fälle der Rufschädigung), die Ausnutzung der Unterscheidungskraft einer bekannten Marke (z. B. Fälle der Markenparodie) sowie die Beeinträchtigung der Unterscheidungskraft einer bekannten Marke (Verwässerungsfälle). Die Ausnutzung oder Beeinträchtigung

---

60 Bei Unternehmenskennzeichen auch bei von Hause aus mangelnder Namensfunktion.

61 Vgl. zur Benutzungsaufnahme bei Werktiteln BGH, NJW 1997, 3315, 3316 – FTOS.

62 § 14 Abs. 2 Nr. 1 entspricht § 9 Abs. 1 Nr. 1, § 14 Abs. 2 Nr. 2 entspricht § 9 Abs. 1 Nr. 2 und § 14 Abs. 2 Nr. 3 entspricht § 9 Abs. 1 Nr. 3 MarkenG.

63 Sack, GRUR 1996, 663.

64 Kur, Einführung in: Die Neuordnung des Markenrechts in Europa, S. 29.

muss zudem in unlauterer Weise und ohne rechtfertigenden Grund erfolgen. Der Schutz der bekannten Marke ist somit mehrfach qualifiziert.

Für die geschäftliche Bezeichnung fehlt der Identitätsschutz. Der Verwechslungsschutz ist in § 15 Abs. 2 MarkenG und der Bekanntheitsschutz in § 15 Abs. 3 MarkenG geregelt. Danach ist jedem Dritten untersagt, eine geschäftliche Bezeichnung oder ein ähnliches Zeichen in der Weise unbefugt zu benutzen, die geeignet ist, Verwechslungen mit der geschützten Bezeichnung hervorzurufen (§ 15 Abs. 2 MarkenG) oder ein der im Inland bekannten geschäftlichen Bezeichnung zumindest ähnliches Zeichen zu benutzen, wodurch die Unterscheidungskraft oder Wertschätzung der bekannten geschäftlichen Bezeichnung ohne rechtfertigenden Grund in unlauterer Weise ausgenutzt oder beeinträchtigt wird (§ 15 Abs. 3 MarkenG). § 15 Abs. 3 MarkenG stimmt vom Wortlaut her mit § 14 Abs. 2 Nr. 3 MarkenG, mit Ausnahme der Beschränkung des Schutzes auf den Waren/Dienstleistungsähnlichkeitsbereich, überein.

3. Rechtsfolgen

Nach §§ 14 Abs. 5, 15 Abs. 4 MarkenG besteht bei Vorliegen einer Erstbegehungs- oder Wiederholungsgefahr bezüglich einer Markenverletzung gemäß § 14 Abs. 2 MarkenG bzw. der Verletzung einer geschäftlichen Bezeichnung gemäß § 15 Abs. 2 und 3 MarkenG ein Unterlassungsanspruch des Kennzeicheninhabers gegen die zukünftige rechtsverletzende Benutzung seines Kennzeichens. Bei vorsätzlicher oder fahrlässiger Begehung der Verletzungshandlung wird darüber hinaus ein Schadensersatzanspruch gemäß §§ 14 Abs. 6, 15 Abs. 5 MarkenG gewährt. Ferner besteht unter bestimmten Voraussetzungen ein Auskunftsanspruch (§ 19 Abs. 1 MarkenG) sowie ein Vernichtungs- und Herausgabeanspruch (§ 18 Abs. 1 und 2 MarkenG).

II. Außermarkenrechtliche Rechtsgrundlagen für den Kennzeichenschutz

1. Wettbewerbsrechtlicher Kennzeichenschutz

Der Schwerpunkt der Kontroverse zu den Konkurrenzen beim Kennzeichenschutz betraf noch das Verhältnis von §§ 14, 15 MarkenG zu § 1 UWG a.F. Ob diese Erörterungen weiterhin Gültigkeit beanspruchen, hängt davon ab, inwiefern das neue UWG für den wettbewerbsrechtlichen Kennzeichenschutz und für das Verhältnis zum Markengesetz Veränderungen mit sich gebracht hat.

a) Das neue Gesetz gegen den unlauteren Wettbewerb

Am 08.07.2004 ist das neue Gesetz gegen den unlauteren Wettbewerb (UWG) in Kraft getreten und hat das UWG von 1909 abgelöst[65]. Mit der UWG-Novelle strebte der Gesetzgeber eine grundlegende Modernisierung des deutschen Lauterkeitsrechts durch eine schlankere europaverträgliche Fassung des UWG an[66]. In § 1 UWG wird der Schutzzweck des Gesetzes beschrieben und klargestellt, dass die Mitbewerber, Verbraucher und sonstigen Markteilnehmer sowie die Interessen der Allgemeinheit an einem unverfälschten Wettbewerb gleichermaßen geschützt werden. Dies entspricht nach der Begründung des Regierungsentwurfs der auch von der bisherigen Rechtsprechung anerkannten Schutzzwecktrias[67]. Ein wesentliches Anliegen des Reformgesetzes ist die Bewahrung des deutschen Schutzniveaus[68].

An die Stelle der früheren Generalklausel des § 1 UWG a.F. ist im neuen UWG die durch nicht abschließende Beispielstatbestände (§§ 4-7 UWG) konkretisierte Generalklausel des § 3 UWG getreten. Ein wettbewerbsrechtlicher Kennzeichenschutz kommt nunmehr insbesondere auf der Grundlage von § 3 in Verbindung mit den Beispielstatbeständen des § 4 Nr. 7, 9 und 10 UWG in Betracht. Darüber hinaus ist ein wettbewerbsrechtlicher Kennzeichenschutz noch in den Vorschriften zur Irreführung (§ 5 UWG) und zur vergleichenden Werbung (§ 6 Abs. 2 Nr. 3, 4 und 6 UWG) enthalten. Letztere Fallgruppen sind jedoch nicht Gegenstand der vorliegenden Untersuchung.

b) § 1 UWG a.F.

Die Generalklausel des § 1 UWG a.F. war die zentrale Vorschrift für den wettbewerbsrechtlichen Kennzeichenschutz. Nach § 1 UWG a.F. konnte auf Unterlassung und Schadensersatz in Anspruch genommen werden, wer im geschäftlichen Verkehr zu Zwecken des Wettbewerbs Handlungen vornimmt, die gegen die guten Sitten verstoßen. Der Kennzeichenschutz gemäß § 1 UWG a.F. richtete sich gegen die Verwendung nachgeahmter Zeichen. Oft wurde auch von Annäherung an fremde Kennzeichen gesprochen[69]. Der „Verstoß gegen die guten Sitten"

---

65 Das neue UWG wurde am 03.07.04 verabschiedet und am 07.07.04 im Bundesgesetzblatt veröffentlicht (BGBl I 2004, 1414 = GRUR 2004, 660).

66 Begr. Reg.-Entw. zum UWG, BT-Drucks. 15/1487, S. 12.

67 Begr. Reg.-Entw. zum UWG, BT-Drucks. 15/1487, S. 15 zu § 1; vgl. auch Köhler, NJW 2004, 2121; Heermann, GRUR 2004, 94, 98.

68 Vgl. Kretschmer, GRUR 2003, 296.

69 Vierheilig, GRUR 1977, 704. Häufig wird als „Annäherung" jedoch speziell die Fallgruppe der Nachahmung innerhalb des Warenähnlichkeitsbereichs (früher Wa-

stellte als unbestimmter Rechtsbegriff einen wertausfüllungsbedürftigen Maßstab dar, der erst durch Konkretisierung praktikabel wurde[70]. Es handelte sich um ein „Stück offen gelassener Gesetzgebung"[71]. Rechtsprechung und Lehre hatten bestimmte Fallgruppen entwickelt, in denen sich eine Nachahmung als wettbewerbswidrig darstellte. Derartige Fallgruppen waren insbesondere die vermeidbare Herkunftstäuschung, die Rufausbeutung und die wettbewerbswidrige Behinderung[72]. Im Bereich des wettbewerbsrechtlichen Kennzeichenschutzes wurden diesen Fallgruppen zahlreiche Unlauterkeitsgesichtspunkte zugeordnet. Hier wird auf den nachfolgenden Rückblick zum außermarkenrechtlichen Kennzeichenschutz unter Geltung des WZG verwiesen[73].

Der Anwendungsbereich des UWG war auf den geschäftlichen und wirtschaftlichen Wettbewerb beschränkt. Rein private oder amtliche Betätigungen wurden von § 1 UWG a.F. nicht erfasst[74]. Die Voraussetzung des „Handelns zu Zwecken des Wettbewerbs" beinhaltete, dass zwischen dem durch eine Wettbewerbshandlung geförderten und dem dadurch betroffenen Unternehmen ein konkretes Wettbewerbsverhältnis bestehen musste[75].

c) Ersetzung des § 1 UWG a.F. durch §§ 3, 4 i.V.m. § 8 UWG

§ 3 UWG ist als Kerntatbestand des neuen UWG an die Stelle von § 1 UWG a.F. getreten. Ausdrücklich behält § 3 UWG die Rechtsnatur einer allgemein gefassten Generalklausel, wobei das neue UWG für die in § 3 genannten Begriffe Definitionshilfen bietet[76]. § 3 UWG bestimmt, dass unlautere Wettbewerbshandlungen, die geeignet sind, den Wettbewerb zum Nachteil der Mitbewerber, der Verbraucher oder der sonstigen Marktteilnehmer nicht nur unerheblich zu verfälschen, unzulässig sind. Der wettbewerbsrechtliche Kennzeichenschutz als Mit-

---

rengleichartigkeit) außerhalb der zeichenrechtlichen Verwechslungsgefahr bezeichnet, vgl. etwa Ingerl/Rohnke, MarkenG, 2. Aufl., § 2 Rdnr. 5; Baumbach/Hefermehl, Wettbewerbsrecht, 22. Aufl., § 1 Rdnr. 560, 561; vgl. nachfolgend 3. Kapitel C II 2 b) aa) (1).

70 Pluta, Der ergänzende wettbewerbsrechtliche Kennzeichenschutz, S. 178.

71 Schulte-Beckhausen, Das Verhältnis des § 1 UWG zu den gewerblichen Schutzrechten und zum Urheberrecht, S. 37.

72 BGH, GRUR 1996, 210, 212 – Vakuumpumpen; vgl. nur v. Gamm, Festschrift Bundespatentgericht, 133, 138.

73 Vgl. 3. Kapitel C II 2.

74 Köhler/Piper, UWG, Einf. Rdnr. 194.

75 Vgl. hierzu nachfolgend 3. Kapitel C II 2 b) bb) (1).

76 Begr. Reg.-Entw. zum UWG, BT-Drucks. 15/1487, S. 12 f.; Henning-Bodewig, GRUR 2004, 713, 720.

bewerberschutz ist damit von der Generalklausel des § 3 UWG abgedeckt[77]. Anstelle des bisherigen Begriffs der „guten Sitten" verwendet der Gesetzgeber den Begriff der Unlauterkeit. Ob mit diesem terminologischen Wechsel eine Kursänderung gegenüber § 1 UWG a.F. erfolgt ist, wird unterschiedlich beurteilt[78]. Jedenfalls führt er dazu, dass der Wettbewerber nicht mehr unnötig mit dem Makel der Unsittlichkeit belastet wird[79]. Darüber hinaus ist an die Stelle des Handelns im geschäftlichen Verkehrs zu Zwecken des Wettbewerbs in § 1 UWG a.F. der Begriff der Wettbewerbshandlung getreten. Beide Begriffe sind allerdings weitgehend deckungsgleich[80]. Eine wesentliche Neuerung der Generalklausel gegenüber § 1 UWG a.F. ist die Aufnahme einer Bagatellgrenze. Eine Wettbewerbshandlung ist nur dann unlauter, wenn sie geeignet ist, den Wettbewerb „nicht nur unerheblich zu beeinträchtigen". Im früheren UWG war eine Erheblichkeitsschwelle („wesentliche Beeinträchtigung") nur bei der Anspruchsberechtigung der abstrakt betroffenen Gewerbetreibenden und Wirtschaftsverbände gemäß § 13 Abs. 2 Nr. 1 und 2 UWG a.F. geregelt.

§ 3 UWG wird ergänzt und konkretisiert durch einen umfangreichen und nicht abschließenden Beispielskatalog unlauteren Handelns in §§ 4 bis 7 UWG. Hierdurch wird eine Präzisierung der Generalklausel und damit die Schaffung größerer Transparenz bezweckt[81]. Der Beispielskatalog soll die nach der Rechtsprechung seit langem gefestigten Fallgruppen aufnehmen und aktuelle Probleme aufgreifen[82].

Viele der für den wettbewerbsrechtlichen Kennzeichenschutz relevanten Fallgruppen, die bisher auf der Grundlage von § 1 UWG a.F. beurteilt wurden, sind in den Beispielskatalog von § 4 UWG aufgenommen worden. Ausdrücklich werden Kennzeichen als Schutzgegenstand in § 4 Nr. 7 UWG genannt, wonach es unlauter ist, die Kennzeichen eines Mitbewerbers herabzusetzen oder zu verunglimpfen. Dieser Tatbestand ist der früheren Fallgruppe der Behinderung entnommen und stellt einen Unterfall der in § 4 Nr. 10 UWG geregelten gezielten Mitbewerberbehinderung dar[83]. Darüber hinaus ist der kennzeichenbezogene

77 Vgl. Ingerl, WRP 2004, 809, 815.

78 Einen Kurswechsel verneinend Henning-Bodewig, GRUR 2004, 713, 715; Köhler, NJW 2004, 2121, 2122; differenzierend Schünemann, WRP 2004, 925, 926. Nach Berlit, Wettbewerbsrecht, 5. Aufl., Rdnr. 17, bleibt es letztlich der Rechtsprechung überlassen, zu definieren, welches Verhalten als unlauter eingestuft wird.

79 Vgl. Berlit, Wettbewerbsrecht, 5. Aufl., Rdnr. 17, m.w.N.

80 Köhler, in: Baumbach/Hefermehl, Wettbewerbsrecht, 23. Aufl., § 2 Rdnr. 4.

81 Begr. Reg.-Entw. zum UWG, BT-Drucks. 15/1487, S. 17 zu § 4; Köhler, in: Baumbach/Hefermehl, 23. Aufl., Einl. UWG Rdnr. 2.14, Köhler, NJW 2004, 2121.

82 Köhler, NJW 2004, 2121, 2123: Kodifizierung der bisherigen Fallgruppen-Rechtsprechung zu § 1 UWG a.F.

83 Köhler, in: Baumbach/Hefermehl, Wettbewerbsrecht, 23. Aufl., § 4 Rdnr. 7.6

Wettbewerbsschutz im Tatbestand des § 4 Nr. 9 UWG enthalten, der erstmalig den bisher unter § 1 UWG a.F. gefassten ergänzende Leistungsschutz (nicht abschließend) regelt. Allerdings ist in § 4 Nr. 9 UWG das Kennzeichen als Schutzgegenstand nicht ausdrücklich genannt; vielmehr ist nur von der Nachahmung von Waren und Dienstleistungen die Rede.

Die Anspruchsgrundlagen des Beseitigungs- und Unterlassungsanspruchs werden gesondert in § 8 Abs. 1 UWG geregelt und knüpfen an den Tatbestand des § 3 UWG an. Darüber hinaus regelt § 8 Abs. 3 Nr. 1 bis 4 UWG den Kreis der Anspruchsberechtigten[84]. Voraussetzung für die beim Kennzeichenschutz relevante Anspruchsberechtigung von Mitbewerbern gemäß § 8 Abs. 3 Nr. 1 UWG ist das Bestehen eines konkreten Wettbewerbsverhältnisses zwischen Verletzer und Verletztem[85].

d) Mögliche Veränderungen aufgrund des neuen UWG für den wettbewerbsrechtlichen Kennzeichenschutz und das Verhältnis zum Markengesetz

Eine Konkurrenzregel enthält das reformierte UWG ebenso wenig wie das bisherige UWG. Das Verhältnis von § 3 UWG zum Beispielskatalog unlauterer Wettbewerbshandlungen gemäß §§ 4 ff. UWG ist dadurch geprägt, dass die wichtigsten Tatbestände unlauteren Wettbewerbsverhaltens nunmehr gesetzlich geregelt sind. Wegen der veränderten Systematik des UWG kommt eine originäre Beurteilung einer Wettbewerbshandlung auf der Grundlage von § 3 UWG, anders als noch bei § 1 UWG a.F., nur noch eingeschränkt in Betracht. § 3 UWG kommt gegenüber §§ 4 ff. UWG als Auffangtatbestand für sonstige, nicht von den Beispielstatbeständen erfasste Verbotshandlungen zur Anwendung, und es ist eine Prüfung erforderlich, ob und inwieweit die Beispielsfälle eine abschließende Regelung bezwecken[86]. Dennoch sind letztlich alle Unlauterkeitstatbestände der §§ 4 ff UWG auf die Generalklausel des § 3 UWG ausgerichtet, indem sie auf die Unlauterkeit „im Sinne von § 3 UWG" verweisen[87].

Ungeachtet der geänderten Systematik ist das bisherige Herzstück des Lauterkeitsrechts – die Generalklausel des UWG – auch weiterhin im UWG enthalten. Erwägungen, die das allgemeine Verhältnis der wettbewerbsrechtlichen Generalklausel zu den markenrechtlichen Vorschriften betreffen, behalten daher auch nach dem neuen Gesetz gegen den unlauteren Wettbewerb ihre Gültigkeit.

---

84 Vgl. nachfolgend 8. Kap. D III.
85 Köhler, NJW 2004, 2121.
86 Henning-Bodewig, GRUR 2004, 713, 716.
87 Schünemann, WRP 2004, 925.

Zu untersuchen bleibt allerdings, inwiefern sich die Tatsache, dass kennzeichenbezogene Regelungen im neuen UWG ausdrücklich (§ 4 Nr. 7) sowie in allgemein gefasster Form (§ 4 Nr. 9 und 10) enthalten sind, auf das Konkurrenzverhältnis zum Markengesetz auswirkt[88]. Die größere Transparenz und Präzisierung der Tatbestandsmerkmale in den die Generalklausel konkretisierenden Beispielstatbeständen des § 4 UWG könnte ein selbständiges Nebeneinander des UWG neben dem Markengesetz im Bereich des Kennzeichenschutzes eher rechtfertigen[89]. Andererseits ist denkbar, dass sich die Regelung der detailliert ausformulierten Einzeltatbestände nur innerhalb des UWG, nämlich auf das Verhältnis zur Generalklausel des § 3 UWG, auswirkt. Demnach würde die neue systematisch-hierarchische Regelungstechnik im neuen UWG mit seinen ausdifferenzierten Beispielskatalogen nur zur Folge haben, dass die praktische Bedeutung der neuen Generalklausel des § 3 UWG als selbständiger Verbotstatbestand im Vergleich zur früheren Generalklausel des § 1 UWG a.F. wesentlich geringer ist[90]. Sie hätte jedoch keine Auswirkungen auf das Verhältnis zum Markengesetz[91].

2. Deliktsrechtlicher Schutz nach § 823 Abs. 1 BGB i.V.m. § 1004 BGB

Als Anspruchsgrundlage für den Kennzeichenschutz kommt auch § 823 Abs. 1 i.V.m. § 1004 BGB in Betracht. Überwiegend wird die Ansicht vertreten, dass berühmte Marken und geschäftliche Bezeichnungen als Teil des eingerichteten und ausgeübten Gewerbebetriebs Schutzgüter i.S.v. § 823 Abs. 1 BGB sind[92]. Hierzu ist weder eine Kennzeichenbenutzung zu Wettbewerbszwecken noch eine Kennzeichenbenutzung im Bereich des geschäftlichen Verkehrs erforderlich[93]. Umstritten ist, ob der Tatbestand des § 823 Abs. 1 BGB auf berühmte Marken

---

88 So Omsels, in: Harte-Bavendamm/Henning-Bodewig, UWG, § 4 Rdnr. 31; a. A. Köhler, NJW 2004, 2121, 2123.

89 Vgl. diesbezüglich zu § 1 UWG a.F. Althammer/Klaka, MarkenG, 6. Aufl., § 14 Rdnr. 24, die die „konkrete eigenständige Prüfung" der Voraussetzungen im MarkenG der „oft pauschalen" Beurteilung in § 1 UWG a.F. vorziehen.

90 Vgl. zum Verhältnis von § 3 UWG zu den Beispielstatbeständen Schünemann, WRP 2004, 925, 927 f.

91 Ingerl, WRP 2004, 809, 815; Köhler, NJW 2004, 2121, 2123; ders., in: Baumbach/Hefermehl, Wettbewerbsrecht, 23. Aufl., § 4 Rdnr. 7.9; a. A. Omsels, in: Harte-Bavendamm/Henning-Bodewig, UWG, § 4 Rdnr. 31.

92 BGH, GRUR 1960, 550 – Promota; BGH, GRUR 1990, 711, 712 – Telefonnummer 4711; Piper, GRUR 1996, 429, 435 m.w.N.

93 OLG Hamm, GRUR 2003, 722, 723 – www.castor.de; Ubber, Markenrecht im Internet, S. 113; Köhler/Piper, UWG, § 1 Rdnr. 434; a. A. MünchKomm/Schwerdtner, BGB, 4. Aufl., § 12 Rdnr. 265: nur im Bereich gewerblicher Tätigkeit.

und geschäftliche Bezeichnungen zu beschränken ist[94]. Da Kennzeichenrechte gemäß §§ 14 Abs. 1, 15 Abs. 1 MarkenG Ausschließlichkeitsrechte gewähren, werden sie teilweise als absolute Rechte angesehen, die unter die „sonstigen Rechte" i.S.d. § 823 Abs. 1 BGB fallen[95]. Kennzeichenschutz kommt darüber hinaus unter dem Gesichtspunkt der Verletzung des allgemeinen Persönlichkeitsrechts wegen Verletzung der Entscheidungsbefugnis des Kennzeicheninhabers über Art und Umfang des Gebrauchs seiner Ausschließlichkeitsrechte in Betracht[96]. Die Widerrechtlichkeit eines Eingriffs in ein Schutzgut des § 823 Abs. 1 BGB ist im Rahmen einer umfassenden Güter- und Interessenabwägung festzustellen. Dabei ist insbesondere die nach dem Grundgesetz geschützte Meinungs- und Pressefreiheit (Art. 5 GG) gegen das Interesse des Kennzeicheninhabers am Schutz seines Kennzeichens abzuwägen[97]. Ein Verschulden wird im Rahmen des Unterlassungsanspruchs gemäß §§ 823 Abs. 1, 1004 BGB nicht gefordert[98].

3. Namensrechtlicher Schutz gemäß § 12 BGB

Ein namensrechtlicher Unterlassungsanspruch gemäß § 12 BGB kommt für einen Kennzeicheninhaber in Betracht, wenn dieser ein Namensrecht geltend machen kann. Nach dem weiten Namensbegriff fallen unter § 12 BGB grundsätzlich alle namensartigen, zur Individualisierung geeigneten Kennzeichen[99]. Dies trifft auf die meisten Unternehmenskennzeichen zu, bei denen es sich häufig um namensmäßige, zur Individualisierung geeignete Personenbezeichnungen handelt. Der Namensbegriff des § 5 Abs. 2 S. 1 MarkenG stimmt inhaltlich weitgehend mit dem des § 12 BGB überein[100]. Werktitel haben Namensfunktion i.S.v. § 12 BGB, wenn sie sich zum Kennzeichen eines Unternehmens entwickelt haben und als Name des Inhabers oder als Bezeichnung des Geschäfts angesehen werden[101].

---

94 Vgl. hierzu Foerstl, CR 2002, 518, 521; Bonn, GRUR 1994, 501, 502.

95 Deutsch, Festschrift für Gaedertz, 99, 106 f.; Moench, NJW 1984, 2920, 2923; MünchKomm/Wagner, BGB, 4. Aufl., § 823 Rdnr. 157 und 194; vgl. auch OLG Frankfurt, GRUR 2000, 1066, 1068 – Abkürzung ACC: „Eigentumsrecht an der Marke".

96 BGH, GRUR 1984, 684, 685 f. – Mordoro; OLG Frankfurt, NJW 1985, 1649, 1650 – BMW.

97 BGH, GRUR 1984, 684, 685 f. – Mordoro.

98 Jauernig/Teichmann, BGB, Vor § 823 Rdnr. 6.

99 Palandt/Heinrichs, BGB, § 12 Rdnr. 10 m.w.N.

100 Ströbele/Hacker, MarkenG, 7. Aufl., § 5 Rdnr. 18; Ingerl/Rohnke, MarkenG, 2. Aufl., Nach § 15 Rdnr. 2. Nach Wüstenberg, GRUR 2003, S. 109, ist § 12 BGB auf den Namensrechtsschutz bezüglich Unternehmenskennzeichen nur analog anwendbar.

101 Deutsch/Mittas, Titelschutz, S. 92.

Marken sind nur dann einem Namensschutz zugänglich, wenn sie auf den Namen des Geschäftsinhabers hinweisen, nicht aber, wenn der Unternehmer sie ausschließlich zur Unterscheidung der eigenen von fremden Waren verwendet[102].

Der bürgerlich-rechtliche Namensschutz des § 12 BGB erfasst zwei verschiedene Wirkungsbereiche: Namen, die innerhalb und Namen, die außerhalb des geschäftlichen Verkehrs benutzt werden. Ein Unterlassungsanspruch setzt entweder eine Namensbestreitung (§ 12 S. 1 1. Alt. BGB) oder eine Namensanmaßung (§ 12 S. 1 2. Alt. BGB) voraus.

Die in der Praxis weniger bedeutsame Namensbestreitung liegt vor, wenn dem Namensträger sein Recht auf den Gebrauch des Namens ausdrücklich oder durch schlüssiges Verhalten abgesprochen wird[103]. Das Markengesetz kennt eine entsprechende „Kennzeichenleugnung" nicht[104]. Abwehransprüche aus § 12 BGB wegen Namensanmaßung setzen voraus, dass die angegriffene Bezeichnung unbefugt benutzt wird. Wegen der von § 12 BGB geschützten Zuordnungsfunktion des Namensträgers reicht dafür nicht jede beliebige Benutzung aus. Sie muss vielmehr dazu geeignet sein, eine Identitäts- oder Zuordnungsverwirrung zu schaffen[105]. Eine solche Zuordnungsverwirrung kann auch bei nicht kennzeichenmäßigen Verwendungsweisen vorliegen, durch die der Namensträger zu bestimmten Einrichtungen, Gütern oder Erzeugnissen in Beziehung gesetzt wird, mit denen er nichts zu tun hat[106]. Dagegen reichen bloße Namensnennungen, einschließlich Parodien, nicht aus[107]. Darüber hinaus ist im Rahmen einer Namensanmaßung eine Verletzung der schutzwürdigen Interessen des Namensträgers erforderlich. Bei nichtidentischen Bezeichnungen wird eine Namensanmaßung stets durch Vorliegen einer Verwechslungsgefahr im Sinne des Markengesetzes impliziert[108].

---

102 Bork, GRUR 1989, 725, 729.

103 Ingerl/Rohnke, MarkenG, 2. Aufl., Nach § 15 Rdnr. 11; Palandt/Heinrichs, BGB, § 12 Rdnr. 18. Die Reservierung von Kennzeichen entsprechenden Domain-Namen stellt keine Namensleugnung dar, vgl. BGH, WRP 2002, 694, 697 – shell.de; a. A. OLG Düsseldorf, WRP 1999, 343, 345 f. – ufa.de.

104 Tilmann, GRUR 1981, 621, 625; Foerstl, CR 2002, 518, 519.

105 BGH, GRUR 2003, 897, 898 – maxem.de; OLG Hamm, GRUR 2003, 722 – www.castor.de.

106 BGH, GRUR 1993, 151, 153 – Universitätsemblem; Palandt/Heinrichs, BGB, § 12 Rdnr. 20; Ingerl/Rohnke, MarkenG, 2. Aufl., Nach § 15 Rdnr. 14.

107 Knaak, Festschrift GRUR, 971, 980 m.w.N.

108 MünchKomm/Schwerdtner, BGB, 4. Aufl., § 12 Rdnr. 236; Palandt/Heinrichs, BGB, § 12 Rdnr. 30; Ingerl/Rohnke, MarkenG, Nach § 15 Rdnr. 21.

B. Entstehungsgeschichte und Zwecksetzung des Markengesetzes

Die Neuorientierung des Markenrechts gegenüber der Rechtslage vor Inkrafttreten des Markengesetzes, sowie der Umstand, dass bedeutende Teile des Markenrechts auf der europäischen Markenrechtsrichtlinie beruhen, gaben Anlass, das Verhältnis der markenrechtlichen Bestimmungen zu denen der §§ 1 UWG a.F. (= §§ 3 und 4 UWG n.F.), 823 Abs. 1, 12 BGB zu überdenken. Nachfolgend soll daher zunächst ein Überblick über die wesentlichen Aspekte der Entstehungsgeschichte sowie der Zwecksetzung des Markengesetzes gegeben werden.

I. Entstehungsgeschichte des Markengesetzes

Seit dem 01. 01. 1995 ist der Schutz der Kennzeichenrechte in Deutschland durch das Gesetz über den Schutz von Marken und sonstigen Kennzeichen einheitlich geregelt. Es ist als Art. 1 des Gesetzes zur Reform des Markenrechts und zur Umsetzung der Ersten Richtlinie 89/104/EWG des Rates vom 21. Dezember 1988 zur Angleichung der Rechtsvorschriften der Mitgliedstaaten über die Marken[109] vom 25. Oktober 1994 (Markenrechtsreformgesetz - MRRG) in Kraft getreten. Gleichzeitig wurde nach Art. 48 MRRG das vorher geltende Warenzeichengesetz (WZG) aufgehoben. Darüber hinaus wurde der Schutz der geschäftlichen Bezeichnungen in das System des Markengesetzes integriert. Bis zum 31.12.1994 war der Schutz der Firmen- und Unternehmensnamen, der besonderen Geschäftsbezeichnungen, Geschäftsabzeichen und Druckschriften in § 16 UWG geregelt. Durch § 25 des Markenrechtsreformgesetzes wurde diese Bestimmung aufgehoben. Mit der Regelung der geschäftlichen Bezeichnungen im Markengesetz war hauptsächlich die Kodifizierung des geltenden Rechts beabsichtigt[110]. Wichtiges Resultat ist die Einbeziehung in das markenrechtliche Sanktionssystem, einschließlich strafrechtlicher Verfolgung[111]. Einbezogen in das Markengesetz und völlig neugestaltet wurde ferner der Schutz der geographischen Herkunftsangaben[112]. Der Namensschutz gemäß § 12 BGB blieb unverändert.

---

109 ABl. EG Nr. L 40/1 vom 11.02.1989.

110 Lehmann, Festschrift für Beier, 279, 281; Starck, Festschrift DPMA, 291, 294, 300.

111 Beier/Kur, Festschrift für Fikentscher, 477, 490.

112 Eine nähere Untersuchung der Konkurrenzen beim Schutz der geographischen Herkunftsangaben erfolgt im Rahmen dieser Arbeit nicht.

Nach Schaffung der Gemeinschaftsmarke auf europäischer Ebene (Verordnung Nr. 40/94 des Rates vom 20.12.1993[113]) wurden die zur Ausführung der Gemeinschaftsmarke im nationalen Recht erforderlichen Regelungen 1996 durch das Markenrechtsänderungsgesetz eingefügt.

Die Tragweite der Reform des Markenrechts wurde unterschiedlich beurteilt. Die Bewertung reicht von „Jahrhundertgesetzeswerk"[114] bis zur „bloßen Bereinigung und Konsolidierung des bestehenden Zeichenrechts ohne grundlegenden Neuanfang"[115].

II. Zwecksetzung des Markengesetzes

Nach der amtlichen Begründung ist der mit dem Markengesetz verfolgte Zweck die Umsetzung der Richtlinienvorgaben in nationales Recht sowie die Gesamtreform des deutschen Kennzeichenrechts[116]. Letztere beinhaltet die Vereinheitlichung des Kennzeichenrechts und das Ziel eines möglichst umfassenden Kennzeichenschutzes im Markengesetz.

1. Harmonisierung des Kennzeichenschutzes durch die Markenrechtsrichtlinie

Für die Konkurrenzfrage ist von Bedeutung, dass die materiellrechtlichen Bestimmungen über registrierte Marken ihre Grundlage in der Markenrechtsrichtlinie (MarkenRL) haben[117]. Mit § 14 Abs. 1 bis 3 MarkenG wurden im Hinblick auf die Registermarke die bindenden Vorgaben des Art. 5 Abs. 1 und Abs. 3 MarkenRL sowie die fakultativen Bestimmungen des Art. 5 Abs. 2 der MarkenRL über den besonderen Schutz bekannter Marken nahezu wortgleich in nationales Recht umgesetzt. Wegen des Gebots der richtlinienkonformen Auslegung des Markengesetzes ist die Bestimmung der Tatbestände des Art. 5 Abs. 1 und

---

113 ABl. EG Nr. L 11/1 vom 14. Januar 1994, in Kraft getreten am 15.03.1994 gemäß Art. 143 Abs. 1 GMV.

114 Schricker, Festschrift für Vieregge, 775; Piper, GRUR 1996, 657: „Tiefgreifende Veränderung und grundlegende Umgestaltung des gesamten deutschen Kennzeichenrechts durch die Markenrechtsreform". Ähnlich Fezer, WRP 2000, 863.

115 Schmieder, NJW 1997, 2908.

116 Begr. Reg.-Entw. zum MarkenG, BT-Drucks. 12/6581, S. 54.

117 Ein weiter reichender Schutz nicht eingetragener Marken wird im Erwägungsgrund Nr. 4 der Richtlinie ausdrücklich zugelassen.

Abs. 2 MarkenRL für die Reichweite des Markenschutzes von großer Bedeutung[118].

Da die Regelung des Kennzeichenschutzes der geschäftlichen Bezeichnungen keine verbindliche Umsetzung der Markenrechtsrichtlinie ist, ist eine richtlinienkonforme Auslegung insoweit grundsätzlich nicht geboten. Dennoch wird im Interesse einer Einheitlichkeit des Kennzeichenschutzes eine einheitliche Auslegung angestrebt[119].

Ziel der Markenrechtsrichtlinie ist es, neben einem modernen Markenrecht eine Rechtsvereinheitlichung durch Angleichung der Rechtsvorschriften der Mitgliedstaaten über die Marken zu erreichen[120]. Nach dem Erwägungsgrund Nr. 1 der Markenrechtsrichtlinie sollen die Unterschiede der nationalen Markenrechte beseitigt werden, die sich aus der nationalen Selbständigkeit der Rechtsordnungen ergeben und den freien Waren- und Dienstleistungsverkehr behindern und die Wettbewerbsbedingungen der Gemeinschaft verfälschen können. Gleichzeitig machen die Bezeichnung „Erste Richtlinie“ und die Erwägungsgründe Nr. 3, 6 und 9 der Markenrechtsrichtlinie deutlich, dass lediglich eine Teilharmonisierung der nationalen Markenrechte angestrebt ist und die Richtlinie nur Mindeststandards in der EU schaffen will[121].

2. Gleichlauf mit dem Gemeinschaftsmarkenrecht

Ein weiteres mit dem Markenrechtsreformgesetz verfolgtes Ziel ist die Harmonisierung des nationalen Markenrechts mit dem Gemeinschaftsmarkenrecht[122]. Der Schutz der Gemeinschaftsmarken ist nicht im Markenrecht geregelt und beruht auf der Gemeinschaftsmarkenverordnung (GMV). Hinter der GMV und der

---

118 EuGH, MarkenR 1999, 84, 86 – BMW; Starck, Festschrift für Erdmann, 485, 487; Ernst-Moll, GRUR 1993, 8, 18; v. Gamm, WRP 1993, 793, 797; Erdmann, GRUR 2001, 609, 615: „Die Binnensicht reicht nicht mehr aus, da wir europäisches Recht anwenden“. Unklar ist, ob die Richtlinie nur bindende Vorgaben für die zwingenden Vorschriften der Richtlinie enthält, so dass bei fakultativen Regelungen, wie den Art. 4 Abs. 4 und 5 Abs. 2 MarkenRL möglicherweise keine Verpflichtung der Mitgliedstaaten zur richtlinienkonformen Auslegung besteht, vgl. Sack, GRUR 1995, 81; Rößler, GRUR 1994, 559, 561.

119 Vgl. BGH, GRUR 2001, 344, 345 – DB Immobilienfonds; Fezer, GRUR 2001, 369; Keller, GRUR 1996, 607, 608; Eichmann, GRUR 1998, 201, 213. Kritisch Knaak, Festschrift für Beier, 243, 252.

120 Lehmann, Festschrift für Beier, 279, 281; Kur, MarkenR 2001, 137, 146.

121 Vgl. Starck, Festschrift für Erdmann, 485, 488. Nach Keller, Schutz eingetragener Marken, S. 18, setzt die MarkenRL zugleich eine Obergrenze für den Schutz.

122 Begr. Reg.-Entw. zum MarkenG, BT-Drucks. 12/6581, S. 56, Fezer, WRP 2000, S. 863.

MarkenRL stehen einheitliche Markenrechtskonzeptionen, weswegen eine einheitliche Entwicklung des Schutzes von Gemeinschaftsmarken und nationalen Marken angestrebt wird[123]. Es soll möglichst ein Gleichlauf der Regelungen der GMV, der MarkenRL und des nationalen Markengesetzes hergestellt werden, um zukünftige Unterschiede in der rechtlichen Behandlung der harmonisierten nationalen Marke und der Gemeinschaftsmarke zu vermeiden[124].

3. Vereinheitlichung des Kennzeichenschutzes

Über die notwendige Angleichung des nationalen Markenrechts an die Vorgaben der Markenrechtsrichtlinie hinaus wurde vom deutschen Gesetzgeber als eine der wichtigsten Zielsetzungen die einheitliche Regelung des gesamten Kennzeichnungsrechts angestrebt[125]. Die unsystematische und historisch bedingte Aufspaltung der Regelungen im Warenzeichengesetz, im Wettbewerbsrecht, im Namensrecht und im Firmenrecht sollte mit dem neuen Gesetz beendet werden[126]. Der deutsche Gesetzgeber nahm die erforderliche Neuregelung im Bereich des Markenrechts zum Anlass, das gesamte Rechtsgebiet der Kennzeichenrechte zusammenfassend zu regeln und alle Kennzeichenrechte im Markengesetz zu vereinen. Das Markengesetz enthält laut Gesetzentwurf eine vollständige und in sich geschlossene Regelung über den Schutz der im geschäftlichen Verkehr verwendeten Marken (§ 1 Nr. 1 MarkenG), geschäftlichen Bezeichnungen (§ 1 Nr. 2 MarkenG) und geographischen Herkunftsangaben (§ 1 Nr. 3 MarkenG)[127]. Die Bezeichnung „Kennzeichengesetz" wäre passender gewesen als die amtliche Kurzbezeichnung „Markengesetz"[128]. Demgegenüber ist weiterhin das Namensrecht (§ 12 BGB) und das formelle Firmenrecht nicht im Markengesetz geregelt.

---

123 Keller, GRUR 1996, 607, 608; Sack, GRUR 1995, 81, 82; Kur, MarkenR 2001, 137, 146.

124 Sack, WRP 1998, S. 1127.

125 Begr. Reg.-Entw. zum MarkenG, BT-Drucks. 12/6581, S. 61; Starck, Festschrift DPMA, 291; Fezer, WRP 2000, 863.

126 Begr. Reg.-Entw. zum MarkenG, BT-Drucks. 12/6581, S. 55; vgl. hierzu Starck, Festschrift DPMA, 291, 292. Vgl. auch Gloy, Festschrift für Rowedder, 77, 92: „Unser geltendes Warenzeichenrecht war zum Schluss viel zu kompliziert geworden".

127 Begr. Reg.-Entw. zum MarkenG, BT-Drucks. 12/6581, S. 1.

128 Vgl. Starck, Festschrift DPMA, 291, 292; ders., Festschrift für Erdmann, 485.

4. Umfassender Schutz von Marken durch das Markengesetz

Erklärter Zweck des Markengesetzes ist außerdem die Gewährleistung eines umfassenden Schutzes von Marken[129]. Dadurch wird zugleich die Frage des Verhältnisses des Markengesetzes zu anderen Normbereichen berührt, über die bisher ein teilweise weitergehender Markenschutz als über das WZG gewährt wurde. Dem Ziel eines umfassenden Schutzes könnte der Wille des Gesetzgebers nach einer abschließenden Regelung zu entnehmen sein. Jedenfalls wird dadurch die Frage aufgeworfen, inwieweit der durch das Markengesetz gewährte Schutz einer inhaltlichen Ergänzung durch außermarkenrechtliche Tatbestände noch zugänglich ist.

Das Ziel der Schaffung eines umfassenden Markenschutzes kommt besonders in der Einführung des Schutzes der bekannten Marke (§ 9 Abs. 1 Nr. 3 und § 14 Abs. 2 Nr. 3 MarkenG) gegen eine Ausnutzung oder Beeinträchtigung ihrer Unterscheidungskraft oder Wertschätzung außerhalb des Waren- oder Dienstleistungsähnlichkeitsbereichs und ohne das Erfordernis einer Verwechslungsgefahr zum Ausdruck[130]. Dieser Verletzungstatbestand stellt eine bedeutsame Erweiterung des Markenschutzes dar, da das frühere Warenzeichengesetz (WZG) keine Sondervorschriften für den weiter reichenden Schutz der bekannten oder berühmten Marke enthielt[131]. Damit zusammenhängend wird von einem „Paradigmenwechsel" im Verständnis der Markenfunktionen gesprochen, da das Markengesetz im Gegensatz zum WZG den ökonomischen Funktionen der Marke einen umfassenden Schutz gewähre[132]. Für geschäftliche Bezeichnungen wurde gemäß § 15 Abs. 3 MarkenG derselbe Bekanntheitsschutz wie für Marken eröffnet.

Das Anliegen des umfassenden Markenschutzes wird auch dadurch deutlich, dass der Katalog der grundsätzlich schutzfähigen Zeichenform gegenüber dem früheren WZG stark erweitert wurde. So steht entgegen dem früheren Recht besonderen Zahlen, Buchstaben sowie dreidimensionalen und akustischen Zeichen der Zugang zum Rechtsschutz als Marke grundsätzlich offen (§ 3 Abs. 1 MarkenG).

---

129 Begr. Reg.-Entw. zum MarkenG, BT-Drucks. 12/6581, S. 72; vgl. auch Sack, GRUR 1995, 81, 89.

130 Begr. Reg.-Entw. zum MarkenG, BT-Drucks. 12/6581, S. 72; vgl. auch v. Gamm, GRUR 1994, 775, 777; Rößler, GRUR 1994, 559, 560.

131 Vgl. Rößler, GRUR 1994, 559, 561: „Zeichenrechtliches Novum". Vgl. nachfolgend 3. Kap.

132 Fezer, Markenrecht, § 14 Rdnr. 36.

3. Kapitel: Zusammenspiel von zeichenrechtlichem, wettbewerbsrechtlichem und zivilrechtlichem Kennzeichenschutz unter altem Recht

Der ergänzende Kennzeichenschutz vor Inkrafttreten des Markengesetzes in seiner Vielzahl von Fallgruppen[133] war Gegenstand häufiger Kontroversen. Seit Beginn des kodifizierten Zeichenrechts wurde erörtert, ob das WZG ein Sondergesetz darstellte, das Inhalt und Umfang des Zeichenrechts als lex specialis abschließend regelte oder ob das Verhältnis einer gegenseitigen Ergänzung vorlag oder ob die zeichen- und außerzeichenrechtlichen Normenkomplexe, insbesondere des Wettbewerbsrechts, gleichberechtigt und gleichwertig nebeneinander standen[134]. Viele das Verhältnis von zeichen- zu wettbewerbsrechtlichen bzw. bürgerlichrechtlichen Anspruchsgrundlagen betreffende damalige Erwägungen sind auch in der jetzigen Diskussion von Bedeutung. Andererseits ist seit Inkrafttreten des Markengesetzes durch die veränderten Schutztatbestände, insbesondere die Integration von früher auf der Grundlage von § 1 UWG a.F. („DIMPLE-Rechtsprechung")[135] und §§ 823 Abs. 1, 12 BGB gelöster Fallgruppen eine neue Ausgangslage entstanden, so dass bestimmte Prämissen auf den Prüfstand gestellt worden sind. Aus den genannten Gründen ist ein kurzer Rückblick auf den früheren außerzeichenrechtlichen Kennzeichenschutz gemäß §§ 1 UWG a.F., 823 Abs. 1 BGB, 12 BGB und sein Verhältnis zum WZG bzw. § 16 UWG a.F. sinnvoll.

133 „Kaleidoskopische Buntheit", vgl. Fezer, GRUR 1986, 485, 486.

134 Vgl. die Darstellung von Kraft, Festschrift GRUR, 729, 731; Eugen Ulmer, Warenzeichen und unlauterer Wettbewerb, S. 13; Pluta, Der ergänzende wettbewerbsrechtliche Kennzeichenschutz, S. 193 f.; v. Gamm, Festschrift Bundespatentgericht, 133 ff.; Spengler, GRUR 1950, 545 f.; Vierheilig; GRUR 1977, 704, 712; Sambuc, Der UWG-Nachahmungsschutz, S. 209 ff.

135 BGH, GRUR 1985, 550, 552 – DIMPLE. Zur „Kodifizierung der Dimple-Rechtsprechung", vgl. Deutsch, WRP 2000, 854; Krings, GRUR 1996, 624; v. Linstow, MarkenR 1999, 624.

A. Schutz von Marken nach dem Warenzeichengesetz

I. Beschränkung auf die Herkunftsfunktion

Nach der Rechtsprechung und verbreiteter Ansicht im Schrifttum war der Zweck des früheren Zeichenrechts primär der Schutz der Herkunftsfunktion sowie der damit verbundenen Unterscheidungs- und Qualitätsfunktion[136]. In der Literatur wurde daneben teilweise auch die Werbefunktion des Warenzeichens anerkannt[137]. Die Rechtsprechung lehnte dies ab[138]. Aus der alleinigen Ausrichtung an der Herkunftsfunktion ergaben sich die inhaltlichen Beschränkungen des früheren Zeichenrechts. Wurde eine Marke aus einem anderen Grund als zum Zweck des Hinweises auf die betriebliche Herkunft der damit gekennzeichneten Ware verwendet, waren diese Fälle über einen originär zeichenrechtlichen Schutz nicht erfassbar.

II. Voraussetzungsdreieck des WZG

Das WZG hatte folgende Grundkonzeption: Der Inhaber einer eingetragenen Marke (§§ 15, 24, 31 WZG) oder einer Marke, die Verkehrsgeltung erlangt hatte (Ausstattung, §§ 25, 31 WZG), hatte Abwehrrechte gegen die markenmäßige Verwendung von identischen und verwechselbar ähnlichen Zeichen für gleiche oder gleichartige Waren oder Dienstleistungen. Ein Schutz nach dem WZG war daher nicht möglich gegen eine nicht-markenmäßige Benutzung, gegen eine Benutzung für nicht gleichartige Waren und gegen eine Benutzung in nicht verwechselbarer Form. Wurde nur eine Bedingung des „Voraussetzungsdreiecks" nicht erfüllt, kam ein Schutz nach dem WZG nicht zum Zuge[139]. Schutzergänzungen auf der Grundlage des Zeichenrechts, insbesondere gegen Rufausbeutung und Rufschädigung der Marke, lehnte die Rechtsprechung wegen der Beschrän-

---

136 V. Gamm, Festschrift Bundespatentgericht, 133. Nach Lehmann, GRUR Int.1986, 6, 14, dominierte die Unterscheidungsfunktion.

137 V.Gamm; GRUR 1994, 775, 778; Vierheilig, GRUR 1977, 704, 712; Marinos, Die „sittenwidrige Annäherung" an fremde Kennzeichen, S. 66; Klippel, GRUR 1986, 697, 710; a. A. Kunz-Hallstein, Festschrift DPMA, 147, 153 m.w.N.; v. Mühlendahl, Festschrift für Erdmann, 425, 431; Loewenheim, MA 1991, 238; Kur, GRUR 1997, 241; Pluta, Der ergänzende wettbewerbsrechtliche Kennzeichenschutz, S. 241.

138 BGH, GRUR 1964, 372, 374 – Maja; BGH, GRUR 1971, 573, 574 – Nocado; BGH, GRUR 1982, 115, 116 f. – Öffnungshinweis, vgl. auch Baumbach/Hefermehl, WZG, Einl. WZG Rdnr. 23 m.w.N.

139 Keller, Schutz eingetragener Marken, S. 10.

kung des WZG auf den Schutz der Herkunftsfunktion ab[140]. Bekannte Marken genossen allerdings insofern einen erweiterten Schutz, als das Vorliegen der Verwechslungsgefahr gegenüber nicht-identischen Marken eher bejaht wurde als bei Marken mit normaler Kennzeichnungskraft[141]. Für die Bestimmung der erforderlichen Warengleichartigkeit war die Bekanntheit einer Marke allerdings irrelevant[142]. Das WZG bot somit keine Möglichkeit, Marken umfassend gegen unzulässige Drittbenutzung zu schützen.

B. Schutz von geschäftlichen Bezeichnungen gemäß § 16 UWG a.F.

Neben dem Markenschutz auf der Grundlage des WZG wurde geschäftlichen Bezeichnungen Schutz gemäß § 16 UWG a.F. gewährt[143]. Ob § 16 UWG a.F. wie § 24 WZG einen Immaterialgüterrechtsschutz darstellte, war umstritten. Zum Teil wurde der primäre Zweck der Vorschrift darin gesehen, die Öffentlichkeit vor Irreführung zu schützen[144]. Die Schutzvoraussetzungen entsprachen in weiten Teilen denen der §§ 24, 15, 31 WZG. Es bedurfte eines zeichenmäßigen Gebrauchs des konkurrierenden Kennzeichens im geschäftlichen Verkehr. Entscheidende Voraussetzung war die Verwechslungsgefahr, die sich nach der Ähnlichkeit der Kennzeichnungen, dem Grad der Kennzeichnungskraft der zu schützenden Kennzeichnung und der Branchennähe beurteilte. Die dafür erforderliche Branchennähe war allerdings wesentlich weiter gefasst als die „starre Schranke der Warengleichartigkeit" im Rahmen des §§ 24, 15, 31 WZG[145]. Nach der Rechtsprechung

---

140 Bezüglich Rufausbeutung: BGH, GRUR 1983, 247, 248 – Rolls-Royce. Bezüglich Verwässerungsschutz: BGH, GRUR 1966, 623 – Kupferberg (berühmte Unternehmenskennzeichnung); BGH, GRUR 1959, 182, 186 – Quick (berühmte Marke). Vgl. Kunz-Hallstein, Festschrift DPMA, 147, 155; dagegen Klippel, GRUR 1986, 697, 710: Schutz gegen Verwässerungsgefahr wegen der mitumfassten Werbefunktion auch nach dem WZG möglich.

141 V. Gamm, Wettbewerbsrecht, § 1 Rdnr. 85b; Ernst-Moll, GRUR 1993, 8; Bork, GRUR 1989, 725, 727.

142 Vgl. Weberndörfer, Auswirkungen der Umsetzung der EG-Markenrichtlinie, S. 94.

143 Nach dem Wortlaut von § 16 UWG a.F. bestand ein wettbewerbsrechtlicher Schutz dann, wenn ein Name, eine Firma oder eine besondere Geschäftsbezeichnung in einer Weise benutzt wurden, die geeignet war, Verwechslungen mit dem Namen, der Firma, der besonderen Geschäftsbezeichnung hervorzurufen, deren sich ein anderer befugtermaßen bediente.

144 Soergel/Heinrich, BGB, 12. Aufl., § 12 Rdnr. 114; Bork, GRUR 1989, 725, 729; a. A. Klippel, GRUR 1986, 697, 707; Goldmann, Schutz des Unternehmenskennzeichens, § 16 Rdnr. 19.

145 BGH, GRUR 1960, 550, 551 – Promota; Ernst-Moll, GRUR 1993, 8; Bork, GRUR 1989, 725, 727.

des BGH entfiel ein Schutz nach § 16 UWG a.F. erst dann, wenn die Gefahr ausschied, dass die angesprochenen Verkehrskreise durch gleiche oder verwechslungsfähige Bezeichnungen zu der irrigen Annahme verleitet werden könnten, die fraglichen Waren stammten aus demselben Geschäftsbetrieb oder es gäbe geschäftliche Zusammenhänge zwischen den beteiligten Unternehmen[146]. Trotz des gegenüber den §§ 24, 15, 31 WZG weiter gefassten Tatbestandes des § 16 UWG a.F. blieb sein Anwendungsbereich wegen der Erfordernisse der Verwechslungsgefahr und der kennzeichenmäßigen Benutzung eingeschränkt[147].

C. Kennzeichenschutz auf der Grundlage von §§ 1 UWG a.F., 823 Abs. 1, 12 BGB

I. Ergänzender Kennzeichenschutz als Ausnahmeerscheinung

Die Unzulänglichkeit des Kennzeichenschutzes nach dem WZG und nach § 16 UWG a.F. wurde als wesentlicher Grund für den „ergänzenden" außerzeichenrechtlichen Kennzeichenschutz angesehen[148]. Entsprechend entwickelte die Rechtsprechung außerhalb der Schutzgrenzen des WZG einen außermarkenrechtlichen Kennzeichenschutz auf der Grundlage allgemeiner zivil- und wettbewerbsrechtlicher Normen. Im Vordergrund stand somit nicht eine parallele und autonome Anwendung außermarkenrechtlicher Vorschriften, sondern die Schließung von „Lücken" eines als unzureichend empfundenen Kennzeichenschutzes auf Grundlage des WZG[149]. Die abschließende Regelung des WZG in seinem Anwendungsbereich sollte grundsätzlich hingenommen werden[150]. Mehrheitlich wurde vertreten, dass ein außermarkenrechtlicher Kennzeichenschutz erst dann

---

146 BGH, GRUR 1986, 253, 255 – Zentis.

147 Vgl. BGH, GRUR 1976, 379, 380 – KSB.

148 Zum Begriff des ergänzenden Kennzeichenschutzes: V. Gamm, Festschrift Bundespatentgericht, 133; Pluta, Der ergänzende wettbewerbsrechtliche Kennzeichenschutz, S. 245 ff.

149 Sambuc, GRUR 1983, 533; Kotthoff, in: HK-WettbR, § 1 Rdnr. 570; a. A. Stein, Schutz von Name und Kennzeichen gegen die Verwendung als Domain-Name durch Dritte, S. 117.

150 Schroeter, WRP 1968, 435, 436 f.; Tilmann, GRUR 1968, 619, 623 f. Hefermehl, GRUR 1968, 378, 379: Keine abschließende Regelung des WZG außerhalb seiner Grenzen. Vgl. auch die jüngeren Darstellungen zur alten Rechtslage: Piper, GRUR 1996, 429; Starck, DZWir 1996, 313, 315 f.: „Schutz außerhalb der warenzeichenrechtlichen Regelung".

möglich sein sollte, wenn Ansprüche nach dem WZG ausschieden[151]. Danach wurde mit dem Begriff „ergänzend" umschrieben, dass ein Gericht außerzeichenrechtliche Ansprüche nur und erst dann prüfen dürfe, wenn es zur Verneinung kennzeichenrechtlicher Ansprüche gelangt sei[152]. Der BGH hielt sich allerdings nicht konsequent an diese Rangfolge bei der Prüfung der verschiedenen Anspruchsgruppen[153]. Zum Teil wurde generell der mit dem Begriff „ergänzend" zum Ausdruck gebrachte Ausnahmecharakter abgelehnt und stattdessen ein selbständiges Nebeneinander, jedenfalls von § 1 UWG a.F. und Vorschriften nach dem WZG, befürwortet[154].

Die zentrale Frage hinsichtlich eines ergänzenden wettbewerbs- und bürgerlichrechtlichen Kennzeichenschutzes war, in welchem Umfang § 1 UWG a.F. oder §§ 823 Abs. 1, 12 BGB den Kennzeichenschutz über das bestehende Sonderschutzrecht hinaus ergänzen und erweitern konnte. Die Möglichkeit des ergänzenden Kennzeichenschutzes war eng verknüpft mit der Frage, wie weit die Sperrwirkung des zeichenrechtlichen Schutzes reichte[155].

---

151 BGH, GRUR 1968, 371, 377 – Maggi; Pluta, Der ergänzende wettbewerbsrechtliche Kennzeichenschutz, S. 248; Sambuc, Der UWG-Nachahmungsschutz, Rdnr. 585, 586; Vierheilig, GRUR 1977, 704, 712; a. A. Fezer, GRUR 1986, 485, 492 ff.

152 Vierheilig, GRUR 1977, 704, 712.

153 Einerseits erklärte der BGH in den Entscheidungen „karo-as" (GRUR 1957, 281, 285) und „Maggi" (GRUR 1968, 371, 377), dass die Prüfung eines Verstoßes gegen § 1 UWG a.F. erst erfolgen dürfe, wenn zeichenrechtliche Ansprüche entfielen. Andererseits führte der BGH im Fall „coffeinfrei" (GRUR 1963, 423, 428) aus, dass vor einer Prüfung der Verkehrsgeltung i.S.v. § 25 WZG zu prüfen sei, ob Ansprüche gemäß § 1 UWG a.F. vorlägen. Vgl. auch BGH, GRUR 1965, 601, 605 – roter Punkt: Hier sollte zur Vermeidung einer kostspieligen Beweisaufnahme hinsichtlich der Verwechslungsgefahr nach WZG „in erster Linie" § 1 UWG a.F. wegen Rufausnutzung geprüft werden.

154 Peter Ulmer, WRP 1987, 299, 307; Fezer, GRUR 1986, 485, 492 ff.; ders. WRP 1993, 63, 64; Fikentscher, Wettbewerb und gewerblicher Rechtsschutz, S. 272; Schroeter, WRP 1968, 125, 126: Selbständigkeit der Ansprüche wegen der unterschiedlichen Schutzzwecke; a. A. Pluta, Der ergänzende wettbewerbsrechtliche Kennzeichenschutz, S. 116.

155 Vgl. Lehmann, GRUR Int. 1986, 6, 14; Peter Ulmer, WRP 1987, 299, 307.

II. Kennzeichenschutz gemäß § 1 UWG a.F.

1. Grundzüge des Verhältnisses von § 1 UWG a.F. zum WZG

In der reichsgerichtlichen Rechtsprechung war ursprünglich die These vom Warenzeichenrecht als einer spezialgesetzlichen abschließenden Regelung auf seinem Gebiet gegenüber dem Wettbewerbsrecht vertreten worden[156]. Später wandelte sich diese Auffassung grundlegend: Das Wettbewerbsrecht wurde fortan als ein Recht „höherer Ordnung“ betrachtet, dem sich das Warenzeichenrecht unterzuordnen habe[157]. Das formale Zeichenrecht dürfe nur in den Grenzen des unlauteren Wettbewerbs und der guten Sitten ausgeübt werden. Hiergegen richtete sich wiederum die Kritik, das Zeichenrecht solle nicht durch die wettbewerbsrechtliche Generalklausel beiseite geschoben werden[158]. Sodann prägte Eugen Ulmer den Grundsatz vom WZG und UWG als sich gegenseitig ergänzende Ordnungen[159]. Es entstand der auch noch heute von der herrschenden Meinung vertretene Grundsatz vom Warenzeichenrecht als Teil des allgemeinen Wettbewerbsrechts[160]. Auch wenn sich aus dieser Formel eine konkrete Antwort zum Verhältnis der beiden Normengruppen nicht ohne weiteres gewinnen ließ[161], wurden dadurch die Wechselbeziehungen zwischen dem Warenzeichenrecht und dem Wettbewerbsrecht und die Bedeutung von Wettbewerbstatbeständen für die Entstehung und den Schutzumfang von Kennzeichenrechten zum Ausdruck gebracht[162]. Es sollte eine „praktische Konkordanz“ zwischen dem WZG und dem UWG hergestellt werden[163]. Allgemeiner Konsens bestand darüber, dass vom Grundsatz der Annäherungsfreiheit auszugehen war, der sich allerdings weniger auf die Frage der Anwendbarkeit von § 1 UWG a.F. als auf die der Sittenwidrigkeit einer Annäherung an fremde Kennzeichen bezog. Danach sollte die Annäherung an fremde Kennzeichenmittel, die nicht durch Tatbestände der §§ 24, 25, 31 WZG, 16 UWG a.F. und 12 BGB unter dem Gesichtspunkt der Verwechslungs-

---

156 RGZ 3, 67, 69 – Apollinaris-Brunnen.

157 RGZ 97, 90, 93 f. – Pecose.

158 Vgl. Baumbach/Hefermehl, WZG, Einl. WZG Rdnr. 44.

159 Eugen Ulmer, Warenzeichen und unlauterer Wettbewerb, S. 13.

160 Baumbach/Hefermehl, WZG, Einl. WZG Rdnr. 44; v. Gamm, Wettbewerbsrecht, Einf. A Rdnr. 13; Kraft, Festschrift GRUR, 729 ff.

161 Kraft, Festschrift GRUR, 729, 730.

162 Gloy, Festschrift für v. Gamm, 257, 260.

163 Walch, Ergänzender Leistungsschutz, S. 76. Vgl. auch Baumbach/Hefermehl, WZG, Einl. WZG Rdnr. 44, wonach das Spannungsfeld zwischen Markenrecht und Wettbewerbsrecht ausgeglichen werden müsse.

gefahr verboten wurden, im Allgemeininteresse grundsätzlich frei sein[164]. Der Zeicheninhaber sollte die Annäherung und Schwächung seines Zeichens, die jenseits der Schranke der Verwechslungsgefahr und im Warengleichartigkeitsbereich stattfand, grundsätzlich hinnehmen. Um einen Unterlassungsanspruch auf wettbewerbsrechtlicher Grundlage zu rechtfertigen, wurden wegen der Systematik des Wettbewerbs- und Kennzeichenrechts über den bloßen Akt der Nachahmung hinaus besondere, außerhalb des Kennzeichenrechts liegende, spezifisch wettbewerbsrechtliche Umstände gefordert. An diesen Grundsätzen wird überwiegend auch im neuen UWG festgehalten[165].

2. *Fallgruppen des ergänzenden wettbewerbsrechtlichen Kennzeichenschutzes*

Ergänzender wettbewerbsrechtlicher Kennzeichenschutz wurde nach der Rechtsprechung in zwei generellen Sachverhaltskonstellationen anerkannt. Einmal ging es um die Konstellation, dass zeichenrechtliche Ansprüche mangels Eintragung oder Verkehrsgeltung eines Kennzeichens bereits an den Entstehungsvoraussetzungen scheiterten[166]. In der zweiten Konstellation waren Kennzeichen an sich geschützt, aber es fehlte an einer der Rechtsfolgevoraussetzungen, nämlich der Warengleichartigkeit, der warenzeichenmäßigen Verwendung oder einer Verwechslungsgefahr bei vorhandener Warenidentität.

a) *Anwendung von § 1 UWG a.F. bei fehlenden Entstehungsvoraussetzungen für den zeichenrechtlichen Schutz*

aa) *Rechtsprechung*

Bei den Konstellationen, in denen Ansprüche nach dem WZG oder § 16 UWG a.F.[167] mangels Eintragung oder Verkehrsgeltung eines Kennzeichens entfielen, ging es um die Nachahmung von Wort-/Bildzeichen[168], Produktgestaltungen,

---

164 BGH, GRUR 1966, 38, 42 – Centra; BGH, GRUR 1968, 371, 377 – Maggi; BGH, GRUR 1981, 142, 144 – Kräutermeister; Schroeter, WRP 1968, 435 f.; Baumbach/Hefermehl, WZG, Einl. WZG Rdnr. 55 und 63.

165 Vgl. Sambuc, in: Harte-Bavendamm/Henning-Bodewig, UWG, § 4 Rdnr. 8 m.w.N.

166 Nach Vierheilig, GRUR 1977, 704, 707, ging es hier nicht um eine Ausdehnung zeichenrechtlichen Schutzes qua Wettbewerbsrecht, sondern um einen Ersatz fehlender zeichenrechtlicher Abwehransprüche durch das Wettbewerbsrecht.

167 BGH, GRUR 1992, 329, 331 – AjS-Schriftenreihe.

168 BGH, GRUR 1963, 423 ff. – coffeinfrei.

Ausstattungselementen[169], Verpackungen[170] und Farben[171]. Nach der Rechtsprechung des BGH sollte in diesen Fällen die Gewährung wettbewerbsrechtlichen Schutzes gemäß § 1 UWG a.F. nur in Ausnahmefällen unter den besonderen Umständen in Betracht kommen, dass die Kennzeichnungsmittel in den beteiligten Verkehrskreisen in gewissem Umfang bekannt geworden und besonders einprägsam und eigenartig waren. Auf der Verletzerseite war erforderlich, dass die Annäherung an die fremde Gestaltung ohne hinreichenden Grund erfolgte und zumindest leichtfertig hingenommen wurde, dass Verwechslungen herbeigeführt oder der Ruf der anderen Ware beeinträchtigt oder ausgenutzt wurde[172]. Es handelte sich dabei hauptsächlich um die wettbewerbsrechtlichen Fallgruppen der vermeidbaren Herkunftstäuschung und der wettbewerbswidrigen Ausnutzung fremden Rufs[173]. Die bloße Verwechslungsabsicht ohne Vorliegen einer objektiven Verwechslungsgefahr sollte nach Ansicht des BGH nicht genügen[174].

bb) Kritik in der Literatur

Teilweise wurde die in den Entscheidungen des BGH zum Ausdruck kommende „Hypertrophie wettbewerbsrechtlichen Denkens" kritisiert und die Gewährung eines ergänzenden Kennzeichenschutzes bei Fehlen der zeichenrechtlichen Entstehungsvoraussetzungen abgelehnt[175]. Die in § 25 WZG zum Ausdruck kommende Wertung, wonach Kennzeichnungen ein Ausstattungsschutz erst nach erlangter Verkehrsgeltung gemäß § 25 WZG gewährt werde sowie der Grundsatz der Wettbewerbsfreiheit verböten einen derartigen Ersatz fehlender zeichenrechtlicher Ansprüche durch das Wettbewerbsrecht. Es dürften auf diesem Wege keine Ersatzausschließlichkeitsrechte geschaffen werden[176]. Überwiegend fand die Rechtsprechung, einschließlich der Tatsache, dass die bloße Verwechslungsabsicht nicht genügen sollte, dagegen Zustimmung in der Literatur[177]. Allerdings wurde auch der Ausnahmecharakter dieses Schutzes unterstrichen[178].

---

169 BGH, GRUR 1965, 601 ff. – roter Punkt; BGH, GRUR 1966, 30 ff. – Konservenzeichen; BGH, GRUR 1966, 30 ff.
170 BGH, GRUR 1963, 423 ff. – coffeinfrei.
171 BGH, GRUR 1968, 371ff. – Maggi; BGH, GRUR 1979, 853, 854 f. – LILA.
172 BGH, GRUR 1963, 423, 428 – coffeinfrei; BGH, GRUR 1969, 190, 191 – halazon.
173 V. Gamm, Festschrift Bundespatentgericht, 133, 139 f., 143.
174 BGH, GRUR 1967, 315, 317 – skai-cubana; BGH, GRUR 1969, 190, 191 f. – halazon. Abweichend hiervon indes BGH, GRUR 1966, 38, 42 – Centra.
175 Vierheilig, GRUR 1977, 704, 713.
176 Marinos, Die „sittenwidrige Annäherung" an fremde Kennzeichen, S. 6.
177 Hefermehl, GRUR 1968, 378, 379 f.; v. Gamm, Festschrift Bundespatentgericht, 133, 139; Pluta, Der ergänzende wettbewerbsrechtliche Kennzeichenschutz,

b) Anwendung von § 1 UWG a.F. bei an sich geschützten Kennzeichen, aber fehlenden Rechtsfolgevoraussetzungen

aa) Schutz gegen Rufausnutzung bei Annäherungen an ein fremdes Kennzeichen innerhalb des Warengleichartigkeitsbereichs ohne Verwechslungsgefahr

(1) „Annäherungsrechtsprechung"

Bei den die so genannte Annäherungsrechtsprechung[179] betreffenden Fallgestaltungen entfielen warenzeichenrechtliche Ansprüche bzw. solche aus § 16 UWG a.F., da trotz Gleichartigkeit der beiderseitigen Waren und trotz zeichenmäßigen Gebrauchs eine Verwechslungsgefahr i.S.d. § 31 WZG bzw. § 16 UWG a.F. nicht festgestellt werden konnte. Die Rechtsprechung gewährte jenseits der Grenze der Verwechslungsgefahr einen ergänzenden Schutz gemäß § 1 UWG a.F., wenn mit der Annäherung an das fremde Kennzeichen eine Rufausbeutung verbunden war[180]. Ein bekanntes Beispiel aus dieser Fallgruppe ist die Kräutermeister-Entscheidung[181]. Hier standen sich die Kennzeichen „Kräutermeister" und „Jägermeister" gegenüber. Eine Verwechslungsgefahr zwischen den Zeichen verneinte der BGH mangels ausreichender Übereinstimmung. Jedoch erachtete das Gericht einen wettbewerbsrechtlichen Kennzeichenschutz aus § 1 UWG a.F. unter dem Gesichtspunkt der Rufausnutzung einer bekannten oder berühmten Marke als möglich[182].

S. 126 ff.; Reimer, Das Recht des unlauteren Wettbewerbs, S. 184 ff.; Sambuc, Der UWG-Nachahmungsschutz, Rdnr. 619 ff.

178 Schroeter, WRP, 1968, 435; v. Gamm, Wettbewerbsrecht, § 1 Rdnr. 60.

179 Zu diesem Begriff: Baumbach/Hefermehl, Wettbewerbsrecht, 22. Aufl., § 1 Rdnr. 561; Keller, Schutz eingetragener Marken, S. 24; Lehmann, GRUR Int. 1986, 6, 13 und Fezer, GRUR 1986, 485 f. bezeichnen diese Fallgruppe als „Versteckte Anlehnung".

180 BGH, GRUR 1966, 30 ff. – Konservenzeichen I; BGH, GRUR 1981, 142 ff. – Kräutermeister; BGH, GRUR 1991, 609 ff. – SL.

181 BGH, GRUR 1981, 142 ff. – Kräutermeister.

182 Hierzu führte der BGH, a.a.O., S. 13, aus: „Ergäbe die Prüfung nämlich eine solche Ausbeutung des Rufs der Marke „Jägermeister" durch „Kräutermeister", so könnte dies indiziell auch dafür sprechen, dass die Beklagte die assoziatationsweckende Wortverbindung in der Absicht gewählt hat, damit den Ruf der Marke „Jägermeister" für ihr Erzeugnis auszunutzen".

(2) Kritik in der Literatur

Die Annäherungsrechtsprechung stieß zum Teil auf starke Kritik. Haupteinwand war, dass die durch das WZG gezogenen Grenzen in unzulässiger Weise erweitert und die Gebote der Wettbewerbsfreiheit vernachlässigt würden. Dies sei mit dem System des warenzeichenrechtlichen Sonderschutzes nicht vereinbar[183]. Der Gesetzgeber habe den Schutzbereich von Kenzeichnungen bewusst auf den Bereich der Verwechslungsgefahr (§§ 31 WZG, 16 UWG a.F.) beschränkt und damit klargestellt, dass die Annäherung außerhalb dieses Bereichs erlaubt sei. Was das Gesetz unzweifelhaft erlaube, könne nicht sittenwidrig sein[184]. Durch „ersatzweise" Verbietungsansprüche aus § 1 UWG a.F. würde im Ergebnis die zeichenrechtliche Prüfung negiert werden, wofür kein rechtfertigender Grund ersichtlich sei[185]. Die Forderung eines umfassenden Schutzes des Zeichens gegen Beeinträchtigungen jeglicher Art auf der Grundlage des § 1 UWG a.F. stehe der gesetzlichen Wertung des WZG entgegen und führe zu einer gefährlichen Rechtsunsicherheit[186]. Einige Stimmen hielten die Heranziehung von § 1 UWG a.F. für überflüssig, da der vom WZG gewährte Schutz genügend sei[187]. Teilweise wurde die Möglichkeit einer Rufausbeutung ohne Vorliegen einer Verwechslungsgefahr generell verneint[188].

Die herrschende Auffassung sah den ergänzenden wettbewerbsrechtlichen Kennzeichenschutz im Warengleichartigkeitsbereich als mit dem WZG ohne Wertungswidersprüche vereinbar an[189]. Aus der zeichenrechtlichen Zulässigkeit der Markenbenutzung sei kein relevanter Einwand gegenüber dem auf § 1 UWG a.F. gestützten Unlauterkeitsvorwurf abzuleiten[190]. Zwar könnten zeichenrechtli-

183 Pluta, Der ergänzende wettbewerbsrechtliche Kennzeichenschutz, S. 117, 242; Marinos, Die „sittenwidrige Annäherung" an fremde Kennzeichen, S. 109, 154.

184 Schroeter, WRP 1968, 125, 129.

185 Vierheilig, GRUR 1977, 704, 711.

186 Pluta, Der ergänzende wettbewerbsrechtliche Kennzeichenschutz, S. 242 f.; Schroeter, WRP 1968, 435, 437.

187 Marinos, Die „sittenwidrige Annäherung" an fremde Kennzeichen, S. 109.

188 Schroeter, WRP 1968, 125, 129; Marinos, Die „sittenwidrige Annäherung" an fremde Kennzeichen, S. 29. Differenzierend Vierheilig, GRUR 1977, 704, 709, wonach die Annäherung an bekannte Zeichen als Akt sittenwidriger anlehnender Werbung auch ohne Verwechslungsgefahr bereits nach dem WZG verhindert werden konnte.

189 V. Gamm, Festschrift Bundespatentgericht, 133, 143; Tilmann, GRUR 1968, 619, Hefermehl, GRUR 1968, 378, 379; Lehmann, GRUR Int. 1986, 6, 12 f.; Peter Ulmer, WRP 1987, 299, 305; Ernst-Moll, GRUR 1993, 8, 14; Schulte-Beckhausen, Das Verhältnis des § 1 UWG zu den gewerblichen Schutzrechten und zum Urheberrecht, S. 249.

190 Hefermehl, GRUR 1968, 378, 379.

che Wertungen in die Anwendung des § 1 UWG a.F. einfließen, jedoch führten die vom WZG gelassenen Freiräume nicht zu einer Sperrwirkung gegen die Anwendung des § 1 UWG a.F.[191]. Das Argument der abschließenden Regelung des WZG beachte die unterschiedlichen Zielrichtungen und Grundüberlegungen von WZG und UWG nicht ausreichend. Anknüpfungspunkt von § 1 UWG a.F. sei die Lauterkeit des Wettbewerbs, dagegen werde das Kennzeichen selbst nur reflexartig geschützt[192]. Ein Widerspruch zu den Grundsätzen des Zeichenrechts könne nicht entstehen, da das WZG nicht auf Ausnahmefälle wie die Ausnutzung der Werbekraft einer Kennzeichnung zugeschnitten sei[193].

bb) Rufausbeutung und Rufbeeinträchtigung außerhalb des Warengleichartigkeitsbereichs

(1) DIMPLE-Fall[194]

(a) Die Entscheidung des BGH

In der DIMPLE-Entscheidung ging es um die Benutzung einer bekannten Marke außerhalb des Warengleichartigkeitsbereichs. Eine Herstellerin von Kosmetika meldete die Marke „DIMPLE“ für ihre Erzeugnisse an, um sie für eine Herrenserie sowie für Putz- und Reinigungsmittel zu benutzen. Dagegen wandte sich die Inhaberin der bekannten Marke „DIMPLE“, unter der sie Whisky vertreibt. Der BGH sah in der Anmeldung und Benutzung der Marke durch die Beklagte eine wettbewerbswidrige Rufausbeutung der bekannten Marke „DIMPLE“ wegen der Möglichkeit der Übertragung der besonderen Gütevorstellung, die der Verkehr mit der Marke verbinde, auf die Herrenkosmetika der Beklagten[195]. Eine Übertragbarkeit des Images der Whisky-Marke auf Putz- und Reinigungsmittel verneinte der BGH dagegen wegen des großen Warenabstandes. Das für § 1 UWG a.F. erforderliche Wettbewerbsverhältnis bejahte der BGH, obwohl Zeicheninhaber und Verletzer wegen der Branchenverschiedenheit einen unterschiedlichen

191 Peter Ulmer, WRP 1987, 299, 305.
192 V. Gamm, Festschrift Bundespatentgericht, 133, 143. Anders Fezer, GRUR 1986, 485, 493, der sich zwar auch auf die unterschiedlichen Normzwecke beruft, aber diese darin erblickt, dass es bei § 1 UWG a.F. im Gegensatz zum WZG um den Schutz des Werbewerts der Marke als Leistungsschutz gehe.
193 Lehmann, GRUR Int. 1986, 6, 14; Peter Ulmer, WRP 1987, 299, 308 f.; Schulte-Beckhausen, Das Verhältnis des § 1 UWG zu den gewerblichen Schutzrechten, S. 177.
194 BGHZ 93, 96; GRUR 1985, 550.
195 BGH, GRUR 1985, 550, 552 – DIMPLE; vgl. zu derselben Fallgruppe auch BGH, GRUR 1991, 465, 466 – Salomon.

Abnehmer- oder Lieferantenkreis haben, da beide Parteien durch die angestrebte Ausnutzung der im Streit befindlichen Marke im Wettbewerb zueinander standen[196].

Hinsichtlich der Verwendung der Whisky-Marke für Putzmittel zog der BGH eine Beeinträchtigung der Wertschätzung wegen einer möglichen Übertragung eines negativen Images auf die bekannte Marke durch Erweckung ungünstiger Assoziation in Erwägung, verneinte diese jedoch im Ergebnis wegen der für den Unterlassungsanspruch erforderlichen Begehungsgefahr[197]. Weitere Beispielsfälle im Zusammenhang mit Rufbeeinträchtigungen sind die Entscheidungen „Markenverunglimpfung I und II“[198]. Hierbei handelt es sich um die Fallgruppe der wettbewerbswidrigen Behinderung gemäß § 1 UWG a.F.[199].

(b) Kritik in der Literatur

Das DIMPLE-Urteil fand ein lebhaftes Echo in der Literatur[200]. Gegenstand der Auseinandersetzung waren zum einen die vom BGH entwickelten Voraussetzungen für einen Unterlassungsanspruch aus § 1 UWG a.F. Im Mittelpunkt standen dabei die weite Interpretation des konkreten Wettbewerbsverhältnisses als Tatbestandsmerkmal des § 1 UWG a.F. sowie die Kriterien, die nach Ansicht des BGH für einen Imagetransfer im Rahmen des Rufausbeutungstatbestands maßgeblich sein sollten. Dass nach dem BGH für ein Wettbewerbsverhältnis weder Branchengleichheit noch gegenseitige Konkurrenz beim Absatz der Produkte erforderlich war, stieß nicht auf einhellige Zustimmung[201]. Die Kritik richtete sich vornehmlich dagegen, dass mangels gemeinsamer Abnehmer der Parteien von einem Wettbewerbsverhältnis keine Rede sein könne und im Ergebnis auf das Vorliegen dieses Tatbestandsmerkmals verzichtet werde. Der Begriff des konkreten Wettbewerbsverhältnisses werde zur “inhaltsleeren Vokabel“[202]. Nach überwiegender Ansicht wurde dagegen für ein konkretes Wettbewerbsverhältnis als ge-

196 BGH, GRUR 1985, 550, 552 – DIMPLE.
197 BGH, GRUR 1985, 550, 553 – DIMPLE.
198 BGH, GRUR 1994, 808 ff.; BGH, GRUR 1995, 57 ff.: Es ging um die Verwendung einer Süßwarenmarke („MARS“) oder Kosmetikmarke („NIVEA“) für Kondome.
199 V. Gamm, Wettbewerbsrecht, § 1 Rdnr. 85a; Bork, GRUR 1989, 725, 736 f.
200 Mergel, GRUR 1986, 646 ff.; Kroitzsch, GRUR 1986, 579 ff.; Mettang, GRUR 1987, 149 ff.; Kur, GRUR 1990, 1, 5 m.w.N.
201 Die Interpretation des BGH begrüßend: Ernst-Moll, GRUR 1993, 8, 14; Bork, GRUR 1989, 725, 733; Fezer, GRUR 1986, 485, 487; Schaeffer, GRUR 1988, 509, 512.
202 Mergel, GRUR 1986, 646, 650; Grunewald, NJW 1987, 105, 107; Kraft, GRUR 1989, 79, 80; Kroitzsch, GRUR 1986, 579, 584: Wettbewerbsverhältnis im DIMPLE-Fall beruht auf einer definitio ex definitione.

nügend angesehen, wenn der Kennzeicheninhaber potentieller Anbieter auf dem Markt der Kennzeichen-Zweitverwertung – etwa durch Lizenzvergabe – sein könne[203]. Hinsichtlich des vom BGH aufgestellten Kriterienkatalogs für einen Imagetransfer wurde im Schrifttum teilweise kritisiert, dass dieser nicht geeignet sei, zuverlässige Anhaltspunkte zu geben[204]. Vereinzelt wurde der Schutz des Images einer Marke ganz abgelehnt[205].

Der zweite Bereich der Auseinandersetzung mit dem Urteil betraf das Verhältnis von § 1 UWG a.F. zum Sonderrechtsschutz. Rechtliche Einwände wurden aus dem UWG selbst, seinem Verhältnis zum WZG sowie aus den Wertungen und Grenzen des WZG abgeleitet.

Gegen den Rufausbeutungsschutz gemäß § 1 UWG a.F. wurde vorgebracht, dass es dem Schutzzweck des § 1 UWG a.F. widerspreche, wenn nicht mehr unlauteres Verhalten unterbunden werde, sondern der Besitzstand der bekannten Marke selbst zum Schutzobjekt gemacht werde[206]. Dadurch würde ein systemwidriges Ersatzschutzrecht geschaffen, das wie ein absolutes Recht kommerzialisiert werden könne[207]. Die Aufgabe des handlungsbezogenen Charakters von § 1 UWG a.F. widerspreche dem System des gewerblichen Rechtsschutzes[208]. Der Begriff der Sittenwidrigkeit werde in diesen Entscheidungen überproportional verwendet. Das Regel-/Ausnahmeverhältnis vom Kennzeichenschutz nach WZG und Wettbewerbsrecht werde ins Gegenteil verkehrt, indem das WZG hinter der UWG-Bewertung zurücktrete.

Hinsichtlich der Wertungen des WZG war der Haupteinwand, dass in der Beschränkung der Verbietungsrechte des Zeicheninhabers auf den Warengleichartigkeitsbereich durch das WZG die gesetzliche Wertentscheidung zum Ausdruck komme, dass eine Rufausnutzung durch Zeichenverwendung außerhalb dieses Bereichs grundsätzlich nicht verboten werden könne[209]. Bei einem dennoch bestehenden Schutzbedürfnis sei eine Verstärkung des warenzeichenrechtlichen Schutzes über den Bereich der Warengleichartigkeit hinaus vorzugswürdig[210]. Die DIMPLE-Rechtsprechung schaffe in unzulässiger Weise Lizensierungsmöglichkeiten allein aufgrund eines gegen jedermann bestehenden Unterlassungsanspruchs außerhalb des Warengleichartigkeitsbereichs ohne Bestehen ei-

---

203 Ernst-Moll, GRUR 1989, 8, 14; Tilmann, GRUR 1985, 553, 554.
204 Rößler, GRUR 1994, 559, 566.
205 Hösch, WRP 1994, 796, 801; Grunewald, NJW 1987, 105, 110: Für eine Ansiedelung des Falles bei § 823 Abs. 1 BGB wegen Verwechslungsgefahr.
206 Mergel, GRUR 1986, 646, 650, 656.
207 Mergel, GRUR 1986, 646, 650 ff.; Kroitsch, GRUR 1986, 579, 582 f.
208 Hösch, WRP 1994, 796, 799.
209 Kraft, GRUR 1989, 79, 80; Mergel, GRUR 1986, 646, 652.
210 Kraft, GRUR 1989, 79, 83; Hösch, WRP 1994, 796, 801.

nes subjektiven Rechts nach dem WZG[211]. Darüber hinaus führe die Rechtsprechung wegen der Unklarheit des Begriffs des wettbewerbsrechtlichen Besitzstandes zu einer erheblichen Rechtsunsicherheit[212].

Die herrschende Auffassung begrüßte demgegenüber die Rechtsprechung zum Rufausbeutungsschutz der bekannten Marke außerhalb des Warengleichartigkeitsbereichs[213]. Als wichtigstes Gegenargument gegen den Einwand der Spezialität des Sonderrechtsschutzes wurde der Umstand angeführt, dass der wettbewerbsrechtliche Rufausbeutungsschutz außerhalb des Normzwecks des WZG liege[214]. Aufgabe des WZG sei allein der Schutz der Marke als Herkunftszeichen mit dem warenzeichenrechtlichen Instrumentarium der Verwechslungsgefahr und Warengleichartigkeit. Dagegen sei Gegenstand des wettbewerbsrechtlichen Schutzes der Werbewert der Marke, der sich als Ergebnis der unternehmerischen Investition in der Marke ausbilde[215]. Auf diese Ausnahmefälle sei das WZG nicht zugeschnitten, das Gesetz sei überhaupt nicht betroffen. Der Beschränkung des WZG auf die Herkunftsfunktion wurde nicht entnommen, dass der Schutz der übrigen Funktionen, wie der Werbefunktion des Warenzeichens, aufgrund anderer Vorschriften ausgeschlossen sein sollte. Die ergänzende Anwendung des Wettbewerbsrechts auf an sich zeichenrechtliche, aber dort nicht erfasste Sachverhalte wurde besonders deshalb nicht als systemwidrig angesehen, da das WZG ein Teil des allgemeinen Wettbewerbsrechts sei. Ein – isoliert betrachtet – wettbewerbswidriges Verhalten sollte nicht allein deshalb eine andere Bewertung erfahren, weil es mit einem Normenkomplex nicht in Widerspruch gerate, der lediglich einen Ausschnitt aus einem Rechtsgebiet darstellt, welches sich mit solchen Handlungen beschäftigt[216]. Es sei im deutschen Recht gängige Praxis, beim Versagen von Spezialnormen die Anwendbarkeit von Auffangtatbeständen zu prüfen, was ebenso – auch unter Berücksichtigung des besonderen Spannungsverhältnisses zum Zeichenrecht – im Wettbewerbsrecht gelte[217].

---

211 Kroitsch, GRUR 1986, 579, 582.

212 Kroitsch, GRUR 1986, 579, 583, 584; Mergel, GRUR 1986, 646, 654; vgl. hierzu auch Piper, GRUR 1996, 429, 431.

213 Ernst-Moll, GRUR 1993, 8, 13 ff.; Fezer, GRUR 1986, 485, 486 ff; Bork, GRUR 1989, 725, 734; Tilmann, GRUR 1985, 553, 554; Peter Ulmer, WRP 1987, 299, 304.

214 Klette, GRUR 1988, 456, 457; Schaeffer, GRUR 1988, 509, 514; Kur, GRUR 1990, 1, 4 m.w.N.

215 Fezer, GRUR 1986, 485, 493; Peter Ulmer, WRP 1987, 299, 303.

216 Mettang, GRUR 1987, 149, 152.

217 Bonn, Der Rechtsschutz von Marken mit gesteigerter Verkehrsgeltung, S. 106.

(2) Rolls-Royce-Fall[218]: Fehlende warenzeichenmäßige Benutzung beim Einsatz einer Marke zur Reklame branchenfremder Ware

(a) Die Entscheidung des BGH

Ähnlich wie im DIMPLE-Fall hatte die Rolls-Royce-Entscheidung die Ausnutzung des Werbewerts einer bekannten Marke für branchenfremde Waren zum Gegenstand[219]. Ein wichtiger Unterschied bestand jedoch darin, dass in diesem Fall die Voraussetzungen der zeichenmäßigen Benutzung nach dem WZG mangels Verwendung der Marke als Hinweis auf eine bestimmte Herkunftsquelle fehlten. Es ging um die Benutzung der bekannten Marke „Rolls-Royce" als Vorspann für die „Jim Beam"-Whisky-Werbung. Da die Marke „Rolls-Royce" nicht zur Kennzeichnung der Ware „Whisky" verwendet und die Werbung zudem für eine branchenfremde Ware eingesetzt wurde, entfielen zeichenrechtliche Ansprüche. Der BGH gewährte einen Unterlassungsanspruch gemäß § 1 UWG a.F., da die Ausbeutung des Rufes einer fremden Ware zur Empfehlung der eigenen Produkte sittenwidrig sei. Das Wettbewerbsverhältnis bejahte der BGH trotz Branchenverschiedenheit wegen der wirtschaftlichen Verwertung des fremden Rufs[220].

(b) Kritik in der Literatur

Auch die Rolls-Royce-Entscheidung fand überwiegend Zustimmung in der Literatur[221]. Es wurde nicht beanstandet, dass der BGH den fehlenden zeichenmäßigen Gebrauch mithilfe von § 1 UWG a.F. überspielte[222]. Die Kritik galt im Wesentlichen den bereits beim DIMPLE-Fall angesprochenen Aspekten[223]. Grunewald lehnte im Gegensatz zum DIMPLE-Fall Abwehrrechte in dieser Konstellation gänzlich ab, weil die Marke „Rolls-Royce" durch die Verwendung in der Werbung für branchenfremde Produkte in keiner Weise beeinträchtigt werde, da weder eine Verwechslungsgefahr bestehe noch dem Markenprodukt ein negatives Image verliehen werde[224]. Zum Teil stieß die Divergenz im Vergleich zum Ver-

---

218 BGHZ 86, 90; GRUR 1983, 247.
219 BGH, GRUR 1983, 247 ff. – Rolls-Royce.
220 BGH, GRUR 1983, 247 249 – Rolls-Royce.
221 Klette, GRUR 1988, 456, 457; Schaeffer, GRUR 1988, 509, 514 f.; Bork, GRUR 1989, 725, 733 Kur, GRUR 1990, 1, 4 f., m.w.N.
222 Loewenheim, MA 1991, 238, 248; Rößler, GRUR 1994, 559, 568, hierzu bereits Tilmann GRUR 1968, 619, 623.
223 Kroitzsch, GRUR 1986, 579, 581 ff.; Sambuc, GRUR 1983, 533, 536, m.w.N.
224 Grunewald, NJW 1987, 105, 111.

wässerungsschutz der berühmten Marke, der einen kennzeichenmäßigen Gebrauch voraussetzte, auf Kritik. Es sei nicht nachvollziehbar, dass „nur" bekannte Marken im Bereich der außerzeichenmäßigen Benutzungshandlungen gemäß § 1 UWG a.F. einen weitergehenden Schutz erführen als berühmte Marken im Rahmen des Verwässerungsschutzes[225].

II. Kennzeichenschutz gemäß § 823 Abs. 1 BGB

1. Schutz des eingerichteten und ausgeübten Gewerbebetriebes

a) Schutz der berühmten Marke

Ein Kennzeichenschutz gemäß § 823 Abs. 1 BGB kam nach der Rechtsprechung des BGH hauptsächlich unter dem Gesichtspunkt des Eingriffs in den eingerichteten und ausgeübten Gewerbebetrieb in Betracht[226]. Wichtigster Anwendungsfall war der Schutz der berühmten Marke gemäß §§ 823 Abs. 1, 1004 BGB als wertvoller Bestandteil des eingerichteten und ausgeübten Gewerbebetriebs gegen Verwässerungsgefahr. Der Verwässerungsschutz wurde damit begründet, dass der Inhaber eines berühmten Kennzeichens ein berechtigtes Interesse daran habe, dass ihm seine unter großem Aufwand von Zeit und Geld erworbene Alleinstellung erhalten bleibe und alles vermieden werde, was die Eigenart und den kennzeichnenden Charakter seiner Kennzeichnung verwässern und damit die auf ihrer Einmaligkeit beruhende starke Werbewirkung beeinträchtigen könnte[227]. Der BGH betonte jedoch, dass ein Schutz gegen Verwässerung nur mit großer Vorsicht und nur bei besonders gelagerten Ausnahmetatbeständen gewährt werden dürfe[228]. Ein Verwässerungsschutz noch nicht berühmter, sondern sich erst dahin entwickelnder Marken wurde von der Rechtsprechung abgelehnt[229].

Die Rechtsprechung zum Verwässerungsschutz fand überwiegend Zustimmung in der Literatur[230]. Auch die Kritiker der „DIMPLE"-Rechtsprechung bil-

---

225 Nägele, Die rechtsverletzende Benutzung im Markenrecht, S. 24.
226 BGH, GRUR 1959, 182, 186 – Quick.
227 BGH, GRUR 1959, 182, 186 – Quick.
228 BGH, GRUR 1987, 711, 713 – Camel-Tours; BGH, GRUR 1959, 182, 186 – Quick.
229 BGH, GRUR 1956, 172, 177 – Magirus; BGH, GRUR 1958, 339, 341 – Technika; vgl. Baumbach/Hefermehl, WZG, § 31 Rdnr. 193.
230 Loewenheim, MA 1991, 238 ff.; Ernst-Moll, GRUR 1993, 8 ff.; Baumbach/Hefermehl, WZG, § 31 Rdnr. 191 ff. Kritisch dagegen Sambuc, GRUR 1983, 533, 538.

ligten berühmten Marken gemäß § 823 Abs. 1 BGB außerhalb des Warengleichartigkeitsbereichs einen Sonderrechtsschutz gegen Verwässerung zu[231]. Teilweise wurde jedoch eingewandt, der Verwässerungsschutz berühmter Marken habe unter dem Gesichtpunkt des Behinderungstatbestandes der Rufschädigung seine Grundlage in § 1 UWG a.F.[232].

Darüber hinaus konnten Abwehrrechte gemäß § 823 Abs. 1 BGB unter dem Gesichtspunkt des Eingriffs in den eingerichteten und ausgeübten Gewerbebetrieb wegen Rufschädigung einer berühmten Marke durch Beilegung eines negativen Images ausgelöst werden[233]. Im Hinblick auf Unternehmenskennzeichen kam § 823 Abs. 1 BGB unter dem Gesichtspunkt des Unternehmensschutzes ebenfalls in Betracht, da in der unberechtigten Verwertung von Unternehmenskennzeichen ein Eingriff in den Gewerbebetrieb liegen konnte[234]. Für den Verwässerungsschutz berühmter Unternehmenskennzeichen wurde dagegen auf § 12 BGB zurückgegriffen, wobei die Beurteilungskriterien mit denjenigen für den Berühmtheitsschutz der Marke nach § 823 Abs. 1 BGB übereinstimmten[235].

b) *Subsidiarität des Schutzes des eingerichteten und ausgeübten Gewerbebetriebs*

Beim Kennzeichenschutz unter dem Gesichtspunkt des Eingriffs in den eingerichteten und ausgeübten Gewerbebetrieb ging der BGH unter Verweis auf dessen allgemeine Funktion als subsidiäre Anspruchsgrundlage vom Vorrang des WZG und des UWG aus[236]. Er hob hervor, dass eine Anwendung des § 823 Abs. 1 BGB zum Schutz des Gewerbebetriebs nur in Betracht komme, wenn es gelte, Lücken zu schließen. Folglich musste ein über die Tatbestände der Vorschriften des WZG hinausgehender Eingriff vorliegen[237]. Hierzu passen auch die Ausführungen des BGH zum Verwässerungsschutz in der Quick-Entscheidung, wonach es beim Schutz gegen Verwässerungsgefahr darum gehe, die berühmte Marke außerhalb der allgemeinen zeichen- und wettbewerbsrechtlichen Schutzgründe zu schützen, wenn eine (warenzeichenrechtlich nicht geregelte) Gefähr-

---

231 Kroitzsch, GRUR 1986, 579, 584; Mergel, GRUR 1986, 646, 651; Kraft, GRUR 1989, 79, 80: Die Grenze zum Schutz der berühmten Marke dürfe nicht verwischt werden.

232 Bork, GRUR 1989, 725, 738; Bonn, GRUR 1990, 1050 f.; a. A. Walch, Ergänzender Leistungsschutz, S. 135; Baumbach/Hefermehl, WZG, § 31 Rdnr. 191.

233 BGH, GRUR 1984, 684, 685 f.– Mordoro, vgl. Grunewald, NJW 1987, 105, 112.

234 Staudinger/Hager, BGB, § 823 Rdnr. D 66.

235 BGH, GRUR 1956, 172, 177 – Magirus; BGH, GRUR 1960, 550 – Promota.

236 BGH, GRUR 1962, 310, 314 – Gründerbildnis; BGH, GRUR 1953, 290, 292 – Fernsprechnummer; BGH, GRUR 1983, 467, 468 – Photokina.

237 BGH, GRUR 1962, 310, 314 – Gründerbildnis; BGH, GRUR 1960, 550 – Promota.

dung auf branchenfremden Gebieten zu besorgen sei[238]. Auch im Hinblick auf das Verhältnis zu § 1 UWG a.F. sollte der Schutz des Gewerbebetriebs somit nur als Auffangtatbestand in Frage kommen, etwa wenn ein Anspruch aus § 1 UWG a.F. am fehlenden Wettbewerbsverhältnis scheiterte. Das Schrifttum stimmte überwiegend mit diesen Grundsätzen überein[239]. Teilweise wurde nicht nur hinsichtlich des Schutzes des Gewerbebetriebs, sondern allgemein vom subsidiären Deliktsrecht gemäß §§ 823 Abs. 1, 1004 BGB gegenüber der Spezialmaterie des Zeichenrechts und des Wettbewerbsrechts ausgegangen[240].

2. Kennzeichenschutz gemäß § 823 Abs. 1 BGB aus anderen Gesichtspunkten

In besonderen Fällen bestand die Möglichkeit eines deliktsrechtlichen Schutzes unter dem Aspekt der Verletzung des allgemeinen Persönlichkeitsrechts, wenn die Befugnis eines Unternehmens, über Art und Umfang des Gebrauchs ihres Ausschließlichkeitsrechts (Firmenemblem, Marke, Firmenabkürzung) selbst zu bestimmen, etwa durch Beilegung eines negativen Images, beeinträchtigt wurde[241]. In der Literatur hat es darüber hinaus Versuche gegeben, Kennzeichen als sonstiges Recht i.S.d. § 823 Abs. 1 BGB zu etablieren[242]. Weitere Anwendungsfälle für § 823 Abs. 1 BGB waren im Falle des Verkaufs einer Markenware als anonyme Massenware nach Entfernung der Marke[243] sowie bei Handlungen au-

238 BGH, GRUR 1959, 182, 186 – Quick.

239 RGRK/Steffen, BGB, Vor. § 823 Rdnr. 48; Baumbach/Hefermehl, WZG, Einl. WZG Rdnr. 62 f. Einschränkend Bork, GRUR 1989, 725, 731: Jedenfalls im Warengleichartigkeitsbereich wegen der unterschiedlichen Schutzziele „volle Konkurrenz“ zwischen dem Schutz des Gewerbebetriebs und dem WZG.

240 V. Gamm, Wettbewerbsrecht, § 1 Rdnr. 85c; Lehmann, GRUR Int. 1986, 6, 11; Walch, Ergänzender Leistungsschutz, S. 135.

241 KG Berlin, GRUR 1997, 295, 297 – Alles wird teurer; OLG Frankfurt, NJW 1982, 648 ff. – Lusthansa; OLG Frankfurt, NJW 1985, 1649 – BMW. Einschränkend BGH, GRUR 1986, 759, 761 – BMW: „Bei Betroffenheit des sozialen Geltungsanspruchs der juristischen Person als Wirtschaftsunternehmen“; vgl. auch Grunewald, NJW 1987, 105, 109, gegen eine „Überhöhung des allgemeinen Persönlichkeitsrechts“ und für eine Ansiedlung dieser Fälle beim Eingriff in den eingerichteten und ausgeübten Gewerbebetrieb.

242 Deutsch, Festschrift für Gaedertz, 99, 104 f.; Bürglen, GRUR 1994, 812, 813; dagegen Bork, GRUR 1989, 725, 731. Für einen Schutz der berühmten Marke „als solcher“, d. h. einer nach § 823 Abs. 1 unmittelbar geschützten Rechtsposition, da dies systematisch angemessener sei, Soergel/Zeuner, BGB, 12. Aufl., § 823, Rdnr. 144; MünchKomm/Wagner, BGB, 4. Aufl., § 823 Rdnr. 157.

243 Baumbach/Hefermehl, WZG, Einl. WZG Rdnr. 64.

ßerhalb des geschäftlichen Verkehrs, etwa bei Wahlveranstaltungen einer politischen Partei[244], gegeben.

III. Kennzeichenschutz gemäß § 12 BGB

Der bürgerlichrechtliche Namensschutz wurde unter Geltung des WZG und § 16 UWG a.F. so weit ausgelegt, dass er sich praktisch zu einer Generalschutznorm für das gesamte Namens- und Unternehmensbezeichnungsrecht entwickelte, der die §§ 16 UWG a.F. und 24, 25, 31 WZG weitgehend überlagerte[245].

1. Verwechslungsschutz

Da eine Namensanmaßung gemäß § 12 S. 1 2. Alt. BGB stets durch das Vorliegen einer zeichenrechtlichen Verwechslungsgefahr begründet wurde, kam es beim Schutz von Unternehmenskennzeichen im geschäftlichen Verkehr zu Überschneidungen mit § 16 UWG a.F. Der Anwendungsbereich des § 12 BGB umfasste insoweit denjenigen des § 16 UWG a.F.[246] Der BGH befürwortete hier eine parallele Anwendbarkeit des § 12 BGB neben § 16 UWG a.F. im Wege des Gleichlaufs, maß § 12 BGB in diesem Bereich jedoch keine selbständige Bedeutung zu[247]. § 16 UWG a.F. wurde somit innerhalb seines Geltungsbereichs kein Vorrang eingeräumt. Hierin liegt ein Unterschied zum früheren außerzeichenrechtlichen Schutz auf der Grundlage von § 1 UWG a.F. und § 823 Abs. 1 BGB, deren Anwendung sich mit einem über das WZG hinausreichenden Schutzbedürfnis rechtfertigen ließ.

---

244 LG München, ZUM 1985, 105, 109 – Jetzt red'i.

245 BGH, GRUR 1993, 404, 405 – Columbus; Lehmann, GRUR Int. 1986, 6, 8.

246 Knaak, Festschrift GRUR, 972, 984 f.; Staudinger/Weick/Habermann, BGB, § 12 Rdnr. 235; Bork, GRUR 1989, 725, 729; vgl. auch Soergel/Heinrich, BGB, 13. Aufl., § 12 Rdnr. 117.
Klippel, GRUR 1986, 697, 700: § 16 UWG und § 12 BGB sind eine „Art einheitliche Anspruchsgrundlage".

247 BGH, GRUR 1970, 479, 480 – Treppchen; BGH, GRUR 1977, 503, 504 – Datenzentrale; BGH, GRUR 1988, 635, 636 – Grundkommerz; BGH, GRUR 1993, 404, 405 – Columbus. Vgl. auch OLG Karlsruhe, GRUR 1993, 406, 407 – südwestbild.

Bei fehlender Verwechslungsgefahr, etwa wegen wirtschaftlich zu weit voneinander entfernter Warengebiete[248] und im außergeschäftlichen Verkehr[249] kam dagegen nur ein Anspruch aus § 12 BGB in Betracht.

2. Schutz berühmter Unternehmenskennzeichen gegen Verwässerung

§ 12 BGB bildete des Weiteren die Grundlage für den Schutz von Unternehmensbezeichnungen gegen Verwässerungsgefahr[250] § 16 UWG a.F. war hier unanwendbar, da die Vorschrift das Bestehen einer Verwechslungsgefahr voraussetzte. Dies wurde zum Teil als „zweifelhafter Kunstgriff" bzw. „lückenfüllende Notlösung contra legem" kritisiert, da sich die Verwässerungsgefahr schwerlich unter die für den Namensgebrauch i.S.d. § 12 S. 1 2. Alt. BGB erforderliche Identitäts- oder Zuordnungsverwirrung subsumieren ließ[251].

3. Kritik und neue Ausgangslage

Die extensive Anwendung des § 12 BGB auf den Namensschutz im geschäftlichen Verkehr und die Entwicklung zur „kennzeichenrechtlichen Generalklausel" stieß auf Kritik[252]. Statt eines „Eindringens des § 12 BGB in andere Normenbereiche" wurde gefordert, dass die Vorschrift dem Schutz des Namenspersönlichkeitsrechts vorbehalten sein sollte und der Schutz u. a. von Unternehmensbezeichnungen im Bereich des geschäftlichen Verkehrs wieder aus § 12 BGB herausgenommen und in erster Linie in § 16 UWG a.F. verankert werden sollte[253].

---

248 Warengleichartigkeit wurde von § 16 Abs. 1 UWG a.F. jedoch nicht vorausgesetzt. Vgl. hierzu BGH, GRUR 1958, 172, 176 – Magirus; BGH 1960, 550, 551 – Promota.

249 BGH, GRUR 1976, 379, 380 – KSB; OLG Düsseldorf, GRUR 1983, 794 – Rheinische Post; Tilmann, GRUR 1981, 621, 625.

250 BGH, GRUR 1959, 25, 27 – Triumph; BGH, GRUR 1960, 550, 551 – Promota; BGH, GRUR 1966, 623, 624 – Kupferberg; BGH, GRUR 1977, 503, 504 f. – Datenzentrale.

251 Klippel, GRUR 1986, 697, 699 f.; Goldmann, Schutz des Unternehmenskennzeichens, S. 281; vgl. hierzu auch Ingerl/Rohnke, MarkenG, 2. Aufl., Nach § 15 Rdnr. 22.

252 Knaak, Festschrift GRUR, 971, 984; Tilmann, GRUR 1981, 621 ff.; Klippel, GRUR 1986, 697, 699 m.w.N.

253 Tilmann, GRUR 1981, 621, 622: „Dem Namensschutz gemäß § 12 BGB wird ein wirtschaftsrechtlicher Kuckuck ins Nest gelegt." MünchKomm/Schwerdtner, BGB, 3. Aufl., § 12 Rdnr. 60, 61; Klippel, GRUR 1986, 697, 699.

Überwiegend wurde der weite Anwendungsbereich des § 12 BGB dagegen begrüßt[254].

Durch die Ablösung des § 16 UWG a.F., die Einbeziehung des Kennzeichenschutzes der geschäftlichen Bezeichnungen in das Markengesetz und die Kodifizierung des Bekanntheitsschutzes von geschäftlichen Bezeichnungen in § 15 Abs. 3 MarkenG entstand eine neue Ausgangslage für § 12 BGB. Obwohl der Namensschutz gemäß § 12 BGB im Zuge der Markenrechtsreform nicht verändert wurde, ist der extensive Anwendungsbereich des § 12 BGB im geschäftlichen Verkehr erneut in Frage gestellt worden.

D. Zusammenfassung des Rückblicks

Der Rückblick hat gezeigt, dass der Heranziehung von außerzeichenrechtlichen Normen zum Schutz von Kennzeichen vor Inkrafttreten des Markengesetzes eine erhebliche Bedeutung zukam und dass das Zeichenrecht keinen den Schutzbedürfnissen entsprechenden umfassenden Schutz bot. In welchem Umfang ein Schutzbedürfnis für einen ergänzenden Kennzeichenschutz außerhalb vom WZG und § 16 UWG a.F. verblieb, war allerdings umstritten.

Eine autonome und parallele Anwendung unabhängig von einem verbleibenden Schutzbedürfnis bejahte die Rechtsprechung im Hinblick auf den Schutz von Unternehmenskennzeichen gegen Verwechslungsgefahr, indem sie § 16 UWG a.F. und § 12 BGB im Gleichlauf prüfte. Ferner hielt sich die Rechtsprechung in Sachverhaltskonstellationen, in denen bereits die Entstehungsvoraussetzungen für den zeichenrechtlichen Schutz fehlten, besonders aus Gründen der Praktikabilität, nicht konsequent an den Anwendungsvorrang zeichenrechtlicher Vorschriften.

Der ergänzende Kennzeichenschutz diente vor allem der Ausfüllung bestimmter Schutzlücken, kam also in Fällen, in denen zeichenrechtliche Ansprüche „versagten“ [255], zur Anwendung. Im Vordergrund stand das Problem, inwieweit der nach dem Zeichenrecht vermittelte Schutz auch dann erschöpfend sein sollte, wenn er sich als unzureichend erwies. Dies betraf besonders das Problem der Vereinbarkeit des rechtsfortbildenden Richterrechts zum ergänzenden Zeichenschutz außerhalb des Warengleichartigkeitsbereichs mit den Wertungen und Grenzen des WZG. Die Befürworter dieser erheblichen Erweiterung des Schutzes außerhalb des WZG beriefen sich vor allem auf die unterschiedlichen Schutzge-

254 Staudinger/Weick/Habermann, BGB, § 12 Rdnr. 235; Bork, GRUR 1989, 725, 729; Lehmann, GRUR Int. 1986, 6, 8 m.w.N.

255 Zu diesem Begriff: Vierheilig, GRUR 1977, 704. Auch der BGH verwendet in der MAC Dog-Entscheidung (GRUR 1999, 161, 162) diesen Begriff. Vgl. dazu auch Fezer, WRP 2000, 863, 867.

genstände der konkurrierenden Normen und den vom WZG nicht geschützten Werbewert des Kennzeichens. Bereits die Gewährung von Rufausbeutungsschutz über § 1 UWG a.F. innerhalb des Warengleichartigkeitsbereichs wurde in der Literatur teilweise als Beleg dafür gewertet, dass sich der Wettbewerbsschutz aus seiner eng verstandenen Rolle als ein das WZG in Randbereichen ergänzender Schutz gelöst und für bekannte Marken zu einem gleichrangig neben das WZG tretenden, davon zu unterscheidenden Schutzinstrument von erheblicher Tragweite entwickelt habe[256]. Dies rief andererseits die Forderung nach einer drastischen Reduzierung der Abwehrrechte des Markeninhabers auf den Plan, um den gestörten Zusammenhang zwischen Warenzeichenrecht und Wettbewerbsfreiheit wiederherzustellen[257].

Mehrere Fallgruppen, die früher außerzeichenrechtlich gelöst wurden, sind in das Markengesetz integriert worden. Das betrifft die als sittenwidrige Rufausbeutung eingestufte Anlehnung an fremde Zeichen, die wettbewerbswidrige Behinderung durch rufschädigenden oder die Kennzeichnungskraft schwächenden Zeichengebrauch sowie den auf § 823 Abs. 1 BGB bzw. § 12 BGB gestützten Schutz berühmter Marken und berühmter geschäftlicher Bezeichnungen gegen Verwässerung. Dadurch sind neue Schnittstellen zwischen markenrechtlichem und außermarkenrechtlichem Schutz entstanden. Eine der sich hieraus ergebenden Hauptfragen ist, ob die Erweiterung von Schutzansprüchen im Markengesetz dazu geführt hat, dass der Anwendungsbereich der außermarkenrechtlichen Bestimmungen entsprechend beschnitten wurde. Das hängt davon ab, ob die Prämisse zutreffend ist, dass der so genannte ergänzende Kennzeichenschutz wegen seines „komplementären Charakters“ von der Entwicklung des markenrechtlichen Schutzes stets beeinflusst ist[258]. Von der Rechtsprechung und einem großen Teil der Literatur wird die Ansicht vertreten, dass sich durch die Erweiterung der Schutztatbestände im neuen Markengesetz die Grenzen zwischen den außermarkenrechtlichen Normen und denen des Markengesetzes zugunsten des letzteren verschoben haben[259]. In diesem Zusammenhang ist auch von Interesse, welche Auswirkungen die Erweiterung der nach dem Markengesetz geschützten Funktionen der Kennzeichen für das Verhältnis zu den außermarkenrechtlichen Normen hat.

---

256 Peter Ulmer, WRP 1987, 299, 304.

257 Marinos, Die „sittenwidrige Annäherung“ an fremde Kennzeichen, S. 109.

258 Hierzu Sambuc, Der UWG-Nachahmungsschutz, Rdnr. 586.

259 BGH, GRUR 1999, 161, 162 – MAC Dog; Kur, MarkenR 2001, 137; Starck, MarkenR 2000, 73, 74; Remmertz, MarkenR 2000, 242 ff.

4. Kapitel: Schnittstellen zwischen Markenrecht, Wettbewerbsrecht und Bürgerlichem Recht

A. Überblick über die Konstellationen, in denen Überschneidungen auftreten können

In bestimmten Sachverhaltskonstellationen sind Überschneidungen der Anwendungsbereiche von §§ 14, 15 MarkenG und §§ 3, 4 UWG (= § 1 UWG a.F.), 823 Abs. 1, 12 BGB vorstellbar. Hierunter fallen bei bestehenden Kennzeichenrechten der Verwechslungsschutz gemäß § 14 Abs. 2 Nr. 2 MarkenG und die Fallgruppe der vermeidbaren Herkunftstäuschung aufgrund von § 4 Nr. 9 a) UWG[260]. Für geschäftliche Bezeichnungen ist ein Verwechslungsschutz innerhalb des geschäftlichen Verkehrs neben § 15 Abs. 2 MarkenG auch mittels § 12 BGB denkbar[261]. Ein Verwässerungsschutz berühmter Kennzeichen lässt sich theoretisch nicht nur aus § 14 Abs. 2 Nr. 3, 15 Abs. 3 MarkenG, sondern auch aus § 823 Abs. 1 BGB unter dem Gesichtspunkt des Eingriffs in den eingerichteten und ausgeübten Gewerbebetrieb bzw. aus § 12 BGB herleiten. Ferner ist ein Zusammentreffen der §§ 14 Abs. 2 Nr. 3, 15 Abs. 3 MarkenG mit §§ 3, 4 Nr. 7 und Nr. 9 UWG theoretisch beim Schutz bekannter Kennzeichen gegen Rufausbeutung bzw. Rufbeeinträchtigung möglich.

Zu Überschneidungen des wettbewerbsrechtlichen mit dem markengesetzlichen Schutzsystem kann es darüber hinaus beim markenrechtlichen Schutz von Formmarken und der wettbewerbsrechtlich zu beurteilenden Nachahmung von konkreten Gestaltungselementen kommen[262]. Wegen der Erweiterung des Markengesetzes auf den Schutz dreidimensionaler Gestaltungen gemäß § 3 Abs. 1 MarkenG kann anders als im früheren Recht der Ausstattung (§ 25 WZG) auch die Warenform selbst geschützt werden. Der Schutz gemäß § 3 i.V.m. § 4 Nr. 9 UWG wegen Nachahmung von Produktgestaltungen findet dadurch eine größere Berücksichtigung im Regelwerk des Markengesetzes[263].

---

260 Vgl. Ingerl/Rohnke, MarkenG, 2. Aufl., § 2 Rdnr. 6.
261 Fezer, Markenrecht, § 15 Rdnr. 14, spricht von einer weitgehenden Kongruenz der Anwendungsbereiche des § 15 MarkenG und des § 12 BGB.
262 Vgl. Schulz, Festschrift für Horst Helm, 237, 239 f.
263 Würtenberger, GRUR 2003, 912, 919.

B. Zur Frage, in welchen Fällen ein markenrechtlicher Schutz ausscheidet

I. Unterschiedliche Gründe für das Ausscheiden markenrechtlichen Schutzes

Beispielhaft sollen einige kennzeichenbezogene Fallgestaltungen genannt werden, in denen markenrechtlicher Schutz ausscheidet. Die Verwendung der Formulierung „äußere Grenzen des Markenschutzes“ [264] in diesem Zusammenhang ist missverständlich, da die Gründe für ein Scheitern markenrechtlicher Ansprüche sehr unterschiedlich sein können. Insbesondere kann es sich um Sachverhalte handeln, in denen lediglich einzelne Tatbestandsvoraussetzungen nicht vorliegen, die jedoch innerhalb des Anwendungsbereichs des Markengesetzes anzusiedeln sind. Abhängig von der Einstufung des Konkurrenzverhältnisses kann in diesen Fällen trotz Ausscheidens markenrechtlicher Vorschriften das Markengesetz eine Sperrwirkung entfalten, was eine Unanwendbarkeit außermarkenrechtlicher Vorschriften zur Folge hat. Es kommt daher möglicherweise für die Anwendbarkeit außermarkenrechtlicher Vorschriften darauf an, aus welchen Gründen der Schutz nach dem Markengesetz unterbleibt[265].

II. Kein Schutz nach dem Markengesetz gegen Rufausbeutung und Rufbeeinträchtigung bekannter Marken innerhalb des Ähnlichkeitsbereichs?

Im Gegensatz zu § 15 Abs. 3 MarkenG besteht nach dem Wortlaut des § 14 Abs. 2 Nr. 3 MarkenG der erweiterte Schutz bekannter Marken nur, wenn die Kollisionsmarke für Waren und Dienstleistungen benutzt wird, die nicht denen ähnlich sind, für die die Marke Schutz genießt. Seit Inkrafttreten des Markengesetzes wird kontrovers diskutiert, ob der Tatbestand des § 14 Abs. 2 Nr. 3 MarkenG auch auf Fälle der Waren/Dienstleistungsähnlichkeit ausgedehnt werden soll. Dies hat, je nach Lösung der Konkurrenzfrage, Auswirkungen auf den Anwendungsbereich außermarkenrechtlicher Normen.

---

264 Zu diesem Begriff Kur, GRUR Int. 1998, 771, 778. Deutsch, WRP 2000, 854, 857, spricht allgemein von Fallgestaltungen, die nicht vom Markengesetz erfasst sind.

265 Vgl. für den wettbewerbsrechtlichen Leistungsschutz, Beater, Nachahmen im Wettbewerb, S. 396.

1. Die Kontroverse in der Literatur

In der Literatur ist umstritten, ob das Regelungsbedürfnis für den Schutz gegen Rufausbeutung und Rufbeeinträchtigung im Ähnlichkeitsbereich markenrechtlich oder durch außermarkenrechtliche Normen gelöst werden soll.

Ein Ansatz fordert eine extensive Auslegung des Verwechslungstatbestands von § 14 Abs. 2 Nr. 2 MarkenG. Der Begriff der „gedanklichen Verbindung" i.S.v. §§ 9 Abs. 1 Nr. 2, 14 Abs. 2 Nr. 2 MarkenG soll weit ausgelegt werden, so dass hiervon nicht nur Fälle der Verwechslungsgefahr, sondern darüber hinaus auch ohne Vorliegen einer Herkunftstäuschung Fälle der Rufausbeutung, der Rufbeeinträchtigung und Verwässerungsgefahr erfasst werden[266].

Überwiegend wird eine Anwendung des § 14 Abs. 2 Nr. 3 MarkenG im Waren/Dienstleistungsähnlichkeitsbereich im Wege eines Erst-Recht-Schlusses[267] bzw. einer Analogie[268] gefordert. Die Fälle der Rufausbeutung und Rufbeeinträchtigung im Gleichartigkeitsbereich passten eher in den lauterkeitsrechtlich geprägten Tatbestand des § 14 Abs. 2 Nr. 3 MarkenG als in den des § 14 Abs. 2 Nr. 2 MarkenG[269]. Eine markenrechtsimmanente Lösung sei geboten, da andernfalls der bekannten Marke innerhalb des Ähnlichkeitsbereichs ein geringerer Schutzumfang als außerhalb dieses Bereichs zukäme[270]. Sie hätte den Vorteil, dass die einschlägigen Fälle in den verschiedenen Mitgliedstaaten nach einheitlichen Grundsätzen beurteilt werden könnten[271]. Der Bekanntheitsschutz innerhalb

---

266 Sack, GRUR 1995, 81, 89; ders. WRP 1998, 1127, 1136 ff.; Weberndörfer, MarkenR 2001, 436, 439; v. Mühlendahl, Festschrift für Erdmann, 425, 430 ff. Vgl. auch Starck, MarkenR 2000, 73, 76, demzufolge die Konstellation, in der Verwechslungsgefahr trotz gegebener Warenidentität oder –ähnlichkeit mit einer bekannten Marke ausscheidet, aber dennoch ein Anspruch wegen Rufausbeutung oder Rufbeeinträchtigung gerechtfertigt erscheint, schwer vorstellbar ist; vgl. auch nachfolgend 9. Kap. C I 3.

267 Schmieder, NJW 1997, 2908, 2914; Sambuc, in: Harte-Bavendamm/Henning-Bodewig, UWG, § 4 Rdnr. 120. Nach Fezer, Festschrift für Erdmann, 281, 287, fehlt es bereits an einer Schutzlücke, da das Nichtvorliegen von Produktähnlichkeit i.S.v. § 14 Abs. 2 Nr. 3 MarkenG keine negative Anwendungsvoraussetzung darstelle; ders., NJW 1998, 713, 716; ders., Markenrecht, § 14 Rdnr. 431.

268 Köhler/Piper, UWG, § 1 Rdnr. 420; Ingerl, WRP 2004, 809, 811; Ingerl/Rohnke, MarkenG, 2. Aufl., § 14 Rdnr. 830; Kur, MarkenR 2001, 137, 140.

269 Kur, MarkenR 2001, 137, 139.

270 Fezer, NJW 1998, 713, 716; v. Mühlendahl, Festschrift für Erdmann, 425, 429; Sack, WRP 1998, 1127, 1137; Ingerl/Rohnke, MarkenG, 2. Aufl., § 14 Rdnr. 828.

271 Sack, GRUR 1998, 1127, 1138. Nach Weberndörfer, Auswirkungen der Umsetzung der EG-Markenrichtlinie, S. 180, wäre ein Rückgriff auf § 1 UWG a.F.(= § 3 UWG n.F.) in diesen Fällen konträr zum Vereinheitlichungsziel der MarkenRL.

des Ähnlichkeitsbereichs dürfe nicht von zusätzlichen wettbewerbs- oder deliktsrechtlichen Voraussetzungen abhängig gemacht werden[272].

Nach der Gegenauffassung ist der Schutz der bekannten Marke innerhalb des Ähnlichkeitsbereichs aus der wettbewerbsrechtlichen Generalklausel herzuleiten, da eine analoge Anwendung des § 14 Abs. 2 Nr. 3 MarkenG dem eindeutigen Wortlaut der Regelung widerspreche[273]. Die bestehende Schutzlücke könne nur über das UWG geschlossen werden[274]. Vertreten wird aber auch, dass die Schutzlücke nur durch eine Gesetzesänderung zu schließen sei, da die Anwendung der wettbewerbsrechtlichen Generalklausel für eine Rufausbeutung bei ähnlichen Waren ungeachtet eines etwaigen Bedürfnisses nicht angebracht sei[275].

2. *Die Rechtsprechung des EuGH und des BGH*

Der EuGH hat im Davidoff/Gofkid-Fall entschieden, dass auf der Grundlage des Art. 5 Abs. 2 MarkenRL auch der Schutz der bekannten Marke im Fall der Benutzung eines Zeichens für identische oder ähnliche Waren oder Dienstleistungen vorgesehen werden kann[276]. Ausdrücklich wendet er sich gegen eine extensive Auslegung des Verwechslungstatbestandes des § 14 Abs. 2 Nr. 2 MarkenG. In der Entscheidung „Adidas" hat der EuGH diese Rechtsprechung fortgeführt und hervorgehoben, dass ein Mitgliedstaat bei der Umsetzung des Art. 5 Abs. 2 MarkenRL für identische oder ähnliche Waren oder Dienstleistungen einen mindes-

---

272 Ingerl/Rohnke, MarkenG, 2. Aufl., § 14 Rdnr. 830.

273 Piper, GRUR 1996, 429, 437; Eichmann, GRUR 1998, 201, 207; früher Ingerl/Rohnke, NJW 1994, 1247, 1251.

274 Zu § 1 UWG a.F. Piper, GRUR 1996, 429, 437. Eichmann, GRUR 1998, 201, 207 f., fordert allerdings im Rahmen der Anwendbarkeit des § 1 UWG a.F. eine völlige Ausrichtung am markenrechtlichen Bekanntheitsschutz im Sinne einer Inhaltsgleichheit.

275 Althammer/Klaka, MarkenG, 6. Aufl., § 14 Rdnr. 22.

276 EuGH GRUR 2003, 240, 242 – Davidoff/Gofkid. Der BGH hatte die Frage zum Gegenstand eines Vorabentscheidungsersuchens gemäß Art. 234 EG gemacht (BGH, WRP 2000, 1142 ff. – Davidoff). Er hatte eine Verwechslungsgefahr der Wort-/Bildmarke „Durffee" mit der bekannten Marke „Davidoff" trotz Warenähnlichkeit verneint und zog Ansprüche aus unlauterem Wettbewerb durch Annäherung an eine berühmte Kennzeichnung ohne Vorliegen einer Verwechslungsgefahr nach § 1 UWG a.F. (= § 3 UWG n.F.) in Betracht. Dabei bezog er sich auf die vor Inkrafttreten des Markengesetzes ergangenen Entscheidungen „Kräutermeister"(BGH, GRUR 1981 142, 144) und „SL"(BGH, GRUR 1991, 609, 612). Vor diesem Hintergrund sollte vom EuGH geklärt werden, ob die Vorschriften des Art. 4 Abs. 4 Buchst. a und Art. 5 Abs. 2 MarkenRL dahin auszulegen seien, dass sie auf Fälle, in denen Warenidentität oder Warenähnlichkeit besteht, zumindest entsprechend anwendbar seien.

tens genauso umfassenden Schutz vorsehen muss[277]. Die Wahlmöglichkeit des Mitgliedstaats erstrecke sich darauf, ob bekannte Marken überhaupt stärker geschützt werden sollen, nicht aber darauf, welche Sachverhalte von diesem Schutz erfasst werden, wenn er gewährt wird[278]. Da mit § 14 Abs. 2 Nr. 3 MarkenG die fakultative Bestimmung des Art. 5 Abs. 2 MarkenRL über den besonderen Schutz bekannter Marken außerhalb des Ähnlichkeitsbereichs weitgehend wortgleich in nationales Recht umgesetzt wurde, ist diese Rechtsprechung so zu verstehen, dass der gebotene Schutz bekannter Marken innerhalb des Ähnlichkeitsbereichs ebenfalls auf der Basis dieser markenrechtlichen Vorschrift durch eine entsprechende Anwendung zu gewähren ist.

Nachdem der BGH schon in der EVIAN/REVIAN-Entscheidung[279] zu einer Anwendbarkeit des Markenrechts innerhalb des Ähnlichkeitsbereichs tendiert hatte, hat er sich in der Davidoff II – Entscheidung unter Bezugnahme auf die EuGH-Rechtsprechung ausdrücklich für eine entsprechende Anwendung des § 14 Abs. 2 Nr. 3 MarkenG bezüglich des Bekanntheitsschutzes im Ähnlichkeitsbereich ausgesprochen[280].

3. Stellungnahme

Der Rechtsprechung des EuGH und BGH ist zuzustimmen, da ein gleichgelagertes, wenn nicht sogar dringenderes Schutzbedürfnis innerhalb des Waren/Dienstleistungsähnlichkeitsbereichs besteht. Wegen des Harmonisierungsziels und zur Vermeidung einer Aufspaltung des Rechtsschutzes bekannter Marken sollte die Schutzlücke über eine entsprechende Anwendung von § 14 Abs. 2 Nr. 3 MarkenG geschlossen werden[281]. Es würde dem gesetzgeberischen Ziel, den Schutz bekannter Marken zu erweitern und verbessern, widersprechen, wenn Verletzungshandlungen innerhalb des Ähnlichkeitsbereichs vom Markenschutz ausgenommen wären und die Spezifika des Markengesetzes bekannten Marken im Ähnlichkeitsbereich nicht zugute kämen. Allerdings muss die analoge Anwendung von § 14 Abs. 2 Nr. 3 MarkenG wegen des strafrechtlichen Analogieverbots in Art. 103 Abs. 2 GG verfassungskonform eingeschränkt werden, soweit

---

277 EuGH MarkenR 2003, 453, 455 – Adidas.

278 EuGH MarkenR 2003, 453, 455 f. – Adidas.

279 BGH, WRP, 2001, 694, 697 – EVIAN/REVIAN. Gegen eine Anwendbarkeit des § 14 Abs. 2 Nr. 3 MarkenG bei Produktidentität: OLG Hamburg GRUR 1999, 172, 176 – CABINET; OLG Hamburg, GRUR, 1996, 982, 983 – Für Kinder.

280 BGH, WRP 2004, 360, 363 – Davidoff II.

281 Ströbele/Hacker, MarkenG, 7. Aufl., § 14 Rdnr. 196; Ingerl/Rohnke, MarkenG, 2. Aufl., § 14 Rdnr. 830; Köhler/Piper, UWG, § 1 Rdnr. 420.

es um die strafrechtlichen Folgen einer Markenverletzung gemäß § 143 MarkenG geht[282].

III. Fallgestaltungen, in denen Schutz nach dem Markenrecht entfällt

Allen Verletzungstatbeständen des Markengesetzes ist gemeinsam, dass sie zunächst an einen Zeichengebrauch durch Dritte im geschäftlichen Verkehr anknüpfen. Sowohl für Marken als auch für geschäftliche Bezeichnungen entfällt daher ein markenrechtlicher Unterlassungsanspruch, wenn der Anspruchssteller nicht Inhaber eines prioritätsälteren Kennzeichens ist, etwa wegen fehlender Verkehrsgeltung bei einem nicht eingetragenen oder eintragbaren Kennzeichen[283]. Von vornherein unanwendbar ist das Markengesetz ferner für Kennzeichenverwendungen außerhalb des geschäftlichen Verkehrs[284].

Markenrechtliche Ansprüche können des Weiteren daran scheitern, dass die in den §§ 14 Abs. 2 Nr. 1 bis 3 und 15 Abs. 2 und 3 MarkenG normierten Verletzungstatbestände nicht erfüllt sind. Daher entfällt ein markenrechtlicher Schutz z. B. bei Rufausbeutungen und Rufschädigungen nicht bekannter Kennzeichen ohne Vorliegen einer Verwechslungsgefahr[285], ferner in Fällen fehlender Identität oder Ähnlichkeit der Zeichen i.S.v. §§ 14 Abs. 2 Nr. 2 und 3, 15 Abs. 2 und 3 MarkenG[286]. Kein markenrechtlicher Schutz besteht ferner gegen das Entfernen fremder Kennzeichen von einem Produkt („Markenbruch"), da es unabhängig von der Frage der zeichenmäßigen Benutzung auch an der Voraussetzung der Ausnutzung oder Beeinträchtigung von Unterscheidungskraft oder Wertschätzung der entfernten Marke i.S.v. § 14 Abs. 2 Nr. 3 MarkenG fehlt[287].

---

282 Sack, WRP 1998, 1127, 1139; Remmertz, MarkenR 2000, 242, 244.

283 BGH, GRUR 1997, 754, 755 – grau/magenta; BGH, GRUR 2001, 251, 253 – Messerkennzeichnung.

284 BGH, WRP 2002, 694, 697 – shell.de; OLG Hamm, GRUR 2003, 722 – www.castor.de; Ströbele/Hacker, MarkenG, 7. Aufl., § 2 Rdnr. 31; Münch-Komm/Schwerdtner, BGB, 4. Aufl., § 12 Rdnr. 246.

285 V. Gamm, Festschrift für Piper, 537, 541; Ingerl/Rohnke, MarkenG, 2. Aufl., § 14 Rdnr. 524; Köhler/Piper, UWG, § 1 Rdnr. 422; Kotthoff, in: HK-WettbR, § 1 Rdnr. 572; Kiethe/Krauß, WRP 1996, 495, 498.

286 Starck, MarkenR 2000, 73, 76; Sambuc, Der UWG-Nachahmungsschutz, Rdnr. 662.

287 Ingerl/Rohnke, MarkenG, 2. Aufl., § 14 Rdnr. 175; Fezer, Markenrecht, § 2 Rdnr. 25; Kur, MarkenR 2001, 137, 145.

IV. Zum Problem der nicht kennzeichenmäßigen Benutzungshandlungen

Der Begriff der rechtsverletzenden Zeichenbenutzung nach dem Markengesetz ist von grundlegender Bedeutung für die Reichweite des Markenschutzes und die Frage nach dem Bedarf an ergänzendem wettbewerbs- oder deliktsrechtlichen Schutz[288]. Im Mittelpunkt steht die Frage, ob §§ 14, 15 MarkenG auch vor nicht kennzeichenmäßigen Benutzungshandlungen schützen und damit Fallgestaltungen erfassen, die vor Einführung des Markengesetzes nur von § 1 UWG a.F. bzw. § 823 Abs. 1 BGB behandelt wurden[289]. Unter dem neuen UWG kommt in dieser Fallgruppe vor allem die Anwendung von § 3 i.V.m. § 4 Nr. 10 UWG oder nur von § 3 UWG in Betracht[290]. Der Begriff „kennzeichenmäßig" umfasst sowohl den markenmäßigen Gebrauch als auch den Gebrauch, dessen Zweck die Unterscheidung eines Unternehmens von einem anderen ist[291]. Nach früherem Recht war eine Benutzung zeichenmäßig, wenn ein nicht ganz unerheblicher Teil der angesprochenen Verkehrskreise annehmen konnte, das Zeichen diene als Hinweis auf die betriebliche Herkunft des gekennzeichneten Produkts[292]. Nicht erfasst waren insbesondere rein beschreibende, rein dekorative und das Originalprodukt eines Dritten bezeichnende Verwendungen[293]. Mit dem Verweis auf die Rechtslage vor Inkrafttreten des Markengesetzes kann das Erfordernis des kennzeichenmäßigen Gebrauchs jedoch nicht ohne weiteres begründet werden, weil es sich bei § 14 MarkenG um harmonisiertes Markenrecht handelt und die Ausgestaltung der Verletzungstatbestände nicht allein von der deutschen Rechtsprechung beeinflusst ist[294]. Außerdem war die frühere Rechtslage nicht einheitlich[295].

1. Markenmäßige Benutzung i.S.v. § 14 MarkenG

a) Schrifttum

Ein großer Teil des Schrifttums befürwortet die Beibehaltung des Erfordernisses der markenmäßigen Benutzung in allen Verletzungstatbeständen des § 14 Abs. 2

288 Ingerl/Rohnke, MarkenG, 2. Aufl., § 14 Rdnr. 63.

289 BGH, GRUR 1994, 635 – Pulloverbeschriftung; BGH, GRUR 1983, 247 – Rolls Royce.

290 Sambuc, in: Harte-Bavendamm/Henning-Bodewig, UWG, § 4 Rdnr. 121; Köhler, in: Baumbach/Hefermehl, Wettbewerbsrecht, 23. Aufl. § 4 Rdnr. 10.80.

291 V. Linstow, WRP 2000, 955, 957.

292 BGH, GRUR 1990, 274, 275 – Klettverschluss; BGH, GRUR 1991, 609, 610 – SL.

293 Vgl. Ingerl/Rohnke, MarkenG, 2. Aufl., § 14 Rdnr. 92.

294 EuGH, MarkenR 1999, 84, 86 – BMW; Schweyer, in: v. Schultz, Markenrecht, § 14 Rdnr. 14; Ingerl/Rohnke, MarkenG, 2. Aufl., § 14 Rdnr. 779.

295 Vgl. Goldmann, Schutz des Unternehmenskennzeichens, § 15 Rdnr. 15.

MarkenG[296]. Als Hauptargument wird die Vorschrift des Art. 5 Abs. 5 MarkenRL angeführt.

Gemäß Art. 5 Abs. 5 MarkenRL berühren die Abs. 1 bis 4 nicht die in einem Mitgliedstaat geltenden Bestimmungen über den Schutz gegenüber der Verwendung eines Zeichens zu anderen Zwecken als der Unterscheidung von Waren oder Dienstleistungen, wenn die Benutzung dieses Zeichens die Unterscheidungskraft oder die Wertschätzung der Marke ohne rechtfertigenden Grund in unlauterer Weise ausnutzt oder beeinträchtigt.

Aus dem Umkehrschluss zu Art. 5 Abs. 5 MarkenRL wird gefolgert, dass die in Art. 5 Abs. 1 bis 4 MarkenRL geregelten Verletzungstatbestände lediglich die Benutzung von Marken „zum Zweck der Unterscheidung" erfassen[297]. Danach bleibt es Aufgabe des nationalen Wettbewerbs- bzw. Deliktsrechts, den Markeninhaber gegen eine Zeichenverwendung zu anderen als Unterscheidungszwecken zu schützen. Art. 5 Abs. 5 MarkenRL wird hinsichtlich der Reichweite des Benutzungsbegriffs als Schnittstelle zwischen harmonisiertem Markenrecht und einzelstaatlichem Wettbewerbs- bzw. Deliktsrecht angesehen[298]. Allerdings wird der Begriff der markenmäßigen Benutzung überwiegend in einem weiteren Sinne als unter dem WZG verstanden[299]. Im Gegensatz zum früheren Verständnis der zeichenmäßigen Benutzung soll es für § 14 Abs. 2 MarkenG schon ausreichen, wenn die beanstandete Bezeichnung die Marke zum Zweck des Produktabsatzes funktionswidrig adressiert[300].

Für einen Teil der Literatur umfasst § 14 Abs. 2 MarkenG auch die nicht markenmäßige Benutzung des Zeichens durch den Verletzer. Ausreichend für die Annahme einer rechtsverletzenden Benutzung soll jede Verwendung eines Zeichens im geschäftlichen Verkehr sein[301]. Zur Begründung wird auf den Wortlaut

---

296 Lange, WRP 2003, 323, 325 f.; v. Linstow, WRP 2000, 955, 956 f.; Piper, GRUR 1996, 429, 434; Sack, GRUR 1995, 81, 94; Keller, GRUR 1996, 607, 609; v. Schultz, GRUR 1997, 408, 409; v. Gamm, Festschrift für Piper, 537, 540; Rößler, GRUR 1994, 559, 568.

297 V. Schultz, GRUR 1997, 408, 409; Piper, GRUR 1996, 429, 434 m.w.N.

298 Ingerl/Rohnke, MarkenG, 2. Aufl., § 14 Rdnr. 80; vgl. aber auch Ingerl, WRP 2004, 809, 811, wonach dem nationalen Gesetzgeber durch Art. 5 Abs. 5 MarkenRL nicht vorgegeben ist, diesen Schutz außermarkenrechtlich zu gestalten.

299 Lange, WRP 2003, 323, 325f.; Ingerl, WRP 2002, 861, 867; Starck, MarkenR 2000, 73, 75.

300 Lange, WRP 2003, 323, 326 f. Nach Ingerl/Rohnke, MarkenG, 2. Aufl, § 14 Rdnr. 81, 85, reicht eine „irgendwie das Produkt identifizierende Verwendung" nicht aus, erforderlich sei eine Verwendung als (mittelbarer) Hinweis auf die betriebliche Herkunft des eigenen Angebots.

301 Hotz, GRUR 2003, 993, 1002; Ekey, in: HK-MarkenR, § 14 Rdnr. 60; Fezer, Markenrecht, § 14 Rdnr. 29 ff. und Rdnr. 234; ders. GRUR 1996, 566, 568; Schmieder, NJW 1997, 2908, 2914; Deutsch, WRP 2000, 854, 855 Fußn. 6; Nägele, Die rechts-

des Art. 5 Abs. 1 und 2 MarkenRL und darauf verwiesen, dass die amtliche Begründung zum Markengesetz eine Beschränkung auf den kennzeichenmäßigen Gebrauch nicht vorsehe. Während nach dem WZG das Erfordernis des zeichenmäßigen Gebrauchs für einen Markenschutz als Ausdruck der Herkunftsfunktion zu verstehen gewesen sei, stelle die markenmäßige Benutzung nach der neuen Rechtslage, in der die Herkunftsfunktion ihre dominierende Stellung verloren habe, keine legitime Schranke des Markenschutzes mehr dar[302].

Eine differenzierende Ansicht im Schrifttum fordert im Rahmen der Verletzungstatbestände des § 14 Abs. 2 Nr. 1 und 2 MarkenG markenmäßige Benutzungshandlungen im traditionellen an der Herkunftsfunktion ausgerichteten Sinne, während beim Schutz der bekannten Marken gemäß § 14 Abs. 2 Nr. 3 MarkenG jede Benutzung der Marke für die Produkte Dritter ausreichen soll[303].

b) Rechtsprechung des EuGH

Der EuGH hat sich in der BMW-Entscheidung zu der Frage des Erfordernisses der markenmäßigen Benutzung im Zusammenhang mit Art. 5 Abs. 1 und 2 MarkenRL geäußert und sich für dessen Beibehaltung ausgesprochen, ohne jedoch an der früheren Definition des zeichenmäßigen Gebrauchs festzuhalten[304]. Nach Ansicht des EuGH hängt der Anwendungsbereich von Art. 5 Abs. 1 und 2 MarkenRL davon ab, „ob die Marke zur Unterscheidung von Waren oder Dienstleistungen als solchen eines bestimmten Unternehmens, also als Marke, benutzt wird“ und nicht (wie bei Art. 5 Abs. 5 MarkenRL) zu anderen Zwecken erfolgt[305]. Es genügt danach, wenn das Zeichen der Bezeichnung der Herkunft der Ware aus dem fremden Geschäftsbetrieb des Markeninhabers dient, solange nur der Bezug zu den eigenen Waren oder Dienstleistungen gegeben ist. Auf der Grundlage dieser weiten Definition sieht der EuGH in der Werbung der Marke

---

verletzende Benutzung im Markenrecht, S. 166; Eichmann, GRUR 1998, 201, 203; Berlit, GRUR 1998, 423, 426.

302 Fezer, Markenrecht, § 14 Rdnr. 36; Goldmann, Schutz des Unternehmenskennzeichens, § 15 Rdnr. 30.

303 Ströbele/Hacker, MarkenG, 7. Aufl., § 14 Rdnr. 61 u. 62; Sosnitza, WRP 2003, 1186, 1188 f.; Goldmann, Schutz des Unternehmenskennzeichens, § 15 Rdnr. 19. Dagegen für einen einheitlichen Benutzungsbegriff in allen drei Verletzungstatbeständen des § 14 Abs. 2: Ingerl/Rohnke, MarkenG, 2. Aufl., § 14 Rdnr. 66; Sack, GRUR 1995, 81, 94; Piper, GRUR 1996, 429, 434; Keller, GRUR 1996, 607, 610.

304 EuGH, MarkenR 1999, 84 ff. – BMW. Die Vorlagefrage betraf Angaben einer nicht zum BMW-Vertriebssystem gehörenden Kfz-Werkstatt wie „Instandsetzung und Wartung von BMW-Fahrzeugen“ und „Verkauf von gebrauchten BMW-Fahrzeugen“ sowie „Fachmann für BMW“ und „spezialisiert auf BMW“.

305 EuGH MarkenR 1999, 84, 87 – BMW.

„BMW" für die Reparatur eine markenmäßige Benutzung, da die Marke zur Unterscheidung der fraglichen Waren (Kraftfahrzeuge) als Gegenstand der vom Werbenden erbrachten Dienstleistungen (Reparatur) benutzt wird. Dem Einwand, dass bei Zugrundelegung dieser weitgehenden Interpretation das Erfordernis der markenmäßigen Benutzung im praktischen Ergebnis nahezu bedeutungslos geworden sei[306], tritt der EuGH in den Entscheidungen „Hölterhoff"[307] und „Arsenal II" [308] insofern entgegen, als er auch weiterhin am Erfordernis einer herkunftshinweisenden Benutzung im Rahmen des Art. 5 Abs. 1 und Abs. 2 MarkenG festhält und die bloße Verwendung des fremden Zeichens im geschäftlichen Verkehr nicht genügen lässt. Bei diesem Verständnis der herkunftshinweisenden Benutzung lassen sich auch Fälle des produktgestaltenden Gebrauchs einer Marke darunter subsumieren, wie im Fall „Pulloverbeschriftung"[309], wo die Marke ihrer betrieblichen Herkunft nach auf dem Pullover namhaft gemacht wird[310]. Auch die Verwendung der Marke „Rolls-Royce" als Vorspann für die „Jim Beam"-Whisky-Werbung fällt unter diesen weiten Begriff des markenmäßigen Gebrauchs[311]. Dagegen ist die gattungsmäßige Benutzung eines Kennzeichens in Presseveröffentlichungen nicht kennzeichenmäßig im Sinne des Benutzungsbegriffs des EuGH, da das Kennzeichen nicht als solches und nicht in Bezug auf Waren oder Dienstleistungen verwendet wird[312].

c) Rechtsprechung des BGH

Der BGH hat die Frage der markenmäßigen Benutzung anfangs offen gelassen[313] und stimmt in seiner jüngeren Rechtsprechung dem Rechtsverständnis des EuGH

306 Kur, MarkenR 2001, 137, 144; Nägele, MarkenR 1999, 177, 179; a. A. Linstow, WRP 2000, 955, 957; Lange, WRP 2003, 323, 326.

307 EuGH GRUR 2002, 692, 693.

308 EuGH GRUR 2003, 55, 58.

309 BGH, GRUR 1994, 635, 636 – Pulloverbeschriftung; OLG München, GRUR Int. 1981, 180 – John Player

310 So Schweyer, in: v. Schultz, Markenrecht, § 14 Rdnr. 18; Lange, WRP 2003, 323, 333; Ingerl, WRP 2002, 861, 867; a. A. Köhler/Piper, UWG, 3. Aufl., § 1 Rdnr. 421 m.w.N.

311 Vgl. Starck, MarkenR 2000, 73, 75.

312 § 16 MarkenG löst nur einen Hinweisanspruch aus und wird nicht analog auf Presseveröffentlichungen angewandt, vgl. OLG Frankfurt. GRUR 2000, 1066, 1067 – Abkürzung ACC; hierzu auch Hauck/Fischoeder, GRUR 2004, 185, 188.

313 BGH, WRP 1998, 732, 738 – Les-Paul-Gitarren; BGH, GRUR 1998, 697, 699 – VENUS MULTI.

zu[314]. Das Zeichen müsse „herkunftshinweisend“ verstanden werden und nicht lediglich als „schmückendes Beiwerk“ oder als „Zierat“[315]. Eine bloß beschreibende Angabe („Frühstücks-Trank“) sei mangels Herkunftshinweis keine markenmäßige Benutzung[316]. Auch die Instanzgerichte halten am Erfordernis der markenmäßigen Benutzung fest[317].

d) Stellungnahme

Ein Verzicht auf das Erfordernis einer Herkunftskennzeichnung im Rahmen der Verletzungstatbestände des § 14 Abs. 2 MarkenG ist mit dem von der Vorschrift umgesetzten Art. 5 Abs. 1 und 2 MarkenRL nicht vereinbar. Dies folgt aus dem Umkehrschluss aus Art. 5 Abs. 5 MarkenRL. Zudem würde die Position des Markenrechtsinhabers zu stark auf Kosten Dritter ausgedehnt[318]. Auf der anderen Seite ist die weite Auslegung des Begriffs der herkunftshinweisenden Benutzung und eine daraus resultierende Ausdehnung der markenrechtlichen Schutztatbestände zu befürworten. Denn ein zu enger Benutzungsbegriff würde dazu führen, dass § 23 MarkenG überflüssig zu werden drohte[319]. Darüber hinaus sollten nach der Konzeption des Markengesetzes, das auch den Goodwill und Werbewert schützt, viele Fälle der Rufausbeutung, Rufschädigung oder Verwässerung markenrechtlich zu lösen sein, was nur durch ein extensives Verständnis des Begriffs der markenmäßigen Benutzung gewährleistet wird[320]. Wenn alle Konstellationen des nicht kennzeichenmäßigen Gebrauchs im herkömmlichen Sinne weiterhin nach dem UWG zu beurteilen wären, würde dadurch außerdem die Rechtszersplitterung aufrechterhalten, die durch das Markengesetz gerade beendet werden sollte[321].

---

314 BGH, GRUR 2003, 963, 964 – AntiVir/AntiVirus; BGH, GRUR 2002, 814, 815 – Festspielhaus; BGH, GRUR 2002, 809, 811 – FRÜHSTÜCKSDRINK I; BGH, GRUR 2002, 812, 813 – FRÜHSTÜCKSDRINK II.

315 BGH, WRP 2001, 1315, 1317 – Marlboro-Dach.

316 BGH, GRUR 2002, 809, 813 – Frühstücks-Drink I.

317 OLG Köln, CR 2003, 563, 564 – Magenta; OLG Hamburg, GRUR 2001, 749, 750 – based on STEINWAY; KG GRUR 1997, 295, 296 – Alles wird teurer; OLG Hamburg, WRP 1996, 573, 576 – Les-Paul-Gitarren; OLG Hamburg, GRUR 1996, 982, 983 – Für Kinder.

318 Sosnitza, WRP 2003, 1186, 1189.

319 Ingerl, WRP 2002, 861, 864.

320 Marianne Helm, GRUR 2001, 291, 293.

321 Begr. Reg.-Entw. zum MarkenG, BT-Drucks. 12/6581, S.72; zu § 1 UWG a.F. Ingerl, WRP 2002, 861, 868; Goldmann, Schutz des Unternehmenskennzeichens, § 15 Rdnr. 22.

§ 15 Abs. 2 und Abs. 3 MarkenG verlangt, dass ein Dritter die geschäftliche Bezeichnung oder ein ähnliches Zeichen „benutzt". Für das Tatbestandsmerkmal der Benutzung sollte ähnlich wie bei § 14 Abs. 2 MarkenG in weiter Auslegung ein kennzeichenmäßiger Gebrauch verlangt werden[322]. Im Rahmen des § 15 MarkenG wird von einer Mehrheit auch deswegen am Erfordernis der kennzeichenmäßigen Benutzung festgehalten, weil § 15 MarkenG an § 16 UWG a.F. anknüpft und eine rechtliche Kontinuität angestrebt wird[323]. Gleichzeitig sollen nach der amtlichen Begründung bekannte geschäftliche Bezeichnungen in gleicher Weise wie Marken markenrechtlich geschützt werden, was gegen einen engeren Benutzungsbegriff als bei Marken spricht[324]. Im einzelnen ist zwischen Unternehmenskennzeichen und Werktiteln zu differenzieren. Für eine Unternehmenskennzeichenverletzung i.S.v. § 15 Abs. 2 und 3 MarkenG ist erforderlich, dass ein nicht unerheblicher Teil des Verkehrs zu der Vorstellung gelangen kann, die Bezeichnung diene als Herkunftshinweis auf ein bestimmtes Unternehmen oder Produkt[325]. Der kennzeichenmäßige Gebrauch von Werktiteln muss im Gegensatz zu Marken keinen herkunftshinweisenden Charakter haben, sondern nur der Unterscheidung einzelner Werke von anderen dienen, ohne dabei notwendig einen Hinweis auf die Herkunft aus einem bestimmten Unternehmen zu geben[326].

322 BGH, GRUR 2000, 70, 72 – SZENE; BGH, GRUR 1996, 68, 70 – COTTON LINE; BGH, GRUR 1995, 825, 827 – Torres; KG Berlin, GRUR 1997, 295, 296 – Alles wird teurer; Ingerl/Rohnke, MarkenG, 2. Aufl., § 15 Rdnr. 30; Ströbele/Hacker, MarkenG, 7. Aufl., § 15 Rdnr. 27; Keller, GRUR 1996, 607, 611; a. A. Fezer, Markenrecht, § 15 Rdnr. 20; GRUR 1996, 566, 568 f.

323 Vgl. Ingerl/Rohnke, MarkenG, 2. Aufl., § 15 Rdnr. 28, 29; Starck, Festschrift DPMA, 291, 299.

324 Begr. Reg.-Entw. zum MarkenG, BT-Drucks. 12/6581, S. 76.

325 BGH, GRUR 1996, 68, 70 – COTTON LINE.

326 Zum Erfordernis der titelmäßigen Zeichenverwendung: BGH, GRUR 2000, 71, 72 – SZENE; OLG Hamburg, GRUR-RR 2001, 231, 232 – planet e.

5. Kapitel: Die Entwicklung der Rechtsprechung zum Konkurrenzverhältnis zwischen §§ 14 Abs. 2, 15 Abs. 2 und 3 MarkenG und §§ 1 UWG a.F. (= §§ 3, 4 UWG n.F.), 823 Abs. 1, 12 BGB

A. Die Rechtsprechung des BGH

In Bezug auf das Konkurrenzverhältnis der §§ 14 Abs. 2, 15 Abs. 2 und 3 MarkenG zu §§ 1 UWG a.F., 823 Abs. 1, 12 BGB sind seit Inkrafttreten des Markengesetzes grundlegende Entscheidungen des BGH ergangen. Diese betreffen vor allem die Fallkonstellationen des erweiterten Schutzes bekannter Marken und geschäftlicher Bezeichnungen, des außermarkenrechtlichen Schutzes im Falle nicht eingetragener oder eintragbarer Kennzeichen sowie, insbesondere im Zusammenhang mit Internet-Domains, des Namensschutzes von Kennzeichen.

I. Das Verhältnis der §§ 14 Abs. 2, 15 Abs. 2 und 3 MarkenG zu §§ 1 UWG a.F., 823 Abs. 1 BGB

1. Entscheidungen zum Konkurrenzverhältnis beim Bekanntheitsschutz von Marken

a) MAC Dog (BGH-Urteil vom 30.04.1998[327])

Gegenstand dieser zentralen Entscheidung zu den Konkurrenzen war die Frage, ob die Verwendung der Bezeichnungen „MAC Dog“ und „MAC Cat“ durch die Beklagte die Marken der McDonald's Corporation verletzte[328]. Die klagende Tochtergesellschaft der McDonald's Corporation verlangte von dem beklagten Tierfutterhersteller unter Berufung auf marken- und wettbewerbsrechtliche Ansprüche Unterlassung der Verwendung der Bezeichnungen „MAC Dog“ und „MAC Cat“ für Hunde- und Katzenfutter auf Fleischbasis. Dadurch würden negative Assoziationen zu den Produkten von McDonald's ausgelöst und die bekannten Kennzeichnungen der Klägerin mit dem Wortbestandteil „Mc“ oder „Mac“ beeinträchtigt.

327 BGHZ 138, 349; BGH, GRUR 1999, 161 ff.
328 BGH, GRUR 1999, 161, 162 – MAC Dog.

Das Landgericht hat die Klage abgewiesen, das Oberlandesgericht hat ihr stattgegeben[329]. Die Revision hat zur Aufhebung und Zurückverweisung des Berufungsurteils geführt[330]. Das Berufungsgericht hatte seine Entscheidung damit begründet, dass das Verhalten der Beklagten wettbewerbswidrig i.S.d. § 1 UWG a.F. (= §§ 3 und 4 UWG n.F.) sei. Der Unterlassungsanspruch gegen den Beklagten ergebe sich daraus, dass der Beklagte durch die Verwendung seiner Bezeichnungen „MAC Dog" und „MAC Cat" für Tiernahrungsmittel den guten Ruf der Klägerin beeinträchtige und diese damit im Wettbewerb behindere. Den wettbewerbsrechtlichen Anspruch hatte das OLG München an erster Stelle geprüft und die Frage offen gelassen, ob auch markenrechtliche Ansprüche vorlagen[331].

Dieser Begründung folgte der BGH nicht. Unter Geltung des Markengesetzes könnten nicht unbeschränkt wettbewerbsrechtliche Ansprüche herangezogen werden. Beanstandet wurde das Vorgehen des Berufungsgerichts, einen Anspruch unter dem Gesichtspunkt des Wettbewerbsverstoßes nach § 1 UWG a.F. zu bejahen, ohne zuvor markenrechtliche Anspruchsgrundlagen herangezogen zu haben. Damit weicht der BGH von seiner früheren Entscheidung „FUNNY PAPER"[332] ab. Für Ansprüche aus § 14 Abs. 2 Nr. 3 MarkenG fehlte es nach Ansicht des BGH an der revisionsrechtlich nachprüfbaren Feststellung der hinreichenden Bekanntheit der Marken „MAC" und „Big Mac" der Klägerin zum Zeitpunkt, zu dem die Beklagte die Zeichen „MAC Dog" und „MAC Cat" zu benutzen begonnen hatte.

Der BGH hat in der MAC Dog-Entscheidung richtungsweisende Grundsätze zum Konkurrenzverhältnis des Bekanntheitsschutzes nach dem Markengesetz und dem wettbewerbs- und bürgerlichrechtlichen Kennzeichenschutz entwickelt. Das Gericht stellte klar, dass sich der Schutz bekannter Kennzeichnungen seit dem Inkrafttreten des Markengesetzes in erster Linie aus § 9 Abs. 1 Nr. 3 und § 14 Abs. 2 Nr. 3 sowie aus § 15 Abs. 3 MarkenG ergebe. Der Schutz der bekannten Marke im Markengesetz stelle sich als eine umfassende spezialgesetzli-

329 OLG München, WRP 1996, 51, 52 – MAC Dog.

330 BGH, GRUR 1999, 161, 162 – MAC Dog.

331 „Unter diesen Umständen kann die markenrechtliche Problematik der Handlungsweise der Beklagten unentschieden bleiben", OLG München, WRP 1996, 51, 52 – MAC Dog.

332 BGH, GRUR 1995, 697, 699, in dieser Entscheidung hatte der BGH einen Anspruch gemäß § 1 UWG a.F. (= §§ 3, 4 UWG n.F.) wegen wettbewerbswidriger Rufausbeutung geprüft, ohne zuvor auf die Regelungen des Markengesetzes (§ 14 Abs. 2 Nr. 3) einzugehen. Im Hinblick auf deliktsrechtliche Ansprüche betonte er demgegenüber auch hier den Prüfungsvorrang markenrechtlicher Vorschriften: das Berufungsgericht habe hinsichtlich einer Markenverletzung wegen Verwechslungsgefahr nicht beachtet, dass eine solche nur nach den vorrangigen markenrechtlichen Vorschriften und nicht nach § 823 Abs. 1 BGB zu beurteilen sei (S. 700).

che Regelung dar, mit der der bislang in der Rechtsprechung entwickelte Schutz fixiert und ausgebaut werden solle. Diese Regelung sei an die Stelle des bisherigen von der Rechtsprechung entwickelten Schutzes[333] getreten und lasse in ihrem Anwendungsbereich für eine gleichzeitige Anwendung des § 1 UWG (a.F.) (= §§ 3 und 4 UWG n.F.[334]) oder des § 823 BGB grundsätzlich keinen Raum. Nur ein solches Verständnis werde der mit der gesetzlichen Festlegung verbundenen Begrenzungsfunktion gerecht. Die Bestimmung des § 2 MarkenG stehe dem nicht entgegen. Denn vor allem § 1 UWG (a.F.) könne für einen ergänzenden Schutz herangezogen werden, wenn der Schutz nach dem Markengesetz versage[335].

b) BIG PACK (BGH-Urteil vom 14.01.1999)

Ein dreiviertel Jahr nach der MAC Dog-Entscheidung bestätigte der BGH die darin aufgestellten Grundsätze im „BIG PACK" – Urteil[336]. Der Entscheidung lag folgender Sachverhalt zugrunde: Die Klägerin stellte so genannte Outdoor-Produkte her. Als Inhaberin der den Wortbestandteil „BIG PACK" enthaltenden Wort-/Bildmarken nahm sie die Beklagte, eine Herstellerin von Zigaretten, die sie unter der Marke „Marlboro" vertreibt, auf Unterlassung der Verwendung „BIG PACK" in einer Werbung in Anspruch. Die Klägerin hatte blickfangmäßig die Bezeichnung „BIG PACK" für Zigaretten auf Großplakaten abgebildet.

Das Landgericht hat die Klage in erster Instanz abgewiesen. Das Oberlandesgericht hat sich der Entscheidung angeschlossen. Der BGH hat mit seiner Revisionsentscheidung das oberlandesgerichtliche Urteil bestätigt.

Das Berufungsgericht hatte seine klagabweisende Entscheidung damit begründet, dass markenrechtliche Ansprüche gemäß §§ 14, 15 MarkenG jedenfalls nach § 23 Nr. 2 MarkenG ausgeschlossen seien, da die Bezeichnung „BIG PACK" als allgemein gebräuchliche und verständliche Angabe über Merkmale und Eigenschaften der Ware benutzt würden. Auch einen Wettbewerbsverstoß der Beklagten nach § 1 UWG a.F. (= §§ 3 und 4 UWG n.F.) verneinte das Gericht und verwies ausdrücklich auf seine Ausführungen zu §§ 14, 15 MarkenG[337].

---

333 Nach Erdmann, GRUR 2001, 609, 610, ist hiermit die Dimple-Entscheidung (BGH, GRUR 1985, 550 ff.) gemeint; s. o. 3. Kap. C II 2 b) bb) (1).

334 Nach Sambuc, in: Harte-Bavendamm/Henning-Bodewig, UWG, § 4 Rdnr. 5 und 118, entspricht § 1 UWG a.F. in dieser Konstellation heute § 4 Nr. 9 oder § 3 UWG; dagegen behandelt Köhler, in: Baumbach/Hefermehl, Wettbewerbsrecht, 23. Aufl., § 4 Rdnr. 7.9., die MAC Dog-Grundsätze im Rahmen des § 4 Nr. 7 UWG.

335 BGH, GRUR 1999, 161, 162 – MAC Dog.

336 BGH, GRUR 1999, 992 ff. – BIG PACK.

337 OLG München, WRP 1996, 1052, 1055 – Big Pack.

Der BGH hat sich der Begründung des OLG München im Ergebnis angeschlossen, jedoch die Anwendung der §§ 1 und 3 UWG a.F. (= §§ 3, 4 und 5 UWG n.F.) beanstandet. Zu Recht seien markenrechtliche Ansprüche verneint worden, da die Voraussetzungen des § 23 Nr. 2 MarkenG vorlägen und ein Verstoß gegen die guten Sitten i.S.v. § 23 MarkenG nicht gegeben sei[338]. Das Berufungsgericht habe jedoch zu Unrecht im Anschluss an die Ablehnung der markenrechtlichen Ansprüche Wettbewerbsverstöße nach §§ 1 und 3 UWG (a.F.) geprüft. Dabei bezog sich der BGH auf die Grundsätze der MAC Dog-Entscheidung.

Auffallend ist dabei, dass im Gegensatz zur MAC Dog-Entscheidung zunächst Vorschriften des Markengesetzes geprüft und verneint wurden und dennoch eine daran anschließende Heranziehung wettbewerbsrechtlicher Anspruchsgrundlagen abgelehnt wurde. War bei der MAC Dog-Entscheidung noch die Prüfungsreihenfolge der Hauptkritikpunkt des BGH, so geht es hier um die Frage der Anwendbarkeit von wettbewerbsrechtlichen Vorschriften trotz einer vorangegangenen Prüfung markenrechtlicher Anspruchsgrundlagen. Da in der BIG PACK-Entscheidung markenrechtliche Ansprüche wegen Vorliegens der Voraussetzungen von § 23 Nr. 2 MarkenG verneint wurden, wäre auch denkbar gewesen, dies als „Versagen“ markenrechtlichen Schutzes zu werten[339] und in die Prüfung der wettbewerbs- bzw. bürgerlichrechtlichen Vorschriften einzutreten.

c) ARD-1 (BGH-Urteil vom 20.10.1999)

Der Kläger, Mitglied der ARD, verlangte von der Beklagten, ebenfalls Betreiberin eines Fernsehsenders, Unterlassung der Verwendung der Ziffer „1“ für den Kabelkanal „Kabel 1“, der auch als Marke eingetragen ist[340]. Es bestehe Verwechslungsgefahr wegen der großen Ähnlichkeit mit der Ziffer „1“, welche zur Kennzeichnung der ARD graphisch besonders gestaltet sei. Das Landgericht hat die Klage abgewiesen, das OLG hat ihr stattgegeben. Der BGH hat das oberlandesgerichtliche Urteil aufgehoben.

Der BGH verneinte entgegen der Ansicht des OLG Hamburg eine Verwechslungsgefahr i.S.v. § 14 Abs. 2 Nr. 2 MarkenG[341]. Das Berufungsgericht habe bei der Beurteilung der Ausführungsformen der angegriffenen Kennzeichnung rechtsfehlerhaft die Bestimmung des Gesamteindrucks unterlassen. Hinsichtlich eines etwaigen Bekanntheitsschutzes hielt der BGH unter Bezugnahme auf die Grundsätze aus dem MAC Dog-Urteil ausschließlich die Prüfung eines An-

338 BGH, GRUR 1999, 992, 994 – BIG PACK.

339 Vgl. zur ergänzenden Anwendung von §§ 1 UWG a.F., 823 Abs. 1 BGB bei “Versagen” markenrechtlichen Schutzes, BGH, GRUR 1999, 161, 162 – MAC Dog.

340 BGH, WRP 2000, 529 ff. – ARD-1.

341 BGH, WRP 2000, 529, 532 – ARD-1.

spruchs aus § 14 Abs. 2 Nr. 3 MarkenG, nicht aber aus § 1 UWG a.F. (= §§ 3 und 4 UWG n.F.) für zulässig[342]. Ein Anspruch aus § 14 Abs. 2 Nr. 3 MarkenG scheiterte nach Meinung des BGH am Vorliegen einer Rufausnutzung oder Rufschädigung in unlauterer Weise ohne rechtfertigenden Grund.

d) Bit/Bud (Urteil vom 26.04.2001)

In dem der Bit/Bud-Entscheidung zugrunde liegenden Sachverhalt ging es um die Frage der Verwechslungsgefahr zwischen der Marke „Bit“ der Beklagten und der Marke „American Bud“ der Klägerin[343]. Der BGH hat im Gegensatz zum Berufungsgericht eine Verwechslungsgefahr verneint. Bezüglich der Anwendbarkeit von außermarkenrechtlichen Regelungen führte er anschließend aus, das Berufungsgericht werde gegebenenfalls zu prüfen haben, ob sich aus dem Vortrag der Beklagten Hinweise auf ein wettbewerbswidriges Verhalten der Klägerin gemäß § 1 UWG (a.F.) ergäben, das „als solches nicht Gegenstand der markengesetzlichen Regelungen“ sei[344].

e) Fabergé (BGH-Urteil vom 12.07.2001)

In dieser Entscheidung standen sich die klägerische Wort-/Bildmarke „FABERGÉ“ für Seifen, Parfümerien, Juwelier- und Schmuckwaren und die später für den Beklagten eingetragene Wortmarke „Fabergé“ für alkoholische Getränke gegenüber[345].

Das Berufungsgericht hat Ansprüche aus § 14 Abs. 2 Nr. 2 MarkenG verneint, da eine Verwechslungsgefahr an der fehlenden Warenähnlichkeit scheitere. Ebenso wenig lagen nach Ansicht des Berufungsgerichts die Voraussetzungen für einen Markenschutz gemäß § 14 Abs. 2 Nr. 3 MarkenG vor, da es an der erforderlichen Bekanntheit der Klagemarken fehle. Einen Anspruch gemäß § 1 UWG a.F. ließ das Berufungsgericht nicht an der fehlenden Anwendbarkeit scheitern, sondern am Fehlen eines wettbewerbswidrigen Verhaltens der Beklagten.

Der BGH schloss sich der Auffassung des Berufungsgerichts an, dass es an einer Verwechslungsgefahr i.S.d. § 14 Abs. 2 Nr. 2 MarkenG fehle. Er verwies die Sache jedoch zur anderweitigen Verhandlung und Entscheidung an das OLG zurück, weil das Berufungsgericht zur Bekanntheit der Klagemarken i.S.v. § 14

342 BGH, WRP 2000, 529, 532 – ARD-1.
343 BGH, WRP 2001, 1320 ff – Bit/Bud, es handelte sich um eine negative Feststellungsklage.
344 BGH, WRP 2001, 1320, 1326 – Bit/Bud.
345 BGH, WRP 2002, 330 ff. – Fabergé.

Abs. 2 Nr. 3 MarkenG nur unzureichende Feststellungen getroffen habe[346]. Interessant sind die Ausführungen des BGH zu § 1 UWG a.F. Die „Verneinung der Klageansprüche" aus § 1 UWG a.F. durch das Berufungsgericht wird nicht beanstandet. Gleichzeitig werden zur Begründung für diesen Standpunkt die Grundsätze der MAC-Dog-Entscheidung herangezogen. Dies überrascht jedoch angesichts der Tatsache, dass das Berufungsgericht einen Anspruch aus § 1 UWG a.F. nicht am Vorrang des Markengesetzes, sondern am Fehlen der Tatbestandsvoraussetzungen hatte scheitern lassen. Dagegen beziehen sich die vom BGH angeführten Grundsätze auf die *Anwendung* des § 1 UWG a.F., für die im Anwendungsbereich des § 14 Abs. 2 Nr. 3 MarkenG grundsätzlich kein Raum sei. Hier wird eine Vermischung von Fragen der Anwendbarkeit des § 1 UWG a.F. mit solchen bezüglich der Tatbestandsvoraussetzungen der Vorschrift deutlich. Dieses Problem kommt auch in der Formel zum Ausdruck, dass „keine zusätzlichen wettbewerbswidrigen Umstände" geltend gemacht worden seien, die nicht schon der Prüfung im Rahmen des § 14 Abs. 2 Nr. 3 MarkenG zugrunde gelegen hätten"[347].

2. *Entscheidungen zum Konkurrenzverhältnis beim Bekanntheitsschutz von geschäftlichen Bezeichnungen*

a) *SZENE (BGH-Urteil vom 29.04.1999)*

Die Entscheidung beschäftigte sich mit Fragen zum marken- und außermarkenrechtlichen Werktitelschutz. Die Klägerin, Verlegerin des monatlich erscheinenden Stadtmagazins „SZENE Hamburg", verlangte von der Beklagten, dem Verlag der Hamburg-Ausgabe der „BILD-Zeitung", die Unterlassung der Verwendung des Logos „SZENE INSIDE" als Überschrift für eine „SZENE Seite", die sie zweimal wöchentlich herausgab. Dabei berief sich die Klägerin auf marken- und wettbewerbsrechtliche Ansprüche[348].

Das Landgericht hat der Klage stattgegeben, das Oberlandesgericht hat die Verurteilung bestätigt. Der BGH hat sich der Entscheidung des Berufungsgerichts nicht angeschlossen und das angefochtene Urteil aufgehoben.

Das Berufungsgericht hatte eine Werktitelverletzung gemäß §§ 5 Abs. 3, 15 Abs. 2 MarkenG mit der Begründung bejaht, das von der Beklagten kennzeichenmäßig benutzte Logo sei geeignet, Verwechslungen mit dem geschützten Ti-

---

346 BGH, WRP 2002, 330, 331 f. – Fabergé.
347 BGH, WRP 2002, 330, 333 – Fabergé; vgl. nachfolgend 9. Kap. A.
348 BGH, GRUR 2000, 70 ff. – SZENE.

tel der Klägerin hervorzurufen[349]. Während das Landgericht darüber hinaus auch einen Anspruch gemäß § 1 UWG a.F. (= §§ 3 und 4 UWG n.F.) unter dem Gesichtspunkt der unzulässigen Annäherung an fremde Werbung bejaht hatte, ließ das Berufungsgericht diese Frage offen, äußerte jedoch Zweifel, ob angesichts des weit gefassten Schutzbereichs des neuen § 15 MarkenG noch ein Bedürfnis für einen ergänzenden Schutz über § 1 UWG a.F. bestehe[350].

Nach Ansicht des BGH fehlte es dagegen bezüglich der angegriffenen Verwendung als Rubriküberschrift an einer Verwechslungsgefahr i.S.v. § 15 Abs. 2 MarkenG zwischen der Benutzungsform der Beklagten und dem Werktitel der Klägerin. Für einen erweiterten Titelschutz für bekannte Werktitel gemäß § 15 Abs. 3 MarkenG seien keine hinreichenden Anhaltspunkte ersichtlich[351].

In seinen daran anschließenden Ausführungen zum außermarkenrechtlichen Titelschutz wiederholte der BGH die in der MAC Dog-Entscheidung aufgestellten Grundsätze und bezog diese erneut ausdrücklich auch auf den Schutz der bekannten geschäftlichen Bezeichnungen gemäß § 15 Abs. 3 MarkenG[352]. Ergänzend fügte der BGH hinzu, dass ein Werktitelschutz auf Grund wettbewerbs- oder bürgerlichrechtlicher Vorschriften „nur in einem sehr beschränkten Umfang“ in Betracht komme, so insbesondere bei Beeinträchtigungen aus Verwendungen, die mangels Benutzung i.S.d. § 15 Abs. 3 MarkenG kennzeichenrechtlich nicht erfassbar seien, oder aus dem außergeschäftlichen Verkehr stammten[353]. In die Prüfung außermarkenrechtlicher Ansprüche trat der BGH nicht ein und begründete dies unter anderem damit, dass „keine besonderen von der markengesetzlichen Regelung nicht erfassten wettbewerbsrechtlichen Umstände“ ersichtlich seien.

b) *Tagesschau (BGH-Urteil vom 01.03.2001)*[354]

In der Entscheidung „Tagesschau“ wandte sich der Norddeutsche Rundfunk, der für die ARD die „Tagesschau“ und die „Tagesthemen“ produziert, gegen die Verwendung der Sendetitel „Tagesbild“, „Pro 7-Tagesbild“ und „Pro 7-Tagesbilder“ für eine TV-Nachrichtensendung durch eine private Fernsehanstalt[355]. Der klagende Norddeutsche Rundfunk nahm die Beklagte aus den Marken und Werktiteln sowie aus § 1 UWG a.F. auf Unterlassung in Anspruch. Der

349 OLG Hamburg, AfP 1997, 816, 818 – SZENE.
350 OLG Hamburg, AfP 1997, 816, 818 – SZENE.
351 BGH, GRUR 2000, 70, 72 f. – SZENE.
352 BGH, GRUR 2000, 70, 73 – SZENE.
353 BGH, GRUR 2000, 70, 73 – SZENE.
354 BGHZ 147, 56; WRP 2001, 1188 ff.
355 BGH, WRP 2001, 1188 – Tagesschau.

von der Beklagten beabsichtigte Titel „Tagesbild“ sei mit der „Tagesschau“ und den „Tagesthemen“ verwechselbar. Außerdem lehne sich die Beklagte erkennbar an die „Tagesschau“ an, um deren guten Ruf auszunutzen.

Der Berufung der Klägerin gegen das abweisende Urteil des Landgerichts hat das Oberlandesgericht Hamburg stattgegeben. Die Revision führte zur Aufhebung des Berufungsurteils und zur Abweisung der Klage.

Nach Auffassung des Berufungsgerichts war der Unterlassungsantrag bezüglich der Verwendung des Sendetitels „Tagesbild“ „jedenfalls“ gemäß § 1 UWG a.F. begründet[356]. Die Beklagte beute objektiv den guten Ruf des Titels „Tagesschau“ aus, der eine überragende Verkehrsgeltung habe und eine besondere Wertschätzung genieße[357]. Auf die Anspruchsgrundlagen des Markengesetzes griff das Berufungsgericht nicht zurück.

Der BGH kritisierte die Vorgehensweise des Berufungsgerichts, ausschließlich auf § 1 UWG a.F. zu rekurrieren, statt in erster Linie zu untersuchen, ob sich der beanspruchte Schutz aus den markengesetzlichen Bestimmungen, also aus dem Werktitel- oder Markenschutz, ergebe[358]. Für die Beurteilung des Falles seien in erster Linie die Bestimmungen des Markengesetzes heranzuziehen, da das Markengesetz eine umfassende spezialgesetzliche Regelung für den Schutz der bekannten Kennzeichnungen darstelle. Ein Rückgriff auf die zum alten Recht (WZG) entwickelten Grundsätze zum Schutz bekannter oder berühmter Kennzeichnungen aus § 1 UWG a.F. komme nur in Betracht, soweit das Markengesetz den Schutz solcher Kennzeichen nicht abschließend regele[359]. Einen Werktitelschutz aus Markenrecht verneinte der BGH, da weder eine Verwechslungsgefahr gemäß § 15 Abs. 2 MarkenG noch ein unlauteres Ausnutzen oder eine unlautere Beeinträchtigung der Wertschätzung der vom Kläger verwendeten Titel gemäß § 15 Abs. 3 MarkenG vorliege[360]. Soweit der Kläger sich auf die eingetragenen Marken „Tagesschau“ und „Tagesthemen“ stütze, entfalle ein Anspruch aus § 14 Abs. 2 Nr. 2 MarkenG mangels Vorliegens einer Verwechslungsgefahr. Ein Anspruch aus § 14 Abs. 2 Nr. 3 MarkenG scheitere unabhängig von der Frage, ob die Bestimmungen des Markengesetzes auch auf den Schutz der bekannten Marke im Ähnlichkeitsbereich anzuwenden seien[361], am Fehlen der Voraussetzungen

356 OLG Hamburg GRUR 1999, 76 – Tagesschau I.
357 OLG Hamburg GRUR 1999, 76, 77 – Tagesschau I.
358 BGH, WRP 2001, 1188, 1189 – Tagesschau.
359 BGH, WRP 2001, 1188, 1189 – Tagesschau.
360 BGH, WRP 2001, 1188, 1191 f. – Tagesschau.
361 Für den Fall, dass die Anwendung des § 14 Abs. 2 Nr. 3 MarkenG im Ähnlichkeitsbereich nicht in Betracht komme, könne auf § 1 UWG (a.F.) zurückgegriffen werden, wobei dann jedoch dieselben Gesichtspunkte zu berücksichtigen seien wie bei der Prüfung von §§ 14 Abs. 2 Nr. 3 und 15 Abs. 3 MarkenG, vgl. BGH, WRP

„ohne rechtfertigenden Grund in unlauterer Weise". Soweit der Titel „Pro 7-Tagesbild" wegen der Übereinstimmung im Bestandteil „Tages-" Assoziationen zu den bekannten Marken der Klägerin wecke, sei eine hieraus sich ergebende Beeinträchtigung hinzunehmen, weil sie nicht als sachlich ungerechtfertigt und unlauter bezeichnet werden könne[362].

3. *Zu den Konkurrenzen beim Fehlen der Schutzvoraussetzungen einer Benutzungsmarke bzw. bei der Nachahmung von Produktgestaltungen*

a) *Grau/magenta (20.03.1997)*

In der Entscheidung „grau/magenta" machte der BGH grundlegende Ausführungen zur Möglichkeit eines ergänzenden wettbewerbsrechtlichen Kennzeichenschutzes für den Fall, dass mangels ausreichender Verkehrsgeltung einer Farbkombination die Voraussetzungen für einen kennzeichenrechtlichen Schutz nicht erfüllt sind[363]. Im Mittelpunkt der Entscheidung stand eine mögliche Vorverlagerung des Schutzes mit wettbewerbsrechtlichen Mitteln in den Zeitraum vor Erlangung der Verkehrsgeltung gemäß § 4 Nr. 2 MarkenG für das nicht eingetragene Zeichen.

Im zu entscheidenden Fall standen sich die Deutsche Telekom und ein von der Deutschen Telekom unabhängiger Verleger als Parteien gegenüber. Es ging um die Verwendung der Farbkombination „grau/magenta" für Telefonbücher durch die Beklagte. Der BGH stellte klar, dass die Frage des kennzeichenrechtlichen Schutzes der klägerischen Farbkombination grau/magenta kraft Verkehrsgeltung gemäß § 4 Nr. 2 MarkenG „vorrangig" sei. Ein solcher kennzeichenrechtlicher Schutz lag jedoch nach Ansicht des Gerichts noch nicht vor.

Der BGH hat dennoch einen Anspruch aus § 1 UWG a.F. unter dem Gesichtspunkt der beabsichtigten Rufausnutzung bejaht, da es der Beklagten ausschließlich darum gegangen sei, sich an den Ruf der Klägerin anzuhängen. Außerdem habe die Beklagte gewusst, dass die Klägerin „alsbald" entsprechenden Ausstattungsschutz an der Farbkombination erlangen würde[364].

Der BGH betonte jedoch, dass bei Nichtvorliegen der Voraussetzungen für einen Schutz nach dem Markengesetz bei der Bejahung eines Sittenverstoßes

---

2001, 1188, 1193 – Tagesschau. Dieses Problem tritt nach der neueren BGH-Rechtsprechung nicht mehr auf, da wie gesehen (s. o. 4. Kap. B II 2) nunmehr § 14 Abs. 2 Nr. 3 MarkenG auch im Ähnlichkeitsbereich entsprechend angewandt wird (BGH, WRP 2004, 360, 363 – Davidoff II).

362 BGH, WRP 2001, 1188, 1192 – Tagesschau.

363 BGH, GRUR 1997, 754, 755 – grau/magenta.

364 BGH, GRUR 1997, 754, 756 – grau/magenta.

nach § 1 UWG (a.F.) grundsätzlich „Zurückhaltung“ geboten sei[365]. Im Rahmen der Anwendung des § 1 UWG (a.F.) müssten diejenigen Grundsätze beachtet werden, die der Ausgestaltung des Kennzeichenrechts zugrunde liegen. Die Grenzen eines kraft Benutzung gewährten kennzeichenrechtlichen Schutzes, die im Interesse der Rechtssicherheit an einem bestimmten Ausmaß der errungenen Verkehrsbekanntheit (Verkehrsgeltung i.S.d. § 4 Nr. 2 MarkenG) gezogen worden seien, sollten nicht ohne sorgfältige Beachtung aus wettbewerbsrechtlichen Erwägungen ausgedehnt werden. Im Interesse einer möglichst ungehinderten Entfaltung des freien Wirtschaftsverkehrs mute das Kennzeichenrecht jedem Inhaber grundsätzlich zu, die Schwächung seiner Kennzeichnung durch das Aufkommen benachbarter Kennzeichnungen solange hinzunehmen, wie die Grenze zur Verwechslungsgefahr noch nicht überschritten sei. Eine Auslegung des § 1 UWG (a.F.), die darauf hinauslaufe, schon Annäherungen und eine damit verbundene Schädigung als wettbewerbsrechtlich unzulässig anzusehen, verstoße gegen die Systematik des Wettbewerbs- und Kennzeichenrechts. Ein ergänzender wettbewerbsrechtlicher Schutz könne nur dann in Betracht gezogen werden, wenn im Einzelfall zusätzliche Umstände gegeben seien, welche die Annäherung an die fremde Kennzeichnung als eine unlautere Wettbewerbsmaßnahme erscheinen ließen[366]. Der BGH nahm unter anderem Bezug auf die Entscheidung „Magirus“, in der zeichenrechtliche Ansprüche allerdings nicht an den Entstehungsvoraussetzungen, sondern an einzelnen Rechtsfolgevoraussetzungen der zeichenrechtlichen Vorschriften scheiterten[367]. Das zeigt, dass die aufgestellten Grundsätze nach Ansicht des BGH nicht nur für Konstellationen mangelnder Entstehung von Kennzeichenschutz gelten sollen.

b) *Messerkennzeichnung (BGH-Urteil vom 15.06.2000)*

Gegenstand der Entscheidung war die Frage, inwieweit durch die Übernahme von herkunftshinweisenden Gestaltungsformen eine vermeidbare Herkunftstäuschung gemäß § 1 UWG a.F. (= §§ 3 und 4 Nr. 9 a) UWG n.F.) hervorgerufen wird[368]. Ob ein Markenschutz gemäß § 4 Nr. 2 MarkenG für die Gestaltungsmerkmale gegeben war, war nicht geklärt.

Im zugrunde liegenden Fall ging es um die Art der Kennzeichnung von zwei Messerserien. Die Klingen der Serie der Klägerin waren länglich in roter Schrift

365 BGH, GRUR 1997, 754, 755 – grau/magenta.
366 BGH, GRUR 1997, 754, 755 – grau/magenta, bezugnehmend auf die frühere BGH-Rechtsprechung (BGH, GRUR 1956, 172 – Magirus; BGH, GRUR 1969, 190, 192 – halazon).
367 BGH, GRUR 1956, 172, 177 – Magirus.
368 BGH, GRUR 2001, 251 ff. – Messerkennzeichnung.

mit dem Bildzeichen und dem Firmennamen der Klägerin sowie der Angabe „4-Sterne-Messer“ bedruckt, wofür die Klägerin wettbewerbliche Eigenart geltend machte. Zwar genossen verschiedene Elemente der Kennzeichnung Markenschutz. Unklar war aber, ob das neu gebildete rote Kombinationszeichen Markenschutz als Benutzungsmarke gemäß § 4 Nr. 2 MarkenG erlangt hatte. Auch die Beklagte gestaltete ihre Messer mit einer länglichen Kennzeichnung in roter Farbe mit einem Bildbestandteil.

Der BGH hat die auf § 1 UWG a.F. (= §§ 3 und 4 Nr. 9 a) UWG n.F.) wegen vermeidbarer Herkunftstäuschung gestützte Verurteilung des Berufungsgerichts aufgehoben und die Klage abgewiesen. Er beanstandete, dass im Rahmen der Prüfung des § 1 UWG a.F. nicht die aus dem Markenrecht bekannten Grundsätze der Verwechslungsgefahr zugrunde gelegt worden seien, nach denen eine vermeidbare Herkunftstäuschung hätte verneint werden müssen[369]. Auch der BGH prüfte allerdings lediglich § 1 UWG a.F. nach den Grundsätzen des wettbewerbsrechtlichen Leistungsschutzes, wonach die Übernahme einer Gestaltungsform, die nicht (mehr) unter Sonderrechtsschutz steht, nach § 1 UWG a.F. wettbewerbswidrig sein kann. Für eine Lösung des Falles nach den Vorschriften des Markengesetzes hätte es dagegen der Feststellung bedurft, ob die Voraussetzungen des § 4 Nr. 2 MarkenG erfüllt sind, um anschließend einen Verwechslungsschutz gemäß § 14 Abs. 2 Nr. 2 MarkenG zu prüfen.

Auch in der ähnlich gelagerten Viennetta-Entscheidung wurde vom BGH das Vorgehen des Berufungsgerichts nicht beanstandet, das die Klage unter dem Gesichtspunkt der vermeidbaren Herkunftstäuschung gemäß § 1 UWG a.F. untersucht hatte, ohne zuvor auf §§ 14 Abs. 2 Nr. 2, 4 Nr. 2 MarkenG zurückzugreifen[370].

Zu erwähnen ist auch die Noppenbahnen-Entscheidung des BGH, in der ein Nachahmungsschutz gemäß § 1 UWG a.F. unter dem Gesichtspunkt der vermeidbaren Herkunftstäuschung für den Fall in Betracht gezogen wurde, dass das nachgeahmte Erzeugnis eine „gewisse Bekanntheit“ bei den maßgebenden Verkehrskreisen erlangt hat[371]. Auch dieser Entscheidung lässt sich die Möglichkeit eines Schutzes der Anwartschaft auf die Benutzungsmarke entnehmen, wenn die Bekanntheitswerte (hier die Noppenstruktur) noch unterhalb der Schwelle des § 4 Nr. 2 MarkenG für eine dreidimensionale Marke liegen[372].

369 BGH, GRUR 2001, 251, 253 – Messerkennzeichnung.
370 BGH, GRUR 2001, 443, 444 – Viennetta.
371 BGH, GRUR 2002, 275, 277 – Noppenbahnen.
372 Vgl. Schulz, Festschrift für Horst Helm, 237, 246.

c) Abschlußstück (BGH-Urteil vom 05.12.2002)

Gegenstand der Abschlußstück-Entscheidung war die Frage, ob die eingetragenen dreidimensionalen Marken der Klägerin für Schreibgeräte durch eine ähnliche Warengestaltung der Produkte der Beklagten, die ebenfalls Schreibgeräte herstellt und vertreibt, verletzt wurden, und inwieweit ein Anspruch nach § 1 UWG a.F. (= §§ 3 und 4 Nr. 9 UWG n.F.) wegen Übernahme einer Gestaltungsform bestand[373].

Nach Auffassung des BGH scheiterten markenrechtliche Ansprüche, da sich eine Verwechslungsgefahr zwischen den dreidimensionalen Marken der Klägerin für Schreibgeräte und der Gestaltung von Abschlussstücken bei Schreibgeräten der Beklagten nicht feststellen ließ. Auch Ansprüche der Klägerin aus ergänzendem wettbewerbsrechtlichen Leistungsschutz gemäß § 1 UWG a.F. wegen Rufausnutzung der Qualität und Exklusivität der betreffenden Waren wurden im Ergebnis vom BGH verneint. Allerdings bejahte der BGH ausdrücklich die Anwendbarkeit von § 1 UWG a.F. neben den Ansprüchen aus Markenrecht. Hierzu führte er aus, dass durch die sondergesetzliche Regelung des § 14 MarkenG Ansprüche aus § 1 UWG (a.F.) „nicht von vornherein ausgeschlossen" würden. Neben Ansprüchen aus Markenrecht könnten Ansprüche aus § 1 UWG (a.F.) gegeben sein, wenn sie sich gegen ein wettbewerbswidriges Verhalten richteten, das „als solches nicht Gegenstand der markenrechtlichen Regelung sei"[374]. Im zu entscheidenden Fall bezögen sich die geltend gemachten Ansprüche aus Markenrecht und die behaupteten Ansprüche aus wettbewerbsrechtlichem Leistungsschutz auf verschiedene Schutzgegenstände. Denn der Schutz des Markenrechts bei einer dreidimensionalen Marke richte sich vor allem gegen die Beeinträchtigung der Herkunftsfunktion der Marke, nicht aber gegen die Übernahme ästhetischer Gestaltungsgedanken durch Mitbewerber für deren Waren. Der im Rahmen des § 1 UWG (a.F.) zu untersuchende Vorwurf liege nicht in der unlauteren Annäherung an fremde Kennzeichnungen, sondern in der Ausnutzung eines für ein konkretes Erzeugnis erworbenen Rufs besonderer Qualität oder Exklusivität[375]. Nicht ganz deutlich wird hierbei, woran der BGH bei der Bestimmung des unterschiedlichen Schutzgegenstands im Fall der Übernahme von Gestaltungsformen im Vergleich zur dreidimensionalen Marke im Einzelnen anknüpft[376].

---

373 BGH, WRP 2003, 521 ff. – Abschlußstück.
374 BGH, WRP 2003, 521, 526 – Abschlußstück.
375 BGH, WRP 2003, 521, 525 f. – Abschlußstück.
376 Vgl. hierzu Ingerl, WRP 2004, 809, 812.

d) Tupperwareparty (BGH-Urteil vom 10.04.2003)

In diesem Fall scheiterte der Markenschutz am Fehlen der Entstehungsvoraussetzungen einer schutzfähigen Marke[377]. Gegenstand der Entscheidung war die Frage, ob die Klägerinnen, nämlich die Herstellerin von Frischhalte- und Gefrierdosen, die Inhaberin der deutschen Wortmarke „TUPPERWARE" ist, sowie ihr Tochterunternehmen, das die Produkte auf dem deutschen Markt im privaten Rahmen bei so genannten „Tupper(ware)partys" vertreibt, von der Beklagten Unterlassung der Bezeichnung „L-Top-Party" verlangen konnte, unter der diese Vorratsbehälter anbot. Die Klägerinnen hatten unter anderem argumentiert, dass es sich bei dem Begriff „Tupperparty" um eine gemäß § 4 Nr. 2 MarkenG geschützte Marke handele. Die Bezeichnung „L-Top-Party" sei mit „Tupperparty" verwechslungsfähig i.S.v. §§ 14 Abs. 2 Nr. 2 und § 15 Abs. 2 MarkenG. Außerdem machten die Klägerinnen eine unzulässige Rufausbeutung gemäß § 1 UWG a.F. geltend.

Das Landgericht hat der Klage stattgegeben. Die dagegen gerichtete Berufung ist erfolglos geblieben[378]. Das OLG Köln bejahte einen Unterlassungsanspruch gemäß § 1 UWG a.F. unter dem Gesichtspunkt der Rufausbeutung durch Anlehnung an eine fremde Kennzeichnung. Markenrechtliche Ansprüche schloss das Gericht aus, da die Bezeichnungen „Tupperparty" bzw. „Tupperwareparty" nicht als Marken i.S.d. § 3 Abs. 1 MarkenG verwendet würden. Sie dienten ausschließlich der Beschreibung bestimmter Verkaufsveranstaltungen, nicht aber der Kennzeichnung bestimmter Produkte bzw. Dienstleistungen des Unternehmens. Auf die Frage der Konkurrenzen zwischen den Vorschriften des Markengesetzes und denen des Wettbewerbsrechts ging das Berufungsgericht nicht ein, sondern zog ohne weiteres § 1 UWG a.F. heran, nachdem es markenrechtliche Ansprüche aus den genannten Gründen verneint hatte. Im Zusammenhang mit der Rufausbeutung durch unlautere Anlehnung an die Kennzeichnung der Klägerin gemäß § 1 UWG a.F. bezog sich das OLG Köln auf die BGH-Entscheidungen „DIMPLE"[379], „Rolls Royce"[380] und „Salomon"[381].

Der BGH hat der Klägerin einen Unterlassungsanspruch gemäß § 1 UWG a.F. (= §§ 3 und 4 UWG n.F.) weder unter dem Gesichtspunkt der unlauteren Rufausnutzung durch Anlehnung an eine fremde Kennzeichnung noch der vermeidbaren Herkunftstäuschung zuerkannt. Allerdings hat sich der BGH dem OLG München insofern angeschlossen, als es markenrechtliche Ansprüche ver-

---

377 BGH, WRP 2003, 1338 ff. – Tupperwareparty.
378 OLG Köln GRUR-RR 2001, 57, 58 – Top-Party.
379 BGH, GRUR 1985, 550.
380 BGH, GRUR 1983, 247, 249.
381 BGH, GRUR 1991, 465.

neint hat und § 1 UWG a.F. für anwendbar hielt. Im Hinblick auf die Frage der Anwendbarkeit von § 1 UWG a.F. hielt der BGH an seinen in der MAC Dog-Entscheidung aufgestellten Grundsätzen fest. Allerdings ist eine Differenzierung darin zu sehen, dass hier lediglich vom „unmittelbaren Anwendungsbereich“ der §§ 14 Abs. 2 Nr. 3, 15 Abs. 3 MarkenG gesprochen wurde, in dem für eine Anwendung von § 1 UWG (a.F.) oder § 823 Abs. 1 BGB grundsätzlich kein Raum sei[382]. Der unmittelbare Anwendungsbereich der §§ 14 Abs. 2 Nr. 3, 15 Abs. 3 MarkenG war nach Ansicht des Gerichts aber nicht betroffen, da Ansprüche aus Markenrecht an der Bezeichnung „Tupper(ware)party“ mangels Bestehens von Markenschutz „gerade nicht in Betracht“ kämen[383]. Jedoch unterstrich der BGH, dass für die Frage einer unlauteren Ausbeutung des guten Rufs der Kennzeichnung „Tupper(ware)party“ hinsichtlich der erforderlichen Herkunfts- und Gütevorstellung im Verkehr entgegen der Ansicht des Berufungsgerichts nicht auf eine mittelbare Ausstrahlung des guten Rufs der Marke „Tupperware“ abgestellt werden dürfe, da sich „deren Schutz nach § 14 Abs. 2 Nr. 3 MarkenG bemesse“[384]. Hier kommt wiederum die These von der abschließenden Regelung des § 14 Abs. 2 Nr. 3 MarkenG bei bestehendem Markenschutz zum Tragen.

II. Zum Konkurrenzverhältnis von §§ 14, 15 MarkenG und § 12 BGB

1. Rolex-Uhr mit Diamanten (BGH-Urteil vom 12.02.1998)

In dieser Entscheidung ging es u. a. um die Frage des Schutzes des als Marke oder Firmenbestandteil eingesetzten Namens „Rolex“ gemäß § 12 BGB[385]. Geklärt werden sollte eine etwaige Kennzeichenverletzung durch das Tragen einer äußerlich veränderten Rolex-Uhr, deren Erscheinungsbild nicht mehr dem Originalzustand, in dem sie erworben worden war, entsprach, sondern einem teureren Modell glich. Der BGH bejahte zwar die Anwendbarkeit des § 12 BGB, da die Verwendung der Marke „Rolex“ nicht im geschäftlichen Verkehr stattfand und somit markenrechtliche Vorschriften ausschieden, verneinte jedoch die Tatbestandsvoraussetzung der namensmäßigen Benutzung i.S.v. § 12 BGB.

---

382 BGH, WRP 2003, 1338, 1339 – Tupperwareparty. In den vorherigen Entscheidungen zum Konkurrenzverhältnis war nur von “Anwendungsbereich” die Rede, vgl. BGH, GRUR 1999, 161, 162 – MAC Dog; BGH, WRP 2001, 1188, 1189 – Tagesschau.

383 BGH, WRP 2003, 1338, 1339 – Tupperwareparty.

384 BGH, WRP 2003, 1338, 1340 – Tupperwareparty.

385 BGH, GRUR 1998, 696, 697 – Rolex-Uhr mit Diamanten.

Allgemein führte der BGH zur Anwendbarkeit von § 12 BGB aus, dass die Vorschrift zwar grundsätzlich neben dem kennzeichenrechtlichen Schutz nicht ausgeschlossen sei und auch einer juristischen Person als Namensträger zustehe. Jedoch setze § 12 BGB einen „Eingriffstatbestand voraus, der nicht bereits von den speziellen Normen des Markengesetzes erfasst oder freigestellt“ sei[386]. Besonders durch den Begriff „freigestellt“ wird deutlich, dass unter bestimmten Voraussetzungen auch bei Verneinung markenrechtlicher Ansprüche eine Anwendung des § 12 BGB wegen einer Sperrwirkung des Markengesetzes ausscheiden kann.

2. Shell.de (BGH-Urteil vom 22.11.2002)

Die Entscheidung „shell.de“ hatte die Frage des Kennzeichenschutzes gegenüber der Verwendung von Domain-Namen zum Gegenstand. Die Entscheidung enthält bedeutsame Ausführungen zum Kennzeichen- und Namensschutz gegen die Registrierung und Verwendung von fremden Unternehmenskennzeichen als Domain-Name[387]. Ein wichtiger Aspekt der Entscheidung war das Verhältnis der Bestimmungen des Markengesetzes zum Namensschutz nach § 12 BGB[388].

Die Klägerin, Tochtergesellschaft des Unternehmens Shell, verlangte von dem Beklagten, Träger des bürgerlichen Familiennamens Shell, der den Domain-Namen „shell.de“ erworben hatte und diesen sowohl privat als auch gewerblich nutzte, Unterlassung der Benutzung der Domain „shell.de“. Der BGH hat der Klägerin ebenso wie die Vorinstanzen den geltend gemachten Unterlassungsanspruch gemäß § 12 BGB zuerkannt. Beanstandet wurde aber, dass das Berufungsgericht einen Anspruch der Klägerin aus § 12 BGB auch insoweit bejaht hatte, als es um eine Verwendung des Domain-Namens im geschäftlichen Verkehr ging[389]. Im geschäftlichen Verkehr komme ein namensrechtlicher Schutz von Unternehmenskennzeichen aus § 12 BGB wegen der speziellen Bestimmungen des Markengesetzes im allgemeinen nicht in Betracht[390]. Mit dem Inkrafttreten des Markengesetzes sei an die Stelle verschiedener kennzeichenrechtlicher Regelungen, die früher im WZG oder im UWG enthalten waren oder den Generalklauseln der §§ 1 und 3 UWG a. F. (= §§ 3, 4 und 5 UWG n.F.) oder des

386 BGH, GRUR 1998, 696, 697 – Rolex-Uhr mit Diamanten.
387 Der BGH stellt in den amtlichen Leitsätzen der Entscheidung klar, dass die Verwendung eines bekannten Kennzeichens als Domain durch einen Nichtberechtigten eine Beeinträchtigung der Kennzeichnungskraft des bekannten Zeichens nach § 14 Abs. 2 Nr. 3 bzw. nach § 15 Abs. 3 MarkenG darstellt, WRP 2002, 694 f. – shell.de.
388 BGH, WRP 2002, 694, 696 f. – shell.de.
389 OLG München WRP 1999, 955 – shell.de.
390 BGH, WRP 2002, 694, 697 – shell.de.

§ 823 Abs. 1 BGB entnommen wurden, eine umfassende, in sich geschlossene kennzeichenrechtliche Regelung getreten, die im allgemeinen den aus den Generalklauseln hergeleiteten Schutz verdränge. Wie der Senat bereits für die bekannte Marke entschieden habe, sei in dem Anwendungsbereich der jeweiligen Bestimmungen des Markengesetzes für eine gleichzeitige Anwendung der §§ 1 und 3 UWG a.F. oder des § 823 BGB grundsätzlich kein Raum. Nicht anders verhalte es sich mit dem nunmehr in §§ 5, 15 MarkenG geregelten Schutz des Unternehmenskennzeichens. Dieser zeichenrechtliche Schutz gehe in seinem Anwendungsbereich grundsätzlich dem Namensschutz des § 12 BGB vor[391]. Dagegen soll § 12 BGB außerhalb des geschäftlichen Verkehrs anwendbar sein, da dieser außerhalb des Anwendungsbereichs des kennzeichenrechtlichen Schutzes nach §§ 5, 15 MarkenG liege. Allerdings formulierte der BGH zurückhaltend, „im privaten Bereich könne die Anwendbarkeit des § 12 BGB (oder des § 823 Abs. 1 BGB) nicht von vornherein ausgeschlossen werden“[392].

In der Entscheidung „vossius.de“ bestätigte der BGH den in der Entscheidung „shell.de“ aufgestellten Grundsatz, dass der markenrechtliche Schutz in seinem Anwendungsbereich grundsätzlich einem dazu bestehenden möglichen Namensschutz aus § 12 BGB vorgeht[393].

III. Schlussfolgerungen

1. Kernaussagen

a) Vorrang markenrechtlicher Regelungen

Neun Jahre nach Inkrafttreten des Markengesetzes kann von einer gefestigten Rechtsprechung des BGH gesprochen werden, nach der markenrechtliche Ansprüche in ihrem Anwendungsbereich wettbewerbs- oder bürgerlichrechtlichen Ansprüchen vorgehen. Der BGH hat ungeachtet der Kritik in der Literatur[394] an seiner Auffassung vom Vorrang der markenrechtlichen Bestimmungen gegenüber denen außerhalb des Markenrechts festgehalten. Er sieht in den Entscheidungen „MAC Dog“, „SZENE“, „Tagesschau“ und „ARD-1“ den Schutz der bekannten Marke im Markengesetz als eine „umfassende spezialgesetzliche Regelung“ an. Nur in der Warsteiner II-Entscheidung zum erweiterten Schutz der geographi-

391 BGH, WRP 2002, 694, 696 – shell.de.
392 BGH, WRP 2002, 694, 697 – shell.de.
393 BGH, GRUR 2002, 706, 707 – vossius.de.
394 Fezer, Markenrecht, § 2 Rdnr. 4; Klippel/Pahlow, in: HK-MarkenR, § 2 Rdnr. 3; Deutsch, WRP 2000, 854, 857.

schen Herkunftsangaben gemäß §§ 126 ff. MarkenG benutzt der BGH explizit den Begriff „lex specialis“[395]. In der Entscheidung „shell.de“ wählt der BGH anstelle der Formulierung von der „spezialgesetzlichen“ die der „in sich geschlossenen“ Regelung[396]. Auch in der Entscheidung „Tupperwareparty“ verzichtet der BGH auf den Begriff der „spezialgesetzlichen Regelung“. Die nicht einheitliche Terminologie weist auf die Unklarheiten der rechtstheoretischen Fundierung des Konkurrenzverhältnisses hin.

b) Drei Elemente der Konkurrenzlösung des BGH

Die vom BGH vertretene Konkurrenzlösung zwischen marken- und außermarkenrechtlichen Bestimmungen lässt sich in drei Teile untergliedern.

Zunächst resultiert aus dem vom BGH befürworteten Vorrang der markenrechtlichen Regelungen das Gebot des Prüfungsvorrangs markenrechtlicher Regelungen. Mit der Aussage, der Schutz bekannter Kennzeichnungen ergebe sich „in erster Linie“ aus dem Markengesetz, bezieht sich der BGH auf den Prüfungsvorrang markenrechtlicher Vorschriften in diesem Bereich[397]. Dies zeigt auch die Formulierung des BGH in der Tagesschau-Entscheidung, in der beanstandet wird, dass das Berufungsgericht nicht „in erster Linie“ geprüft hat, ob sich der vom Kläger beanspruchte Schutz aus den markenrechtlichen Bestimmungen ergibt[398]. Hiermit wird bereits eine Aussage zum Konkurrenzverhältnis gemacht. Denn wenn die in Rede stehenden Normengruppen gleichrangig nebeneinander stünden und einen bestimmten Lebenssachverhalt gleichermaßen erfassten, ließe sich eine vorrangige Anwendung der Vorschriften aus dem Markengesetz schwerlich rechtfertigen[399]. Das Gebot vom Anwendungsvorrang markenrechtli-

---

395 BGH, GRUR 1999, 252, 253 – Warsteiner II. Die neue markenrechtliche Regelung sei als lex specialis eines seiner Natur nach wettbewerbsrechtlichen Schutzes anzusehen, neben dem die Vorschriften der §§ 3, 1 UWG a.F. nur noch ergänzend für Sachverhalte herangezogen werden könnten, die nicht unter §§ 126 ff. MarkenG fielen. Da der Schutz der geographischen Herkunftsangabe nicht Gegenstand der vorliegenden Untersuchung ist, wird auf eine ausführliche Darstellung der Entscheidung verzichtet.

396 BGH, WRP 2002, 694, 696 – shell.de. Allerdings spricht der BGH in dieser Entscheidung an anderer Stelle (S. 697) von den „speziellen Bestimmungen des Markengesetzes“.

397 Der BGH hat diese Formulierung schon vor Einführung des Markengesetzes gewählt, so etwa in der Entscheidung „roter Punkt“, GRUR 1965, 601, 605: Das Berufungsgericht solle „in erster Linie“ gemäß § 1 UWG (a.F.) unter dem Gesichtspunkt der bewussten Annäherung an eine fremde Kennzeichnung prüfen. Auch hier zeigt sich, dass die Formulierung die Prüfungsreihenfolge betrifft.

398 BGH, WRP 2001, 1188, 1189 – Tagesschau.

399 Vierheilig, GRUR 1977, 704, 712; a. A. Fezer, WRP 2000, 863, 866.

cher Vorschriften wird vom BGH weniger streng in den Fällen der Nachahmung von Produktgestaltungen eingehalten, die als Herkunftshinweis dienen, und bei denen nicht feststeht, ob die Voraussetzungen einer Benutzungsmarke gemäß § 4 Nr. 2 MarkenG vorliegen.

Das zweite Element der vom BGH vertretenen Konkurrenzlösung ist die abschließende Regelung der markenrechtlichen Bestimmungen innerhalb ihres Anwendungsbereichs. Daraus folgt, dass auch dann, wenn einzelne Tatbestandsvoraussetzungen der markenrechtlichen Verletzungstatbestände fehlen, die Anwendbarkeit der §§ 1 UWG a.F., 823 Abs. 1 BGB versperrt sein kann. Das lässt sich daraus schließen, dass der BGH in den Entscheidungen „Big Pack“, „SZENE“ und „ARD-1“ Ansprüche aus den §§ 14 Abs. 2 Nr. 3, 15 Abs. 3 MarkenG abgelehnt und gleichwohl nicht auf §§ 1 UWG a.F., 823 Abs. 1 BGB zurückgegriffen hat. Den jüngeren Entscheidungen kann entnommen werden, dass die abschließende Regelung der §§ 14, 15 MarkenG nicht nur den Schutz bekannter Kennzeichnungen betrifft[400]. Für diese Interpretation spricht die These von der „umfassenden, in sich geschlossenen Regelung im Markengesetz“, die an die Stelle verschiedener kennzeichenrechtlicher Regelungen aus dem WZG, UWG und BGB getreten sei, und dass im Anwendungsbereich der „jeweiligen Bestimmungen des Markengesetzes“ für eine gleichzeitige Anwendung außermarkenrechtlicher Vorschriften kein Raum bestehe[401]. In der Abschlußstück-Entscheidung bezieht sich der BGH generell auf „Ansprüche aus Markenrecht“ und „markenrechtliche Regelungen“ hinsichtlich des Verhältnisses zum ergänzenden wettbewerbsrechtlichen Schutz.

Der dritte Aspekt der vom BGH vertretenen Konkurrenzlösung betrifft die Möglichkeit eines parallelen außermarkenrechtlichen Schutzes. Hier ist eine Unterscheidung der Begriffe der „parallelen“ von der „autonomen“ Anwendbarkeit notwendig. In den Entscheidungen „Abschlußstück“ und „Bit/Bud“ hebt der BGH hervor, dass „neben“ Ansprüchen aus dem Markengesetz auch Ansprüche aus dem UWG gegeben sein können, wenn das betreffende Verhalten nicht Gegenstand markenrechtlicher Regelungen ist[402]. Hieraus kann geschlossen werden, dass grundsätzlich auch ein paralleler außermarkenrechtlicher Schutz möglich ist, soweit der betreffende Sachverhalt außerhalb des Anwendungsbereichs der §§ 14, 15 MarkenG liegt oder ein anderer Schutzgegenstand betroffen ist. Die Reduzierung der BGH-Rechtsprechung auf die These, dass außermarkenrechtli-

---

400 Ingerl, WRP 2004, 809, 810; a. A. Sack, WRP 2004, 1405, 1414, Fußn. 85.

401 BGH, WRP 2002, 694, 696 – shell.de.

402 BGH, WRP 2003, 521, 526 – Abschlußstück; BGH, MarkenR 2001, 465, 470 – Bit/Bud.

che Bestimmungen nur in Fällen herangezogen werden können, in denen ein markenrechtlicher Schutz ausscheidet, ist daher unzutreffend.

2. Begründungsansätze des BGH

Hinsichtlich der Verletzungstatbestände der §§ 14 Abs. 2 Nr. 3, 15 Abs. 3 MarkenG begründet der BGH die These von der umfassenden spezialgesetzlichen Regelung im Markengesetz damit, dass die Regelungen des Markengesetzes an die Stelle des bisherigen von der Rechtsprechung entwickelten Schutzes getreten seien und belegt dies mit der amtlichen Begründung des Regierungsentwurfs[403]. Der Begründung des BGH liegt das Verständnis zugrunde, dass die Grenze des ergänzenden außermarkenrechtlichen Schutzes erreicht ist, soweit der Gesetzgeber die Regelung eines Bereichs an sich gezogen hat. Folgerichtig spricht er hinsichtlich des Bekanntheitsschutzes gemäß §§ 14 Abs. 2 Nr. 3, 15 Abs. 3 MarkenG von einer „Fixierung der bisherigen wettbewerbsrechtlich orientierten Rechtsprechung". Die §§ 14 Abs. 2 Nr. 3 und 15 Abs. 3 MarkenG enthalten zahlreiche Tatbestandsmerkmale, die mit den in der „DIMPLE-Rechtsprechung" entwickelten Leitsätzen übereinstimmen. Aus der Existenz der neuen markengesetzlichen Verletzungstatbestände wird ein für andere Normengruppen geltender abschließender Regelungsgehalt abgeleitet. Ohne dies ausdrücklich zu sagen, scheint der BGH im Hinblick auf den Bekanntheitsschutz von einer Identität der Zielrichtungen von §§ 14 Abs. 2 Nr. 3, 15 Abs. 3 MarkenG und der wettbewerbsrechtlichen Generalklausel auszugehen. Dies zeigt auch der Umkehrschluss aus der PowerPoint-Entscheidung zum Verhältnis der markenrechtlichen Bestimmungen untereinander, in welcher der BGH ein autonomes Nebeneinander der §§ 15 und 14 MarkenG mit den unterschiedlichen Zielrichtungen der Schutznormen begründet[404].

Der BGH leitet den Vorrang des Markengesetzes nicht nur hinsichtlich des Bekanntheitsschutzes, sondern hinsichtlich des gesamten markenrechtlichen Kennzeichenschutzes aus der Tatsache ab, dass durch das Markengesetz alle bisherigen Anspruchsgrundlagen in einem Gesetz vereint werden sollten[405]. Damit verknüpft ist die These von der Begrenzungsfunktion, die mit der gesetzlichen Festlegung im Markengesetz verbunden sei. Der BGH sieht bei einer autonomen Anwendung der Regelungen des UWG oder des BGB neben denen des Marken-

403 BT-Drucks. 12/6581, S. 72. Kritisch hierzu Fezer, WRP 2000, 863, 866, da die amtliche Begründung nur aussage, dass der von der Rechtsprechung entwickelte, wettbewerbsrechtlich orientierte Schutz bekannter Marken nunmehr markenrechtlich geregelt sei.

404 BGH, NJW 1997, 3313, 3314 – PowerPoint.

405 Vgl. BGH, WRP 2002, 694, 696 – shell.de.

gesetzes die Gefahr, dass die markenrechtlichen Tatbestände umgangen oder jedenfalls erheblich relativiert würden. Er verweist auf § 30 Abs. 3 und 4 MarkenG, der regelt, wer im Falle der Lizenzerteilung gegen eine Markenverletzung durch einen Dritten vorgehen kann[406]. Die vom BGH angeführte Begrenzungsfunktion des Markengesetzes macht sich auch bei den einzelnen Tatbestandsvoraussetzungen der markenrechtlichen Bestimmungen, etwa bei der Verwechslungsgefahr i.S.v. § 14 Abs. 2 Nr. 2, 15 Abs. 2 MarkenG bemerkbar, die im Falle des Nichtvorliegens nicht durch §§ 1 UWG a.F., 823 Abs. 1, 12 BGB umgangen werden sollen.

Ein weiterer nicht ausdrücklich vom BGH erwähnter Grund für den von ihm angenommenen Vorrang des Markengesetzes könnte die Absicht sein, dem EuGH eine gemeinschaftsrechtliche Klärung der Maßstäbe zur Beurteilung von Rufausbeutungen zu ermöglichen[407]. Dies würde zumindest erschwert, wenn über das UWG entgegengesetzte nationale Ergebnisse erzielt würden[408].

3. *Angaben zu einem möglichen Anwendungsbereich von Vorschriften des UWG und BGB*

In der MAC Dog-Entscheidung stellt der BGH in Bezug auf den Anwendungsbereich von § 1 UWG a.F. (= §§ 3 und 4 UWG n.F.) oder § 823 Abs. 1 BGB klar, dass diese Vorschriften für einen ergänzenden Schutz herangezogen werden könnten, wenn der Schutz nach dem Markengesetz „versage“. Von dem Begriff „Versagen“ des markenrechtlichen Schutzes nimmt der BGH in den folgenden Entscheidungen zum Konkurrenzverhältnis Abstand. In der SZENE-Entscheidung heißt es, die Anwendung aufgrund wettbewerbs- oder bürgerlichrechtlicher Vorschriften komme nur in einem „sehr beschränkten Umfang“ in Betracht. Hierfür müssten „besondere von der markengesetzlichen Regelung nicht erfasste Umstände“ in Frage stehen[409]. In der Tagesschau-Entscheidung führt der BGH aus, dass die zum alten Recht entwickelten Grundsätze zum Schutz bekannter und berühmter Kennzeichnungen aus § 1 UWG a.F. nur in Betracht gezogen werden könnten, soweit das Markengesetz den Schutz solcher Kennzeichen „nicht abschließend regele“. Ein Rückgriff auf § 1 UWG a.F. könne für den Schutz nur insoweit herangezogen werden, als dem „Markengesetz ein solcher Schutz nicht entnommen werden könne“[410]. An anderer Stelle heißt es, dass neben Ansprüchen aus dem Markenrecht Ansprüche aus § 1 UWG a.F. gegeben sein können,

---

406 BGH, GRUR 1999, 161, 163 – MAC Dog.
407 Dies vermutet Beater, Unlauterer Wettbewerb, § 1 Rdnr. 73.
408 Marianne Helm, GRUR 2001, 291, 293.
409 BGH, GRUR 2000, 70, 73 – SZENE.
410 BGH, WRP 2001, 1188, 1189 – Tagesschau.

wenn sie sich gegen ein wettbewerbswidriges Verhalten richten, das „als solches nicht Gegenstand der markenrechtlichen Regelung" ist[411]. Als konkrete Beispiele für den verbleibenden Anwendungsbereich der außermarkenrechtlichen Vorschriften nennt der BGH die Fälle fehlender Benutzung im Sinne des Markengesetzes und den Bereich des außergeschäftlichen Verkehrs[412].

Ist ein Markenrecht noch nicht entstanden bzw. fehlen im konkreten Fall die Schutzvoraussetzungen einer Benutzungsmarke, wird die Anwendbarkeit, insbesondere von § 1 UWG a.F. (= §§ 3 und 4 Nr. 9 UWG n.F.), vom BGH großzügiger gehandhabt. Bezeichnenderweise spricht der BGH in der Tupperwareparty-Entscheidung, die eine solche Konstellation zum Gegenstand hat, auch nur vom „unmittelbaren" Anwendungsbereich, in dem für § 1 UWG a.F. oder § 823 Abs. 1 BGB kein Raum verbleibe[413]. Auch prüft der BGH in dieser Entscheidung nicht, ob der von Anfang an fehlende Markenschutz nicht auch eine Sperrwirkung gegenüber wettbewerbsrechtlichem Kennzeichenschutz zur Folge hat. Gleichwohl ist die in der Tupperwareparty-Entscheidung getroffene Feststellung, dass ein ergänzender Schutz nach dem UWG möglich sei, da Ansprüche nach dem Markengesetz „gerade nicht in Betracht" kämen, nicht so zu verstehen, dass dies auch für den Fall gelten soll, dass das Markengesetz den Schutz bewusst versagt[414]. Gemeint ist vielmehr, dass ein anderer Schutzgegenstand betroffen ist und daher eine Anwendung des UWG grundsätzlich in Betracht kommt, ohne dass dabei allerdings die markengesetzlichen Wertungen außer Acht gelassen werden dürfen[415].

Die weniger restriktive Tendenz im Falle fehlender Schutzrechtsentstehung wird auch dadurch deutlich, dass der BGH bei der Nachahmung von Gestaltungen, die prinzipiell markenfähig sind, teilweise sofort § 1 UWG a.F. prüfte, ohne den Fall markenrechtlich zu lösen[416]. Ein solches Vorgehen lehnt er im Zusammenhang mit dem Schutz bekannter Kennzeichnungen gemäß §§ 14 Abs. 2 Nr. 3, 15 Abs. 3 MarkenG ausdrücklich ab[417].

Ein grundsätzliches Problem ist, dass häufig die geforderten „besonderen wettbewerbsrechtlichen Umstände" nicht lediglich die Anwendbarkeit der wett-

---

411 BGH, MarkenR 2001, 465, 470 – Bit/Bud; BGH, WRP 2003, 521, 526 – Abschlußstück.

412 BGH, GRUR 2000, 70, 73 – SZENE.

413 BGH, WRP 2003, 1338, 1339 – Tupperwareparty.

414 So aber Götting, in: Fezer, Lauterkeitsrecht, § 4-9 Rdnr. 47.

415 Dies zeigt sich daran, dass der BGH wegen der Wertung der § 14 Abs. 2 Nr. 3 MarkenG ein Abstellen auf die mittelbare Ausstrahlung des guten Rufs der Marke „Tupperware" ablehnt (WRP 2003, 1338, 1340 – Tupperwareparty).

416 BGH, GRUR 2001, 443, 444 – Viennetta; BGH, GRUR 2001, 251, 252 – Messerkennzeichnung.

417 BGH, GRUR 1999, 161, 162 – MAC Dog.

bewerbsrechtlichen Generalklausel, sondern auch die Frage der Wettbewerbswidrigkeit zu betreffen scheinen. Der BGH spricht beispielsweise davon, dass „wettbewerbsrechtlicher Kennzeichenschutz in Betracht zu ziehen ist, wenn im Einzelfall zusätzliche Umstände gegeben sind“[418]. Hier stellt sich auch methodisch die Frage, an welcher Stelle „wettbewerbsrechtliche Umstände“ zu prüfen sind, wenn die Anwendbarkeit wettbewerbsrechtlicher Normen erst zu klären ist. Allgemein besteht die Tendenz einer Vermischung von Fragen der Anwendbarkeit der außermarkenrechtlichen Bestimmungen mit deren jeweiligen Tatbestandsvoraussetzungen, was z. B. die Interpretation des Berufungsurteils durch den BGH in der Fabergé-Entscheidung zeigt[419].

B. Die Rechtsprechung der Instanzgerichte

I. Von den Grundsätzen des BGH abweichende Entscheidungen

1. OLG Köln – BOSS (18.07.1997)

In dem vom OLG Köln zu entscheidenden Rechtsstreit forderte die Klägerin, eine Herstellerin von Herrenoberbekleidung, deren Firmierung der Name Hugo Boss ist und zu deren Gunsten die Marken „BOSS“ und „HUGO BOSS“ eingetragen sind, von den Beklagten Unterlassung der Benutzung der Zeichen „BOSS“ und „BOSS!“ für einen Energy Drink[420]. Sie stützte ihr Begehren auf Markenrecht und auf § 1 UWG a.F. Markenrechtlicher Schutz bestehe gemäß § 14 Abs. 2 Nr. 3 MarkenG, da es sich bei der in Rede stehenden Marke um eine bekannte, wenn nicht sogar berühmte Marke handelte. Außerdem liege eine unlautere Anlehnung an ihre bekannte Marke i.S.d. § 1 UWG a.F. vor.

Das Berufungsgericht hat wie die Vorinstanz den geltend gemachten Unterlassungsanspruch zuerkannt. Es schloss sich der Ansicht des Landgerichts an, dass sich der Unterlassungsanspruch aus § 1 UWG a.F. unter dem Gesichtspunkt des unlauteren Anlehnens und der Ausnutzung des guten Rufes einer bekannten Marke bzw. einer bekannten geschäftlichen Bezeichnung ergebe. Zu etwaigen Ansprüchen aus § 14 Abs. 2 Nr. 2, Abs. 5 oder § 15 Abs. 2 und 4 MarkenG führte das OLG Köln aus, dass diese zwar für „nicht von dem aus § 1 UWG (a.F.) bestehenden Unterlassungsanspruch erfassten Fallgestaltungen“ in Betracht kämen,

418 BGH, GRUR 1997, 754, 755 – grau/magenta. Vgl. auch die Formulierung des BGH in der Rolex-Uhr mit Diamanten-Entscheidung, GRUR 1998, 696, 697, wonach ein “Schutz“ gemäß § 12 BGB nicht grundsätzlich ausgeschlossen sei.

419 BGH, WRP 2002, 330, 333 – Fabergé.

420 OLG Köln, WRP 1998, 1104 ff. – BOSS.

jedoch wegen der gegebenen Branchenferne ausschieden[421]. Auf § 14 Abs. 2 Nr. 3 MarkenG ging das OLG Köln nicht ein, wobei nicht ganz deutlich ist, inwieweit dies damit zusammenhing, dass es sich um Altfälle i.S.d. §§ 152, 153 MarkenG handelte[422].

2. OLG Hamm – krupp.de (13.01.1998)

Die Entscheidung des OLG Hamm hatte einen Kennzeichenkonflikt um eine Internet-Domain zum Gegenstand[423]. Das bekannte Konzernunternehmen mit der Bezeichnung „Krupp" als Firmenschlagwort, das auch Inhaber der Marke „Krupp" ist, sah seine Marken- und Firmenrechte dadurch verletzt, dass die branchenfremde Beklagte, Betreiberin der Online-Agentur W. E. Krupp Kommunikation, mit dem Domain-Namen „krupp.de" im Internet registriert war.

Das OLG Hamm hat einen Unterlassungsanspruch der Klägerin gegenüber der Beklagten, die Domain-Adresse für sich zu nutzen, gemäß § 12 BGB bejaht. Es könne dahingestellt bleiben, ob sich die Namensanmaßung schon aus dem Gesichtspunkt der Verwechslungsgefahr ergebe, was angesichts der Branchenferne unwahrscheinlich sei. Der auf § 12 BGB gestützte Kennzeichenschutz bestehe jedenfalls wegen Verwässerungsgefahr des Firmenschlagworts „Krupp", das eine überragende Verkehrsgeltung habe[424]. Diese Entscheidung widerspricht dem später in der shell.de-Entscheidung aufgestellten Grundsatz, dass die markenrechtlichen Vorschriften in ihrem Anwendungsbereich dem Namensschutz gemäß § 12 BGB vorgehen[425]. Da die Verletzungshandlung im geschäftlichen Verkehr erfolgte, wären hiernach §§ 5, 15 MarkenG vorrangig anzuwenden gewesen.

Ähnlich wie das OLG Hamm ging das OLG München in der Entscheidung „rolls-royce.de" vor, indem es in der Registrierung des bekannten Firmennamens und der deutschen Wortmarke „Rolls Royce" als Domain durch ein EDV-Unternehmen eine Namensschutzverletzung gemäß § 12 BGB wegen Verwässerungsgefahr sah[426]. Obwohl die Verwendung des Domain-Namens innerhalb des geschäftlichen Verkehrs erfolgte, zog das OLG nicht vorrangig markenrechtliche

421 OLG Köln, WRP 1998, 1104, 1108 – BOSS.

422 Der BGH hat die Revision der Beklagten gegen dieses Urteil mit Beschluss vom 28.05.1998 (I ZR 201/97) nicht angenommen. Im Nichtannahmebeschluss führte er aus, dass sich die Klage auch auf der Grundlage des Markengesetzes gemäß § 14 Abs. 2 Nr. 3 als begründet erweise (Beschluss vom 28.05.1998 – I ZR 201/97, vgl. Anmerkung der Redaktion, WRP 1998, 1109 – BOSS).

423 OLG Hamm, CR 1998, 241, 242 – krupp.de.

424 OLG Hamm, CR 1998, 241, 242 – krupp.de.

425 BGH, WRP 2002, 694, 696 – shell.de.

426 OLG München, GRUR 2000, 519, 520 – rolls-royce.de.

Bestimmungen heran. Hierzu führte es am Ende der Urteilsgründe aus, dass der Klägerin Ansprüche „in gleicher Weise aus §§ 14, 15 MarkenG und § 1 UWG (a.F.) zustünden“[427]. Es hielt somit §§ 14, 15 MarkenG, § 1 UWG a.F. und § 12 BGB ohne nähere Begründung parallel für anwendbar.

Zu erwähnen in diesem Zusammenhang ist schließlich die Entscheidung des OLG Düsseldorf „ufa.de“, der ein ähnlicher Sachverhalt wie in den Fällen „krupp.de“ und „rolls-royce.de“ zugrunde lag[428]. Nach Ansicht des OLG Düsseldorf waren die geltend gemachten Ansprüche nach § 12 BGB zuzuerkennen. Möglicherweise bestehende markenrechtliche Unterlassungsansprüche blieben unberücksichtigt.

3. LG Köln – FOCUS (03.07.1998)

Der Fall des Landgerichts Köln betraf die Wortmarke „FOCUS“ der Herausgeberin des Nachrichtenmagazins mit dem Titel „FOCUS“. Die Klägerin, eine Herstellerin von Kraftfahrzeugen, die beabsichtigte, einen neuen Personenkraftwagen unter der Bezeichnung „FOCUS“ auf den Markt zu bringen und den „Fiesta FOCUS“ in Tageszeitungen bewarb, beantragte die Feststellung, dass die Verwendung der Kennzeichnung „FOCUS“ bzw. „Fiesta FOCUS“ durch die Klägerin im geschäftlichen Verkehr zur Bezeichnung von Personenkraftwagen keine Rechte der Beklagten verletzte[429].

Das Landgericht hat die Klage als unbegründet angesehen, da die Verwendung der Kennzeichnung „FOCUS“ im geschäftlichen Verkehr zur Bezeichnung von Personenkraftwagen gegen § 1 UWG (a.F.) verstoße[430]. Die Benennung des Automobils als „FOCUS“ bzw. „Fiesta FOCUS“ durch die Klägerin nutze den von der Beklagten geschaffenen hohen Werbewert der Bezeichnung „FOCUS“ zur Förderung des eigenen Wettbewerbs zu Lasten der Beklagten aus, ohne dass die Beklagte die Übernahme aufgrund bestimmter Umstände dulden müsse. Dabei bezog sich das Landgericht auf die „DIMPLE“-Rechtsprechung des BGH[431].

Eine nähere Erörterung der markenrechtlichen Anspruchsgrundlagen hielt das Gericht nicht für geboten. Daher konnte offen bleiben, auf welchen Zeitpunkt hinsichtlich des formellen Markenrechts der Beklagten abzustellen war. Zur Rechtfertigung für die ausschließliche Heranziehung von § 1 UWG a.F. als Anspruchsgrundlage verwies das Landgericht Köln auf § 2 MarkenG, wonach § 1 UWG a.F. uneingeschränkt anwendbar sei. Bedenken dagegen bestünden auch

427 OLG München, GRUR 2000, 519, 521 – rolls-royce.de.
428 OLG Düsseldorf, WRP 1999, 343, 345 – ufa.de.
429 LG Köln, WRP 1998, 917 ff. – FOCUS.
430 LG Köln, WRP 1998, 917, 918 – FOCUS.
431 BGH, GRUR 1985, 550 ff. – Dimple; vgl. oben 3. Kap. C II 2 b) bb) (1).

nicht unter dem Aspekt, dass eine spezielle gesetzliche Regelung einer allgemeinen Regelung vorgehe und die Anwendung der letzteren unter bestimmten Voraussetzungen ausschließe. Denn die Vorschriften der §§ 14 Abs. 2 Nr. 3, 15 Abs. 3 MarkenG erweiterten lediglich den Schutzbereich der Marke innerhalb des starren prioritätsabhängigen Regelungsbereichs des Markengesetzes über den Warenähnlichkeitsbereich hinaus. Es gebe keinen Hinweis darauf, dass insbesondere die im konkreten Fall einschlägigen §§ 14 Abs. 2 Nr. 3, 15 Abs. 3 MarkenG die Anwendbarkeit des flexiblen rein wettbewerbsrechtlich orientierten § 1 UWG (a.F.) ausschließen sollten[432].

Bemerkenswert an dieser Entscheidung ist, dass § 1 UWG a.F. auch in dem Bereich angewendet wurde, für den die §§ 14 Abs. 2 Nr. 3, 15 Abs. 3 MarkenG einschlägig sind. Dieser Vorgehensweise liegt das Verständnis zugrunde, dass die neu eingeführten Verletzungstatbestände in den §§ 14 Abs. 2 Nr. 3, 15 Abs. 3 MarkenG und die damit verbundene Erweiterung der markenrechtlichen Schutzansprüche auf den Anwendungsbereich des § 1 UWG a.F. keinen Einfluss haben.

4. OLG Karlsruhe – Peugeot (12.08.1998)

In diesem Fall verlangte die klagende deutsche Tochtergesellschaft des Kraftfahrzeugherstellers Peugeot die Unterlassung der Verwendung der bekannten Marke und ihrer geschäftlichen Bezeichnung als Vorspann für die Veranstaltung einer täuschenden Werbeaktion in Form eines Gewinnspiels durch die einen Versandhandel betreibende Beklagte[433]. Das OLG Karlsruhe hat ebenso wie die Vorinstanz den geltend gemachten Unterlassungsanspruch aus § 1 UWG a.F. zuerkannt. Zur Begründung führte das OLG aus, die Werbung der Beklagten für das von ihr veranstaltete Gewinnspiel mit der Auslobung von „Peugeot-Preisen" und der Abbildung von Peugeot-Fahrzeugen stelle einen Verstoß gegen § 1 UWG (a.F.) unter dem Gesichtspunkt der unlauteren Herabsetzung des fremden Rufs dar. Mit der Verwendung der Marke der Klägerin beeinträchtige die Beklagte deren Werbewirksamkeit und verschaffe der Marke der Klägerin ein negatives Image[434]. Etwaige Ansprüche aus dem Markengesetz prüfte das Gericht nicht.

---

432 LG Köln, WRP 1998, 917, 918 – FOCUS.

433 OLG Karlsruhe, GRUR 1999, 353 f. – Peugeot.

434 OLG Karlsruhe, GRUR 1999, 353, 354 – Peugeot, mit Verweis auf BGH, GRUR 1994, 808, 811 – Markenverunglimpfung I.

5. LG Hamburg - Markenbeeinträchtigung Deutsche Post (27.10.1999)

Das LG Hamburg sah in der Beschriftung eines postgelben Postwagens mit „Deutsche Pest“ durch ein mit Messebau befasstes Unternehmen eine rechtswidrige Beeinträchtigung der Marke „Deutsche Post“[435]. Den Verfügungsanspruch stützte das Gericht nebeneinander sowohl auf §§ 14 Abs. 2 Nr. 3, 15 Abs. 3 MarkenG als auch auf § 1 UWG a.F. Ohne nähere Begründung hielt das LG Hamburg § 1 UWG a.F. (= §§ 3 und 4 Nr. 7 UWG n.F.) neben den §§ 14 Abs. 2 Nr. 3, 15 Abs. 3 MarkenG für anwendbar.

6. OLG Köln – Dämmstoffplatten (18.08.2000)

Die Entscheidung des OLG Köln hatte die Verwendung einer bestimmten Farbausstattung für Dämmstoffplatten durch die Beklagte zum Gegenstand, gegen die sich die Klägerin, ebenfalls Anbieterin von Dämmstoffplatten, wandte[436]. Nach Ansicht des OLG Köln verstieß dieses Verhalten gegen die guten Sitten im Wettbewerb gemäß § 1 UWG a.F. (= §§ 3 und 4 UWG Nr. 9 n.F.), da die Farbausstattung herkunftshinweisend wirke und die Anlehnung hieran ohne zureichenden Grund die Gefahr von Verwechslungen mit dem Vorbild der Farbkombination der Dämmplatten der Klägerin heraufbeschwöre und deren Ruf beeinträchtige. Es könne dahinstehen, ob ein Ausstattungsschutz für die Farbausstattung gemäß § 4 Nr. 2 MarkenG beansprucht werden könne, da die Verwendung jedenfalls gegen § 1 UWG (a.F.) verstoße[437]. Ob diese Vorgehensweise des OLG Köln der Rechtsprechung des BGH widerspricht, ist nicht ganz klar, da der BGH seinerseits wie gesehen in der Konstellation der Nachahmung von herkunftshinweisenden Gestaltungen nicht stets markenrechtliche Bestimmungen vorrangig prüft[438].

7. OLG Düsseldorf – EXES (19.03.2002)

In der EXES-Entscheidung zum Kennzeichenschutz gegenüber der Verwendung des Domain-Namens „exes.de“ hat das OLG Düsseldorf Unterlassungsansprüche im Ergebnis zwar abgelehnt, jedoch ohne weiteres § 12 BGB und § 1 UWG a.F. (= §§ 3 und 4 UWG n.F.) angewandt[439]. Markenrechtliche Ansprüche gemäß §§ 14 Abs. 2 Nr. 2, 15 Abs. 2 MarkenG scheiterten nach Ansicht des Gerichts an der fehlenden Verwechslungsgefahr, da es an der erforderlichen Dienstleistungs-

435 LG Hamburg, GRUR 2000, 514 ff. – Deutsche Pest.
436 OLG Köln, GRUR-RR 2001, 26 ff. –Dämmstoffplatten.
437 OLG Köln, GRUR-RR 2001, 26, 27 – Dämmstoffplatten.
438 BGH, GRUR 2001, 251, 252 – Messerkennzeichnung.
439 OLG Düsseldorf, GRUR-RR 2003, 80, 81 f. – EXES.

nähe zwischen der klagenden Unternehmensberatung und dem Tätigkeitsbereich der EDV-Technik der Beklagten fehle. Ansprüche aus §§ 14 Abs. 2 Nr. 3 oder 15 Abs. 3 MarkenG fanden vom Gericht keine Erwähnung, was wohl auf die fehlende Bekanntheit des Kennzeichens „EXES" zurückzuführen war. Auch einen Anspruch aus § 12 BGB verneinte das OLG Düsseldorf. Allerdings ließ das Gericht einen Namensschutz nicht an der Unanwendbarkeit von § 12 BGB neben den markenrechtlichen Vorschriften scheitern, sondern stellte fest, dass ein Namensschutz „nicht über die verneinten markenrechtlichen Verletzungsansprüche hinausgehe"[440]. Abschließend prüfte das Gericht einen Anspruch nach § 1 UWG a.F. unter dem Gesichtspunkt der missbräuchlichen Ausnutzung einer formalen Rechtsstellung wegen „Domaingrabbings", sah jedoch die Voraussetzungen hierfür nicht gegeben. Zur Frage der Anwendbarkeit von § 1 UWG a.F. mit Blick auf das Verhältnis zu den markenrechtlichen Vorschriften machte das Gericht keine Ausführungen.

II. Entscheidungen, in denen außermarkenrechtliche Ansprüche wegen Vorrangs des Markengesetzes verneint wurden

1. OLG Frankfurt/Main – Kabelbinderkopf (25.02.1999)

Gegenstand dieser Entscheidung war die Frage der Markenfähigkeit und der Verkehrsgeltung eines Kabelbinderkopfes und die Möglichkeit wettbewerbsrechtlichen Leistungsschutzes neben „an sich möglichem Markenschutz"[441]. Das OLG Frankfurt/Main hat wie die Vorinstanz die Klage abgewiesen. Ansprüche aus § 14 Abs. 2, Abs. 5 MarkenG lehnte das OLG mit der Begründung ab, es fehle hinsichtlich derjenigen Merkmale des Kabelbinderkopfes (Ovalform und Längsschlitz), welche die Markenfähigkeit der Gesamtform begründen, an einer Verkehrsgeltung gemäß § 4 Nr. 2 MarkenG.

Auch ein Anspruch aus § 1 UWG a.F. (= §§ 3 und 4 Nr. 9 UWG n.F.) unter dem Gesichtspunkt des ergänzenden wettbewerbsrechtlichen Leistungsschutzes schied nach Auffassung des OLG Frankfurt/Main aus. Hierzu führte das Gericht aus, dass die vom Markenrecht gezogenen Grenzen des Schutzes auch im Rahmen des § 1 UWG (a.F.) zu respektieren seien und bezog sich dabei sowohl auf die BGH-Entscheidung „grau/magenta" als auch „MAC Dog" [442]. Eine wettbe-

440 OLG Düsseldorf, GRUR-RR 2003, 80, 82 – EXES.
441 OLG Frankfurt/Main, GRUR 1999, 591 ff. (593) – Kabelbinderkopf.
442 OLG Frankfurt/Main, GRUR 1999, 591, 593 – Kabelbinderkopf. Vgl. oben A I 1 a) und 3 a).

werbswidrige Herbeiführung vermeidbarer Herkunftstäuschung oder eine wettbewerbswidrige Rufausbeutung könne nur bejaht werden, wenn zur Nachahmung weitere Umstände hinzutreten würden, die „für die markenrechtliche Beurteilung keine Rolle gespielt hätten". Dies sei denkbar, wenn das Anhängen an die markenrechtlich nicht geschützte Form ausschließlich in der Absicht erfolge, einen fremden Ruf auszubeuten. Demgegenüber werde das bloße Nachahmen der markenrechtlich nicht geschützten Form vom Markenrecht gerade erlaubt[443].

2. OLG Frankfurt/Main – BiC Cristal (25.02.1999)

Ähnliche Erwägungen wie in der Kabelbinder-Entscheidung stellte das OLG Frankfurt/Main in der BiC Cristal-Entscheidung an[444]. Hier scheiterte ein Anspruch gemäß § 14 Abs. 2 Nr. 2 MarkenG an der fehlenden Verwechslungsgefahr zwischen einer dreidimensionalen Marke, bestehend aus dem kompletten Kugelschreiber „BiC Cristal" und einem entsprechenden Produkt der Beklagten. Im Unterschied zum Kabelbinderkopf-Fall war ein Markenrecht am Kugelschreiber entstanden. Ein Anspruch aus § 1 UWG a.F. (= §§ 3 und 4 Nr. 9 UWG n.F.) unter dem Gesichtspunkt des wettbewerbsrechtlichen Leistungsschutzes wegen vermeidbarer Herkunftstäuschung verneinte das Gericht wegen Fehlens von besonderen Unlauterkeitsmerkmalen, die bei der markengesetzlichen Beurteilung keine Rolle gespielt hätten[445]. Aus der Formulierung „ein Anspruch aus § 1 UWG a.F. könne nur bejaht werden (...)" wird nicht ganz deutlich, ob es dem Gericht um die Frage der Anwendbarkeit der Vorschrift oder um die Auslegung des Tatbestandsmerkmals der guten Sitten gemäß § 1 UWG a.F. ging.

3. LG München – Sorge dich nicht, lebe! (22.04.1999)

In diesem den Titelschutz betreffenden Fall wehrte sich die Klägerin, ein Verlag, in dem das Bestseller Sachbuch unter dem Titel „Sorge dich nicht, lebe!" erschienen ist, gegen die Verwendung des Titels „Sorge dich – lebe trotzdem!" durch die Beklagte[446]. Das Landgericht München hat der Klage stattgegeben. Die Begründetheit des Unterlassungsanspruchs ergebe sich sowohl aus § 15 Abs. 2 MarkenG, da zwischen den Werktiteln Verwechslungsgefahr bestehe, als auch aus § 15 Abs. 3 MarkenG, da die Beklagte den bekannten Titel der Klägerin ohne rechtfertigenden Grund ausgenutzt habe. Die Heranziehung außermarkenrechtli-

443 OLG Frankfurt/Main, GRUR 1999, 591, 593 – Kabelbinderkopf.
444 OLG Frankfurt/Main, GRUR 1999, 593, 594 – BiC Cristal.
445 OLG Frankfurt/Main, GRUR 1999, 593, 594 – BiC Cristal.
446 LG München, GRUR 2000, 516 – Sorge dich nicht, lebe !.

cher Ansprüche lehnte das Landgericht mit der Begründung ab, dass neben den markenrechtlichen Unterlassungsansprüchen für die von der Klägerin geltend gemachten Ansprüche gemäß § 1 UWG a.F. und § 823 BGB grundsätzlich kein Raum sei[447].

4. OLG Frankfurt/Main – Spee-Fuchs (25.11.1999)

In diesem Fall ging es um die Verwendung eines gezeichneten Fuchses in der Werbung für Waschmittel durch die Beklagte, gegen die sich die Klägerin, eine Bausparkasse der Volks- und Raiffeisenbanken, wandte[448]. Die Klägerin hatte schon seit vielen Jahren eine comicartige Fuchsfigur, die Gegenstand ihrer eingetragenen Marken ist, in der Werbung verwendet.

Das OLG Frankfurt hat einen Unterlassungsanspruch aus § 14 Abs. 2 Nr. 2 MarkenG wegen fehlender Verwechslungsgefahr verneint. Ein Anspruch aus § 14 Abs. 2 Nr. 3 MarkenG scheide aus, da weder das Tatbestandsmerkmal der unlauteren Ausnutzung der Wertschätzung noch der Beeinträchtigung der Unterscheidungskraft erfüllt sei[449]. Die Wertschätzung des „Schwäbisch-Hall-Fuchses" der Klägerin sei wegen der extremen Branchenferne der Waren und Dienstleistungen der Parteien nicht übertragbar. Auch eine Beeinträchtigung der Unterscheidungskraft (Verwässerung), die eine nicht nur theoretische, fern liegende, sondern eine konkret nachvollziehbare, greifbare Beeinträchtigung erfordere, sei wegen des großen Branchenabstands nicht gegeben[450].

Ausführlich nahm das OLG im Anschluss an die Erörterung der markenrechtlichen Ansprüche zum Verhältnis von § 14 Abs. 2 Nr. 3 MarkenG und § 1 UWG a.F. (= §§ 3 und 4 UWG n.F.) Stellung. Im Hinblick auf einen Unterlassungsanspruch aus § 1 UWG a.F. führte das OLG aus, dass dieser an der Anwendbarkeit der Vorschrift scheitere, da eine „grundsätzliche Anwendbarkeit" des Markengesetzes gegeben sei. Nur dann, wenn „Schutz nach dem Markengesetz dem Grunde nach nicht zu erlangen sei", weil etwa keine kennzeichenmäßige Benutzung oder eine Verwendung außerhalb des geschäftlichen Verkehrs vorliege, komme ein Rückgriff auf § 1 UWG (a.F.) in Betracht. In diesen Fällen würden markenrechtliche Ansprüche „bereits an der fehlenden Einschlägigkeit des Markengesetzes" scheitern. Im vorliegenden Fall sei aber das Markengesetz „grundsätzlich anwendbar", nur einzelne Tatbestandsmerkmale der Anspruchsnorm seien nicht

447 LG München, GRUR 2000, 516, 517 – Sorge dich nicht, lebe!.
448 OLG Frankfurt/Main, GRUR 2000, 1063 ff. – Spee-Fuchs.
449 OLG Frankfurt/Main, GRUR 2000, 1063, 1064 f. – Spee-Fuchs.
450 OLG Frankfurt/Main, GRUR 2000, 1063, 1065 – Spee-Fuchs.

erfüllt[451]. Gesichtspunkte, die nicht bereits bei der markenrechtlichen Beurteilung Berücksichtigung gefunden hätten, seien nicht ersichtlich.

5. OLG Frankfurt/Main – alcon.de (04.05.2000)

Die Entscheidung des OLG Frankfurt/Main befasste sich mit der Frage des Kennzeichenschutzes gegenüber der Verwendung des Domain-Namens „alcon.de“ [452]. Die Klägerin, eine Arzneimittelherstellerin, firmierte seit 1980 als „Alcon Pharma GmbH“. Die mit Vermögensverwaltung befasste Beklagte, die seit 1990 als „ALCON Beteiligungsgesellschaft mbh & Co“ firmierte, verwendete den Domain-Namen „alcon.de“, den sie für sich hatte registrieren lassen. Hiergegen wandte sich die Klägerin.

Das OLG Frankfurt hat sich der klageabweisenden Entscheidung der Vorinstanz angeschlossen. Es sei weder ein Unterlassungsanspruch aus §§ 15 Abs. 2 oder 3 MarkenG noch aus § 12 BGB noch aus § 1 UWG (a.F.) gegeben. Ein Anspruch gemäß §§ 5 Abs. 2, 15 Abs. 2 MarkenG scheitere daran, dass wegen der fehlenden Branchennähe eine Verwechslungsgefahr nicht bestehe. Auch ein Anspruch aus § 15 Abs. 3 MarkenG entfalle, da es für das Fehlen eines rechtfertigenden Grundes i.S.d. § 15 Abs. 3 MarkenG keinen Anhaltspunkt gebe[453]. Die Beklagte habe sich den Namen „Alcon“ nicht in Anlehnung an die Beklagte zugelegt. In Bezug auf § 15 Abs. 3 MarkenG führte das OLG Frankfurt/Main weiter aus, dass die Anmeldung als Domain-Name keine unlauteren Absichten, etwa die Behinderung des Namensinhabers, erkennen lasse und von einer unlauteren Blockierung des Domain-Namens nicht ausgegangen werden könne.

Eine Verletzung des Namensrechts gemäß § 12 BGB könne bei Abwesenheit von Verwechslungsgefahr und Rufausbeutung nur dann angenommen werden, wenn besondere Unlauterkeitsgesichtspunkte die Annahme einer Interessenbeeinträchtigung rechtfertigten. Auch gelte im Anwendungsbereich des § 15 MarkenG, wenn es um die Benutzung von Unternehmenskennzeichen im geschäftlichen Verkehr gehe, dass die „Rechtsfolgen nach § 12 BGB nicht über die Verletzungsansprüche nach § 15 MarkenG hinausgehen dürften“. Wenn daher ein markenrechtlicher Anspruch an der fehlenden Verwechslungsgefahr scheitere, könne diese gesetzliche Wertung nicht ohne das Vorliegen weiterer Tatumstände über § 12 BGB ausgehebelt werden[454].

451 OLG Frankfurt/Main, GRUR 2000, 1063, 1066 – Spee-Fuchs.
452 OLG Frankfurt, WRP 2000, 772 – alcon.de.
453 OLG Frankfurt, WRP 2000, 772, 773 f. – alcon.de.
454 OLG Frankfurt, WRP 2000, 772, 774 – alcon.de.

Ansprüche aus § 1 UWG a.F. oder §§ 826, 1004 BGB verneinte das OLG Frankfurt unter Bezugnahme auf die vom BGH entwickelten Grundsätze wegen Vorrangs des Markengesetzes. Außermarkenrechtliche Vorschriften könnten nur in den Fällen herangezogen werden, in denen der Schutz des Markengesetzes „versage". Dies bedeute nicht, dass immer dann, wenn kein Anspruch aus dem Markengesetz gegeben sei, ein Rückgriff auf außermarkenrechtliche Vorschriften möglich sei. „Versagen" setze voraus, dass Schutz nach dem Markengesetz schon „dem Grunde nach" nicht zu erlangen sei[455]. Dies treffe auf den zu entscheidenden Fall nicht zu. Des Weiteren seien keine Gesichtspunkte ersichtlich, die nicht bereits bei der markenrechtlichen Beurteilung Berücksichtigung gefunden hätten.

6. *Kammergericht Berlin – Alex/live vom Alex (19.12.2000)*

Im „Alex/live vom Alex-Fall" stand unter anderem die Möglichkeit eines Titelschutzes aus § 1 UWG a.F. (= §§ 3 und 4 UWG n.F.) neben § 15 Abs. 3 MarkenG zur Beurteilung[456]. Die Antragstellerin, die unter dem Titel „Alex" eine Talkshow ausstrahlte, machte Unterlassungsansprüche gegen die Antragsgegnerin geltend, die unter dem Titel „live vom Alex" die Ausstrahlung einer Talkshow angekündigt hatte. Gegen einen wettbewerbsrechtlichen Anspruch wandte sich die Antragsgegnerin mit dem Argument, § 1 UWG (a.F.) könne ohnehin nicht zur Anwendung kommen, da das Markengesetz eine Sperrwirkung entfalte[457].

Das Kammergericht hat den geltend gemachten Unterlassungsanspruch im Gegensatz zur Vorinstanz, die einen Anspruch sowohl nach §§ 5, 15 MarkenG als auch nach § 1 UWG a.F. zuerkannt hatte, abgelehnt. Ein Werktitelschutz aus § 15 Abs. 2 MarkenG scheitere an der Verwechslungsgefahr. Ein Anspruch aus § 15 Abs. 3 MarkenG wegen Rufausbeutung scheide ebenfalls aus, da eine dafür erforderliche Bekanntheit der geschäftlichen Bezeichnung nicht glaubhaft gemacht worden sei.

Bei den anschließenden Ausführungen zur Anwendbarkeit von § 1 UWG a.F. stellte das Kammergericht mit Verweis auf die SZENE-Entscheidung des BGH klar, dass außermarkenrechtliche Ansprüche aufgrund der abschließenden Regelung des § 15 Abs. 3 MarkenG schon dann ausscheiden würden, wenn der Anwendungsbereich des Markengesetzes eröffnet sei[458]. Dies bedeute, dass in § 15 Abs. 3 MarkenG nicht lediglich der Schutz bekannter Kennzeichen abschließend geregelt sei, sondern dass auch eine Sperrwirkung für den Schutz nicht bekannter

455 OLG Frankfurt, WRP 2000, 772, 774 – alcon.de. Dabei wiederholt das Gericht die in der Spee-Fuchs-Entscheidung (GRUR 2000, 1063, 1066) aufgestellten Kriterien.
456 Kammergericht Berlin, WRP 2001, 551 ff. – Alex/live vom Alex.
457 Kammergericht Berlin, WRP 2001, 551, 552 – Alex/live vom Alex.
458 Kammergericht Berlin, WRP 2001, 551, 554 – Alex/live vom Alex.

Kennzeichen bestehe. Das Kammergericht argumentierte, dass mit Ausnahme der in §§ 14 Abs. 2 Nr. 3, 15 Abs. 3 MarkenG geregelten Fälle die Anlehnung an fremde Kennzeichen, die nicht wegen Verwechslungsgefahr und Branchennähe verboten worden sei, im Allgemeininteresse frei sei. Diese abschließende Wertung des Sonderrechtsschutzes dürfe nicht durch einen außermarkenrechtlichen Schutz umgangen werden. Würde über § 15 Abs. 3 MarkenG hinaus die Rufausbeutung in anderen Fällen nach § 1 UWG a.F. in Betracht kommen, so wäre nach Ansicht des Kammergerichts die Regelung praktisch bedeutungslos. Der Schutzumfang des § 15 Abs. 3 MarkenG dürfe nicht weiter ausgedehnt werden[459]. Ein Titelschutz aus § 1 UWG (a.F.) komme nur dann in Betracht, wenn keine Benutzung i.S.d. § 15 Abs. 3 MarkenG vorliege oder der außergeschäftliche Bereich betroffen sei, mithin eine „Anwendung des Markengesetzes schon vom Ansatz her nicht denkbar“ sei.

7. OLG Köln – Mon Chérie/MA CHÉRIE (12.01.2001)

In dem einstweiligen Verfügungsverfahren ging es um die Verwendung der Bezeichnung „MA CHÉRIE“ für Duftwässer und Parfümeriewaren durch die Antragsgegnerin, wogegen sich die Antragsstellerin, Herstellerin der bekannten Likör-Kirsch-Praline „Mon Chérie“, zu deren Gunsten die Marke „Mon Chérie“ eingetragen ist, wandte[460]. Das OLG wertete die Nutzung der Bezeichnung „MA CHÉRIE“ durch die Antragsgegnerin als Beeinträchtigung der Unterscheidungskraft der bekannten Marke „Mon Chérie“ gemäß § 14 Abs. 2 Nr. 3 MarkenG. Der Unterlassungsanspruch sei allein anhand der genannten Regelungen des Markengesetzes zum Schutz bekannter Marken zu beurteilen, die in ihrem Anwendungsbereich für eine gleichzeitige Anwendung des § 1 UWG (a.F.) keinen Raum ließen. Das gelte auch, soweit auf einen Schutz als „berühmte“ Marke abgestellt werde. Es könne dahinstehen, inwiefern der außerkennzeichenrechtliche Schutz berühmter Marken durch die Vorschriften der §§ 9 Abs. 1 Nr. 3, 14 Abs. 2 Nr. 3 MarkenG abgedeckt sei. Jedenfalls in dem Bereich, in dem berühmte Marken die Schutzvoraussetzungen des § 14 Abs. 2 Nr. 3 MarkenG in Anspruch nehmen könnten, bestehe für die Heranziehung außerkennzeichenrechtlicher Ansprüche zum Schutz berühmter Marken „kein Bedarf“[461].

459 Kammergericht Berlin WRP 2001, 551, 554 – Alex/live vom Alex.
460 OLG Köln, GRUR 2001, 424 ff. – Mon Chéri/MA CHÉRIE.
461 OLG Köln, GRUR 2001, 424, 426 – Mon Chéri/MA CHÉRIE.

8. OLG Hamburg – HDI (29.11.2001)

In der Entscheidung „HDI" klagte eine große Schadens- und Unfallversicherung, die die Buchstaben „HDI" in der Firma führt und über die Wortmarke „HDI" verfügt, u. a. gegen eine Kraftfahrzeugherstellerin, die unter der Marke „Peugeot" Kraftfahrzeuge herstellt und die IR-Marke „HDI" für Fahrzeuge und deren Bestandteile, insbesondere deren Motoren, hatte eintragen lassen[462].

Das OLG Hamburg hat das Urteil das Landgerichts bestätigt und Unterlassungsansprüche verneint. Nach Ansicht des OLG ließ sich mangels Ähnlichkeit im Waren- und Dienstleistungsbereich keine Verwechslungsgefahr gemäß § 14 Abs. 2 Nr. 2 MarkenG zwischen der prioritätsälteren Marke des Klägers und derjenigen der Beklagten feststellen[463].

Ebenso wenig lasse sich ein Unterlassungsanspruch auf § 14 Abs. 2 Nr. 3 MarkenG stützen, da sich der gute Ruf, der für die Produkte des Klägers unter der Marke „HDI" erworben wurde, nicht auf die Produkte der Beklagten übertragen lasse. Die Produkte der Parteien könnten nicht in gleichem Maße gemessen werden. Ein auf § 14 Abs. 2 Nr. 3 MarkenG gestützter Verwässerungsschutz entfalle ebenfalls, da es sich um völlig branchenfremde Produkte handele und ein branchenunabhängiger Verwässerungsschutz nur bei Berühmtheit der Marke gewährt werden könne, was die Klägerin nicht geltend gemacht hatte. Aus denselben Gründen scheide auch ein Anspruch aus § 15 Abs. 3 MarkenG aus[464]. Zu § 1 UWG a.F. führte das OLG Hamburg aus, dass die Vorschrift „neben den Vorschriften des Markengesetzes nicht anzuwenden" sei. Gleichwohl fügte das Gericht ergänzend hinzu, dass es „im Übrigen" an der von § 1 UWG (a.F.) vorausgesetzten Unlauterkeit fehle, da weder eine Herkunftstäuschung noch eine Rufausbeutung in Betracht komme[465].

9. OLG Köln – FLEX (19.04.2002)

Im Mittelpunkt des vom OLG Köln zu entscheidenden Falles stand die Frage der Verwechslungsgefahr einer Wort-/Bildmarke für Zahnbürsten mit dem Textteil „Dr. BEST FLEX" sowie der Benutzungsmarke „FLEX" auf Seiten der Klägerin und der ebenfalls für Zahnbürsten verwendeten Bezeichnung „U-FLEX" der Beklagten[466]. Darüber hinaus ging es um die auf den Verpackungen der Zahnbürsten von der Klägerin mitverwendeten Bezeichnungen „X-Aktiv" und „Junior In-

---

462 OLG Hamburg, GRUR-RR 2002, 190 ff.– HDI.
463 OLG Hamburg, GRUR-RR 2002, 190 – HDI.
464 OLG Hamburg, GRUR-RR 2002, 190, 191 f. – HDI.
465 OLG Hamburg, GRUR-RR 2002, 190, 192 – HDI.
466 OLG Köln, GRUR-RR 2002, 321, 322 – FLEX.

terdent", denen die Bezeichnungen „V-Aktiv" und „PROFESSIONAL INTERDENT" auf den Verpackungen der Beklagten gegenüberstanden. In diesem Zusammenhang nahm das OLG Köln ausführlich zu Ansprüchen aus § 1 UWG a.F. (= §§ 3 und 4 Nr. 9 UWG n.F.) unter dem Gesichtspunkt des ergänzenden wettbewerbsrechtlichen Leistungsschutzes Stellung.

Das Landgericht hat der Klage stattgegeben. Das OLG Köln hat sie abgewiesen und Unterlassungsansprüche sowohl aus Markenrecht als auch aus § 1 UWG a.F. verneint. Markenrechtliche Ansprüche scheiterten nach Ansicht des OLG an der fehlenden Verwechslungsgefahr i.S.v. § 14 Abs. 2 Nr. 2 MarkenG. Sowohl die Wort-/Bildmarke „Dr. BEST FLEX" als auch eine mögliche Benutzungsmarke „FLEX" seien mit der Bezeichnung „U-FLEX" nicht verwechselbar. Im Hinblick auf die Wort-/Bildmarke fehle es an dem erforderlichen Grad der Markenähnlichkeit. Dem Zeichenbestandteil „FLEX" komme nicht eine den Gesamteindruck des Zeichens „Dr. BEST FLEX" prägende Kraft zu[467]. Auch eine mittelbare Verwechslungsgefahr verneinte das OLG Köln mit der Begründung, dass der Verkehr nicht annehme, dass die Zahnbürste „U-FLEX" wegen eines etwaigen Stammzeichens „FLEX" der Klägerin von dieser herrühren könnte.

Auch Unterlassungsansprüche aus § 1 UWG a.F. unter dem Gesichtspunkt des ergänzenden wettbewerbsrechtlichen Leistungsschutzes lehnte das OLG Köln ab. Eine vermeidbare Herkunftstäuschung durch die angegriffenen Bezeichnungen „PROFESSIONAL INTERDENT" und „V-Aktiv" sei abzulehnen. Denn ein Schutz aus § 1 UWG (a.F.) gegen Verwechslungen mit einem Bezeichnungssystem der Klägerin komme deswegen nicht in Betracht, da es um Bezeichnungen gehe, die wie Marken verwendet würden[468]. Hierfür seien die markenrechtlichen Vorschriften einschlägig, die nicht durch Ansprüche aus § 1 UWG (a.F.) umgangen werden dürften. Auch unter dem Gesichtspunkt der Rufausbeutung scheide § 1 UWG (a.F.) aus, da die Ausbeutung des guten Rufs einer Bezeichnung markenrechtlich durch § 14 Abs. 2 Nr. 3 MarkenG geregelt sei[469]. Die Möglichkeit eines Unterlassungsanspruchs aus § 1 UWG a.F. unter dem Gesichtspunkt der systematischen Nachahmung hielt das OLG Köln bei einer behaupteten Nachahmung von nur zwei Bezeichnungen für äußerst gering. Jedenfalls fehle es an einem zusätzlichen Unlauterkeitskriterium, das eine mögliche Behinderung als sittenwidrig erscheiden lasse.

---

467 OLG Köln, GRUR-RR 2002, 321, 322 – FLEX, mit Verweis auf die Prägetheorie des BGH bei Markenbestandteilen, vgl. BGH, GRUR 2002, 342, 343 – ASTRA/ESTRA-PUREN.

468 OLG Köln, GRUR-RR 2002, 321, 324 – FLEX.

469 OLG Köln, GRUR-RR 2002, 321, 324 – FLEX. Gleichwohl fügte das Gericht hinzu, dass „im Übrigen" die Voraussetzungen einer Rufausbeutung gemäß § 1 UWG (a.F.) nicht vorlägen.

10. OLG Hamburg – Marzipanherzen (13.06.2002)

In dem vom OLG Hamburg zu entscheidenden Rechtsstreit standen sich zwei Wettbewerber im Bereich der Herstellung und des Vertriebs von Marzipan gegenüber[470]. Die Klägerin wandte sich gegen die Verwendung einer als Herz gestalteten Dose zur Verpackung von Marzipan-Produkten durch die Beklagte, da dadurch ihre Rechte hinsichtlich der Ausstattung ihrer „Lübecker Herzen" verletzt würden. Sie machte u. a. Unterlassungsansprüche aus Markenrecht und Wettbewerbsrecht geltend. Das OLG Hamburg hat die geltend gemachten Unterlassungsansprüche nicht zuerkannt. Die zuerst erörtere markenrechtliche Anspruchsgrundlage aus §§ 4 Nr. 2, 14 Abs. 2 Nr. 2, Abs. 5 verneinte das OLG Hamburg mit der Begründung, dass der Klägerin kein markenrechtlicher Schutz gemäß § 4 Nr. 2 MarkenG hinsichtlich ihrer Ausstattung zukomme. Die klägerische Verpackung von Marzipanherzen habe innerhalb der beteiligten Verkehrskreise keine Verkehrsgeltung i.S.v. § 4 Nr. 2 MarkenG erlangt, was das Gericht ausführlich erörterte[471]. Hinsichtlich eines Anspruchs aus § 1 UWG a.F. führte das OLG Hamburg aus, dass, soweit ein Kennzeichenschutz kraft Verkehrsgeltung nicht entstanden sei, der Verwendung der Kennzeichenmittel durch einen Mitbewerber der Einwand des sittenwidrigen Wettbewerbsverhaltens nur ausnahmsweise entgegenstehen könne. Im konkreten Fall sei das Vorliegen eines solchen Ausnahmefalls nicht ersichtlich[472].

11. OLG Hamburg – VISA (20.6.2002)

In diesem Fall hat das OLG Hamburg dem mit Finanz- und Bankwesen befassten Unternehmen „VISA" markenrechtliche Unterlassungsansprüche gemäß §§ 14 Abs. 2 Nr. 3, 15 Abs. 3 MarkenG zugebilligt, da die Verwendung der Bezeichnung „VISA !" für Kosmetika durch die Beklagte eine Rufausbeutung und Verwässerung ihrer bekannten Marke und geschäftlichen Bezeichnung „VISA" darstelle[473]. Die daneben von der Klägerin aus §§ 1 UWG a.F., 823 Abs. 1, 12 BGB geltend gemachten Ansprüche lehnte das OLG Hamburg mit Verweis auf die BGH-Rechtsprechung ab, wonach im Anwendungsbereich der §§ 14 Abs. 2 Nr. 3, 15 Abs. 3 MarkenG für eine Anwendung des § 1 UWG (a.F.) kein Raum sei[474]. Es seien keine zusätzlichen wettbewerbswidrigen Umstände oder namens- und schadensrechtlichen Aspekte geltend gemacht worden, die nicht schon der

470 OLG Hamburg, GRUR-RR 2002, 356, 357 – Marzipanherzen.
471 OLG Hamburg, GRUR-RR 2002, 356, 357 – Marzipanherzen.
472 OLG Hamburg, GRUR-RR 2002, 356, 357 – Marzipanherzen.
473 OLG Hamburg, MarkenR 2003, 401, 406 ff. – VISA.
474 BGH, WRP 2002, 330 ff. – Fabergé; BGH, GRUR 1999, 161, 162 – MAC Dog.

Prüfung im Rahmen der §§ 14 Abs. 2 Nr. 3, 15 Abs. 3 MarkenG zugrunde gelegen hätten[475].

12. OLG Hamburg – merci (28.08.2003)

Die Entscheidung des OLG Hamburg hatte die Frage zum Gegenstand, ob durch die Verwendung der Grußbotschaft „schön, dass es dich gibt" auf einer mit Schokolade gefüllten Grußkarte die für Schokolade geschützte Marke „merci, dass es dich gibt" verletzt wurde[476]. Das OLG Hamburg hat Unterlassungsansprüche der Antragsteller verneint. Eine Verwechslungsgefahr lehnte es mit der Begründung ab, dass die Mehrwortmarke der Antragsteller durch den Zeichenbestandteil „merci" geprägt werde, worin sich die angegriffene Bezeichnung der Antragsgegnerin gerade unterschied. Ein Anspruch aus § 14 Abs. 2 Nr. 3 MarkenG scheiterte nach Ansicht des OLG Hamburg am fehlenden kennzeichenmäßigen Gebrauch und daran, dass mit der Grußbotschaft weder die Unterscheidungskraft noch die Wertschätzung der Marke der Antragsteller ohne rechtfertigenden Grund i.S.v. § 14 Abs. 2 Nr. 3 MarkenG ausgenutzt oder beeinträchtigt werde[477]. Außermarkenrechtliche Unterlassungsansprüche wurden vom OLG Hamburg trotz Ablehnung des markenrechtlichen Kennzeichenschutzes gar nicht angesprochen, obwohl die Antragsteller auch Ansprüche aus § 1 UWG a.F. geltend gemacht hatten.

III. Entscheidungen in Übereinstimmung mit dem BGH, in denen wettbewerbsrechtliche bzw. bürgerlichrechtliche Regelungen angewandt wurden

1. OLG München – buecherde.com (23.09.1999)

In diesem Fall ging es um einen marken- und wettbewerbsrechtlichen Schutz gegen die Verwendung des Domain-Namens „buecherde.com". Antragstellerin war eine Buchhändlerin, deren Firma als „buecher.de AG" im Handelsregister eingetragen ist und die im Internet „www.buecher.de" als ihre Domain nutzt[478]. Der Antragsgegner, ebenfalls Buchhändler, war Inhaber der Domain „buecherde.com", wogegen sich die Antragstellerin wandte.

---

475 OLG Hamburg, MarkenR 2003, 401, 409 – VISA.
476 OLG Hamburg, GRUR-RR, 2004, 15, 16 – merci.
477 OLG Hamburg, GRUR-RR, 2004, 15, 16 – merci.
478 OLG München, GRUR 2000, 518, 519 – buecherde.com.

Das OLG München hat der Antragstellerin die geltend gemachten Unterlassungsansprüche zuerkannt. Der Verfügungsanspruch sei sowohl nach § 15 Abs. 2 MarkenG als auch nach § 1 UWG (a.F.) begründet. Die Voraussetzungen des § 15 Abs. 2 MarkenG seien erfüllt, da die zeichenmäßig genutzte Domain „buecherde.com" mit der geschäftlichen Bezeichnung der Antragstellerin „buecher.de AG", der auch außerhalb des Internets Kennzeichnungskraft zukomme, verwechslungsfähig sei. Der Domain-Name „buecherde.com" habe nicht nur die Funktion, einen an das Netzwerk angeschlossenen Rechner zu identifizieren, sondern er habe auch Zeichenfunktion, da ihm Unterscheidungskraft zukomme.

Daneben bejahte das OLG München einen auf § 1 UWG a.F. (= §§ 3 und 4 Nr. 10 UWG n.F.) gestützten Anspruch wegen wettbewerbswidriger Behinderung der Antragstellerin durch den Antragsgegner[479]. Das OLG München hob hervor, dass sich der Schutz der geschäftlichen Bezeichnung im Markengesetz zwar als umfassende spezialgesetzliche Regelung darstelle, die jedenfalls für bekannte geschäftliche Bezeichnungen für eine gleichzeitige Anwendung des § 1 UWG (a.F.) oder des § 823 Abs. 1 BGB grundsätzlich keinen Raum lasse. Der markenrechtliche Schutz erfasse aber neben der Verwechslungsgefahr nur die Ausnutzung oder Beeinträchtigung der Unterscheidungskraft bzw. Wertschätzung einer geschäftlichen Bezeichnung. Für den Fall der Behinderung könne die wettbewerbrechtliche Generalklausel daher für einen ergänzenden Schutz herangezogen werden, da insoweit Schutz nach dem Markengesetz nicht gewährt werde[480]. Die Benutzung der beanstandeten Domain durch den Antragsgegner stelle eine wettbewerbswidrige Beeinträchtigung der wettbewerblichen Entfaltungsmöglichkeit der Antragstellerin als Mitbewerberin dar, da dieser damit bezwecke, potentielle Kunden auf sich umzuleiten.

2. *OLG Frankfurt/Main – Abkürzung ACC (09.12.1999)*

Diese Entscheidung betraf einen Bericht über den „Wirkstoff Acetylcystein" und die Benennung von dessen Abkürzung „ACC" durch ein Presseunternehmen, wogegen sich die Klägerin, ein Pharmaunternehmen und Inhaberin der Marke „ACC", wandte[481]. Die Klägerin trug vor, ihr stünde ein Unterlassungsanspruch aus § 14 MarkenG, jedenfalls aber aus §§ 823 Abs. 1, 1004 BGB und hilfsweise aus § 16 MarkenG zu. Durch die Verwendung der Abkürzung „ACC" als Gattungsangabe würden ihre einen hohen Bekanntheitsgrad genießenden Markenrechte gefährdet und zerstört.

---

479 OLG München, GRUR 2000, 518, 519 – buecherde.com.

480 OLG München, GRUR 2000, 518, 519 – buecherde.com.

481 OLG Frankfurt/Main, GRUR 2000, 1066 ff. – Abkürzung ACC.

Das OLG Frankfurt/Main hat wie das Landgericht die Klage abgewiesen, da weder markenrechtliche noch deliktsrechtliche Unterlassungsansprüche gegeben seien. Ein auf § 14 Abs. 2 Nr. 3 MarkenG gestützter Schutz scheide aus, da die Beklagte von der Klagemarke keinen kennzeichenmäßigen Gebrauch gemacht habe. Die allgemeine Berichterstattung über Arzneimittel, die den Wirkstoff Acetylcystein enthalten und die Abkürzung dieses Wirkstoffs im Klammerzusatz „ACC" stelle eine Verwendung zu anderen Zwecken als der Unterscheidung von Waren und Dienstleistungen i.S.v. Art. 5 Abs. 5 MarkenRL dar, gegen die nicht nach § 14 MarkenG vorgegangen werden könne. Auch die Voraussetzungen des § 16 MarkenG seien nicht erfüllt, da die Berichterstattung in der allgemeinen Presse durch die Beklagte nicht den Wörterbüchern und ähnlichen Nachschlagewerken i.S.d. § 16 MarkenG gleichzustellen sei[482].

Zur Frage des ergänzenden Kennzeichenschutzes gemäß §§ 823 Abs. 1, 1004 BGB führte das OLG Frankfurt/Main aus, dass dieser sowohl im Hinblick auf den Schutz von bekannten Marken nach § 14 Abs. 2 Nr. 3 MarkenG als auch im Hinblick auf § 16 MarkenG in Betracht kommen könne, da diese Bestimmungen keine abschließenden Regelungen darstellten. Dies widerspreche auch nicht den Vorgaben der Markenrechtsrichtlinie, wie sich aus Art. 5 Abs. 5 MarkenRL ergebe. Auch die MAC Dog-Rechtsprechung stehe dem nicht entgegen, solange die Verletzung des „Eigentumsrechts an der Marke" gemäß §§ 823 Abs. 1, 1004 BGB außerhalb des Anwendungsbereichs des § 14 Abs. 2 Nr. 3 MarkenG erfolge[483]. Denn nicht nur für eine ergänzende Anwendung wettbewerbsrechtlicher, sondern auch deliktsrechtlicher Bestimmungen bestehe unter der Voraussetzung Raum, dass der Sachverhalt Anhaltspunkte biete, die bei der markenrechtlichen Beurteilung keine Rolle gespielt hätten. Eine derartige Konstellation sei im Falle der gezielten Abwertung einer Marke zu Gattungsbezeichnungen durch Wettbewerber gegeben. Ein solches Verhalten liege sowohl außerhalb des Anwendungsbereichs von § 14 Abs. 2 Nr. 3 MarkenG als auch von § 16 MarkenG, der nur lex specialis sei, soweit Marken in Nachschlagewerken und ihnen gleichzustellenden Publikationen erwähnt würden[484]. Im zu entscheidenden Fall scheitere deliktsrechtlicher Schutz jedoch daran, dass von dem angegriffenen Presseartikel objektiv keine Gefahr einer Abwertung zu Gattungsangaben ausgehe.

---

482 OLG Frankfurt/Main, GRUR 2000, 1066, 1067 – Abkürzung ACC.
483 OLG Frankfurt/Main, GRUR 2000, 1066, 1067 – Abkürzung ACC.
484 OLG Frankfurt/Main, GRUR 2000, 1066, 1068 – Abkürzung ACC.

3. OLG Köln – Kfz-Modellbezeichnungen (13.06.2001)

In dem vom OLG Köln zu entscheidenden Rechtsstreit ging es um den Schutz eines Kennzeichensystems für Kfz-Modelle, bestehend aus einer Kombination eines oder mehrerer Buchstaben mit einer diesem/diesen nachgestellten zwei- oder dreistelligen Zahl[485]. Die Klägerin, die Inhaberin der Marken „S-Klasse", „C-Klasse", „V-Klasse" ist und deren einzelne 115 Modellbezeichnungen als Marken eingetragen sind, machte Unterlassungsansprüche wegen Nachahmung ihres Kennzeichnungssystems gegen die Beklagte geltend, deren Marken für Kfz-Modelle überwiegend aus einer Kombination der Buchstaben „S", „C" und „V" und einer zweistelligen Zahl gebildet sind.

Anders als die Vorinstanz hat das OLG Köln die Klage abgewiesen. Im Ergebnis hat es einen Unterlassungsspruch aus § 1 UWG a.F. unter dem Gesichtspunkt des wettbewerbsrechtlichen Leistungsschutzes für das klägerische Kennzeichensystem verneint. Die Verwendung der angegriffenen Bezeichnungen durch die Beklagte stelle weder eine vermeidbare Herkunftstäuschung noch eine unlautere Rufausbeutung dar. Ebenso wenig seien die Voraussetzungen einer Verwässerungsgefahr oder Behinderung auf der Grundlage des § 1 UWG (a.F.) erfüllt.

Das OLG Köln betonte jedoch, dass der Schutz eines Kennzeichnungssystems nach § 1 UWG a.F. (= §§ 3 und 4 UWG Nr. 9 n.F.) als selbständiger wettbewerbsrechtlicher Leistungsschutz grundsätzlich neben dem für die einzelnen Markeneintragungen nach dem Markenrecht gewährten Sonderschutz in Betracht komme. Wegen der Verschiedenheit der jeweiligen Schutzobjekte bestehe insoweit „weder ein Konkurrenz- noch ein Ausschlussverhältnis". Während es bei den einzelnen Markeneintragungen um den Schutz der jeweiligen absoluten Rechtspositionen und die Wahrung der Markenfunktionen gehe, knüpfe der wettbewerbsrechtliche Schutz an die unter Benutzung der Marken im Verkehr gegebenenfalls geschaffene Leistungsposition an[486].

Gleichwohl sei dem Umstand Rechnung zu tragen, dass für die einzelnen, innerhalb des Systems benutzten Marken Schutz nach Maßgabe des Markengesetzes gewährt werde, das insoweit abschließende Regelungen enthalte. Dies ergebe sich aus dem Umstand, dass das Markengesetz innerhalb des Anwendungsbereichs der §§ 14 Abs. 2 Nr. 2 und 3, 15 Abs. 2 und Abs. 3 MarkenG grundsätzlich eine konkurrierende Anwendung des § 1 UWG (a.F.) ausschließe[487]. Auch in den Fällen, in denen Voraussetzungen für einen kennzeichenrechtlichen Schutz

485 OLG Köln, WRP 2001, 964 – Kfz-Modellbezeichnungen.
486 OLG Köln, WRP 2001, 964, 966 – Kfz-Modellbezeichnungen.
487 OLG Köln, WRP 2001, 964, 966 – Kfz-Modellbezeichnungen.

nicht erfüllt seien, etwa mangels Verkehrsgeltung einer nicht eintragungsfähigen Bezeichnung, werde wettbewerbsrechtlicher Schutz nur mit Zurückhaltung zugebilligt. Dies müsse auch für die Konstellation gelten, in der es um eine aus einer Vielzahl eingetragener Marken gebildeten Struktur eines Bezeichnungssystems gehe, für das als solches ein Schutz nach Maßgabe des Markengesetzes nicht gewährt werde[488]. Die wettbewerbsrechtliche Beurteilung des klägerischen Bezeichnungssystems sei daher „von der markenrechtlichen Wertung unterlegt“[489].

IV. Schlussfolgerungen aus den Entscheidungen der Instanzgerichte

Aus den dargestellten Entscheidungen der Instanzgerichte zu Rechtsfragen im Zusammenhang mit dem Verhältnis der §§ 14 Abs. 2, 15 Abs. 2 und 3 MarkenG zu § 1 UWG a.F. (= §§ 3 und 4 UWG n.F.) oder § 823 Abs. 1 BGB kann geschlossen werden, dass die Gerichte im Wesentlichen der Linie der BGH-Rechtsprechung folgen[490]. Teilweise wird die Anwendbarkeit außermarkenrechtlicher Vorschriften noch zurückhaltender gehandhabt, wie etwa die Entscheidung „merci“ des OLG Hamburg zeigt, in der § 1 UWG a.F. oder § 823 Abs. 1 BGB nicht angesprochen wurden, obwohl markenrechtliche Ansprüche u. a. am Erfordernis der kennzeichenmäßigen Benutzung gescheitert waren. Entscheidungen, die den Vorrang der markenrechtlichen Bestimmungen ablehnen bzw. die gebotene Prüfungsreihenfolge nicht beachten, sind fast ausschließlich älteren Datums. Dagegen weichen im Hinblick auf die Anwendbarkeit von § 12 BGB einige Gerichte vom Grundsatz des BGH ab, dass der zeichenrechtliche Schutz in seinem Anwendungsbereich dem Namensschutz vorgeht, was besonders die grundsätzlich abschließende Regelung im Bereich des geschäftlichen Verkehrs betrifft[491]. Hierbei ist allerdings zu berücksichtigen, dass diese Fragen hauptsächlich im Zusammenhang mit Kennzeichenkonflikten um Internet-Domains auftreten, wo die

488 OLG Köln, WRP 2001, 964, 967 – Kfz-Modellbezeichnungen.

489 OLG Köln, WRP 2001, 964, 970 – Kfz-Modellbezeichnungen.

490 Vgl. nur die Formulierung des OLG Köln, WRP 2001, 964, 966 – Kfz-Modellbezeichnungen: „Das Markengesetz schließt innerhalb seines Anwendungsbereichs der §§ 14 Abs. 2 Nr. 2 und 3, 15 Abs. 2 und Abs. 3 MarkenG grundsätzlich eine konkurrierende Anwendung des § 1 UWG (a.F.) aus“.

491 Vgl. die Formulierung des OLG Düsseldorf, GRUR-RR 2003, 80, 82 – EXES, wonach im geschäftlichen Verkehr ein auf § 12 BGB gestützter Anspruch nur mit der Begründung verneint wird, dass „dessen Schutz nicht über die verneinten markenrechtlichen Verletzungsansprüche nach § 15 MarkenG hinausgehe“; ebenso OLG Frankfurt/Main, WRP 2000, 772, 774 – alcon.de. Auch in der Entscheidung des OLG Hamm, CR 1998, 241, 242 – krupp.de, wird ohne weiteres § 12 BGB im geschäftlichen Verkehr anstelle der markenrechtlichen Regelungen angewandt.

Reichweite außermarkenrechtlichen Schutzes vom BGH noch nicht vollständig geklärt ist[492]. Ähnlich wie der BGH sind die Oberlandesgerichte teilweise weniger restriktiv im Bereich des ergänzenden wettbewerbsrechtlichen Leistungsschutzes bzw. in Konstellationen fehlender Verkehrsgeltung bei nicht eingetragenen oder eintragbaren Kennzeichen. Zur Relevanz der einzelnen außermarkenrechtlichen Bestimmungen für den Kennzeichenschutz lässt sich anhand der ausgewählten Entscheidungen feststellen, dass § 823 Abs. 1 BGB gegenüber den wettbewerbs- und namensrechtlichen Bestimmungen eine wesentliche geringere Bedeutung zukommt[493].

1. Unterschiedliche Argumentation in älteren Entscheidungen am Beispiel des FOCUS-Falles

Die Argumentation des Landgerichts Köln in der FOCUS-Entscheidung weicht in zentralen Punkten von der BGH-Rechtsprechung ab. Das Landgericht Köln ist für ein autonomes Nebeneinander der Regelungen des Markengesetzes und des UWG. Es wendet sich dagegen, dass die Bestimmungen des Markengesetzes spezielle gesetzliche Regelungen darstellen und den allgemeinen Vorschriften des Wettbewerbsrechts und des Bürgerlichen Rechts vorgehen[494]. Daher sieht sich das Landgericht auch nicht an einen bestimmten Prüfungsvorrang gebunden und kann folgerichtig das Vorliegen der Voraussetzungen der §§ 14 Abs. 2 Nr. 3 bzw. 15 Abs. 3 MarkenG offen lassen. Als entscheidendes Argument für die uneingeschränkte Anwendbarkeit der wettbewerbsrechtlichen Generalklausel führt das Landgericht Köln die Regelung des § 2 MarkenG an[495]. Die Ansicht, dass die Vorschriften der §§ 14 Abs. 2 Nr. 3 und 15 Abs. 3 MarkenG den Schutzbereich der Marke lediglich „erweitern“, steht im Gegensatz zu der vom BGH gewählten Formulierung, die markengesetzlichen Regelungen seien „an die Stelle“ des bisherigen (außermarkenrechtlichen) Schutzes getreten. Während also das Landgericht Köln von einem zusätzlichen Schutz durch die neuen Regelungen des Markengesetzes neben denen des Wettbewerbs- und Deliktsrechts ausgeht, plädiert der BGH und die ganz überwiegende instanzgerichtliche Rechtsprechung für eine Ablösung der alten Form des Schutzes durch die §§ 14 Abs. 2 Nr. 3, 15 Abs. 3

492 Vgl. Ubber, Markenrecht im Internet, S. 124.

493 Nur in OLG Frankfurt/Main, GRUR 2000, 1066, 1067 f. – Abkürzung ACC, wurde die „Verletzung des Eigentumsrechts an der Marke“ gemäß § 823 Abs. 1 BGB in Betracht gezogen. In OLG Köln, GRUR 2001, 424, 426 – Mon Chérie/MA CHÉRIE, heißt es, dass für einen außerkennzeichenrechtlichen Schutz berühmter Marken (gemäß § 823 Abs. 1 BGB) „kein Bedarf“ bestehe.

494 LG Köln, WRP 1998, 917, 918 – FOCUS.

495 LG Köln, WRP 1998, 917, 918 – FOCUS.

MarkenG. Die Notwendigkeit für die uneingeschränkte Anwendbarkeit der wettbewerbsrechtlichen Generalklausel sieht das Gericht darin, dass die Norm flexibler sei als der „starre prioritätsabhängige Regelungsbereich des Markengesetzes“.

2. *Fälle der Zuerkennung außermarkenrechtlicher Ansprüche neben denen des Markengesetzes*

Eine parallele Zuerkennung von Unterlassungsansprüchen aus Markenrecht und Wettbewerbs- bzw. Bürgerlichem Recht bleibt in den jüngeren Entscheidungen die Ausnahme. Zu nennen ist hier die Entscheidung „buecherde.com“ des OLG München. Das OLG München rechtfertigt unter ausdrücklicher Befürwortung der MAC Dog-Rechtsprechung die Möglichkeit wettbewerbsrechtlichen Schutzes neben § 15 Abs. 2 MarkenG damit, dass das Markengesetz einen Schutz gegen Behinderung des Mitbewerbers nicht vorsehe. Dogmatisch wird also mit einem vom Markengesetz nicht erfassten Schutzgegenstand argumentiert. Allerdings zeigt z. B. die Entscheidung „alcon.de“, dass die genannten Behinderungsaspekte auch im Rahmen der Vorschrift des § 15 Abs. 3 MarkenG, die im Fall „buecherde.com“ nicht herangezogen wurde, bei der Frage der Unlauterkeit eine Rolle spielen können.

3. *Sperrwirkung trotz Verneinung markenrechtlicher Ansprüche*

Häufig verneinen die Instanzgerichte außermarkenrechtliche Ansprüche mit der Begründung des Vorrangs markenrechtlicher Regelungen auch dann, wenn ein markenrechtlicher Schutz ausscheidet. Darin kommt die Auffassung zum Ausdruck, dass im Vorhandensein bestimmter Voraussetzungen der markenrechtlichen Bestimmungen die negative Entscheidung enthalten ist, dass bei Fehlen dieser Voraussetzungen die Rechtsfolge auch nicht nach außermarkenrechtlichen Bestimmungen eintreten soll. Instruktiv ist die Entscheidung „Alex/live vom Alex“: Soweit es um den Schutz der bekannten geschäftlichen Bezeichnung geht, wird die Anwendung von § 1 UWG a.F. in Anlehnung an die SZENE-Entscheidung mit der Begründung verneint, dass § 15 Abs. 3 MarkenG in seinem Anwendungsbereich abschließend sei. Bezüglich eines möglichen Schutzes einer nicht bekannten geschäftlichen Bezeichnung gegen Rufausbeutung nach § 1 UWG a.F. verweist das Kammergericht dagegen auf die Entscheidung „grau/magenta“, die sich ihrerseits auf die schon unter Geltung des WZG bestehende Auffassung bezogen hatte, wonach die Anlehnung an fremde Kennzeichen, die nicht wegen Verwechslungsgefahr und Branchennähe verboten werden könne, im Allgemeininteresse frei sei[496].

a) Unanwendbarkeit oder (nur) Einfluss auf die wettbewerbsrechtliche oder bürgerlichrechtliche Beurteilung?

Nicht einheitlich wird beurteilt, ob der Vorrang der markenrechtlichen Bestimmungen zur Unanwendbarkeit von § 1 UWG a.F. (= §§ 3 und 4 UWG n.F.) bzw. §§ 823 Abs. 1, 12 BGB oder lediglich zur Verneinung ihrer tatbestandlichen Voraussetzungen führen soll. Die Unklarheit, wie sich eine etwaige Sperrwirkung der markenrechtlichen Vorschriften konkret auswirkt, zeigt z. B. die Argumentation des OLG Hamburg in der HDI-Entscheidung. Obwohl das OLG betont, dass „§ 1 UWG a.F. neben den Vorschriften des Markengesetzes nicht anzuwenden sei", fügt es hinzu, dass im Übrigen die „Unlauterkeitsmerkmale" des § 1 UWG a.F. fehlten, da weder eine Herkunftstäuschung noch eine Rufausbeutung in Betracht komme[497]. Auch die Formulierung des OLG Frankfurt in der BiC Cristal-Entscheidung, „ein Anspruch aus § 1 UWG a.F. könne nur bei vom Markengesetz nicht berücksichtigten Umständen *bejaht* werden", scheint sich nicht auf die Anwendbarkeit des § 1 UWG a.F., sondern auf die Wettbewerbswidrigkeit zu beziehen[498].

b) Konstellationen einer Sperrwirkung der §§ 14, 15 MarkenG und damit zusammenhängende Wertungsgesichtspunkte

Am häufigsten wurden außermarkenrechtliche Bestimmungen wegen Vorrangs des Markengesetzes in den Fällen nicht herangezogen, in denen eine Verwechslungsgefahr i.S.v. §§ 14 Abs. 2 Nr. 2, 15 Abs. 2 MarkenG an der erforderlichen Waren/Dienstleistungsähnlichkeit bzw. Branchennähe oder an der Zeichenähnlichkeit scheiterte[499]. Die fehlende Waren/Dienstleistungsähnlichkeit konnte in diesen Fällen häufig auch durch die Bestimmungen der §§ 14 Abs. 2 Nr. 3, 15 Abs. 3 MarkenG nicht überwunden werden, da entweder die Bekanntheit des Zeichens nicht gegeben war[500] oder eine Rufübertragung oder eine „konkret greifbare" Beeinträchtigung der Unterscheidungskraft wegen extremer Branchen-

496 Kammergericht, Berlin WRP 2001, 551, 554 – Alex/live vom Alex; BGH, GRUR 1997, 754, 755 – grau-magenta.
497 OLG Hamburg, GRUR-RR 2002, 190, 193 – HDI.
498 OLG Frankfurt/Main, GRUR 1999, 593, 594 – BiC Cristal.
499 OLG Frankfurt/Main, GRUR 2000, 1063, 1065 – Spee-Fuchs.
500 OLG Frankfurt/Main, WRP 2001, 551, 553 – Alex/live vom Alex.

ferne ausschied[501]. Bezüglich eines Verwässerungsschutzes berühmter Kennzeichen soll nach der Rechtsprechung das Erfordernis der konkreten Beeinträchtigung der Unterscheidungskraft i.S.v. §§ 14 Abs. 2 Nr. 3, 15 Abs. 3 MarkenG nicht durch einen außermarkenrechtlichen Schutz unterlaufen werden[502]. Ebenso wenig soll in Fallgestaltungen, in denen das Tatbestandsmerkmal „ohne rechtfertigenden Grund in unlauterer Weise" fehlt, diese Begrenzung außermarkenrechtlich umgangen werden[503].

In der Ablehnung außermarkenrechtlichen Schutzes kommt die Wertung zum Ausdruck, dass die Anlehnung an fremde Kennzeichen, die nicht wegen Verwechslungsgefahr und Branchennähe verboten werden kann, grundsätzlich frei sein soll, es sei denn, dass die Voraussetzungen für den erweiterten Schutz bekannter Kennzeichen i.S.v. §§ 14 Abs. 2 Nr. 3, 15 Abs. 3 MarkenG vorliegen[504]. Damit wird zugleich deutlich, dass die markenrechtlichen Verletzungstatbestände hinsichtlich ihres Verhältnisses zu außermarkenrechtlichen Anspruchsgrundlagen nicht losgelöst voneinander betrachtet werden können. Wenn eine abschließende Regelung der §§ 14 Abs. 2 Nr. 3, 15 Abs. 3 MarkenG innerhalb ihres Anwendungsbereichs bejaht wird, wirkt sich das auch unmittelbar auf das Verhältnis außermarkenrechtlicher Vorschriften zum markenrechtlichen Verwechslungsschutz i.S.v. §§ 14 Abs. 2 Nr. 2, 15 Abs. 2 MarkenG aus.

c) Fehlender oder nicht feststehender Kennzeichenerwerb

Ebenso wie der BGH tendiert die Rechtsprechung der Oberlandesgerichte dazu, in Fällen noch nicht entstandenen bzw. nicht feststehenden Kennzeichenschutzes das UWG ungeachtet eines grundsätzlich befürworteten Vorrangs des Markengesetzes anzuwenden. Allerdings gibt es innerhalb der instanzgerichtlichen Rechtsprechung Unterschiede hinsichtlich der Prüfungsreihenfolge, wie ein Vergleich der Dämmstoffplatten- mit der Marzipanherzen-Entscheidung zeigt. Während das OLG Köln die Frage eines Ausstattungsschutzes nach §§ 4 Nr. 2, 14 MarkenG offen ließ[505], wurde diese vom OLG Hamburg ausführlich erörtert, bevor das Gericht auf § 1 UWG a.F. zurückgriff[506]. Das Vorgehen des OLG Hamburg ist deshalb konsequent, weil der allgemein vertretene Grundsatz, dass bei nicht entstan-

---

501 OLG Hamburg, GRUR-RR 2002, 190, 192 – HDI; OLG Frankfurt/Main, GRUR 2000, 1063, 1065 – Spee-Fuchs.
502 Vgl. hierzu auch OLG Hamburg, GRUR-RR 2003, 367, 369 – duplo.
503 OLG Hamburg, GRUR-RR 2004, 15, 16 – merci; OLG Frankfurt/Main, WRP 2000, 772, 774 – alcon.de.
504 Vgl. Kammergericht Berlin, WRP 2001, 551, 554 – Alex/live vom Alex.
505 OLG Köln, GRUR-RR 2001, 26, 27 – Dämmstoffplatten.
506 OLG Hamburg, GRUR-RR 2002, 356, 357 – Marzipanherzen.

denem Kennzeichenschutz ein wettbewerbsrechtlicher Schutz nur ausnahmsweise in Betracht kommt[507], nur dann eingehalten werden kann, wenn zunächst der Frage der Entstehung des Kennzeichenschutzes nachgegangen wird.

Besonders im Bereich der Nachahmung von Produktgestaltungen kommt nach der instanzgerichtlichen Rechtsprechung die Anwendung von § 1 UWG a.F. (= §§ 3 und 4 Nr. 9 UWG n.F.) unter dem Gesichtspunkt des ergänzenden wettbewerbsrechtlichen Leistungsschutzes in Betracht[508]. Dies gilt auch dann, wenn ein Formmarkenschutz entstanden ist[509].

4. Kriterien für den verbleibenden Anwendungsbereich

In zahlreichen Entscheidungen kristallisieren sich zwei Kriterien, die entweder allein[510] oder kumulativ[511] geprüft werden, für die Klärung heraus, ob außermarkenrechtliche Bestimmungen, insbesondere die wettbewerbsrechtliche Generalklausel, für den ergänzenden Kennzeichenschutz herangezogen werden können. Einerseits wird danach gefragt, ob ein Schutz nach dem Markengesetz schon „dem Grunde nach nicht zu erlangen“[512] bzw. „schon vom Ansatz her nicht denkbar ist“[513]. Dem entspricht die Formulierung, dass ein Schutz an der „fehlenden Einschlägigkeit“ des Markengesetzes scheitert[514]. Zur Präzisierung, wann dies der Fall ist, werden die Fallgruppen der nicht kennzeichenmäßigen Benutzung oder die Verwendung außerhalb des geschäftlichen Verkehrs genannt[515]. Ein weiteres Prüfungskriterium für den Anwendungsbereich der außermarkenrechtlichen Vorschriften ist die Frage, ob der betreffende Sachverhalt Anhaltspunkte für eine Einbeziehung und Beurteilung weiterer Kriterien bietet, die bei der markenrechtlichen Beurteilung noch keine Rolle gespielt haben[516]. Beide Prüfungsschritte lassen sich allerdings nicht trennscharf voneinander abgrenzen.

---

507 BGH, GRUR 1997, 754, 755 – grau/magenta.

508 OLG Frankfurt/Main, GRUR 1999, 591, 593 – Kabelbinderkopf.

509 OLG Frankfurt/Main, GRUR 1999, 593, 594 – BiC Cristal.

510 OLG Hamburg, GRUR-RR 2002, 190, 192 – HDI.

511 OLG Frankfurt/Main, GRUR 2000, 1063, 1066 – Spee-Fuchs; OLG Frankfurt/Main, WRP 2000, 772, 774 – alcon.de.

512 Vgl. z. B. OLG Frankfurt/Main, GRUR 2000, 1063, 1066 – Spee-Fuchs.

513 Kammergericht Berlin, WRP 2001, 551, 554 – Alex/live vom Alex.

514 OLG Frankfurt/Main, WRP 2000, 772, 774 – alcon.de; vgl. auch OLG Köln, GRUR-RR, 2002, 321, 324 – FLEX

515 OLG Frankfurt/Main GRUR 2000, 1063, 1066 – Speefuchs; Kammergericht Berlin, WRP 2001, 551, 554 – Alex/live vom Alex.

516 OLG Hamburg, MarkenR 2003, 401, 409 – VISA; OLG Frankfurt/Main, GRUR 2000, 1066, 1068 – Abkürzung ACC.

6. Kapitel: Die Diskussion zum Konkurrenzverhältnis in der Literatur

Zwei Grundauffassungen stehen sich hinsichtlich der Bewertung des Konkurrenzverhältnisses zwischen den Regelungen des Markengesetzes und denen des UWG und BGB gegenüber. Die überwiegende Auffassung geht von einem Vorrang der markengesetzlichen Vorschriften aus, während die Gegenauffassung für eine uneingeschränkte Anspruchskonkurrenz plädiert. Die Konkurrenzfrage wurde bisher schwerpunktmäßig im Zusammenhang mit dem Schutz bekannter Kennzeichen erörtert[517]. Jedoch lassen allgemein gehaltene Formulierungen wie „Anwendung von § 1 UWG a.F. neben den Vorschriften des Markengesetzes" erkennen, dass das Thema nicht auf §§ 14 Abs. 2 Nr. 3, 15 Abs. 3 MarkenG beschränkt wird[518]. Darüber hinaus hat die Darstellung der Rechtsprechung gezeigt, dass ein Vorrang der Verletzungstatbestände des erweiterten Schutzes bekannter Kennzeichen auch Auswirkungen auf das Verhältnis der Verletzungstatbestände der §§ 14 Abs. 2 Nr. 2, 15 Abs. 2 MarkenG zu den wettbewerbs-, delikts- und namensrechtlichen Vorschriften hat. Die meisten Aufsätze zum Konkurrenzverhältnis betrafen noch das Verhältnis der §§ 14, 15 MarkenG zu § 1 UWG a.F. Soweit das Thema nach Einführung des neuen UWG in der Literatur behandelt wurde, zeichnen sich jedoch keine wesentlichen Veränderungen gegenüber der Beurteilung auf der Grundlage von § 1 UWG a.F. ab[519].

517 Erdmann, GRUR 2001, 609, 610; Traub, Festschrift für Söllner, 1213, 1217; v. Gamm, Festschrift für Piper, 537, 541; Remmertz, MarkenR 2000, 242, 245; Starck, MarkenR 2000, 73, 74, 76; Kur, MarkenR 2001, 137; Sambuc, Der UWG-Nachahmungsschutz, Rdnr. 660; Palandt/Sprau, BGB, Einf. v. § 823 Rdnr. 9.

518 Vgl. etwa Goldmann, Schutz des Unternehmenskennzeichens, § 16 Rdnr. 2; Fezer, WRP 2000, 863, 869.

519 Ingerl, WRP 2004, 809, 815 f.; Sack, WRP 2004, 1405, 1413 ff.; Köhler, NJW 2004, 2121, 2123.

A. Vertreter des Vorrangs markenrechtlicher Vorschriften

I. Allgemeines

Nach überwiegender Auffassung gehen die markenrechtlichen Verletzungstatbestände den Regeln des Wettbewerbs- und Deliktsrechts vor[520].

Hieran habe sich auch durch das neue Gesetz gegen den unlauteren Wettbewerb nichts geändert[521]. Auch gegenüber einem Namenschutz gemäß § 12 BGB gehen diese Stimmen mehrheitlich von einem Vorrang der markenrechtlichen Bestimmungen aus[522]. Die Bezeichnungen des Konkurrenzverhältnisses reichen von „Vorrang der spezialgesetzlichen Regelungen"[523] über „lex specialis"[524] und

520 Starck, Festschrift für Erdmann, 485, 489; Ingerl/Rohnke, MarkenG, 2. Aufl., § 2 Rdnr. 2 und § 14 Rdnr. 879; Berlit, GRUR 2002, 572, 573; ders., Wettbewerbsrecht, 4. Aufl., Rdnr. 100a; anders noch ders. in: Markenrecht, 3. Aufl., Rdnr. 54; Ströbele/Hacker, MarkenG, 7 Aufl., § 2 Rdnr. 16; Hauck/Fischoeder, GRUR 2004, 185, 189; Sack, GRUR 1995, 81, 93; ders. WRP 1998, 1127, 1138; Piper, GRUR 1996, 429, 430; Teplitzky, Wettbewerbsrechtliche Ansprüche, Kap. 4, Rdnr. 10; Marianne Helm, GRUR 2001, 291; Goldmann, Schutz des Unternehmenskennzeichens, § 16 Rdnr. 2; Traub, Festschrift für Söllner, 1213, 1217; Eikelau, MarkenR 2001, 41, 45; Erdmann, GRUR 2001, 609, 610; Speckmann, Wettbewerbsrecht, Rdnr. 653, 675; 2296; Hösch, Grundlagen des Wettbewerbsrechts, § 7 S. 182; Palandt/Sprau, BGB, Einf. v. § 823 Rdnr. 9; MünchKomm/Wagner, BGB, 4. Aufl., § 823 Rdnr. 157 und 194; Sosnitza, WRP 2003, 1186, 1187; Kotthoff, in: HK-WettbR, Rdnr. 570.

521 Ingerl, WRP 2004, 809, 815; Köhler, NJW 2004, 2121, 2123; ders., in: Baumbach/Hefermehl, Wettbewerbsrecht, 23. Aufl., § 4 Rdnr. 10.77; Berlit, Wettbewerbsrecht, 5. Aufl., Rdnr. 95a.; Götting, in: Fezer, Lauterkeitsrecht, § 4-9 Rdnr. 46; a. A. Omsels, in: Harte-Bavendamm/Henning-Bodewig, UWG, § 4 Rdnr. 31.

522 Foerstl, CR 2002, 518, 519; Ingerl/Rohnke, MarkenG, 2. Aufl., § 15 Rdnr. 27 und 88, entgegen der in der Vorauflage, Markengesetz, § 15 Rdnr. 24, vertretenen Ansicht; Ströbele/Hacker, MarkenG, 7. Aufl., § 2 Rdnr. 33 (entgegen Althammer/Klaka, MarkenG, 6. Aufl., § 15 Rdnr. 18); a. A. Soergel/Heinrich, BGB, 13. Aufl., § 12 Rdnr. 114 und 194a; v. Schultz, Markenrecht, § 2 Rdnr. 5: Vorrang des Markengesetzes nur bezüglich §§ 1 UWG, 823 Abs. 1 BGB.

523 Marianne Helm, GRUR 2001, 291; Teplitzky, Wettbewerbsrechtliche Ansprüche; Kap. 4 Rdnr. 10; Schricker/Henning-Bodewig, WRP 2001, 1367, 1369; Hösch, Grundlagen des Wettbewerbsrechts, § 7 S. 182; v. Gamm, Festschrift für Piper, 537, 541; Starck, MarkenR 2000, 73, 74, setzt „spezialgesetzlich" mit „markengesetzlich" gleich; Nordemann, Wettbewerbs- und Markenrecht, Rdnr. 2395.

524 Ingerl/Rohnke, MarkenG, 2. Aufl., § 14 Rdnr. 879; Traub, Festschrift für Söllner, 1213, 1217; Köhler/Piper, UWG, Einf. Rdnr. 12; Berlit, GRUR 2002, 572, 573; Beater, Unlauterer Wettbewerb, § 22 Rdnr. 89.

„Subsidiarität“[525] bis zu „abschließender Regelung“ des Markengesetzes[526]. Einigkeit besteht unter den Vertretern dieses Grundsatzes, dass neben dem Markengesetz Bestimmungen anderer Gesetze nicht autonom und in vollständiger Anspruchskonkurrenz anwendbar sein sollen[527].

Als Begründung für den Vorrang des Markengesetzes wird unter anderem das Ziel einer Zusammenfassung des Kennzeichenschutzes im Markengesetz vorgebracht. Mit den gesetzlich definierten Tatbestandsmerkmalen der markenrechtlichen Ansprüche sei eine Begrenzungsfunktion verbunden[528]. Diese Festlegung dürfe nicht durch weitgehend offene wettbewerbsrechtliche Ansprüche umgangen bzw. ausgehöhlt werden. Auch müssten systemwidrige Überschneidungen zwischen Vorschriften aus dem Markenrecht und dem UWG möglichst vermieden werden[529]. Gefolgt wird der Prämisse, dass der wettbewerbsrechtliche oder bürgerlichrechtliche Kennzeichenschutz aufgrund eines komplementären Charakters von der Entwicklung des markenrechtlichen Schutzes beeinflusst ist[530]. Daher sei durch die Kodifizierung von früheren UWG-Fallgruppen im Markengesetz der Anwendungsbereich des ergänzenden wettbewerbsrechtlichen Kennzeichenschutzes entsprechend beschnitten worden[531]. Teile dessen, was als ergänzender Leistungsschutz von der Rechtsprechung entwickelt worden war, seien nunmehr in den Rang eines Immaterialgüterrechts nach dem Markengesetz erhoben worden[532]. Ein weiteres Argument für den Vorrang markenrechtlicher Regelungen ist das Interesse einer möglichst einheitlichen Rechtsanwendung des harmonisierten Markenrechts in Europa; die uneingeschränkte Anwendung außermarkenrechtlicher nationaler Vorschriften würde dieses Ziel gefährden[533].

---

525 Götte, Die Schutzdauer im wettbewerbsrechtlichen Leistungsschutz, S. 101 f.; Starck, Festschrift für Erdmann, 485, 490.

526 Köhler/Piper, UWG, § 1 Rdnr. 418; Palandt/Sprau, BGB, Einf. v. § 823 Rdnr. 9.

527 Remmertz, MarkenR 2000, 242, 243; Ingerl, WRP 2004, 809, 810; Ingerl/Rohnke, MarkenG, 2. Aufl., § 14 Rdnr. 879; Ströbele/Hacker, MarkenG, 7. Aufl., § 2 Rdnr. 16.

528 Ingerl, WRP 2004, 809, 810; Ingerl/Rohnke, MarkenG, 2. Aufl., § 2 Rdnr. 2, § 14 Rdnr. 879; Erdmann, GRUR 2001, 609, 610; Marianne Helm, GRUR 2001, 291; MünchKomm/Wagner, BGB, 4. Aufl., § 823 Rdnr. 157, a.A. Sack, WRP 2004, 1405, 1414.

529 Eikelau, MarkenR 2001, 41, 45.

530 Sambuc, Der UWG-Nachahmungsschutz, Rdnr. 586; im Ergebnis auch Krings, GRUR 1996, S. 624; Sack WRP 2004, 1405, 1406.

531 Ingerl, WRP 2004, 809, 810; Piper, GRUR 1996, 429, 430; Kotthoff, in: HK-WettbR, § 1 Rdnr. 570.

532 Traub, Festschrift für Söllner, 1213, 1217.

533 Starck, Festschrift für Erdmann, 485, 488; Erdmann, GRUR 2001, 609, 610; Kur, MarkenR 2001, 137, 146; Sosnitza, WRP 2003, 1186, 1187; Ingerl, WRP 2004, 809, 810.

Die dargestellte Grundposition folgt den Grundsätzen der BGH-Entscheidungen „MAC Dog" und „shell.de", sowie „grau/magenta", ohne diese jedoch einheitlich zu interpretieren. Das macht sich besonders bei der Frage des „verbleibenden Anwendungsbereichs" außermarkenrechtlicher Normen bemerkbar. So wird von den Befürwortern eines Vorrangs der §§ 14, 15 MarkenG unterschiedlich bewertet, inwieweit ein Rückgriff auf außermarkenrechtliche Bestimmungen im Sinne einer ergänzenden Anwendung möglich ist bzw. wie weit der abschließende Regelungsgehalt des Markengesetzes reicht. Auch die Berechtigung, über außermarkenrechtliche Vorschriften einem etwaigen verbleibenden Schutzbedürfnis Rechnung zu tragen, wird kontrovers beurteilt.

II. Ansicht für eine Ausrichtung am Schutzbedürfnis

Ein Teil des Schrifttums macht die Anwendbarkeit außermarkenrechtlicher Vorschriften im Bereich des Kennzeichenschutzes von einem nach §§ 14, 15 MarkenG verbleibenden „überschießenden Schutzbedürfnis" abhängig[534]. Die außermarkenrechtlichen Bestimmungen hätten nach wie vor eine wichtige Auffangfunktion zu erfüllen, da das Markengesetz nicht in allen Situationen einen adäquaten Schutz gegen unlautere Beeinträchtigung oder Ausbeutung biete[535]. Aus § 2 MarkenG ergebe sich, dass die Anwendung anderer Vorschriften zum Schutz von Kennzeichen nicht ausgeschlossen sei; insoweit komme der Vorschrift eine klarstellende Funktion zu[536]. Die Konkurrenzvorschrift basiere auf der Tatsache, dass weder das Markengesetz noch die Markenrechtsrichtlinie umfassenden und abschließenden Schutz böten[537]. Teilweise wird vertreten, dass sich an der traditionellen ergänzenden Anwendbarkeit des UWG bzw. BGB, wie sie vor Einführung des Markengesetzes bestand, nichts geändert habe[538]. Auch unter den Stimmen, für die das Kriterium des Schutzbedürfnisses maßgeblich ist, lassen sich Unterschiede hinsichtlich des verbleibenden Anwendungsbereichs außermarkenrechtlicher Bestimmungen ausmachen. Nach Speckmann kommt eine Anwendbarkeit der §§ 1 UWG a.F., 823 Abs. 1 BGB bereits dann in Betracht, wenn die

---

534 Vgl. Sack, WRP 2004, 1405, 1406, der als Grund für die Anwendbarkeit des UWG die Möglichkeit unterschiedlicher Rechtsfolgen anführt; ders. GRUR 1995, 81, 93 f.; Piper, GRUR 1996, 429, 435.

535 Beier/Kur, Festschrift für Fikentscher, S. 493, bezüglich 1 UWG a.F.; Speckmann, Wettbewerbsrecht, Rdnr. 675 und 2296.

536 Goldmann, Schutz des Unternehmenskennzeichens, § 16 Rdnr. 2; Althammer/Klaka, MarkenG, 6. Aufl., § 2 Rdnr. 3; Köhler/Piper, UWG, § 1 Rdnr. 418.

537 Althammer/Klaka, MarkenG, 6.Aufl, § 14 Rdnr. 61.

538 Schricker/Henning-Bodewig, WRP 2001, 1367, 1369.

Schutzvoraussetzungen nach dem Markengesetz nicht erfüllt sind[539]. Sack spricht dagegen von einem markenrechtlich nicht erfassten Eingriff, der, soweit er rechtlich zu missbilligen sei, nach § 1 UWG a.F. und subsidiär nach § 823 Abs. 1 BGB abgewehrt werden könne[540]. Nach Piper sind §§ 1 UWG a.F. und 823 Abs. 1 BGB weiterhin anwendbar, wenn der markenrechtliche Schutz nicht „durchgreift"[541]. Remmertz will auf die bisherigen Grundsätze des Bekanntheitsschutzes nach § 1 UWG a.F. zurückgreifen, wenn § 14 Abs. 2 Nr. 3 MarkenG „nicht anwendbar" ist[542]. Kur hält es trotz großzügiger Bejahung der Anwendbarkeit von §§ 1 UWG a.F., 823 Abs. 1 BGB im Falle eines Schutzbedürfnisses für erstrebenswert, wenn in Randbereichen des Markenschutzes keine ergänzende Heranziehung anderer Rechtsvorschriften stattfindet[543].

III. Restriktive Lösung

Zunehmend ist im Schrifttum die Tendenz festzustellen, die Möglichkeit eines Rückgriffs auf außermarkenrechtliche Vorschriften nur in sehr beschränktem Umfang zuzulassen[544]. Aus dem Grundsatz, dass die Spezialregelungen der §§ 14, 15 MarkenG den allgemeinen Vorschriften der §§ 1 UWG a.F., 823 Abs. 1 BGB vorgingen, folge, dass eine Anwendung wettbewerbs- oder bürgerlichrechtlicher Regelungen in der Regel auch dann ausscheiden müsse, wenn die tatbestandlichen Voraussetzungen der markenrechtlichen Bestimmungen nicht erfüllt seien[545]. Die Bestimmungen des Markenrechts dürften nicht dadurch ausgehöhlt werden, dass bei fehlendem Vorliegen der besonderen markenrechtlichen Tatbestandsvoraussetzungen entgegen der diesen zu Grunde liegenden Wertungen ein außermarkenrechtlicher Schutz gewährt werde[546]. Ein ergänzender außermarkenrechtlicher Schutz solle nur dann in Betracht kommen, wenn markenrechtlicher Schutz von vornherein bzw. dem Grunde nach ausscheidet bzw. in

539 Speckmann, Wettbewerbsrecht, Rdnr. 675.
540 Sack, GRUR 1995, 81, 93.
541 Piper, GRUR 1996, 429, 430.
542 Remmertz, MarkenR 2000, 242, 254.
543 Kur, MarkenR 2001, 137, 146.
544 Ingerl, WRP 2004, 809, 810 ff.; Ingerl/Rohnke, MarkenG, 2. Aufl., § 2 Rdnr. 2; Marianne Helm, GRUR 2001, 291; Ströbele/Hacker, MarkenG, 7. Aufl., § 2 Rdnr. 18 und 19; Köhler/Piper, UWG, § 1 Rdnr. 420; Kotthoff, in: HK-WettbR, § 1 Rdnr. 572; Starck, Festschrift für Erdmann, 485, 488; Teplitzky, Wettbewerbsrechtliche Ansprüche, Kap. 4 Rdnr. 10 a.
545 Starck, Festschrift für Erdmann, 485, 490; Teplitzky, Wettbewerbsrechtliche Ansprüche, Kap. 4 Rdnr. 10a.
546 Ingerl/Rohnke, MarkenG, 2. Aufl., § 2 Rdnr. 2.

Fallgestaltungen, die keine Regelung im Markengesetz gefunden haben[547]. Dies solle auch für die Anwendbarkeit von § 12 BGB gelten[548]. Nach den Vertretern dieser Richtung ist für die Möglichkeit eines außermarkenrechtlichen Schutzes nicht ausschlaggebend, ob ein Bedürfnis nach einem außermarkenrechtlichen Schutz verbleibt bzw. ob ein außermarkenrechtlicher Schutz durch die Verletzungstatbestände des Markengesetzes überflüssig geworden ist.

Nach Helm sollte auch, wenn die europarechtliche Auslegung des Markengesetzes aus deutscher Sicht ein Schutzbedürfnis lasse, diesem nicht mittels eines Umwegs über § 1 UWG a.F. oder § 823 Abs. 1 BGB Rechnung getragen werden. Denn eine einheitliche gemeinschaftskonforme Interpretation des Markengesetzes mache keinen Sinn, wenn über das UWG entgegengesetzte Ergebnisse erzielt würden[549]. Speziell im Hinblick auf § 14 Abs. 2 Nr. 3 MarkenG betont Helm, dass sich das Konkurrenzverhältnis zwischen Markengesetz und UWG gegenüber der früheren Beurteilung geändert habe. Selbst wenn vor Erlass des Markengesetzes ein weitergehender ergänzender Schutz über wettbewerbsrechtliche Vorschriften gewährt würde, könnten diese Grundsätze nicht auf die neue Gesetzeslage übertragen werden. In diesem restriktiven Sinne interpretiert Helm auch die MAC Dog-Entscheidung des BGH: Entgegen dessen „nicht geglückter Formulierung“ vom „ergänzenden Schutz“ über § 1 UWG a.F. bei „Versagen“ des Schutzes des Markengesetzes sei der BGH so zu verstehen, dass § 1 UWG a.F. nur anwendbar sei, wenn eine Sonderregelung im Markengesetz nicht existiere[550]. Konkret wirkt sich diese Beurteilung bei Helm dahingehend aus, dass sie die Anwendung wettbewerbsrechtlicher und bürgerlichrechtlicher Schutzvorschriften auch zur Schließung der Schutzlücke der nicht bekannten Marke bei fehlender Verwechslungsgefahr und bei anderen Handlungen als „Benutzungen“ des Zeichens i.S.d. § 14 Abs. 2 MarkenG ablehnt. Die Wertung, dass § 14 Abs. 2 Nr. 3 MarkenG Bekanntheit und Benutzung des Zeichens im geschäftlichen Verkehr voraussetze, müsse im Rahmen außermarkenrechtlicher Vorschriften respektiert werden[551].

---

547 Köhler/Piper, UWG, § 1 Rdnr. 418; Starck, Festschrift für Erdmann, 485, 490.

548 Ingerl/Rohnke, MarkenG, 2. Aufl., § 15 Rdnr. 27 und 88 (entgegen der in der Vorauflage, MarkenG, § 15 Rdnr. 24, vertretenen Ansicht); Ströbele/Hacker, MarkenG, 7. Aufl., § 2 Rdnr. 33.

549 Marianne Helm, GRUR 2001, 291, 293.

550 Marianne Helm, a.a.O.

551 Marianne Helm, GRUR 2001, 291, 293; zustimmend bezüglich einer Ablehnung eines Schutzes nicht bekannter Kennzeichen außerhalb des Verwechslungsschutzes: Beater, Unlauterer Wettbewerb, § 22 Rdnr. 90; Berlit, GRUR 2002, 572, 573; Ströbele/Hacker, MarkenG, 7. Aufl., § 2 Rdnr. 19; a. A. Piper, GRUR 1996, 429, 430; Goldmann, Schutz des Unternehmenskennzeichens, § 16 Rdnr. 11; Ingerl/Rohnke, MarkenG, 2. Aufl., § 14 Rdnr. 885; Remmertz, MarkenR 2000, 242, 245;

Ingerl/Rohnke halten eine differenzierte Betrachtung im Einzelfall für erforderlich. Notwendig sei, für jeden Fall gesondert zu prüfen, ob die Anwendung anderer Vorschriften als die aus dem Markengesetz entweder im Widerspruch zu markenrechtlichen Wertungen stehe oder ob sie sich im Kern auf den gleichen Sachverhalt beziehen, der bereits markenrechtlich geregelt ist[552]. Eine Aushöhlung markenrechtlicher Wertungen würde z. B. drohen, wenn der Sittenwidrigkeitsvorwurf im Rahmen des § 1 UWG a.F. sich gegen ein Verhalten richte, das im Kern einen kennzeichenrechtlichen Tatbestand betreffe bzw. „originär" vom Markengesetz geregelt sei[553]. In drei Bereichen komme eine Anwendung außermarkenrechtlicher Schutzvorschriften in Betracht: Erstens zur Schließung „echter eigener Schutzlücken" des Kennzeichenrechts; zweitens zum Schutz von „markengesetzlich von vornherein nicht erfassten Handlungen" und schließlich zum Schutz der „markengesetzlich nicht geregelten, aber dennoch kennzeichenbezogenen Besitzstände"[554].

B. Vertreter der autonomen kumulativen Anwendung von Markengesetz, UWG und BGB im Bereich des Kennzeichenschutzes

I. Kernpunkte

Die Gegenauffassung plädiert dafür, die kennzeichenrechtlichen Tatbestände des Markengesetzes, des UWG und des BGB auf Grund einer autonomen Anwendung parallel nebeneinander anzuwenden[555]. Es bestehe das Konkurrenzverhält-

---

Schricker, Festschrift für Vieregge, 775, 779: Bei Anlehnungen an nicht bekannte Titel bestehe „echte Lücke" des Schutzes nach § 15 Abs. 3 MarkenG; vgl. nachfolgend 9. Kap. C 5.

552 Ingerl/Rohnke, MarkenG, 2. Aufl., § 2 Rdnr. 1; noch restriktiver Ingerl, WRP 2004, 809, 810 ff.; ähnlich Starck, Festschrift für Erdmann, 488, 489, demzufolge für eine ergänzende Anwendung außermarkenrechtlicher Vorschriften erforderlich ist, dass der Schutz nach dem Markengesetz in dem Sinne versage, dass Ansprüche aus dem Markengesetz überhaupt nicht vorgesehen sind. Nach Sack, WRP 2004, 1405, 1414, muss dagegen zur *Nichtanwendbarkeit* des Wettbewerbsrechts im Einzelfall nachgewiesen werden, ob bzw. dass ergänzender wettbewerbsrechtliche Markenschutz im Widerspruch zum Markenrecht steht.

553 Ingerl/Rohnke, MarkenG, 2. Aufl., § 2 Rdnr. 2 und Nach § 15 Rdnr. 45 bezüglich § 12 BGB.

554 Ingerl/Rohnke, MarkenG, 2. Aufl., § 14 Rdnr. 882.

555 Fezer, WRP 2000, 863, 869; ders. Markenrecht, § 2 Rdnr. 2 und 10: „Lehre von der autonomen Anwendung"; ders, auch unter dem neuen UWG, in: Fezer, Lauterkeitsrecht, Einl. E Rdnr. 95 f.; Klippel/Pahlow, in: HK-MarkenR, § 2 Rdnr. 3; Deutsch, WRP 2000, 854, 856; Deutsch/Mittas, Titelschutz, S. 79, Rdnr. 142 („Parallelität

nis der kumulativen und uneingeschränkten Anspruchskonkurrenz[556]. Als wichtigster Grund für eine uneingeschränkte autonome Anwendbarkeit der betreffenden Bestimmungen wird die Vorschrift des § 2 MarkenG angeführt, mit dessen Normzweck weder eine spezielle noch eine subsidiäre Anspruchskonkurrenz vereinbar sei[557]. Daher sei eine bloß ergänzende Anwendung der §§ 1 UWG a.F., 823 Abs. 1, 12 BGB für die Sachverhalte, die das Markengesetz nicht regele, abzulehnen. Die dem Markengesetz zugrunde liegenden Wertungen könnten bei der Frage der Wettbewerbs- bzw. Rechtswidrigkeit der außermarkenrechtlichen Vorschriften ausreichend berücksichtigt werden[558].

Allerdings gibt es unter den Befürwortern einer kumulativen Anwendung von Vorschriften des Markengesetzes und anderen Bestimmungen zum Schutz von Kennzeichen Differenzierungen. Teilweise wird eine vollständige Anspruchskonkurrenz nur bei gleichzeitiger einschränkender Auslegung des § 1 UWG a.F. befürwortet[559]. Andere befürworten eine Anspruchskonkurrenz zwischen wettbewerbsrechtlichem Rufausbeutungsschutz auf der Basis von § 1 UWG a.F. und dem markenrechtlichen Kennzeichenschutz[560], lehnen aber einen wettbewerbsrechtlichen Kennzeichenschutz unter dem Gesichtspunkt der vermeidbaren Herkunftstäuschung dann ab, wenn ein Zeichenrecht nach dem Markengesetz zwar entstanden ist, aber ein Schutz an der fehlenden Verwechslungsgefahr scheitert, da sich die Schutzvoraussetzungen deckten[561]. Auch hinsichtlich der „Annähe-

---

des Kennzeichenschutzes“); einschränkend Deutsch, GRUR 2002, 308, 309; Berlit, Markenrecht, 3. Aufl., Rdnr. 54; ders. aber in Wettbewerbsrecht, 4. Aufl., Rdnr. 100 a für den Vorrang des Markengesetzes; Lehmann, Festschrift für Beier, S. 283: „Keine exklusive Spezialität, sondern Prinzip der Kumulation“; Baumbach/Hefermehl, Wettbewerbsrecht, 22. Aufl., § 1 Rdnr. 569 (entgegen der in der 21. Aufl., § 1 Rdnr. 569 vertretenen Ansicht); Nägele, Die rechtsverletzende Benutzung im Markenrecht, S. 122; ders., WRP 1998, 841; früher Althammer/Klaka, MarkenG, 5. Aufl., § 2 Rdnr. 1 und § 14 Rdnr. 4 (entgegen Althammer/Klaka, MarkenG, 6. Aufl., § 2 Rdnr. 3); offen gelassen von v. Linstow, MarkenR 1999, 81, 83.

556 Fezer, WRP 2000, 863, 869; ders. Markenrecht, § 2 Rdnr. 4; Klippel/Pahlow, in HK-MarkenR, § 2 Rdnr. 3; Deutsch, WRP 2000, 854, 856.

557 Klippel/Pahlow, in: HK-MarkenR, § 2 Rdnr. 3; Fezer, Markenrecht, § 2 Rdnr. 4; Deutsch, WRP 2000, 854, 856.

558 Deutsch, WRP 2000, 854, 858, Fezer, Markenrecht, § 2 Rdnr. 2; allgemein zum Verhältnis des neuen UWG zum Immaterialgüterrecht Fezer, in: Fezer, Lauterkeitsrecht, Einl. E Rdnr. 96.

559 Nägele, Die rechtsverletzende Benutzung im Markenrecht, S. 122.

560 Baumbach/Hefermehl, Wettbewerbsrecht, 22. Aufl., Allg. Rdnr. 138b und § 1 Rdnr. 569; a. A. Köhler, in: Baubach/Hefermehl, Wettbewerbsrecht, 23. Aufl., § 4 Rdnr. 10.77 und 10.90.

561 Baumbach/Hefermehl, Wettbewerbsrecht, 22. Aufl., § 1 Rdnr. 483 und 560.

rungsfälle“ im Warengleichartigkeitsbereich[562] wird das Vorliegen von „zusätzlichen Umständen“ gefordert. Deutsch wendet sich weniger gegen den grundsätzlichen Vorrang markenrechtlicher Vorschriften. Entscheidend ist für ihn, dass § 1 UWG a.F. oder § 823 Abs. 1 BGB stets dann zur Anwendung kommt, wenn ein Anspruch aus dem Markengesetz verneint wird, unabhängig von der Prüfung, ob die Vorschriften des Markengesetzes den betreffenden Fall erfassen bzw. abschließend regeln oder nicht[563]. Er begründet dies damit, dass es in der Praxis zu schwierig sei, in jedem Einzelfall festzustellen, ob die §§ 14, 15 MarkenG als abschließende Regelung für den jeweiligen Bereich anzusehen sind[564]. In einem neueren Aufsatz richtet sich Sack gegen eine pauschale Bejahung einer Begrenzungsfunktion des Markenrechts, ohne jedoch dessen Vorrang gegenüber dem UWG zu verneinen[565].

II. Argumentation von Fezer

Das Hauptargument von Fezer für die kumulative Anwendung von Markengesetz, UWG und BGB ist die Normierung des § 2 MarkenG durch den Gesetzgeber[566]. Die gesetzliche Regelung des Konkurrenzverhältnisses des markenrechtlichen Kennzeichenrechts zu anderen Normenbereichen hänge eng mit dem Ziel des Gesetzgebers zusammen, das gesamte Kennzeichenrecht im Markengesetz zu vereinheitlichen. Der umfassend geregelte Kennzeichenschutz durch das Markengesetz beinhaltet nach Fezer die Integration des außermarkenrechtlichen Schutzes über § 2 MarkenG. Die angestrebte Regelung des gesamten Kennzeichenrechts im Markengesetz bedeutet danach nicht, dass der Kennzeichenschutz abschließend im Markengesetz geregelt ist, da dies vom Gesetzgeber wegen § 2 MarkenG ausdrücklich nicht beabsichtigt sei[567]. Vielmehr kommt die Vereinheitlichung des Kennzeichenschutzes nach Fezer dadurch zum Ausdruck, dass der außermarkenrechtliche Kennzeichenschutz im Markengesetz über § 2 MarkenG ausdrücklich Berücksichtigung findet. Die Normierung der Anwendbarkeit und nicht der Nichtanwendbarkeit anderer Vorschriften in § 2 MarkenG spreche dafür, dass der Anwendungsbereich außermarkenrechtlicher Vorschriften durch die Neuregelung des Kennzeichenschutzes im Markengesetz gegenüber der Rechts-

---

562 BGH, GRUR 1981, 142, 144 – Kräutermeister; s. o. 3. Kap. C II 2 b) aa) (1).
563 Deutsch, GRUR 2002, 308, 309.
564 Deutsch, a.a.O.
565 Sack, WRP 2004, 1405, 1414, 1423.
566 Fezer, WRP 2000, 863, 865; ders. Markenrecht, § 2 Rdnr. 1 und 4.
567 Fezer, Markenrecht, § 2 Rdnr. 10.

lage unter Geltung des WZG jedenfalls nicht eingeschränkt werden dürfe[568]. Wegen der Verschiedenheit der Normzwecke, Schutzvoraussetzungen und Sanktionen sei nur eine autonome und parallele Anwendung der Vorschriften zum Schutz von Kennzeichen sachgerecht[569]. Hinsichtlich der Vorschriften des UWG plädiert Fezer nicht nur für deren autonome Anwendbarkeit gegenüber dem Markengesetz, sondern gegenüber allen Sonderrechtsgesetzen des Immaterialgüterschutzes[570].

Die für den Kennzeichenschutz in Frage kommenden Vorschriften stehen nach Fezer allerdings nicht losgelöst nebeneinander, da der ergänzende Rechtsschutz den Schranken des Kennzeichenschutzes nach dem Markengesetz nicht widersprechen dürfe. In diesem Zusammenhang entwickelt Fezer den Begriff der „Tatbestandsfunktion der im Markengesetz normierten Kennzeichenrechte“ [571]. Diese Tatbestandsfunktion sei bei der konkurrierenden Anwendung außermarkengesetzlicher Vorschriften im Wege der Auslegung zu berücksichtigen. Die Kennzeichentatbestände des Markengesetzes hätten insofern eine begrenzende Funktion, als die Tatbestandsfunktion der Kennzeichenrechte im Markengesetz zwar den Anwendungsbereich der außermarkenrechtlichen Vorschriften bestimmten, nicht aber die Anwendbarkeit der als konkurrierend anzuwendenden Normen[572]. Dem von Fezer verwendeten Begriff der „Tatbestandsfunktion“ liegt das Verständnis zugrunde, dass die Normzwecke, Wertungen und tatbestandlichen Schutzrechtsgrenzen des Markengesetzes auch im Rahmen der Anwendung außermarkenrechtlicher Vorschriften zu berücksichtigen sind. Hiermit ist gemeint, dass bei einer parallelen Anwendbarkeit gegebenenfalls markenrechtliche Maßstäbe auf die Tatbestandsmerkmale von § 1 UWG a.F. oder § 823 Abs. 1 BGB übertragen werden[573]. Denn die Frage der Anwendung außermarkenrechtli-

568 Fezer, WRP 2000, 863, 865.

569 Fezer, in: Fezer, Lauterkeitsrecht, Einl. E Rdnr. 96; ders., WRP 2000, 863, 870. Allerdings fällt die Bedeutung, die Fezer der kumulativen Anspruchskonkurrenz beimisst, unterschiedlich aus: An einer Stelle bezeichnet er sie als „gleichsam akademisch“ (WRP, 2000, 867), während er an anderer Stelle auf die praktische Bedeutung der Frage, insbesondere wegen der unterschiedlichen Regelung der Aktivlegitimation nach § 13 UWG (a.F.), hinweist (Markenrecht, § 2 Rdnr. 5).

570 Für das neue UWG Fezer, in: Fezer, Lauterkeitsrecht, Einl. E Rdnr. 96.

571 Fezer, Markenrecht, § 2 Rdnr. 1, 2 und 4.

572 Fezer, Markenrecht, § 2 Rdnr. 9.

573 Hierzu passen auch die Ausführungen Fezers zum Leistungsschutz im Wettbewerbsrecht, wonach die Frage der Schutzwürdigkeit im Rahmen des § 1 UWG (a.F.) auch von den Normzwecken und Schutzbereichen der verschiedenen Immaterialgüterrechte abhängt, WRP 1993, 63, 65; vgl. auch zum neuen UWG Fezer, in: Fezer, Lauterkeitsrecht, Einl. E Rdnr. 96: „tatbestandliche Begrenzungsfunktion der Immaterialgüterrechte bei der Konkretisierung der Lauterkeit“.

cher Vorschriften soll durch die Grenzen des Markenrechts nach Fezer nicht berührt sein, sondern vom Normzweck und den Voraussetzungen der jeweiligen außermarkenrechtlichen Schutztatbestände abhängen[574].

Dagegen beanstandet Fezer nicht die vom BGH aufgestellte Voraussetzung, dass sich der Bekanntheitsschutz der Kennzeichen „in erster Linie“ aus den Vorschriften des Markengesetzes ergeben müsse. Dieses Vorgehen sei selbstverständlich, da der Gesetzgeber den Sachverhalt des Bekanntheitsschutzes erstmals ausdrücklich geregelt habe, so dass diese Regelung auch „in erster Linie“ angewandt werden müsse. Eine Aussage über das Konkurrenzverhältnis werde hiermit jedoch nicht getroffen[575].

---

574 Fezer, Markenrecht, § 2 Rdnr. 10; WRP 2000, 863, 870: „Die Reichweite des außermarkenrechtlichen Kennzeichenschutzes richtet sich nach dem Normzweck der Schutzvorschriften außerhalb des Markengesetzes“.

575 Fezer, WRP 2000, 863, 866.

7. Kapitel: Regelungsumfang des § 2 MarkenG

Maßgebliche Bedeutung für die Klärung der Konkurrenzfrage hat die Untersuchung des Regelungsumfangs des § 2 MarkenG. Fraglich ist, ob es sich bei § 2 MarkenG um eine Konkurrenznorm handelt, die ein autonomes Nebeneinander marken-, wettbewerbs- und bürgerlichrechtlicher Vorschriften oder aber einen Vorrang des Markengesetzes festschreibt. Anders als im früheren WZG ist im Markengesetz eine Konkurrenzklausel in § 2 MarkenG mit der Überschrift „Anwendung anderer Vorschriften" normiert. Allein aus der Existenz einer Konkurrenzvorschrift oder Öffnungsklausel lassen sich möglicherweise bestimmte Aussagen für die Konkurrenzfrage herleiten[576]. Die Regelung einer Konkurrenzvorschrift ist nicht selbstverständlich, wie ein Vergleich zum BGB zeigt, wo das Konkurrenzverhältnis zwischen Vertrags- und Deliktsrecht gerade vom Fehlen einer vergleichbaren Vorschrift bestimmt ist. Daraus wird in der zivilrechtlichen Konkurrenzliteratur geschlossen, die Gesetzesverfasser hätten sich einer Regelung der Konkurrenzfrage bewusst enthalten und die Wissenschaft beauftragt, alle Probleme auf dem Gebiet der Konkurrenzlehre im BGB selbständig und frei zu lösen[577]. Bei der Untersuchung des § 2 MarkenG sind Wortlaut, Gesetzesbegründung, Bedeutungszusammenhang, Gemeinschaftskonformität sowie der Normzweck zu berücksichtigen.

A. Die Auslegung nach dem Wortlaut

Die Auslegung nach dem Wortlaut knüpft an den Bedeutungsgehalt des Textes im allgemeinen Sprachgebrauch oder, soweit ein solcher vorliegt, im besonderen Sprachgebrauch an[578]. Der Wortlaut ist Ausgangspunkt für die richterliche Sinnermittlung und steckt zugleich die Grenzen der Auslegungstätigkeit ab. Der ermittelte Bedeutungsgehalt ist stets im Zusammenhang mit anderen Auslegungskriterien zu sehen[579]. Nach dem Wortlaut von § 2 MarkenG schließt der Schutz

576 Vgl. Klein, Konkurrenz und Auslegung, S. 58, nach dem es eines Rückgriffs auf „Metanormen" wie Spezialität und Subsidiarität nicht mehr bedarf, sobald eine Konkurrenznorm vorliegt.
577 Georgiades, Anspruchskonkurrenz, S. 63; Schlechtriem, Vertragsordnung, S. 29.
578 Larenz/Canaris, Methodenlehre, S. 141.
579 Larenz/Canaris, Methodenlehre, S. 143.

von Marken, geschäftlichen Bezeichnungen und geografischen Herkunftsangaben die Anwendung anderer Vorschriften zum Schutz dieser Kennzeichen nicht aus. Die Vorschrift bezieht sich ausschließlich auf außermarkenrechtliche Vorschriften und nicht auf die Konkurrenz der sich aus dem Markengesetz untereinander ergebenden Ansprüche[580].

Zunächst fällt die negative Formulierung des § 2 MarkenG „schließt die Anwendung anderer Vorschriften nicht aus" auf. Statt „schließt nicht aus" wäre etwa auch die Formulierung „bleibt weiterhin möglich" denkbar gewesen. Auch bei einem Vergleich mit §§ 18 Abs. 3 und 19 Abs. 5 MarkenG wird ein Unterschied in der Formulierung deutlich: Statt von Nichtausschluss anderer Ansprüche heißt es dort, dass „weitergehende Ansprüche unberührt bleiben". Der gleiche Wortlaut findet sich in den Konkurrenzvorschriften der §§ 97 Abs. 3, 69 g Abs. 1 UrhG und § 50 GeschmMG (= § 14 a Abs. 2 GeschmMG a.F.). Mit „unberührt bleiben" könnte stärker zum Ausdruck gebracht werden, dass die in dem jeweiligen Gesetz geregelten Schutzmöglichkeiten keine Auswirkungen auf die Ansprüche aus anderen gesetzlichen Vorschriften haben. Allerdings werden auch aus diesen Formulierungen unterschiedliche Schlussfolgerungen gezogen[581].

Andererseits wird der Begriff „Anwendung" anderer Vorschriften neben dem Markengesetz in § 2 MarkenG verwendet und nicht eine „Nichtanwendbarkeit" normiert[582]. Auch die entgegengesetzte Formulierung zur alten Vorrangnorm des § 16 Abs. 3 S. 2 UWG a.F., die regelte, dass „auf den Schutz von Warenzeichen und Ausstattungen (§§ 1, 15 WZG) diese Vorschriften keine Anwendung finden", fällt in diesem Zusammenhang auf[583]. Ein weiteres Beispiel für die ausdrückliche Normierung eines Vorrangs ist die das Haustürgeschäft betreffende Konkurrenzvorschrift des § 312 a BGB. Der von diesen Konkurrenzregelungen

---

580 Deutsch, WRP 2000, 854, 856; Starck, Festschrift für Erdmann, 485; 486; a. A. Sosnitza, Festschrift für Tilman, 895, 897. Auch der BGH vertritt in der Entscheidung „PowerPoint" die Ansicht, dass § 2 MarkenG das Nebeneinander unterschiedlicher Kennzeichenrechte aus dem Markengesetz regelt, vgl. BGH, NJW 1997, 3313, 3314.

581 Nach Ansicht des BGH, GRUR 1992, 697, 699 – Alf, ist der Sonderrechtsschutz des Urheberrechts gegenüber einem (ergänzenden) wettbewerbsrechtlichen Leistungsschutz vorrangig und schließt diesen aus. Ebenso Schricker, Urheberrecht, Einleitung Rdnr. 40 und § 97 Rdnr. 90; Baumbach/Hefermehl, Wettbewerbsrecht, 22. Aufl., § 1 Rdnr. 497. Differenzierend Möhring/Nicolini/Lütje, Urheberrechtsgesetz, § 97 Rdnr. 269 und 270: Bei urheberrechtlicher Zulässigkeit nur unter besonderen Umständen Bejahung der Sittenwidrigkeit gemäß § 1 UWG, gleichzeitig für kumulative Anwendung insofern, dass eine Handlung nach Urheberrecht rechtswidrig und gleichzeitig nach UWG wettbewerbswidrig sein kann.

582 Vgl. Fezer, WRP 2000, 863, 865.

583 Vgl. Schricker, Festschrift für Vieregge, 775, 776: „Die alte Vorrangregelung des § 16 Abs. 3 S. 2 UWG a.F. scheint durch § 2 MarkenG ins Gegenteil verkehrt".

abweichende Wortlaut des § 2 MarkenG deutet auf eine grundsätzliche autonome Anwendbarkeit außermarkenrechtlicher Vorschriften neben denen des Markengesetzes hin. Dass der Wortlaut eine autonome Anwendbarkeit zulässt, räumen auch Befürworter des Vorrangs der markenrechtlichen Regelungen ein, indem sie auf den „missverständlichen" Wortlaut von § 2 MarkenG hinweisen[584]. Dieser lasse trotz seiner Prägnanz manches im Dunkeln[585]. § 2 MarkenG „scheine" für eine weitgehende Anspruchskonkurrenz zu sprechen[586]. Oder es findet sich der Satz, dass die Vorschriften des Markengesetzes „trotz" § 2 MarkenG in ihrem Anwendungsbereich § 1 UWG a.F. (= §§ 3 und 4 UWG n.F.) ausschließen[587]. Häufig wird bezüglich § 2 MarkenG auch die negative Formulierung gewählt, dass die Vorschrift dem Vorrang markengesetzlicher Vorschriften „nicht entgegenstehe"[588].

Andererseits spricht der Wortlaut des § 2 MarkenG auch nicht zwingend für eine autonome und uneingeschränkte Anwendbarkeit der bürgerlichrechtlichen bzw. wettbewerbsrechtlichen Schutzvorschriften[589]. § 2 MarkenG kann auch der Bedeutungsgehalt entnommen werden, dass der markenrechtliche Schutz keine Exklusivität beansprucht und dass markenrechtlich ungeregelte Konflikte nach anderen Normen aufgelöst werden können[590]. Diese Deutung liegt im Bereich des möglichen Wortsinns der Vorschrift und stellt keine „Umdeutung" [591] dar. Dagegen würde es dem Wortlaut der Vorschrift widersprechen, wenn der markengesetzliche Schutz als völlig abschließend angesehen würde[592]. Hätte der Gesetzgeber einen ergänzenden Schutz gänzlich ausschließen wollen, hätte er eine Aus-

---

584 Ingerl/Rohnke, MarkenG, 2. Aufl., § 2 Rdnr. 1; vgl. auch Sosnitza, WRP 2003, S. 1186.

585 Starck, Festschrift für Erdmann, S. 486.

586 Sosnitza, WRP 2003, S. 1186.

587 Beater, Unlauterer Wettbewerb, § 20 Rdnr. 31; Goldmann, Schutz des Unternehmenskennzeichens, § 16 Rdnr. 2; MünchKomm/Wagner, BGB, 4. Aufl., § 823 Rdnr. 157: Gegen eine vollständige Anspruchskonkurrenz, „obwohl" § 2 MarkenG ausdrücklich erkläre, dass der Markenschutz nach sonstigen Vorschriften unberührt bleibe.

588 BGH, GRUR 1999, 161, 162 – MAC Dog; Speckmann, Wettbewerbsrecht, Rdnr. 675; Ingerl, WRP 2004, 809, 810.

589 A. A. Klippel/Pahlow, in: HK-MarkenR, § 2 Rdnr. 3.

590 Schricker, Festschrift für Vieregge, 775, 776; Starck, Festschrift für Erdmann, 485, 490; Kur, MarkenR 2001, 137, 140; dies. GRUR Int.1998, 771, 778; Köhler/Piper, UWG, Einf. Rdnr. 12 u. § 1 Rdnr. 422; v. Gamm, Festschrift für Piper, 537, 541; Ströbele/Hacker, MarkenG, 7. Aufl., § 2 Rdnr. 3; Speckmann, Wettbewerbsrecht, Rdnr. 675 u. 2296.

591 Vgl. zu dieser Unterscheidung Larenz/Canaris, Methodenlehre, S. 143.

592 V. Schultz, Markenrecht, § 2 Rdnr. 1.

schlussvorschrift wie etwa in § 14 Abs. 5 des Benelux-Mustergesetzes eingefügt[593].

B. Historische Auslegung

Bei der historischen Auslegung geht es um die Untersuchung der Regelungsabsicht und des Normverständnisses des Gesetzgebers. Es wird danach gefragt, was der Gesetzgeber wollte und welche Wertentscheidungen er im Gesetz zur Umsetzung dieser Vorstellung getroffen hat[594].

Nach der amtlichen Begründung zum Markengesetz soll mit § 2 MarkenG klargestellt werden, dass die Anwendung der Vorschriften des Markengesetzes nicht ausschließt, dass auf die nach diesem Gesetz geschützten Kennzeichen ergänzend andere Vorschriften Anwendung finden. Dies entspreche z. B. der (seinerzeit) geltenden Rechtslage, nach der auf den Schutz von Marken, Ausstattungen und Kennzeichen i.S.d. § 16 UWG a.F. in geeigneten Fällen ergänzend auch § 1 UWG a.F. Anwendung finden könne[595]. Die Gesetzesbegründung bezieht sich insoweit ausdrücklich auf die Anwendung der §§ 1 und 3 UWG a.F., des Namensschutzes nach dem BGB, des firmenrechtlichen Schutzes nach dem HGB und der Regelungen des Urheber- und Geschmacksmustergesetzes. Der Begriff „ergänzende Anwendung" lässt offen, ob damit gemeint ist, dass außermarkenrechtlicher Schutz nur für die Fälle in Betracht kommt, in denen Ansprüche nach dem Markengesetz ausscheiden. Ebenso kann damit auch ein zusätzlicher vom Vorliegen eines markenrechtlichen Abwehranspruchs unabhängiger Schutz gemeint sein[596]. Für letztere Deutung könnte sprechen, dass die amtliche Begründung von der ergänzenden Anwendung ausgeht, „soweit die nach den anderen Gesetzen jeweils geltenden Voraussetzungen erfüllt sind"[597].

An anderer Stelle der amtlichen Begründung zum Markengesetz heißt es, dass nun „auch" ein markenrechtlicher Schutz gegen Verwässerung und Rufausbeutung besteht[598]. Dies könnte für ein weiteres Bestehen des dahingehenden Rechtsschutzes auf wettbewerbsrechtlicher und bürgerlichrechtlicher Grundlage neben dem nach dem Markengesetz sprechen. Hierzu passen auch die Angaben

593 Vgl. hierzu Kur, GRUR Int. 1998, 771, 777 Fußn. 57.

594 Larenz/Canaris, Methodenlehre, S. 149.

595 Begr. Reg.-Entw. zum MarkenG, BT-Drucks. 12/6581, S. 64.

596 So für die Schweiz, Müller, in: v. Büren/David, Schweizerisches Immaterialgüter- und Wettbewerbsrecht, S. 43, für den „ergänzende" Anwendung nicht mit subsidiär im Sinne eine hierarchischen Wertung gleichzusetzen ist.

597 Begr. Reg.-Entw. zum MarkenG, BT-Drucks. 12/6581, S. 64.

598 Begr. Reg.-Entw. zum MarkenG, BT-Drucks. 12/6581, S. 56.

im Zusammenhang mit § 16 UWG a.F., wonach „die Anwendung der allgemeinen Vorschriften des Zivil- und Handelsrechts von der Aufhebung der Vorschrift unberührt bleiben“[599]. Die amtliche Begründung scheint jedoch zwischen bürgerlichrechtlichem und wettbewerbsrechtlichem Schutz zu differenzieren. Hinsichtlich eines außermarkenrechtlichen Schutzes berühmter Marken, der vor Inkrafttreten des Markengesetzes nach Maßgabe des § 823 Abs. 1 BGB bzw. § 12 BGB gewährt wurde, heißt es, dass dieser, „wie sich aus § 2 MarkenG ergebe“, durch die Neuregelung im Markengesetz zwar nicht beseitigt sei, aber an praktischer Bedeutung verlieren werde[600]. An praktischer Bedeutung kann eine Norm aber nur dann verlieren, wenn sie überhaupt für Fälle anwendbar bleibt, die bereits durch das Markengesetz abgedeckt sind. Wenn sich aus § 2 MarkenG ergeben soll, dass die §§ 823 Abs. 1, 12 BGB trotz eines fehlenden praktischen Bedürfnisses für den Schutz berühmter Kennzeichen anwendbar bleiben, wird damit den genannten Vorschriften über § 2 MarkenG eine von den markenrechtlichen Vorschriften unabhängige Stellung zuerkannt. Demgegenüber geht die amtliche Begründung im Abschnitt zu § 2 MarkenG hinsichtlich der wettbewerbsrechtlichen Schutzvorschriften von einer ergänzenden Anwendung in „geeigneten Fällen“ aus[601]. Dies kann nur als eingeschränkte und von den Bestimmungen des Markengesetzes abhängige Anwendbarkeit der wettbewerbsrechtlichen Vorschriften verstanden werden[602]. Daher ist der Gesetzesbegründung jedenfalls nicht zu entnehmen, dass § 2 MarkenG die autonome und uneingeschränkte Anwendbarkeit von wettbewerbsrechtlichen Vorschriften neben §§ 14, 15 MarkenG regelt.

C. Bedeutungszusammenhang von § 2 MarkenG

Bei § 2 MarkenG ist auch der sachliche Zusammenhang der Vorschrift zu markenrechtlichen und außermarkenrechtlichen Anspruchsnormen zu erörtern. Ziel des Markengesetzgebers war es, die „unsystematische und nur historisch zu erklärende Aufspaltung der Regelungen (…) zu beenden“[603]. Es sollte ein einheitliches neues Gesetz geschaffen und das Markenrecht möglichst umfassend geregelt werden[604].

---

599 Begr. Reg.-Entw. zum MarkenG, BT-Drucks. 12/6581, S. 60.
600 Begr. Reg.-Entw. zum MarkenG, BT-Drucks. 12/6581, S. 72.
601 Begr. Reg.-Entw. zum MarkenG, BT-Drucks. 12/6581, S. 64.
602 Ingerl/Rohnke, MarkenG, 2. Aufl., § 14 Rdnr. 877; a. A. Rößler, GRUR 1994, 559, 569.
603 Begr. Reg.-Entw. zum MarkenG, BT-Drucks. 12/6581, S. 55.
604 Begr. Reg.-Entw. zum MarkenG, BT-Drucks. 12/6581, S. 61 u. 72; vgl. auch Sack, GRUR 1996, 663, 672.

Nach Ansicht von Fezer geht aus § 2 MarkenG hervor, dass die angestrebte Rechtsvereinheitlichung nicht durch die Normierung von §§ 14, 15 MarkenG als abschließende Spezialgesetze erfolgen sollte[605]. Erst durch die Einbeziehung anderer als markenrechtlicher Vorschriften über § 2 MarkenG in das Markengesetz und deren selbständige Anwendbarkeit werde das Ziel der Vereinheitlichung des deutschen Markenrechts erreicht[606]. Dagegen bezieht sich nach Ansicht des BGH das Vereinheitlichungsziel auf die im Markengesetz geregelten Vorschriften, was durch die These, bei §§ 14 Abs. 2 Nr. 3, 15 Abs. 3 MarkenG handele es sich um spezialgesetzliche Regelungen, mit denen der bislang in der Rechtsprechung entwickelte außermarkenrechtliche Schutz „fixiert und ausgebaut" werden sollte, zum Ausdruck kommt[607]. Das gesetzgeberische Ziel, alle bisherigen Anspruchsgrundlagen in einem Gesetz zu vereinen, findet danach seinen Niederschlag darin, dass die markengesetzlichen Regelungen Spezialregelungen darstellen[608]. Der Ansatz des BGH ist zutreffend, da sich die Vereinheitlichung des Kennzeichenschutzes im Markengesetz auf die spezifischen Verletzungstatbestände innerhalb des Markengesetzes und nicht auf die Einbeziehung autonom anwendbarer außermarkenrechtlicher Vorschriften über § 2 MarkenG bezieht. Hierfür spricht, dass eine Vereinheitlichung auch ein Element der Begrenzung im Sinne einer in sich geschlossenen Regelung beinhaltet[609]. Diese Begrenzung kann aber nicht bei einer unbeschränkten Heranziehung von nicht im Markengesetz enthaltenen, über § 2 MarkenG einbezogenen Bestimmungen erreicht werden.

D. Gemeinschaftskonforme Auslegung des § 2 MarkenG

I. § 2 MarkenG keine autonome nationale Regelung

Der deutsche Gesetzgeber hat mit dem Markengesetz auch die Markenrechtsrichtlinie umgesetzt und das Ziel verfolgt, dem Harmonisierungsziel der Markenrechtsrichtlinie Rechnung zu tragen[610]. Es handelt sich beim Markengesetz um eine verwickelte Gemengelage von nationalem Recht und Gemeinschaftsrecht. Eine nationale Binnenansicht bei der Anwendung des Markengesetzes reicht da-

605 Fezer, WRP 2000, 863, 865.
606 Fezer, a.a.O.: "Vereinheitlichung des gesamten Kennzeichenrechts im Markengesetz"; ebenso Klippel/Pahlow, in: HK-MarkenR, § 2 Rdnr. 3.
607 BGH, GRUR 1999, 161, 162 – MAC Dog; Marianne Helm, GRUR 2001, 291.
608 Vgl. auch Goldmann, Schutz des Unternehmenskennzeichens, § 16 Rdnr. 2.
609 Vgl. zu dieser Formulierung Begr. Reg. Entw. zum MarkenG, BT Drucks. 12/6581, S. 61; BGH, WRP 2002, 694, 696 – shell.de (s. o. 5. Kap. A II 2).
610 Begr. Reg.-Entw. zum MarkenG, BT-Drucks.12/6581, S. 72.

her nicht aus[611]. Soweit die markenrechtlichen Vorschriften auf der Markenrechtsrichtlinie beruhen, sind sie richtlinienkonform auszulegen[612]. Der Grundsatz richtlinienkonformer Auslegung schließt eine über die zwingenden Vorgaben der Markenrechtsrichtlinie hinausgehende Interpretation des deutschen Markengesetzes allerdings nicht aus[613].

Die Vorschriften der Markenrechtsrichtlinie beziehen sich inhaltlich nur auf die Regelungen über den Markenschutz kraft Eintragung. Dagegen ist das Recht der geschäftlichen Bezeichnungen und das Recht der durch Benutzung und Verkehrsgeltung oder der durch notorische Bekanntheit Schutz erlangenden nicht eingetragenen Marken i.S.v. § 4 Nr. 2 und 3 MarkenG von der Markenrechtsrichtlinie grundsätzlich unbeeinflusst. Hierbei handelt es sich um eigenständige Rechtsmaterien, für die der Grundsatz der Richtlinienkonformität keine unmittelbare Anwendung findet[614]. Daraus ergibt sich zunächst, dass die Vorschrift des § 2 MarkenG zumindest insofern keine autonome nationale Regelung ist, als sie sich auf den Schutz eingetragener Marken bezieht und jedenfalls in diesem Bereich § 2 MarkenG mit den Vorgaben der Markenrechtsrichtlinie vereinbar sein muss[615]. Umgekehrt könnte § 2 MarkenG insoweit nicht dem Richtlinienkonformitätsgebot unterliegen, als es geschäftliche Bezeichnungen und Benutzungsmarken betrifft. Es ist aber problematisch, innerhalb des § 2 MarkenG unterschiedliche Maßstäbe anzulegen, je nachdem, ob es sich um den Schutz von Marken oder um den Schutz nicht eingetragener Benutzungsmarken oder geschäftlicher Bezeichnungen handelt[616]. Vielmehr ist wünschenswert, auch beim nicht harmonisierten Recht der geschäftlichen Bezeichnungen und der Benutzungsmarken insoweit zu einer Auslegungskonvergenz zu kommen, als Bestimmungen des Markengesetzes gleichermaßen für Marken und geschäftliche Bezeichnungen gelten[617]. Dies gilt umso mehr, als es Zeichen gibt, die als Marken und als geschäftliche Bezeichnungen geschützt werden können[618]. Darüber hinaus wird allgemein angestrebt, ein Auseinanderdriften der Rechtsgrundsätze für eingetragene Marken auf der einen und nicht eingetragene Marken und geschäftliche Bezeichnungen

---

611 Beater, Unlauterer Wettbewerb, § 1 Rdnr. 73; Erdmann, GRUR 2001, 609, 615.

612 EuGH, MarkenR 1999, 84, 86 – BMW, unter Verweis auf Art. 189 Abs. 3 EG-Vertrag; Sack, WRP 1998, S. 1127; ders. GRUR 1995, S. 81; Starck, Festschrift für Erdmann, 485, 487; Fezer, Markenrecht, § 14 Rdnr. 31; Piper, GRUR 1996, 429, 430; Kur, GRUR 1997, 241, 244; Rößler, GRUR 1994, 559, 561; Ernst-Moll, GRUR 1993, 8, 18.

613 Keller, GRUR 1996, 607, 609.

614 Ströbele/Hacker, MarkenG, 7. Aufl., § 5 Rdnr. 4.

615 Starck, Festschrift für Erdmann, 485, 487.

616 V. Schultz, Markenrecht, § 15 Rdnr. 4; Starck, Festschrift für Erdmann, 485, 487.

617 BGH, GRUR 1999, 992, 995 – BIG PACK; Eichmann, GRUR 1998, 201, 213.

618 Vgl. BGH, WRP 2000, 533, 535 – FACTS; Deutsch, WRP 2000, 854, 856.

auf der anderen Seite zu vermeiden[619]. Die Harmonisierung des Markenrechts hat daher mittelbar auch Auswirkungen auf den Schutz geschäftlicher Bezeichnungen und von Benutzungsmarken[620]. Für § 2 MarkenG bedeutet dies, dass die Vorschrift in vollem Umfang richtlinienkonform auszulegen ist und damit auch unter dem Aspekt der allgemeinen Ziele der Markenrechtsrichtlinie zu betrachten ist[621].

II. Erwägungsgründe der Markenrechtsrichtlinie

Die Markenrechtsrichtlinie trifft in den Erwägungsgründen Nr. 6 und 9 der Präambel Aussagen über die Anwendung anderer Rechtsvorschriften als die des Markenrechts. Im Erwägungsgrund Nr. 6 der Richtlinie wird ausdrücklich erklärt, dass die Anwendung anderer Vorschriften, darunter die Vorschriften des unlauteren Wettbewerbs, nicht ausgeschlossen werden soll. Des Weiteren bleibt nach dem Erwägungsgrund Nr. 9 der Richtlinie von der Vereinheitlichung des Markenschutzes „die Möglichkeit der Mitgliedstaaten unberührt, bekannten Marken einen weitergehenden Schutz zu gewähren". Die im Erwägungsgrund Nr. 9 eingeräumte Möglichkeit weitergehenden Schutzes kann sowohl auf markenrechtlicher als auch auf außermarkenrechtlicher Ebene erfolgen[622]. Das in den Erwägungsgründen Nr. 6 und 9 enthaltene Prinzip wird in § 2 MarkenG zum Ausdruck gebracht[623]. Dass die Markenrechtsrichtlinie die Möglichkeit außermarkenrechtlichen Schutzes ausdrücklich zulässt, ist in Anbetracht ihrer Entstehungsgeschichte nicht selbstverständlich. In der Präambel zum Vorschlag einer ersten Richtlinie des Rates zur Angleichung des Markenrechts der Mitgliedstaaten vom 27.11.1980 sollte noch ausgeschlossen werden, „dass auf Marken andere Rechtsvorschriften der Mitgliedstaaten, wie die Vorschriften des unlauteren Wettbewerbs, angewandt werden"[624]. Die restriktive Haltung resultierte aus der Betonung der Belange des freien Warenverkehrs und der Dienstleistungsfreiheit, denen grundsätzlich Vorrang gegenüber dem Schutz von Marken eingeräumt

619 BGH, GRUR 2001, 344, 345 – DB Immobilienfonds; Starck, Festschrift DPMA, 291, 303; Sack, GRUR 1996, 663, 671; Goldmann, Schutz des Unternehmenskennzeichens, S. 208; Ströbele/Hacker, MarkenG, 7. Aufl., § 5 Rdnr. 4, mit Hinweis auf den Grundsatz der Einheitlichkeit des Kennzeichenrechts.

620 Ingerl/Rohnke, MarkenG, 2. Aufl., § 15 Rdnr. 3; v. Schultz, Markenrecht, § 15 Rdnr. 4.

621 Starck, Festschrift für Erdmann, 485, 487.

622 Sack, WRP 2001, 1022, 1032; ders. GRUR 1995, 81, 93.

623 Kur, GRUR Int. 1998, 771, 778; Weberndörfer, Auswirkungen der Umsetzung der EG-Markenrichtlinie, S. 190: „§ 2 MarkenG entspricht dem 6. Erwägungsgrund".

624 Vgl. Erwägungsgrund Nr. 4, Kommission der Europäischen Gemeinschaften, Dok. KOM (80) 635 endg./2, abgedruckt in: GRUR Int. 1981, 30, 32.

werden sollte[625]. Der EuGH hat unter Bezugnahme auf den Erwägungsgrund Nr. 6 der Richtlinie klargestellt, dass die Markenrechtsrichtlinie nicht ausschließt, dass andere Rechtsvorschriften der Mitgliedstaaten als die des Markenrechts, wie die Vorschriften gegen den unlauteren Wettbewerb, über die zivilrechtliche Haftung oder über den Verbraucherschutz Anwendung finden[626]. Aus den genannten Erwägungsgründen geht zwar die Möglichkeit einer Anwendung anderer Vorschriften hervor, jedoch ist damit noch keine Aussage über eine autonome Anwendbarkeit im Sinne einer uneingeschränkten Anspruchskonkurrenz getroffen. Insbesondere vor dem Hintergrund der anfänglichen Skepsis gegenüber einem zu weit reichenden Kennzeichenschutz liegt vielmehr der Schluss nahe, dass die markenrechtlichen Regelungen für den von ihnen erfassten Bereich Vorrang haben[627].

III. Erstrebte Vereinheitlichung durch Harmonisierung

Mit der Markenrechtsrichtlinie wurde das Ziel verfolgt, die Rechtsvorschriften der Mitgliedstaaten der Gemeinschaft im Bereich des Markenrechts anzugleichen[628]. Entsprechend wird nach den Erwägungsgründen Nr. 1 und 9 der Präambel der Markenrechtsrichtlinie angestrebt, Unterschiede der nationalen Markenrechte, die sich aus der nationalen Selbständigkeit der Rechtsordnungen ergeben und den freien Waren- und Dienstleistungsverkehr behindern und die Wettbewerbsbedingungen der Gemeinschaft verfälschen können, zu beseitigen.

Es ist fraglich, ob eine uneingeschränkte Anwendbarkeit von Vorschriften des UWG und des BGB neben denen der nationalen Markengesetze mit der bezweckten Harmonisierung vereinbar ist. Zwar könnte davon ausgegangen werden, dass die Harmonisierung markenrechtlicher Bestimmungen keinerlei Auswirkungen auf die Anwendbarkeit anderer nationaler Vorschriften, etwa des Rechts gegen den unlauteren Wettbewerb, hat. Diese Meinung vertritt Fezer, der dem Interesse einer richtlinienkonformen Anwendung der Markenrechtsrichtlinie und einer europäischen Rechtsvereinheitlichung durch einen extensiven Anwendungsbereich des Markengesetzes Rechnung tragen will[629]. Jedoch wird eine ein-

---

625 Vgl. Kur, GRUR Int. 1998, 771, 777; Hösch, WRP 1994, 796, 799.

626 EuGH, GRUR Int. 1997, 546, 548 – Elli Graffione SNC/Ditta Fransa.

627 Kur, MarkenR 2001, 137, 140.

628 EuGH, MarkenR 2003, 23, 25 – Robeco/Robelco; Ströbele/Hacker, MarkenG, 7. Aufl., § 5 Rdnr. 4; Sosnitza, WRP 2003, 1186, 1187: „bezweckte Teilharmonisierung".

629 Fezer, Markenrecht, § 2 Rdnr. 11; zum Harmonisierungsziel einer „größtmöglichen Öffnung des Markenrechts" vgl. auch Kur, MarkenR 2001, 137, 146.

heitliche gemeinschaftskonforme Interpretation des Markenrechts auch dann erschwert, wenn über andere nationale Vorschriften entgegengesetzte Ergebnisse erzielt werden[630]. Der BGH lehnt eine uneingeschränkte Anwendung wettbewerbsrechtlicher Vorschriften bei Rufausbeutungen und Rufbeeinträchtigungen vermutlich auch deshalb ab, um dem EuGH eine gemeinschaftsrechtliche Klärung der Maßstäbe zur Beurteilung von Rufbeeinträchtigungen zu ermöglichen[631]. Vereinzelt wird sogar allgemein die ergänzende Anwendung nationaler Rechtsvorschriften als konträr zum Vereinheitlichungsziel der Markenrechtsrichtlinie angesehen[632]. Dies ist jedoch angesichts der Erwägungsgründe Nr. 6 und 9 in der Präambel der Markenrechtsrichtlinie zu weitgehend, zumal der EuGH betont, dass die Markenrechtsrichtlinie keine vollständige Angleichung der Rechtsvorschriften zum Schutz von Marken anstrebt[633]. Andererseits widerspricht die uneingeschränkte autonome Anwendung nationaler außermarkenrechtlicher Vorschriften dem Vereinheitlichungsziel der Markenrechtsrichtlinie, da nationale Besonderheiten die Teilharmonisierung dann zunichte machen würden[634].

IV. Bedeutung des Art. 5 Abs. 5 MarkenRL für die Auslegung des § 2 MarkenG

Bedeutung für die Auslegung des § 2 MarkenG wird auch Art. 5 Abs. 5 MarkenRL beigemessen[635].

Fezer sieht in Art. 5 Abs. 5 MarkenRL einen mitgliedstaatlichen Regelungsvorbehalt, den auf nationaler Ebene § 2 MarkenG wahrnehme[636]. Der Normzweck der Vorschrift bestehe darin, den Mitgliedstaaten eine Regelungskompetenz zu belassen, die Marke nicht allein als Ausschließlichkeitsrecht markenrechtlich zu schützen, sondern der Marke auch einen autonomen außermarken-

630 Starck, Festschrift für Erdmann, 485, 488, nach dem eine kumulative Anspruchskonkurrenz vor dem Hintergrund des Vereinheitlichungsziels der MarkenRL nicht richtlinienkonform ist; Erdmann, GRUR 2001, 609, 610; Sosnitza, WRP 2003, 1186, 1187; Marianne Helm, GRUR 2001, 291, 293; Kur, MarkenR 2001, 137, 146; Goldmann, Schutz des Unternehmenskennzeichens, S. 272; a. A. wohl Sack, GRUR 1995, 81, 82, der in der Anwendung von § 1 UWG a.F. den Vorteil sieht, dass bestimmte Schutzdefizite der MarkenRL deutlicher zutage treten; vgl. auch Sack, WRP 2004, 1409, 1414.

631 Dies vermutet Beater, Unlauterer Wettbewerb, § 1 Rdnr. 73.

632 Weberndörfer, Auswirkungen der Umsetzung der EG-Markenrichtlinie, S. 180.

633 EuGH, MarkenR 2003, 23, 25 – Robeco/Robelco.

634 Starck, Festschrift für Erdmann, 485, 488; Kur, MarkenR 2001, 137, 146; Ingerl, WRP 2004, 805, 809; a. A. Sack, WRP 2004, 1409, 1414.

635 Zum Wortlaut des Art. 5 Abs. 5 MarkenRL s. o. 4. Kap. B IV 1 a).

636 Fezer, Markenrecht, § 14 Rdnr. 38; ders., GRUR 1996, 566, 570.

rechtlichen Schutz wettbewerbsrechtlich oder deliktsrechtlich zu gewähren. Art. 5 Abs. 5 MarkenRL belege, dass zwischen dem Schutz der Marke als eines Ausschließlichkeitsrechts (geregelt in Art. 5 Abs. 1 und 2 MarkenRL) und dem wettbewerbs- und deliktsrechtlichen Schutz echte Anspruchskonkurrenz bestehe[637]. Nach Keller kommt Art. 5 Abs. 5 MarkenRL die Funktion zu, nicht markenmäßige Benutzungen zu erfassen[638]. Diesen Zweck erfülle im nationalen Markenrecht die Vorschrift des § 2 MarkenG. Gleichzeitig enthalte der letzte Halbsatz des Art. 5 Abs. 5 MarkenRL eine für die Auslegung des § 2 MarkenG bedeutsame Beschränkung bezüglich der Anwendbarkeit außermarkenrechtlicher Vorschriften[639]. Nach Sack ist gemäß Art. 5 Abs. 5 MarkenRL ein über die Markenrechtsrichtlinie hinausgehender Schutz möglich, wenn „nicht markentypische Umstände" vorliegen[640]. Andere vertreten dagegen die Ansicht, dass Art. 5 Abs. 5 MarkenRL keine Aussagen über außermarkenrechtliche Tatbestände treffe[641].

Der EuGH hat in der Entscheidung „Robeco/Robelco" entschieden, dass Art. 5 Abs. 5 MarkenRL einen verstärkten Schutz der Unterscheidungskraft oder der Wertschätzung einer Marke gewähre, der nicht unter die gemeinschaftliche Harmonisierung falle[642]. Dagegen seien die auf Art. 5 Abs. 1 und 2 MarkenRL beruhenden innerstaatlichen markenrechtlichen Rechtsvorschriften Gegenstand der angestrebten Angleichung der Markenrechte. Art. 5 Abs. 5 MarkenRL sei so auszulegen, dass ein Mitgliedstaat „nach seinem Belieben" und unter den von ihm festgelegten Voraussetzungen ein Zeichen schützen könne, das nicht zum Zweck der Unterscheidung von Waren oder Dienstleistungen verwendet werde, wenn die Benutzung dieses Zeichens die Unterscheidungskraft oder Wertschätzung der Marke ohne rechtfertigenden Grund in unlauterer Weise ausnutze oder beeinträchtige.

M. E. belegt Art. 5 Abs. 5 MarkenRL nicht eine Anspruchskonkurrenz im Sinne einer autonomen Anwendbarkeit außermarkenrechtlicher Vorschriften und kann somit nicht als Argument für eine entsprechende Deutung des § 2 MarkenG auf nationaler Ebene herangezogen werden. Wie bei Art. 5 Abs. 1 und 2 Mar-

637 Fezer, a.a.O.

638 Keller, Schutz eingetragener Marken, S. 66: Da eine entsprechende markenrechtliche Bestimmung nicht gegeben sei, könne für den nicht zeichenmäßigen Gebrauch auf § 1 UWG a.F. zurückgegriffen werden.

639 Keller, GRUR 1996, 607, 609; vgl. hierzu auch Althammer/Klaka, MarkenG, 6. Aufl., § 14 Rdnr. 66.

640 Sack, GRUR 1995, 81.

641 Kur, MarkenR 2001, 137, 145; Weberndörfer, Auswirkungen der Umsetzung der EG-Markenrichtlinie, S. 191.

642 EuGH, MarkenR 2003, 23, 26.

kenRL handelt es sich bei Art. 5 Abs. 5 MarkenRL um eine markenrechtliche Bestimmung, die keinen außermarkenrechtlichen Schutz normiert, der im Gegensatz zum Schutz der Marken als Ausschließlichkeitsrechten steht und an anderen Normzwecken auszurichten ist. Art. 5 Abs. 5 MarkenRL betrifft ebenso wie die Absätze 1 und 2 die Kennzeichnungsfunktion der Marke, was aus der gemeinsamen Gesetzesüberschrift von Art. 5 MarkenRL „Rechte aus der Marke“ hervorgeht[643]. Dies bestätigt der EuGH mit dem Verweis auf Art. 5 Abs. 5 MarkenRL als verstärktem Schutz „einer Marke“[644]. Eine auf Art. 5 Abs. 5 MarkenRL gestützte uneingeschränkte Anwendung außermarkenrechtlicher nationaler Vorschriften ist auch nicht vereinbar mit dem Harmonisierungsziel der Absätze 1 bis 4 des Art. 5 MarkenRL[645]. Die Freiheit der Mitgliedstaaten, die Voraussetzungen im Bereich des Art. 5 Abs. 5 MarkenRL festzusetzen, betrifft nicht den Regelungsbereich der Absätze 1 bis 4 der MarkenRL. Eine auf Art. 5 Abs. 5 MarkenRL gestützte vollständige Anspruchskonkurrenz würde der Begrenzungsfunktion des Art. 5 Abs. 1 bis 4 MarkenRL und des darauf beruhenden § 14 Abs. 2 Nr. 2 und 3 MarkenG zuwiderlaufen. Andererseits ergibt sich aus Art. 5 Abs. 5 MarkenRL, dass ein Markenschutz außerhalb des Regelungsbereichs des Art. 5 Abs. 1 bis 4 MarkenRL weiterhin möglich ist[646]. Wie die Entscheidung des EuGH zeigt, kann Art. 5 Abs. 5 MarkenRL auch für außermarkenrechtliche Vorschriften von Bedeutung sein, da es im Belieben der Mitgliedstaaten steht, ob und wenn ja durch welche Rechtsvorschriften sie den Bereich des Art. 5 Abs. 5 MarkenRL regeln[647]. Ein Schutz eingetragener Marken kann gemäß Art. 5 Abs. 5 MarkenRL mithin auch auf anderen als markenrechtlichen Vorschriften beruhen[648]. Die Regelung eröffnet den Mitgliedstaaten einerseits die Möglichkeit, den Markenschutz zu erweitern, soweit er nicht von den Absätzen 1 bis 4 der Vorschrift erfasst ist. Das betrifft die Markenverletzungen, die Art. 5 Abs. 1 und 2 MarkenRL mangels herkunftshinweisender Benutzung eines Zeichens entzogen sind[649]. Gleichzeitig ist der letzte Halbsatz des Art. 5 Abs. 5 MarkenRL jedoch auch eine Beschränkung des Handlungsspielraums der Mitgliedstaaten bezüglich des Schutzes von Marken gegen nicht-zeichenmäßige Verwendung sowohl inner-

643 Lange, WRP 2003, 323, 334 f.; Nägele, Die rechtsverletzende Benutzung im Markenrecht, S. 143: Art. 5 Abs. 5 MarkenRL betrifft auch den originär markenrechtlichen Bereich.

644 EuGH MarkenR 2003, 23, 26 – Robeco/Robelco.

645 Vgl. EuGH MarkenR 2003, 23, 26 – Robeco/Robelco: “(…) in den Absätzen 1 bis 4 vorgesehene Harmonisierung”.

646 Vgl. auch OLG Frankfurt/Main, GRUR 2000, 1066, 1067 – Abkürzung ACC.

647 EuGH MarkenR 2003, 23, 26 – Robeco/Robelco.

648 Starck, Festschrift für Erdmann, 485, 488; Nägele, Die rechtsverletzende Benutzung im Markenrecht, S. 143 f.; Ingerl, WRP 2004, 809, 811.

649 Lange, WRP 2003, 323, 334.

halb als auch außerhalb der Vorschriften des Markengesetzes[650]. Beide Aspekte sind bei der Auslegung des § 2 MarkenG bezüglich der Anwendbarkeit außermarkenrechtlicher Vorschriften zu berücksichtigen[651].

V. Ziel eines Gleichlaufs der Regelungen der GMV, der MarkenRL und der nationalen Markengesetze

Bei der Schaffung des europäischen Markenrechts stand die Gemeinschaftsmarkenverordnung lange Zeit im Vordergrund und gab ein Leitbild für die Markenrechtsrichtlinie und ihre Umsetzung in nationales Recht der Mitgliedstaaten vor[652]. Der Markenrechtsrichtlinie und der Gemeinschaftsmarkenverordnung liegen übereinstimmende markenrechtliche Konzeptionen zugrunde[653]. Im Interesse einer möglichst einheitlichen Entwicklung des Schutzes von Gemeinschaftsmarken und nationalen Marken ist daher auch ein Gleichlauf der Interpretation von Markenrechtsrichtlinie und Gemeinschaftsmarkenverordnung anzustreben[654].

Nach Art. 14 Abs. 1 GMV bestimmt sich die Wirkung der Gemeinschaftsmarke ausschließlich nach der Gemeinschaftsmarkenverordnung. Dagegen bleibt nach Art. 14 Abs. 2 GMV das Recht unberührt, Klagen betreffend eine Gemeinschaftsmarke auf innerstaatliche Rechtsvorschriften insbesondere über die zivilrechtliche Haftung und den unlauteren Wettbewerb zu stützen.

Die Regelung des Art. 14 Abs. 2 GMV stellt nach Teilen der Literatur eine der Vorschrift des § 2 MarkenG entsprechende Öffnungsklausel für die Anwendung wettbewerbs- oder zivilrechtlicher Normen dar, wenn der Schutz nicht in der Gemeinschaftsmarkenverordnung geregelt ist[655]. Soweit der Schutz nach der

---

650 Keller, Schutz eingetragener Marken, S. 20 f.; Goldmann, Schutz des Unternehmenskennzeichens, S. 272. Nach Sack, WRP 1998, 1127, 1141, sind z. B. die Kriterien „Wertschätzung“ und „Unterscheidungskraft“ i.S.v. Art. 5 MarkenRL zu eng.

651 Keller, GRUR 1996, 607, 609.

652 Kur, GRUR 1997, 241, 242.

653 Sack, WRP 2001, 1022, 1033; ders., GRUR 1995, 81, 82.

654 Sack, GRUR 1995, 81, 82; ders. GRUR 1996, 663, 673; Rößler, GRUR 1994, 559, 561; Gloy, Festschrift für v. Gamm, 257, 268.

655 Schricker/Henning-Bodewig, WRP 2001, 1367, 1369; Piper, GRUR 1996, 657, 663; Eichmann, GRUR 1998, 201, 207; Kur, MarkenR 2001, 137, 145; Nägele, Die rechtsverletzende Benutzung im Markenrecht, S. 147; a. A. Starck, Festschrift für Erdmann, 485, 488; Sack, WRP 1998, 1127, 1138: § 14 Abs. 2 GMV sei keine dem § 2 MarkenG vergleichbare Öffnungsklausel, da die Regelung lediglich auf nationale Regelungen der Sanktionen und des Verfahrens verweise, nicht aber einen weitergehenden außermarkenrechtlichen Schutz betreffe; ders., GRUR 1996, 663, 673.

Gemeinschaftsmarkenverordnung reiche, sei er dagegen ausschließlich danach zu bestimmen, was aus Art. 14 Abs. 1 GMV hervorgehe[656]. Für die Auslegung von § 2 MarkenG lässt sich daraus die Schlussfolgerung ziehen, dass im Interesse eines Gleichlaufs mit der GMV ein außermarkenrechtlicher Schutz nicht über den nach der GMV zulässigen Schutz hinausgehen sollte. Wenn aber in Art. 14 Abs. 1 GMV ein Vorrang der Anwendbarkeit der Gemeinschaftsmarkenverordnung geregelt ist und Art. 14 Abs. 2 GMV dennoch einen Schutz außerhalb der GMV zulässt, so entspricht dies der Linie des BGH in der „MAC Dog"-Rechtsprechung[657]. Die Parallele von § 2 MarkenG und Art. 14 Abs. 2 GMV wie auch das Ziel einer möglichst übereinstimmenden Handhabung des Schutzes von nationalen Marken und Gemeinschaftsmarken sind Umstände, die einen Vorrang der markenrechtlichen Regelungen im Sinne einer Gesetzeskonkurrenz und das Streben nach markenrechtsimmanentem Schutz nahe legen.

VI. Vereinbarkeit mit dem primären Gemeinschaftsrecht

Eine gemeinschaftskonforme Auslegung hat nicht nur das Sekundärrecht, sondern auch das Primärrecht, nämlich den EG-Vertrag selbst, zu beachten[658]. Die Frage, in welchem Umfang § 2 MarkenG einen außermarkenrechtlichen Kennzeichenschutz regelt, ist auch vor dem Hintergrund des in den Artikeln 28 und 30 EG[659] verankerten Schutzes des freien Waren- und Dienstleistungsverkehrs von Bedeutung, soweit es sich um einen grenzüberschreitenden Sachverhalt handelt[660]. Es könnte sich um eine mit Art. 28 EG unvereinbare Maßnahme handeln, wenn die Verwendung von Kennzeichen, deren Gebrauch in anderen Mitgliedstaaten der EU zulässig ist, nach nationalem Wettbewerbsrecht oder Bürgerlichem Recht verboten werden kann.

---

656 Kur, MarkenR 2001, 137, 145.

657 In diesem Sinne Kur, MarkenR 2001, 137, 145; Piper GRUR 1996, 429, 439.

658 EuGH, MarkenR 2003, 193, 196 f. – Stüssy. Allerdings heißt es auch in einer anderen Entscheidung, dass alle nationalen Maßnahmen, die das Markenrecht zum Gegenstand haben, primär nach der Markenrechtsrichtlinie zu beurteilen sind, GRUR Int. 1996, 1144, 1146 – Bristol Myers Squibb/Paranova; vgl. auch Althammer/Klaka, MarkenG, 6. Aufl. § 15 Rdnr. 4.

659 Durch den Vertrag von Amsterdam vom 02.10.1997 erfolgte eine Umnummerierung der EG- und EU-Verträge: Die früheren Art. 30 und 36 EGV sind seit dem Art. 28, 30 EG.

660 Vgl. Kur, MarkenR 2001, 137, 140 f.; Hösch, WRP 1994, 796, 799; Ernst-Moll, GRUR 1993, 8, 18; Gloy, Festschrift für v. Gamm, 257, 261; Sack, BB 1993, 869, 872.

Eine Schutzgewährung durch außermarkenrechtliche Vorschriften kann eine „Maßnahme mit gleicher Wirkung“[661] wie eine mengenmäßige Einfuhrbeschränkung i.S.v. Art. 28 EG darstellen, sofern sie geeignet ist, den innerstaatlichen Handel unmittelbar oder mittelbar, tatsächlich oder potentiell zu behindern[662]. Das Verbot des Art. 28 EG greift jedoch gemäß Art. 30 EG nicht, wenn die betreffenden Einfuhrbehinderungen zum Schutz des gewerblichen und kommerziellen Eigentums gerechtfertigt sind und weder willkürlich diskriminieren noch eine verschleierte Handelsbeschränkung darstellen. Auch eine durch ein markenrechtliches Bezeichnungsverbot bedingte Einfuhrbehinderung ist nach Art. 30 S. 1 EG zulässig, wenn sie dem Schutz des gewerblichen Eigentums dient[663]. Es ist umstritten, ob der Bereich des Kennzeichenschutzes über die Vorschriften des Wettbewerbs- und Deliktsrechts dem Schutz des gewerblichen kommerziellen Eigentums i.S.v. Art. 30 EG zuzuordnen ist[664]. Im Hinblick auf den außermarkenrechtlichen Schutz kommt daher der Cassis-Doktrin[665] als weiterer Ausnahme vom Verbot des Art. 28 EG eine wichtige Bedeutung zu. Gemäß diesem Grundsatz müsste der außermarkenrechtliche Kennzeichenschutz zu den „zwingenden Erfordernissen des lauteren Handelsverkehrs“ zählen[666]. Ob der durch eine uneingeschränkte Anwendbarkeit von §§ 3 und 4 UWG n.F. (= § 1 UWG a.F.), 823 Abs. 1, 12 BGB ermöglichte umfangreiche außermarkenrechtliche Kennzeichenschutz im Falle von grenzüberschreitenden Sachverhalten unter die zwingenden Erfordernisse des lauteren Handelsverkehrs fällt, erscheint fraglich. Häufig wird es schon an einem „zwingenden Erfordernis“ für einen parallelen außermarkenrechtlichen Schutz fehlen. Der Grundsatz des freien Warenverkehrs bietet zwar aus sich heraus keinen Anlass für die Annahme, dass der Schutzumfang von

661 EuGH, GRUR Int. 1974, 467 – Scotch Whisky: “Dassonville-Formel”.

662 BGH, GRUR 1994, 307, 309 – Mozzarella I; Althammer/Klaka, MarkenG, 6. Aufl., § 15 Rdnr. 5.

663 EuGH, MarkenR 1999, 234, 236 – Plus; EuGH, GRUR Int. 1976, 402, 410 – Terranova/Terrapin: Die Handelsbeschränkung ist zur „Wahrung der Rechte gerechtfertigt, die den spezifischen Gegenstand des Schutzrechts ausmachen.“ EuGH, GRUR Int. 1996, 1144, 1148 – Bristol Myers Squibb/Paranova: „Der spezifische Gegenstand des Markenrechts besteht insbesondere darin, dass der Inhaber durch das ausschließliche Recht, die Marke zu benutzen, Schutz vor Konkurrenten erlangt, die unter Missbrauch der aufgrund der Marke erworbenen Stellung und Kreditwürdigkeit widerrechtlich mit der Marke versehene Waren veräußern“.

664 Dafür Sack, GRUR 1998, 871, 875; a. A. Kur, MarkenR 2001, 137, 170; vgl. auch Ernst-Moll, GRUR 1993, 8, 18; zum alten Recht Hösch, WRP 1994, 796, 799, der im früheren ergänzenden Schutz über § 1 UWG a.F. einen Verstoß gegen die Freiheit des Warenverkehrs gemäß Art. 36 EGV (a.F.) sah.

665 EuGH, GRUR Int. 1979, 468, 471 – Cassis de Dijon.

666 EuGH, GRUR Int. 1982, 409 ff. – Multi Cable Transit; Kur, MarkenR 2001, 137, 140.

Kennzeichen ipso iure klein sein muss[667]. Jedoch soll eine unzulässige Behinderung des innergemeinschaftlichen Handels durch einen unangemessen großen Schutzumfang verhindert werden[668]. Dieser Aspekt findet seinen Niederschlag auch im Erwägungsgrund Nr. 1 der Präambel der Markenrechtsrichtlinie, wonach der freie Waren- und Dienstleistungsverkehr nicht durch Unterschiede beim Markenschutz der Mitgliedstaaten behindert und eine künstliche Abschottung der Märkte durch das nationale Zeichenrecht verhindert werden soll.

Für § 2 MarkenG folgt hieraus, dass die Belange des freien Warenverkehrs bei der Frage der Anwendung außermarkenrechtlicher Vorschriften zum Kennzeichenschutz zu berücksichtigen sind und eher gegen eine unbeschränkte kumulative Anwendung sprechen. Andererseits kann ein ergänzender Kennzeichenschutz für vom Markenrecht nicht geregelte Fälle wegen zwingender Erfordernisse des lauteren Handelsverkehrs gerechtfertigt sein.

E. Regelungszwecke des § 2 MarkenG

I. Andere als das Verhältnis zum wettbewerbsrechtlichen und bürgerlichrechtlichen Kennzeichenschutz betreffende Regelungszwecke

§ 2 MarkenG hat bezüglich des Schutzes von Kennzeichen nicht nur das Verhältnis markenrechtlicher Vorschriften zu denen des Wettbewerbs-, Namens- und Deliktsrechts zum Gegenstand. Dies ist im Hinblick auf den Einwand bedeutsam, § 2 MarkenG sei „funktionslos und überflüssig", soweit er lediglich die Anwendbarkeit der außermarkenrechtlichen Vorschriften für vom Markengesetz nicht erfasste Sachverhalte normiere, da dies eine Selbstverständlichkeit sei[669].

Gemeinschaftsmarken, Namensrechte und der unbefugte Firmengebrauch (vgl. § 37 Abs. 2 HGB) sind außerhalb des Markengesetzes geregelt. § 2 MarkenG bezweckt auch die Gewährleistung des Schutzes dieser vom Markengesetz nicht erfassten Kennzeichenrechte[670]. Bedeutung hat § 2 MarkenG ferner im Hinblick auf konkurrierende Ansprüche aufgrund des Urheber- oder Ge-

---

667 Starck, Festschrift DPMA, 291, 304.

668 Ernst-Moll, GRUR 1993, 8, 18. Vgl. auch die zurückhaltende Formulierung des EuGH, Slg. 1975, 843, 859 – Rewe, wonach eine Richtlinie, die ein Rechtsgebiet nur teilweise regelt oder nur Mindeststandards vorschreibt, nicht ausschließt, dass über sie hinausgehende nationale Regelungen, die den freien Warenverkehr beschränken, nach Art. 36 EGV a.F. oder durch sonstige zwingende Erfordernisse gerechtfertigt sind.

669 Fezer, WRP 2000, 863, 865.

670 Starck, Festschrift für Erdmann, 485, 486.

schmacksmustergesetzes, da Fallkonstellationen denkbar sind, in denen für Marken auch ein urheber- oder geschmacksmusterrechtlicher Schutz in Betracht kommt. Die einschlägigen Regelungen des Urheber- und Geschmacksmustergesetzes sind nach überwiegender Ansicht „andere Vorschriften" i.S.v. § 2 MarkenG, die selbständig neben dem Markengesetz herangezogen werden können[671].

Neben dem Schutz von Kennzeichen regelt § 2 MarkenG, dass eine über die Schranken der §§ 20 bis 26 MarkenG hinausgehende Schutzrechtsbeschränkung aufgrund außerzeichenrechtlicher Bestimmungen möglich ist[672].

II. Regelungszweck hinsichtlich des Verhältnisses der Bestimmungen des Markengesetzes zu den Bestimmungen des UWG und BGB

Die zwei Grundpositionen hinsichtlich des Konkurrenzverhältnisses zwischen dem Kennzeichenschutz nach Markengesetz und dem Kennzeichenschutz nach wettbewerbsrechtlichen, namensrechtlichen und deliktsrechtlichen Vorschriften korrelieren mit dem § 2 MarkenG jeweils zugewiesenen Normzweck. Es stellt sich die Frage, ob der Gesetzeszweck des § 2 MarkenG darin liegt, klarzustellen, dass im Markengesetz ungeregelte Konflikte nach anderen Normen aufgelöst werden können[673] oder ob § 2 MarkenG die selbständige uneingeschränkte Anwendbarkeit der jeweiligen Gesetze im Sinne einer vollständigen Anspruchskonkurrenz regelt[674].

Das Argument der Befürworter einer autonomen Anwendbarkeit außermarkenrechtlicher Bestimmungen, § 2 MarkenG regele im Fall einer Vorrangslösung Selbstverständliches, ist schon dadurch entkräftet, dass § 2 MarkenG auch das

---

671 Ingerl/Rohnke, MarkenG, 2. Aufl., § 2 Rdnr. 12; v. Schultz, Markenrecht, § 2 Rdnr. 4; Ströbele/Hacker, MarkenG, 7. Aufl., § 2 Rdnr. 8; Sosnitza, Festschrift für Tilmann, 895, 898. Als „andere Vorschriften" i.S.v. § 2 MarkenG kommen darüber hinaus Regelungen aus dem Gebrauchsmuster-, Patent-, Kunsturheber- und des Sortenschutzgesetzes in Betracht, vgl. Klippel/Pahlow in: HK-MarkenR, § 2 Rdnr. 8.

672 Ströbele/Hacker, MarkenG, 7. Aufl., § 2 Rdnr. 3; Klippel/Pahlow in: HK-MarkenR, § 2 Rdnr. 4; Ingerl/Rohnke, MarkenG, 2. Aufl., § 2 Rdnr. 16.

673 Ingerl, WRP 2004, 805, 810; Ingerl/Rohnke, MarkenG, 2. Aufl., § 2 Rdnr. 1; Starck, Festschrift für Erdmann, 485, 489; Köhler/Piper, UWG, Einf. Rdnr. 12; MünchKomm/Wagner, BGB, 4. Aufl., § 823 Rdnr. 157; im Ergebnis auch Sack, WRP 2004, 1405, 1414 f., der jedoch gleichzeitig eine „Begrenzungsfunktion des Markengesetzes" als mit § 2 MarkenG unvereinbar hält (vgl. S. 1415).

674 Fezer, MarkenG, § 2 Rdnr. 4; Baumbach/Hefermehl, Wettbewerbsrecht, 22. Aufl., § 1 Rdnr. 569; Klippel/Pahlow in: HK-MarkenR, § 2 Rdnr. 3; bezüglich § 12 BGB Soergel/Heinrich, BGB, 13. Aufl., § 12 Rdnr. 194a.

Verhältnis zu anderen Normengruppen betrifft und diesbezüglich eine wichtige Funktion erfüllt.

Aber § 2 MarkenG wird auch im Hinblick auf die Anwendbarkeit von §§ 3, 4 UWG, 823 Abs. 1, 12 BGB nicht seiner Funktion beraubt, wenn §§ 14, 15 MarkenG vorgehen und die genannten außermarkenrechtlichen Bestimmungen für markenrechtlich nicht geregelte Vorgänge anwendbar bleiben[675]. In der zivilrechtlichen Konkurrenzliteratur ist anerkannt, dass die erschöpfende Regelung eines Gesetzes so weit reichen kann, dass es die Anwendung einer anderen Norm auch für Sachverhalte ausschließt, die es selbst tatbestandlich nicht erfasst, solange die konkurrierenden Normen einen grundlegenden Gesichtspunkt gemein haben[676]. Ein derart restriktiver Ansatz wäre auch im Markengesetz bzw. in der Markenrechtsrichtlinie möglich gewesen, was die Erwägungen in der Präambel zum ersten Vorschlag für die Angleichungsrichtlinie im Markenrecht zeigen[677]. Dass sich der Gesetzgeber für einen anderen Weg entschieden hat, wird durch die positiv-rechtliche Aussprache des § 2 MarkenG klargestellt und entspricht der traditionellen Ansicht von der ergänzenden Anwendung außermarkenrechtlicher Vorschriften für kennzeichenrechtliche Sachverhalte außerhalb des Anwendungsbereichs des Zeichenrechts[678]. Die Vorschrift des § 2 MarkenG ist nicht überflüssig, da sie Vorsorge dafür trifft, dass der Kennzeichenschutz auf der Grundlage anderer Regelungen als denen des Markengesetzes nicht schlechthin ausgeschlossen ist[679]. Daher ist dem § 2 MarkenG nicht notwendig der Zweck zu entnehmen, eine Anwendung der jeweiligen Gesetze im Sinne eines generellen autonomen Nebeneinanders zu regeln[680]. Vielmehr kann § 2 MarkenG besonders

675 Götting, in: Fezer, Lauterkeitsrecht, § 4-9 Rdnr. 46; Köhler/Piper, UWG, § 1 Rdnr. 422; Ingerl/Rohnke, MarkenG, 2. Aufl., § 2 Rdnr. 1; Goldmann, Schutz des Unternehmenskennzeichens, § 16 Rdnr. 2; Eikelau, MarkenR 2001, 41; v. Gamm, Festschrift für Piper, 537, 541.

676 Vgl. Dietz, Anspruchskonkurrenz, S.61 und 66.

677 S. o. D II.

678 Vgl. Schricker/Hennig-Bodewig, WRP 2001, 1367, 1369, die § 2 MarkenG entsprechend des früheren Verständnisses zum ergänzenden Kennzeichenschutz interpretieren; ebenso Schricker, Festschrift für Vieregge, 775, 776 Fußn. 5: Keine Änderung der Konkurrenzverhältnisse im Markengesetz; Ströbele/Hacker, MarkenG, 7. Aufl., Rdnr. 13: „Das Markengesetz fordert keine grundsätzliche Neuorientierung"; a. A. Fezer, WRP 2000, 863, 865.

679 Vgl. Köhler/Piper, UWG, Einf. Rdnr. 12; Schricker, Festschrift für Vieregge, 775, 776 Fußn. 5: „Kennzeichenrechtlicher Schutz beansprucht keine Exklusivität"; Kur, GRUR Int. 1998, 771, 778; a. A. Fezer, WRP 2000, 863, 865: Anwendbarkeit anderer Vorschriften auf nicht geregelte Sachverhalte ist eine Selbstverständlichkeit.

680 Ströbele/Hacker, MarkenG, 7. Aufl., § 2 Rdnr. 3; a. A. Klippel/Pahlow, in: HK-MarkenR, § 2 Rdnr. 3. Nach Fezer, WRP 2000, 863, 869, würde neben der von ihm favorisierten kumulativen Anspruchskonkurrenz auch eine (umfassende) ergänzende

angesichts des Einflusses der Markenrechtsrichtlinie und der bezweckten Harmonisierung ein derart weiter Anwendungsbereich nationaler außermarkenrechtlicher Vorschriften nicht entnommen werden, da nationale Besonderheiten nach Möglichkeit eingeschränkt werden sollen[681]. Es bedarf daher der einschränkenden Auslegung des § 2 MarkenG, dass die wettbewerbsrechtlichen und bürgerlichrechtlichen Vorschriften nur anwendbar sind, soweit das Markengesetz den betreffenden Vorgang tatbestandlich nicht erfasst[682].

F. Ergebnis zum Regelungsumfang des § 2 MarkenG

Die Untersuchung des Regelungsumfangs von § 2 MarkenG hat ergeben, dass der Wortlaut der Vorschrift zwar eine autonome Anwendung von Vorschriften des UWG und des BGB zum Schutz von Kennzeichen zulässt. Die uneingeschränkte Anwendung dieser Vorschriften widerspricht jedoch der mit der Markenrechtsrichtlinie bezweckten Teilharmonisierung. Nach richtlinienkonformer Auslegung des § 2 MarkenG kommen wettbewerbsrechtliche und bürgerlichrechtliche Bestimmungen zum Schutz von Kennzeichen daher nur für Fälle außerhalb des Anwendungsbereichs der markenrechtlichen Bestimmungen in Betracht. Diese Auslegung des § 2 MarkenG ist auch vereinbar mit den Erwägungsgründen Nr. 6 und 9 sowie mit Art. 5 Abs. 5 MarkenRL. Der Schwerpunkt der vom Gesetzgeber gewollten Vereinheitlichung des Kennzeichenschutzes liegt auf der Schaffung markengesetzlicher Tatbestände und nicht in einem Vorbehalt für die uneingeschränkte Anwendung außermarkenrechtlicher Normen. Der Normzweck des § 2 MarkenG spricht nicht notwendig für eine unbeschränkte kumulative Anwendung anderer als markenrechtlicher Vorschriften. Denn die Regelung, dass neben den markenrechtlichen Bestimmungen die Anwendung von §§ 3 und 4 UWG (= § 1 UWG a.F.), 12, 823 Abs. 1 BGB nicht schlechthin ausgeschlossen ist, ist nicht überflüssig und ermöglicht einen Schutz für vom Markengesetz nicht erfasste Vorgänge. Ein solches Verständnis von § 2 MarkenG entspricht dem Grundsatz, dass der Anwendungsbereich für einen ergänzenden Schutz nach UWG und dem

---

Anwendbarkeit unabhängig von der Frage nach einer etwaigen abschließenden Regelung des Markengesetzes ausreichen, da auch dann für § 2 MarkenG ein angemessener Anwendungsbereich verbleibe.

681 Starck, Festschrift für Erdmann, 485, 488; Sosnitza, WRP 2003, 1186, 1187; Kur, GRUR Int. 1998, 771, 778.

682 Ingerl/Rohnke, MarkenG, 1. Aufl., § 2 Rdnr. 1; dies. MarkenG, 2. Aufl., § 2 Rdnr. 1; Erdmann, GRUR 2001, 609, 610; Köhler/Piper, UWG, Einf. Rdnr. 57; Starck, MarkenR 2000, 73, 74; ders. Festschrift für Erdmann, 485, 489.

BGB entsprechend kleiner wird, je weiter der Markengesetzgeber die Regelung an sich zieht.

8. Kapitel: Überprüfung der Konkurrenzmodelle: Vorrang des Markengesetzes oder uneingeschränkte Anwendung der §§ 3 und 4 UWG (= § 1 UWG a.F.), 823 Abs. 1, 12 BGB?

Bei der Klärung des Konkurrenzverhältnisses im Bereich des Kennzeichenschutzes und der praktischen Umsetzung bei der Rechtsanwendung besteht das methodische Problem, nach welchen Grundsätzen beurteilt werden soll, ob sich die Vorschriften, die zum Schutz von Kennzeichen in Frage kommen, gegenseitig ausschließen, beeinflussen oder gar nicht berühren. Hier stehen sich systematisch-logische und funktionelle Gesichtspunkte gegenüber. Der systematisch-logische Ansatz basiert auf einer begrifflichen Untersuchung der Konkurrenzfrage und wurde im Hinblick auf das Verhältnis vertraglicher und deliktsrechtlicher Ersatzansprüche entwickelt und maßgeblich von Dietz dogmatisch geprägt[683]. Beim vorliegenden Untersuchungsgegenstand ist dieser theoretische Ausgangspunkt von Bedeutung, da zur Bestimmung des Konkurrenzverhältnisses beim Kennzeichenschutz häufig die Begriffe „Spezialität" und „Subsidiarität" herangezogen und einer (kumulativen) Anspruchskonkurrenz gegenübergestellt werden. Nach Fikentscher gibt es zur Lösung der Konkurrenzen im Verhältnis des gewerblichen Rechtsschutzes zum UWG und BGB nur die logischen Möglichkeiten Kumulation, Alternativität, Exklusivität und Subsidiarität[684]. Anders als bei den logischen Prinzipien geht es bei den funktionellen Gesichtspunkten im Wesentlichen um die Normzwecke der konkurrierenden Regelungen und deren teleologischen Zusammenhang[685].

Von Bedeutung im Hinblick auf die Konkurrenzfrage sind auch die allgemeinen Grundsätze des Verhältnisses vom Immaterialgüterrecht zum Wettbewerbsrecht sowie die Übertragbarkeit auf das Verhältnis von Markenrecht und Wettbewerbsrecht[686]. Hiervon unterscheiden sich wiederum Gesichtspunkte des jeweiligen Verhältnisses zum Delikts- und Namensrecht. Allgemein spielen einzelfallbezogene Erwägungen und Wertungsfragen bei der Konkurrenzfrage im Kennzeichenschutz eine wesentliche Rolle. Hierzu gehören die Thesen, dass die Wertungen des Markengesetzes nicht unterlaufen[687], seine Bestimmungen nicht

683 Anspruchskonkurrenz bei Vertragsverletzung und Delikt, S. 72 ff.

684 Fikentscher, Wettbewerb und Gewerblicher Rechtsschutz, S. 248.

685 Vgl. zu dieser Unterscheidung Georgiades, Anspruchskonkurrenz, § 17, S. 169 ff.

686 Vgl. etwa Schulz, Festschrift für Horst Helm, 237, 246; Sosnitza, WRP 2003, 1186, 1187.

687 Ingerl/Rohnke, MarkenG, 2. Aufl., Nach § 15 Rdnr. 4.

ausgehöhlt bzw. relativiert werden dürften[688] und systemwidrige Überschneidungen zu verhindern seien[689]. Die Begrenzungsfunktion des Markengesetzes sei zu berücksichtigen und seine Verletzungstatbestände dürften nicht ins Leere gehen[690], weswegen bei fehlendem Rechtsschutz nach dem Markengesetz der Schutz nicht ohne weiteres über den „Umweg" des § 1 UWG a.F. bzw. § 823 BGB erlangt werden solle[691]. Schließlich wird als zentrales Argument ein etwaiges Bedürfnis nach einem außermarkenrechtlichen Schutz angebracht.

A. Begriffsfragen

I. Anspruchskonkurrenz

Schwierigkeiten bereitet schon die genaue Definition des Begriffs der Anspruchskonkurrenz. Für eine autonome und parallele Anwendung von anderen als markenrechtlichen Vorschriften neben denen des Markengesetzes werden die Bezeichnungen der kumulativen[692] bzw. vollständigen[693] Anspruchskonkurrenz im Gegensatz zu einer speziellen oder subsidiären Anspruchskonkurrenz gewählt[694]. Dem Begriff „Anspruchskonkurrenz" als solches ist danach noch nichts über eine Selbständigkeit außermarkenrechtlicher Anspruchsnormen zu entnehmen, so dass er theoretisch auch dort verwendet werden könnte, wo die außer-

688 Marianne Helm, GRUR 2001, 291.

689 Eikelau, MarkenR 2001, 41, 45.

690 BGH, GRUR 1999, 161, 162 – MAC Dog; Ingerl/Rohnke, MarkenG, 2. Aufl., § 14 Rdnr. 879; kritisch hierzu Sack, WRP 2004, 1405, 1414.

691 „Umwegthese", vgl. Müller, in: v. Büren/David, Schweizerisches Immaterialgüter- und Wettbewerbsrecht, S. 40 f.; Kotthoff, in: HK-WettbR, § 1 Rdnr. 570: „Dort, wo das Markengesetz versagt, muss dies auch auf wettbewerbsrechtlicher Ebene hingenommen werden".

692 Uneinigkeit herrscht auch hinsichtlich der Bezeichnung der kumulativen Konkurrenz. Teilweise wird diese Konkurrenzform nur dann bejaht, wenn die Rechtsfolgen der konkurrierenden Ansprüche, die nebeneinander verwirklicht werden können, verschieden sind, vgl. Sosnitza, Festschrift für Tilmann, 895, 898, Enneccerus/Nipperdey, BGB AT, § 60 I. Überwiegend werden keine unterschiedlichen Rechtsfolgen dafür gefordert, vgl. Hübner, BGB AT, § 25 Rdnr. 430; Johann Georg Helm, Haftung für Schäden an Frachtgütern, S. 296; Fikentscher, Wettbewerb und Gewerblicher Rechtsschutz, S. 248; Fezer, GRUR 2000, 863.

693 MünchKomm/Wagner, BGB, 4. Aufl., § 823 Rdnr. 157.

694 Ekey, in: HK-MarkenR, § 14 Rdnr. 141; Fezer, WRP 2000, 863, 869; ähnlich Nägele, Die rechtsverletzende Benutzung im Markenrecht, S. 120 ff.: „Materiellrechtliche Anspruchsgrundlagenkonkurrenz".

markenrechtlichen Normen nur ergänzend angewendet werden sollen[695]. Erst durch den Zusatz „vollständige“, „uneingeschränkte“ oder „echte“ Anspruchskonkurrenz wird daher von einigen die Selbständigkeit außermarkenrechtlicher Bestimmungen zum Ausdruck gebracht[696].

Dagegen wird besonders in der Konkurrenzliteratur mit dem Begriff „Anspruchskonkurrenz“ die Selbständigkeit der konkurrierenden Ansprüche umschrieben[697]. Als Anspruchskonkurrenz wird die kumulative Anwendbarkeit mehrerer anspruchsbegründender Normen für dasselbe tatsächliche Begehren bezeichnet[698]. Damit wird ausgedrückt, dass ein Rangverhältnis zwischen den konkurrierenden Normen ausgeschlossen ist und der Anspruchsberechtigte wahlweise auf den einen oder anderen Anspruch zurückgreifen kann[699]. Demzufolge kann es z. B. eine „subsidiäre Anspruchskonkurrenz“ nicht geben[700]. Diesem Verständnis vom Begriff der Anspruchskonkurrenz ist zuzustimmen, da damit zugleich deutlich wird, dass bei Verneinung einer Anspruchskonkurrenz im Anwendungsbereich der vorrangigen Norm ein ergänzender Schutz entfällt. Außerdem lässt sich so die Anspruchskonkurrenz dem Begriff der Gesetzeskonkurrenz gegenüberstellen, nach der die eine Norm die andere in ihrem Anwendungsbereich verdrängt, so dass nur die erste Norm zur Anwendung kommt[701].

Unter Zugrundelegung dieser Definition handelt es sich dann nicht um eine Anspruchskonkurrenz, wenn eine ergänzende Anwendung nur für die Fälle in Frage kommt, in denen der Sachverhalt von der verdrängenden Norm nicht er-

---

695 Fikentscher, Wettbewerb und Gewerblicher Rechtsschutz; Sosnitza, WRP 2003, 1186, 1187, hält einen unterschiedlichen Umfang von Anspruchskonkurrenz für möglich. Umgekehrt spricht Greuner, in: Hdb. WettbR, § 4 Rdnr. 16, vom „Grundsatz der Gleichrangigkeit“ im Verhältnis des Markengesetzes zum UWG, ohne eine kumulative Anwendung von außermarkenrechtlichen Normen zu befürworten.

696 Ströbele/Hacker, MarkenG, 7. Aufl., § 2 Rdnr. 14; Sosnitza, WRP 2003, 1186, 1187 Ingerl/Rohnke, MarkenG, 2. Aufl., § 2 Rdnr. 2.

697 Dietz, Anspruchskonkurrenz, S. 17; Georgiades, Anspruchskonkurrenz, § 19, S. 219; Johann Georg Helm, Haftung für Schäden an Frachtgütern, S. 294; RGRK/Steffen, BGB, Vor §§ 823 Rdnr. 35; Baumbach/Hefermehl, Wettbewerbsrecht, 22. Aufl., § 1 Rdnr. 569; Spengler, GRUR 1950, 545.

698 Larenz/Canaris, Methodenlehre, S. 88.

699 Dietz, Anspruchskonkurrenz, S. 16; Georgiades, Anspruchskonkurrenz, § 17, S. 170; Röhl, Allgemeine Rechtslehre, § 74, S. 618; RGRK/Steffen, BGB, Vor §§ 823 Rdnr. 35.

700 Vgl. Jauernig/Teichmann, BGB, Vor § 823 Rdnr. 3; Larenz/Canaris, Methodenlehre, S. 88.

701 Zum Begriff der Gesetzeskonkurrenz Dietz, Anspruchskonkurrenz, S. 16; Larenz/Canaris, Methodenlehre, S. 88; RGRK/Steffen, BGB, Vor § 823 Rdnr. 35. Larenz/Wolf, BGB AT, § 18 Rdnr. 19, hält dagegen die Bezeichnung „normverdrängende Konkurrenz“ für geeigneter.

fasst ist[702]. Dieser Aspekt kommt in der Entscheidung „buecherde.com" zum Tragen, in der das OLG München eine parallele Anwendbarkeit von § 1 UWG a.F. deshalb mit der MAC Dog-Rechtsprechung des BGH für vereinbar hielt, weil sich der wettbewerbsrechtliche Schutz auf einen nicht vom Markengesetz erfassten Schutzgegenstand bezieht[703]. Sind die Schutzgegenstände unterschiedlich, ist danach auch bei einem Vorrang des Markengesetzes eine parallele Anwendbarkeit außermarkenrechtlicher Anspruchsnormen neben denen der §§ 14, 15 MarkenG möglich, unabhängig davon, ob ein markenrechtlicher Schutz bejaht wird oder nicht. Deshalb wird mit „paralleler Anwendbarkeit" allein nicht die Selbständigkeit der konkurrierenden Tatbestände ausgedrückt, was durch die Formulierung des BGH in der Entscheidung „vossius.de" deutlich wird, wonach der kennzeichenrechtliche Schutz in seinem Anwendungsbereich grundsätzlich einem parallel dazu bestehenden möglichen Schutz aus § 12 BGB vorgehe[704].

In der Konkurrenzlehre wird darüber hinaus zwischen „freier" und „einwirkender" Anspruchskonkurrenz unterschieden[705]. In beiden Fällen kommen die konkurrierenden Vorschriften zwar zur Anwendung und es besteht eine prinzipielle Unabhängigkeit der Ansprüche. Jedoch wird die eine Gruppe von Ansprüchen von der anderen beeinflusst. So sollen etwa deliktsrechtliche von vertraglichen Ansprüchen dahingehend beeinflusst werden, dass die gesetzlichen Haftungsprivilegien auf konkurrierende Deliktsansprüche durchschlagen[706]. Bezogen auf die vorliegende Konkurrenzproblematik würde sich das dahingehend auswirken, dass markenrechtliche Maßstäbe auch außerhalb ihres direkten Anwendungsbereichs auf §§ 3 und 4 UWG (= § 1 UWG a.F.) oder §§ 823 Abs. 1, 12 BGB übertragen werden[707]. Das Gebot der Berücksichtigung markenrechtlicher Grundsätze ist aber nicht zwingend an die Konkurrenzform der Anspruchskonkurrenz geknüpft, sondern kann auch für die Konstellationen gefordert werden, die außerhalb des Anwendungsbereichs des Markengesetzes liegen[708].

---

702 In diesem Sinne Teplitzky, Wettbewerbsrechtliche Ansprüche, Kap. 4 Rdnr. 10a, der eine Anspruchskonkurrenz zwischen den §§ 14, 15 MarkenG und § 1 UWG a.F. verneint, aber eine ergänzende Anwendung von § 1 UWG a.F. auf vom Markengesetz nicht erfasste Sachverhalte befürwortet.

703 OLG München, GRUR 2000, 518, 519 – buecherde.com (s. o. 5. Kap. B III 1).

704 BGH, GRUR 2002, 706, 707 – vossius.de.

705 Johann Georg Helm, Haftung für Schäden an Frachtgütern, S. 299 f.; Georgiades, Anspruchskonkurrenz, § 18, S. 217 f.

706 MünchKomm/Wagner, 4. Aufl., Vor. § 823 Rdnr. 62; Jauernig/Teichmann, BGB, Vor § 823 Rdnr. 4; Soergel/Zeuner, BGB, 12. Aufl., Vor § 823, Rdnr. 43.

707 Vgl. hierzu Beater, Unlauterer Wettbewerb, § 20, Rdnr. 31, Eichmann, GRUR 1998, 201, 207; Deutsch, WRP 2000, 854, 858; Fikentscher, Wettbewerb und gewerblicher Rechtsschutz, S. 277.

708 BGH, GRUR 1997, 754, 755 – grau/magenta (s. o. 5. Kap. A I 3 a).

II. Spezialität und Subsidiarität

Der Vorrang der markenrechtlichen gegenüber den wettbewerbs- und zivilrechtlichen Vorschriften erfährt keine einheitliche Bezeichnung. Auch die genaue Bedeutung, die der gewählten Konkurrenzform zugewiesen wird, ist nicht immer eindeutig. In der Rechtsprechung des BGH wird am häufigsten der Begriff der „umfassenden spezialgesetzlichen Regelung" verwendet, um den Vorrang von §§ 14 Abs. 2 Nr. 3, 15 Abs. 3 MarkenG gegenüber § 1 UWG a.F. (= §§ 3 und 4 UWG n.F.) und § 823 Abs. 1 BGB zu umschreiben[709]. Ergänzend wird in der „shell.de"-Entscheidung von den kennzeichenrechtlichen Normen als „umfassende und in sich geschlossene Regelung" gesprochen, die im allgemeinen den aus den Generalklauseln hergeleiteten Schutz verdrängten[710]. Nur in den Schutz von geographischen Herkunftsangaben betreffenden Entscheidungen erwähnt der BGH ausdrücklich „lex specialis" als Konkurrenzform[711]. Es ist fraglich, ob der BGH die in der Konkurrenzlehre entwickelte Vorrangregel „lex specialis derogat legi generali" für die Beantwortung der Konkurrenzfrage zugrunde legen will. Auch in der Literatur wird teilweise das Konkurrenzverhältnis mit der lex specialis-Form rechtstheoretisch fundiert[712]. Piper stellt eine Verknüpfung der lex specialis-Form und dem Bedürfnis nach außermarkenrechtlichem Schutz her: „Die markenrechtlichen Bestimmungen gehen als lex specialis den außermarkenrechtlichen Rechtsgrundlagen vor und machen *deshalb* auch deren Anwendung in weitem Umfang überflüssig"[713]. Andere bezeichnen die markenrechtlichen Anspruchsnormen allgemein als „Spezialregelungen"[714] oder „speziellere Normen"[715], wobei damit nicht stets der Vorrang markenrechtlicher Regelungen ge-

---

709 BGH, GRUR 1999, 161, 162 – MAC Dog; BGH, GRUR 2000, 70, 73 – SZENE; BGH, WRP 2000, 529, 532 – ARD-1; BGH, WRP 2001, 1188, 1189 – Tagesschau; BGH, WRP, 2002, 330, 333 – Fabergé; oder „spezielle Norm des Markengesetzes", vgl. BGH, GRUR 1998, 696, 697 – Rolex-Uhr mit Diamanten; oder nur „vorrangige Vorschriften des Markengesetzes", GRUR 1995, 697, 700 – FUNNY PAPER.

710 BGH, WRP 2002, 694, 696 – shell.de.

711 BGH, GRUR 1999, 252, 253 – Warsteiner II; BGH, GRUR 2001, 73, 76 – Stich den Buben.

712 Ingerl/Rohnke, MarkenG, 2. Aufl., § 14 Rdnr. 879: §§ 14, 15 MarkenG sind lex specialis; ebenso Traub, Festschrift für Söllner, 1213, 1215; Köhler/Piper, UWG, Einf. Rdnr. 12.

713 Piper, GRUR 1996, 429, 435; ders. GRUR 1996, 657, 663.

714 V. Gamm, Festschrift für Piper, 537, 541; Starck, MarkenR 2000, 73, 74; Erdmann, GRUR 2001, 609, 610; Ingerl, WRP 2004, 809, 811.

715 Goldmann, Schutz des Unternehmenskennzeichens, § 16 Rdnr. 2; Marianne Helm, GRUR 2001, S. 291.

meint ist[716]. Unter Geltung des WZG bezog Lehmann den Spezialitätsbegriff auf die Beschränkung des Kennzeichenschutzes für verwechslungsfähige Warenzeichen innerhalb des Warengleichartigkeitsbereichs[717]. Im Hinblick auf das Verhältnis der §§ 14, 15 MarkenG zu §§ 3 und 4 UWG (= § 1 UWG a.F.), ist die Terminologie auch von Fragen des allgemeinen Verhältnisses der Immaterialgüterrechte als „Sonderschutzrechte" zur wettbewerbsrechtlichen Generalklausel geprägt[718].

Starck ordnet die vom BGH und dem überwiegenden Teil der Literatur vertretene Lösung der Konkurrenzform der „Subsidiarität" der außermarkenrechtlichen Vorschriften gegenüber den §§ 14, 15 MarkenG zu[719]. Häufig wird in der wettbewerbsrechtlichen Literatur vertreten, dass hinsichtlich des Verhältnisses von § 1 UWG a.F. (= §§ 3 und 4 UWG n.F.) zu den Sonderschutzrechten des gewerblichen Rechtsschutzes das Prinzip der Subsidiarität vorgegeben sei[720].

Hinsichtlich des deliktsrechtlichen Schutzes von Kennzeichen wird verbreitet Subsidiarität sowohl gegenüber dem Markengesetz als auch dem UWG angenommen[721]. Allgemein im Bereich des gewerblichen Rechtsschutzes soll § 823

---

716 Vgl. Walch, Ergänzender Leistungsschutz, S. 3 und 97 f., der von „Spezialregelungen" spricht und dennoch die lex specialis-Form ablehnt. Ähnlich Deutsch", WRP 2000, 854: §§ 14 Abs. 2 Nr. 3, 15 Abs. 3 sind „spezielle Verletzungstatbestände"; Fezer, GRUR 1986, 485, 490; Baumbach/Hefermehl, Wettbewerbsrecht, 22. Aufl., Allg. Rdnr. 100. Bezüglich des Schweizer Markenschutzgesetzes trotz gleichzeitiger Befürwortung einer kumulativen Anwendung von UWG-Normen Streuli-Youssef, in: v. Büren/David, Schweizerisches Immaterialgüter- und Wettbewerbsrecht, S. 168; Troller, Immaterialgüterrecht, § 60, S. 963. Dagegen die Begriffe „Spezialität" bzw. „Spezialregelung" für einen Vorrang verwendend: Nordemann, Wettbewerbs- und Markenrecht, Rdnr. 28; Schricker/Henning-Bodewig, WRP 2001, 1367, 1369; v. Gamm, Festschrift Bundespatentgericht, S. 133 zum WZG als abschließende Spezialregelung.

717 Lehmann, GRUR Int. 6, 7.

718 Walch, Ergänzender Leistungsschutz, S. 97, Fußn. 207, rät, statt „lex specialis" besser den unverfänglichen Begriff „Sonderrechte" zu gebrauchen. Vgl. hierzu auch Erdmann, Festschrift für Vieregge, 197, 200; Beater, Nachahmen im Wettbewerb, S. 393; Nirk, GRUR 1993, S. 247.

719 Starck, Festschrift für Erdmann, 485, 490.

720 Götte, Die Schutzdauer im wettbewerbsrechtlichen Leistungsschutz, S. 103; Beater, Nachahmen im Wettbewerb, S. 396. Anders Pastor, Wettbewerbs- und Warenzeichenrecht, S. 37, demzufolge bei allen Bestimmungen des gewerblichen Rechtsschutzes hinsichtlich des Verhältnisses zu § 1 UWG a.F. maßgebend ist, ob sie als „Spezialvorschriften der allgemeineren Vorschrift vorgehen".

721 Köhler/Piper, UWG, § 1 Rdnr. 433: Bürgerlichrechtlicher Kennzeichenschutz nur, wenn weder das MarkenG noch das UWG eingreift; Piper, GRUR 1996, 429, 438; Heermann, WRP 2004, 263, 277; unklar Baumbach/Hefermehl, Wettbewerbsrecht, 22. Aufl., Allg. Rdnr. 128 (Subsidiarität des Unternehmensschutzes) und

Abs. 1 BGB nur subsidiär zur Anwendung kommen, soweit die spezialgesetzlichen Vorschriften keine abschließende Regelung treffen[722]. Wenn der Einzelrechtsschutz spezielle Bedeutung hat, kommt ihm gegenüber § 823 Abs. 1 BGB danach Vorrang zu[723]. Eine strenge Subsidiarität besteht nach überwiegender Ansicht beim Deliktsschutz unter dem Gesichtspunkt des Eingriffs in den eingerichteten und ausgeübten Gewerbebetrieb, was sich beim nur lückenfüllenden bürgerlichrechtlichen Schutz der berühmten Marke gegen Verwässerungsgefahr auswirkt[724]. Der Schwerpunkt der Argumentation liegt hier weniger auf dem Vorrang des zeichenrechtlichen Schutzes als auf der allgemeinen Nachrangigkeit des deliktsrechtlichen Unternehmensschutzes, der nur subsidiär bei Bestehen von Gesetzeslücken eingreifen soll[725]. Allerdings sind beide Aspekte nicht voneinander zu trennen. Dies zeigt die Formulierung, dass für einen deliktsrechtlichen Unternehmensschutz kein Raum sei, wenn der fragliche Sachverhalt durch spezielle Normen, insbesondere aus dem Wettbewerbs- oder Immaterialgüterrecht, positiv oder negativ geregelt sei[726].

B. Lex specialis (§§ 14, 15 MarkenG) derogat legi generali (§§ 3 und 4 UWG, 823 Abs. 1, 12 BGB)?

I. Unterschiedliche Ausgangssituation für die allgemeine Konkurrenzlehre

Die traditionelle Konkurrenzlehre hat sich im Bereich des Zivilrechts besonders mit dem Verhältnis vertraglicher und deliktsrechtlicher Ersatzansprüche zueinander befasst. Beim Zusammentreffen dieser Regelungskomplexe können sich Dif-

---

Rdnr. 138b (Anspruchskonkurrenz beim Schutz berühmter Kennzeichen). Zum früheren WZG Baumbach/Hefermehl, WZG, Einl. WZG Rdnr. 62: Unternehmensrechtlicher Schutz nur in Ausnahmefällen. Dagegen für eine Anspruchskonkurrenz des bürgerlich-rechtlichen und markenrechtlichen Schutzes Klippel/Pahlow, in: HK-MarkenR, § 2 Rdnr. 3, § 14 Rdnr. 140, § 15 Rdnr. 59; Fezer, Markenrecht, § 14 Rdnr. 441.

722 Staudinger/Hager, BGB, § 823 Rdnr. B 137; Nirk, GRUR 1993, 247, 251.

723 RGRK/Steffen, BGB, Vor § 823 Rdnr. 48.

724 BGH, GRUR 1959, 182, 186 – Quick; Soergel/Zeuner, BGB, 12. Aufl., Vor § 823 Rdnr. 37; RGRK/Steffen, BGB, Vor § 823 Rdnr. 48; Staudinger/Hager, BGB, § 823 Rdnr. D 66; Hdb. WettbR/Greuner, § 4 Rdnr. 24; Baumbach/Hefermehl, Wettbewerbsrecht, 22. Aufl., Allg. Rdnr. 130 m.w.N.; a. A. Fezer, Markenrecht, § 14 Rdnr. 411a. (allerdings wohl für den Vorrang von § 1 UWG a.F. gegenüber § 823 Abs. 1 BGB, vgl. § 2 Rdnr. 25).

725 BGH, GRUR 1962, 310, 314 – Gründerbildnis; Heermann, WRP 2004, 263, 277; Sack, WRP 1985, 1, 2; Soergel/Zeuner, a.a.O.: „von vornherein subsidiär".

726 Beater, Unlauterer Wettbewerb, § 28 S. 735; vgl. auch Nirk, GRUR 1993, 247, 251.

ferenzierungen sowohl hinsichtlich der Voraussetzungen als auch hinsichtlich der Rechtsfolgen ergeben. Bedeutung erlangt die Konkurrenzfrage in diesem Bereich wegen der Unterschiede bei Haftungsvoraussetzungen und Anspruchsinhalten[727]. Dagegen geht es bei den Konkurrenzen im Kennzeichenschutz in erster Linie um Anspruchsgrundlagen, die auf dieselbe Rechtsfolge gerichtet sind und gegebenenfalls auf unterschiedlichen Voraussetzungen beruhen. Ein weiterer Unterschied besteht darin, dass beim Zusammentreffen der Bestimmungen im Bereich des Kennzeichenschutzes verschiedene Normengruppen betroffen sind, während es beim Verhältnis zwischen Vertrags- und Deliktsrecht um die Konkurrenz einzelner Rechtssätze bzw. Regelungsbereiche innerhalb des BGB geht. Schließlich existiert keine dem § 2 MarkenG vergleichbare Konkurrenzregel im BGB. Ungeachtet dieser unterschiedlichen Ausgangspunkte werden im Hinblick auf das Zusammenspiel der einschlägigen Gesetze im Bürgerlichen Recht dogmatische Fragen erörtert, die auch hinsichtlich des Kennzeichenschutzes von Bedeutung sind.

In der allgemeinen Konkurrenzlehre werden die Konkurrenzformen der Spezialität („lex specialis derogat legi generali") und Subsidiarität als Fälle der Gesetzeskonkurrenz angesehen. Die Gesetzeskonkurrenz wird vielfach der Anspruchskonkurrenz gegenübergestellt, wobei diese „schroffe Antithese" von Anspruchs- und Gesetzeskonkurrenz nicht unumstritten ist und teilweise vermittelnde Ansätze gesucht werden[728].

II. Der logisch-systematische Begriff des Spezialitätsverhältnisses

Eine zentrale Bedeutung kommt der logisch-systematischen Untersuchung von Dietz zu, in der mögliche Fälle der Gesetzeskonkurrenz begrifflich-logisch festgelegt werden[729]. Grundlage der Erörterung von Dietz ist die These von der grundsätzlichen Gleichrangigkeit von Normen. Zwar bezieht er diesen Grundsatz auf das Verhältnis von Vertrags- und Deliktsrecht, begründet ihn jedoch mit dem allgemeinen Grundsatz, dass es eine Anomalie sei, dass ein Gesetz keine Anwendung finden solle, obwohl sein Tatbestand erfüllt sei[730]. Es müsse eine ganz besondere Gestaltung vorliegen, wenn festgestellt werden solle, dass ein Gesetz von dem anderen verdrängt werden solle. Folgerichtig bezeichnet Dietz das Vorliegen von Gesetzeskonkurrenz als einen Ausnahmefall.

---

727 Schlechtriem, Vertragsordnung und außervertragliche Haftung, S. 289 ff.

728 Georgiades, Anspruchskonkurrenz, § 17, S. 170.

729 Dietz, Anspruchskonkurrenz, S. 16 ff.

730 Dietz, Anspruchskonkurrenz, S. 44; hiergegen Schwark, AcP 179 (1979), S. 66, nach dem es auch eine Anomalie ist, wenn das weitergehende Gesetz das weniger weitgehende entwertet.

Im logischen Verhältnis der Spezialität stehen Normen nach Dietz immer dann zueinander, wenn der Tatbestand der spezielleren Norm alle Merkmale der allgemeineren Norm enthält und noch mindestens ein weiteres Merkmal hinzufügt[731]. In diesem Fall gehe der Anwendungsbereich der spezielleren Norm völlig in dem der allgemeineren Norm auf und alle Fälle der spezielleren Norm seien auch solche der allgemeineren Norm. Immer, wenn der Tatbestand der lex specialis vorliegt, ist danach notwendig auch der Tatbestand der lex generalis erfüllt[732]. Die Konkurrenz ist Dietz zufolge von einem Verhältnis von Art zu Gattung geprägt. Das Charakteristische daran sei, dass sämtliche Merkmale, die bei dem Gattungsbegriff verwertet werden, beim Artbegriff wiederkehren, da die Gattung als der weitere Begriff auch die durch den Artbegriff erfassten Tatsachen umschließe[733]. Der Tatbestand der spezielleren Vorschrift müsse sich bei wertender Betrachtung als Unterfall der konkurrierenden Norm zeigen, von deren Regelungsmaterie sie einen Ausschnitt durch ein spezialisierendes Merkmal herauslöse und in eigener Regie übernehme[734]. Nur unter diesen engen Voraussetzungen verdrängt nach Dietz die speziellere Norm für ihren Anwendungsbereich die allgemeinere. Beim Verhältnis der Subsidiarität liegt nach Dietz kein Spezialitätsverhältnis vor, so dass es auch kein gleichzeitiges Vorliegen dieser unterschiedlichen Konkurrenzformen geben kann[735].

III. Übertragung des Spezialitätsbegriffs von Dietz auf den Kennzeichenschutz

Nach der genannten Definition müssten die markenrechtlichen Verletzungstatbestände im Anwendungsbereich der §§ 3, 4 UWG (= § 1 UWG a.F.), 823 Abs. 1, 12 BGB völlig aufgehen, von deren Regelungsmaterie ein spezialisierendes Merkmal herauslösen und dieses in eigener Regie übernehmen.

731 Dietz, Anspruchskonkurrenz, S. 22 f.
732 Dietz, Anspruchskonkurrenz, S. 23.
733 Dietz, a.a.O.
734 RGRK/Steffen, BGB, Vor § 823, Rdnr. 35; vgl. auch Deutsch, WRP 2000, 854, 856, der als Beispiel für eine Spezialität nach dieser Definition das Verhältnis von § 223 zu § 224 StGB und von § 242 zu § 243 StGB anführt.
735 Dietz, Anspruchskonkurrenz, S. 17.

1. Verhältnis zur wettbewerbsrechtlichen Generalklausel

a) § 1 UWG a.F.

Nach § 1 UWG a.F. musste eine Handlung im geschäftlichen Verkehr zu Zwecken des Wettbewerbs vorgenommen werden, die gegen die guten Sitten verstieß. Hiermit waren die Voraussetzungen der §§ 14 Abs. 2 Nr. 1 bis 3, 15 Abs. 2 und 3 MarkenG nicht, wie nach der Definition von Dietz erforderlich, deckungsgleich bzw. wiesen nicht ein zusätzliches Merkmal auf. Nicht jede Kennzeichenverletzung nach dem Markenrecht stellte zugleich einen Verstoß gegen § 1 UWG a.F. dar[736]. Die Generalklausel des § 1 UWG a.F. setzte im Gegensatz zu den §§ 14, 15 MarkenG ein konkretes Wettbewerbsverhältnis voraus und war diesbezüglich enger als die markenrechtlichen Vorschriften[737]. Dass der BGH die Anwendbarkeit des § 1 UWG a.F. teilweise nur durch eine extensive Auslegung des Begriffs des konkreten Wettbewerbsverhältnisses erreicht hat, änderte am grundsätzlichen Erfordernis dieses Tatbestandsmerkmals im Rahmen des § 1 UWG a.F. nichts. Wie gesehen verneinten Teile der Literatur Ansprüche aus § 1 UWG a.F. entgegen der Ansicht des BGH in Fällen wie „DIMPLE“ und „Rolls-Royce“ mit der Begründung, dass eine Subsumtion unter die Vorschrift bei einer branchenfremden Verwendung bekannter Marken wegen Fehlens eines Wettbewerbsverhältnisses nicht möglich sei[738]. Zum Teil wurde daher die Regelung der §§ 14 Abs. 2 Nr. 3, 15 Abs. 3 MarkenG als Anlass gesehen, die ausdehnende Auslegung des Begriffs des Wettbewerbsverhältnisses im Rahmen des § 1 UWG a.F. aufzugeben[739].

Des Weiteren genügte bei § 1 UWG a.F. im Gegensatz zu §§ 14 Abs. 2, 15 Abs. 2 und 3 MarkenG die Erfüllung eines objektiven Verletzungstatbestandes allein nicht[740]. Erforderlich bei § 1 UWG a.F. war die subjektive Kenntnis der Tatumstände, die bei objektiver Würdigung eine Sittenwidrigkeit der Wettbewerbshandlung begründeten[741]. Erst die subjektive Komponente verlieh dem wettbewerbswidrigen Verhalten i.S.v. § 1 UWG a.F. den „Makel der Sittenwid-

---

736 Zum WZG: BGH, GRUR 1968, 367, 370 – Corrida.

737 Starck, DZWir 1996, 313, 316.

738 Vgl. Traub, Festschrift für Söllner, 1213, 1216: „Konstruktion eines Wettbewerbsverhältnisses außerhalb des Warengleichartigkeitsbereichs nur mit größter Mühe“. Vgl. oben 3. Kap. C II 2 b) bb) (1) (b).

739 Nägele, Die rechtsverletzende Benutzung im Markenrecht, S. 126; vgl. auch Starck, DZWir, 1996, 313, 316; zum neuen UWG Köhler, in Baumbach/Hefermehl, Wettbewerbsrecht, 23. Aufl., § 2 Rdnr. 62.

740 Ingerl/Rohnke, MarkenG, 1. Aufl., § 14 Rdnr. 495; Sack, WRP 1985, 1; Bork, GRUR 1989, 725, 734.

741 BGH, GRUR 1992, 448, 449 – Pullovermuster; Nirk, GRUR 1993, 247, 250.

rigkeit“[742]. Demgegenüber wird die Unlauterkeit i.S.v. §§ 14 Abs. 2 Nr. 3, 15 Abs. 3 MarkenG nicht als subjektives Tatbestandsmerkmal angesehen[743].

Nicht jede Kennzeichenverletzung gemäß §§ 14 Abs. 2 oder 15 Abs. 2 oder 3 MarkenG stellte daher einen Wettbewerbsverstoß gemäß § 1 UWG a.F. dar. Andererseits regelte § 1 UWG a.F. Fallgruppen, die von den markenrechtlichen Bestimmungen gar nicht erfasst sind. Es bestand daher allenfalls eine Teilidentität der Voraussetzungen und des Schutzinhaltes, was nach der Definition von Dietz nicht für ein Spezialitätsverhältnis ausreicht[744].

Aus den genannten Gründen waren auch die Verletzungstatbestände des erweiterten Bekanntheitsschutzes gemäß §§ 14 Abs. 2 Nr. 3, 15 Abs. 3 MarkenG nicht leges speciales im Verhältnis zu § 1 UWG a.F.

Eine andere Bewertung ergab sich auch nicht daraus, dass die in den genannten Verletzungstatbeständen enthaltenen Fallgruppen der Rufausbeutung und Rufbeeinträchtigung bekannter Marken und geschäftlicher Bezeichnungen vor Inkrafttreten des Markengesetzes über § 1 UWG a.F. gelöst wurden und nunmehr in das Markenrecht integriert worden sind[745]. Auch wenn man davon ausgeht, dass mit den §§ 14 Abs. 2 Nr. 3, 15 Abs. 3 MarkenG bewusst eine Konkretisierung der Verletzungstatbestände mit Nennung mehrerer Merkmale anstelle der unbestimmten und sehr auslegungsbedürftigen Generalklausel des § 1 UWG a.F. geschaffen worden ist[746], stellten die §§ 14 Abs. 2 Nr. 3, 15 Abs. 3 MarkenG keinen Unterfall der betreffenden Fallgruppen aus § 1 UWG a.F. dar, da § 1 UWG a.F. teilweise einen Anspruch an weitere Voraussetzungen knüpfte. Die Kodifizierung wettbewerbsrechtlicher Fallgruppen („DIMPLE-Doktrin“[747]) und die daraus resultierende wettbewerbsrechtliche Natur der §§ 14 Abs. 2 Nr. 3, 15

---

742 Baumbach/Hefermehl, Wettbewerbsrecht; 22. Aufl., § 1 Rdnr. 578; Möhring/Nicolini-/Lütje, Urheberrechtsgesetz, § 97 Rdnr. 270.

743 Kur, GRUR Int. 1998, 771, 776; Ströbele/Hacker, MarkenG, 7. Aufl., § 14 Rdnr. 185; a. A. v. Mühlendahl, Festschrift für Erdmann, 425, 433, demzufolge in den Bestimmungen „in unlauterer Weise“ und „ohne rechtfertigenden Grund“ subjektive Elemente umschrieben sind; nicht eindeutig OLG Frankfurt/Main, WRP 2000 772, 774 – alcon.de (s. o. 5. Kap. B II 5).

744 Walch, Ergänzender Leistungsschutz, S. 76; vgl. auch Fikentscher, Wettbewerb und Gewerblicher Rechtsschutz, S. 277: Keine Spezialität bei nur segmentweiser Überschneidung.

745 Zur „Transplantation vom UWG in das Markengesetz“ Lehmann, Festschrift für Beier, 279; vgl. auch Baumbach/Hefermehl, Wettbewerbsrecht, 22. Aufl., § 1 Rdnr. 569.

746 Althammer/Klaka, MarkenG, 5. Aufl., § 2 Rdnr. 3.

747 V. Linstow, MarkenR 1999, 81, 83; vgl. auch Erdmann, Festschrift für Vieregge, 197, 213.

Abs. 3 MarkenG ist nicht mit einem Spezialitätsverhältnis nach der Definition von Dietz gleichzusetzen[748].

Eine weitere Besonderheit im Verhältnis des Markengesetzes zum UWG, die gegen ein Spezialitätsverhältnis nach der Definition von Dietz spricht, ist, dass § 1 UWG a.F. nicht nur zum Schutz des Kennzeichens in Betracht kam, sondern auch als Schutzrechtsbeschränkung[749]. Ungeachtet der Regelung des absoluten Schutzhindernisses der bösgläubigen Markenanmeldung in § 8 Abs. 2 Nr. 10 MarkenG[750] war überwiegend anerkannt, dass § 1 UWG a.F. auch für die Fälle herangezogen werden kann, in denen das formale Markenrecht in sittenwidriger Behinderungsabsicht erworben oder eingesetzt wird[751]. Hierbei handelte es sich nicht um die Frage des parallelen Schutzes bzw. einer Schutzergänzung gemäß § 1 UWG a.F. für den Kennzeicheninhaber, sondern um eine Kollisionslage zwischen dem Schutz nach dem Markengesetz und einer Beschränkung gemäß § 1 UWG a.F.[752]. Da somit auch die Berufung auf einen Schutz nach dem Markengesetz einen Anspruch gemäß § 1 UWG a.F. auslösen konnte, verhielten sich die §§ 14, 15 MarkenG zu § 1 UWG a.F. nicht wie die Art zur Gattung im Sinne von Dietz[753].

Zum Teil wird vertreten, dass das Gesetz mit dem engeren Anwendungsbereich als lex specialis anzusehen ist, ohne dass es auf ein zusätzliches spezialisierendes Merkmal ankomme[754]. Im Hinblick auf das Verhältnis der §§ 14, 15 MarkenG zu § 1 UWG a.F. erschien dies nicht ganz ausgeschlossen, da § 1 UWG a.F. tatbestandlich offener und schwacher konturiert war als die markenrechtlichen Bestimmungen[755]. Dennoch wies § 1 UWG a.F. im Vergleich zu §§ 14, 15 MarkenG, wie gesehen, zusätzliche Voraussetzungen auf, so dass auch hiernach ein Spezialitätsverhältnis ausschied.

748 Walch, Ergänzender Leistungsschutz, S. 98; ähnlich Baumbach/Hefermehl, Wettbewerbsrecht, 22. Aufl., Einl. UWG Rdnr. 346.

749 Hierauf weist Eugen Ulmer, Warenzeichen und unlauterer Wettbewerb, S. 12, hin.

750 Der frühere § 50 Abs. 1 Nr. 4 MarkenG wurde durch das Geschmacksmusterreformgesetz vom 12.3.2004 aufgehoben.

751 BGH, GRUR 2000, 1032, 1034 – EQUI 2000; Ströbele/Hacker, MarkenG, 7. Aufl., § 2 Rdnr. 38; Erdmann, GRUR 2001, 609, 610; v. Linstow, MarkenR 1999, 81, 83; vgl. nachfolgend 9. Kap. C II 1. e).

752 Sosnitza, Festschrift für Tilmann, 895, 901: „Bipolare Schutzobjekte“.

753 Eugen Ulmer, Warenzeichen und unlauterer Wettbewerb, S. 12.

754 Knetsch, Das Verhältnis von Vertrags- und Deliktsrecht, S. 186 ff.; Troller, Immaterialgüterrecht, § 60, S. 963.

755 Vgl. v. Linstow, MarkenR, 81, 83; Kur, GRUR Int. 1998, 771, 776.

b) §§ 3 und 4 UWG n.F.

Auch unter Zugrundelegung der neuen Generalklausel des § 3 UWG, welche § 1 UWG a.F. abgelöst hat, liegt kein Spezialitätsverhältnis im Sinne von Dietz vor. Anstelle des bisher bekannten Verstoßes gegen die „guten Sitten“ i.S.v. § 1 UWG a.F. treten nach § 3 UWG die Voraussetzungen der „nicht unerheblichen Wettbewerbsbeeinträchtigung“ sowie der „unlauteren Wettbewerbshandlung“[756]. Ob am Erfordernis subjektiver Unlauterkeitselemente im neuen UWG festzuhalten ist, wird nicht einheitlich beantwortet[757]. Unstrittig erforderlich ist dagegen für den bei Kennzeichenverletzungen maßgeblichen Mitbewerberschutz gemäß § 2 Abs. 1 Nr. 3 MarkenG weiterhin das Vorliegen eines konkreten Wettbewerbsverhältnisses. Dies gilt sowohl für die Verwirklichung des Tatbestandes des unlauteren Wettbewerbs i.S.v. § 3 UWG als auch für die Anspruchsberechtigung nach § 8 Abs. 3 Nr. 1 UWG[758]. § 3 UWG enthält im Gegensatz zu § 1 UWG a.F. eine Bagatellklausel, wodurch der Tatbestand der neuen Generalklausel gegenüber § 1 UWG a.F. enger ausgerichtet ist. Jedenfalls sind die Tatbestandsvoraussetzungen des § 3 UWG aber vor allem deswegen nicht weiter gefasst als § 1 UWG a.F., weil die Unlauterkeit im Sinne von § 3 UWG durch Beispielstatbestände der §§ 4 bis 7 UWG konkretisiert wird und damit bisherige Fallgruppen der Rechtsprechung zu § 1 UWG a.F. kodifiziert wurden. Ferner kommen auch nach dem neuen UWG Ansprüche zur Beschränkung von Kennzeichenrechten in Betracht[759].

Es kann daher festgehalten werden, dass die §§ 14, 15 MarkenG im Anwendungsbereich der neuen Generalklausel ebenso wenig völlig aufgehen wie in der bisherigen Vorschrift des § 1 UWG a.F.

2. Verhältnis zu § 823 Abs. 1 BGB

Ebenso wenig wie gegenüber der wettbewerbsrechtlichen Generalklausel gehen die §§ 14, 15 MarkenG im Anwendungsbereich des § 823 Abs. 1 BGB vollständig auf. Sie enthalten nicht alle Tatbestandsmerkmale des § 823 Abs. 1 BGB. Für

756 Die „Wettbewerbshandlung“ i.S.v. § 3 UWG erfordert wie § 1 UWG a.F. ein marktbezogenes Verhalten im geschäftlichen Verkehr, vgl. Begr. Reg.-Entw. zum UWG, BT-Drucks. 15/1487, S. 16.

757 Dagegen Köhler, in: Baumbach/Hefermehl, Wettbewerbsrecht, 23. Aufl., Rdnr. 41; ders., NJW 2004, 2121, 2122; Henning-Bodewig, GRUR 2004, 713, 716; a. A. Sambuc, in: Harte-Bavendamm/Henning-Bodewig, UWG, Einl. F Rdnr. 211.

758 Köhler, in: Baumbach/Hefermehl, Wettbewerbsrecht, 23. Aufl., § 2 Rdnr. 57.

759 Vgl. Sack, WRP 2004, 1405, 1423.

eine unerlaubte Handlung ist ein widerrechtlicher und schuldhafter Eingriff in ein fremdes Recht oder Rechtsgut erforderlich[760].

Unter dem Gesichtspunkt des Schutzes eines Kennzeichens als Bestandteil des eingerichteten und ausgeübten Gewerbebetriebes kann nicht davon gesprochen werden, dass die §§ 14, 15 MarkenG von der Regelungsmaterie des § 823 Abs. 1 BGB ein spezialisierendes Merkmal herauslösen. Ein Grund dafür sind die unterschiedlichen Regelungsbereiche, nämlich der markenrechtliche Schutz eines Ausschließlichkeitsrechts gegenüber dem deliktsrechtlichen Unternehmensschutz[761]. Nicht jede Kennzeichenverletzung i.S.v. §§ 14 Abs. 2, 15 Abs. 2 und 3 MarkenG ist als eine Verletzung des Rechts am Unternehmen zu werten. Beispielsweise ist die Verwendung eines Kennzeichens bei der Reklame für branchenfremde Waren, ohne dass diesem ein negatives Image beigelegt wird, zwar als Rufausbeutung i.S.v. §§ 14 Abs. 2 Nr. 3, 15 Abs. 3 MarkenG, nicht aber als Unternehmensverletzung i.S.v. § 823 Abs. 1 BGB subsumierbar[762]. Allgemein kommt ein Kennzeichenschutz gemäß § 823 Abs. 1 BGB unter dem Gesichtspunkt des Eingriffs in den Gewerbebetrieb nur unter engen Voraussetzungen in Betracht[763]. Etwas anderes gilt auch nicht für den vor Inkrafttreten des Markengesetzes auf § 823 Abs. 1 BGB gestützten Verwässerungsschutz der berühmten Marke. Zwar deckt sich die Verletzungsvariante der Beeinträchtigung der Unterscheidungskraft i.S.v. § 14 Abs. 2 Nr. 3 MarkenG im Wesentlichen mit dem früheren Begriff der Verwässerung[764]. Aber abweichend vom deliktsrechtlichen Verwässerungsschutz kommt der Schutz gemäß § 14 Abs. 2 Nr. 3 MarkenG nicht nur der berühmten, sondern auch der bekannten Marke zu. In dieser Hinsicht ist der markenrechtliche Schutz weiter, was ein Spezialitätsverhältnis nach Dietz ausschließt.

Es kann an dieser Stelle offen bleiben, ob Marken und geschäftliche Bezeichnungen als solche als „sonstige Rechte" i.S.v. § 823 Abs. 1 BGB in ihrem Bestand geschützt werden können[765]. Denn auch in diesem Fall sind die §§ 14 Abs. 2, 15 Abs. 2 und 3 MarkenG nicht leges speciales gegenüber § 823 Abs. 1 BGB. Selbst wenn mit jeder Verletzung von Marken und geschäftlichen Be-

---

760 Jauernig/Teichmann, BGB, Vor § 823 Rdnr. 2.

761 Vgl. Fikentscher, Wettbewerb und gewerblicher Rechtsschutz, S. 275; vgl. auch BGH, GRUR 1984, 684, 685 – Mordoro: „Unternehmensbezogene Interessen".

762 „Rolls-Royce-Konstellation", BGH, GRUR 1983, 247; vgl. zum alten Recht Grunewald, NJW 1987, 105, 111.

763 BGH, GRUR 1959, 182, 186 – Quick; Köhler/Piper, UWG, § 1 Rdnr. 433; Baumbach/Hefermehl, WZG, Einl. WZG Rdnr. 63; Bonn, WRP 1994, 501, 502.

764 Ströbele/Hacker, MarkenG, 7. Aufl., § 14 Rdnr. 173.

765 Dafür Deutsch, Festschrift für Gaedertz, 99, 107; ders. WRP 2000, 854, 857; MünchKomm/Wagner, BGB, 4. Aufl., § 823 Rdnr. 157; a. A. Bork, GRUR 1989, 729, 731 m.w.N.

zeichnungen gemäß §§ 14, 15 MarkenG zugleich § 823 Abs. 1 BGB wegen Verletzung des Zeichens als absolutes Recht erfüllt wäre, würde es jedenfalls an einem zusätzlichen spezialisierenden Merkmal des Markengesetzes fehlen. Einige Befürworter der Etablierung der Kennzeichenrechte als „sonstige Rechte" fordern eine solche auch gerade zum Zwecke eines selbständigen neben dem im Markengesetz geregelten Schutzes[766].

3. *Verhältnis zu § 12 BGB*

Soweit Unternehmenskennzeichen betroffen sind, weisen §§ 15 Abs. 2 und 3 MarkenG und § 12 BGB für den geschäftlichen Verkehr in einigen Teilen eine Kongruenz der Anwendungsbereiche auf, wobei § 12 BGB teilweise über die markenrechtlichen Bestimmungen hinausreicht[767]. So impliziert die Verwechslungsgefahr i.S.v. § 15 Abs. 2 MarkenG eine interessenverletzende Identitäts- oder Zuordnungsverwirrung i.S.v. § 12 BGB, ohne dass sie für einen Namensschutz erforderlich ist. Die Verwechslungsgefahr nach § 12 BGB erfordert im Gegensatz zum Markengesetz keine Warengleichartigkeit. Auch wird keine kennzeichenmäßige Benutzung vorausgesetzt[768]. Daher kann bezüglich dieser Voraussetzungen von spezialisierenden Merkmalen des Markenrechts im Sinne von Dietz gesprochen werden. Ebenso lässt sich der nach den markenrechtlichen Verletzungstatbeständen erforderliche geschäftliche Verkehr als spezielles eingrenzendes Merkmal von § 15 MarkenG auffassen, da der namensrechtliche Schutz nicht auf den geschäftlichen Bereich beschränkt ist.

Anders verhält es sich jedoch hinsichtlich des auf § 12 BGB gestützten Verwässerungsschutzes, dessen Anwendungsbereich gegenüber § 15 Abs. 3 MarkenG insofern enger ist, als er nur berühmten geschäftlichen Bezeichnungen zukommt[769]. Nur ein markenrechtlicher, nicht aber ein namensrechtlicher Schutz ist ferner in Fallgestaltungen wie dem Rolls-Royce-Fall möglich, in denen ein Unternehmenskennzeichen für branchenfremde Ware eingesetzt, aber zutreffend adressiert wird. Denn dann handelt es sich nicht um eine Namensanmaßung i.S.v.

---

766 Deutsch, Festschrift für Gaedertz, 99, 107. Die Kritik gegen einen Kennzeichenschutz als „sonstiges Recht" i.S.v. § 823 Abs. 1 BGB stützt sich auch zum Teil auf die „spezialgesetzliche Wertung des Zeichenrechts", vgl. Peter Ulmer, WRP 1987, 299, 302.

767 Klippel/Pahlow in: HK-MarkenR, § 15 Rdnr. 111; Fezer, Markenrecht, § 15 Rdnr. 14.

768 Ingerl/Rohnke, MarkenG, 2. Aufl., Nach § 15 Rdnr. 14; MünchKomm/Schwerdtner, BGB, 4. Aufl., § 12 Rdnr. 251.

769 Palandt/Heinrichs, BGB, § 12 Rdnr. 31.

§ 12 BGB, sondern um eine bloße Namensnennung, die mangels Zuordnungsverwirrung das Identitätsinteresse des Namensträgers unberührt lässt[770].

Allgemein kann gegen ein Spezialitätsverhältnis vorgebracht werden, dass § 12 BGB im Gegensatz zu §§ 14, 15 MarkenG nur auf eine zur Individualisierung geeignete Personenbezeichnung angewandt werden kann. Eine Bezeichnung ist nur schutzfähig, wenn sie Namensfunktion besitzt, also geeignet ist, eine Person oder ein Unternehmen mit sprachlichen Mitteln unterscheidungskräftig zu bezeichnen[771]. Dies trifft auf Marken nur für den Fall zu, dass sie den Namen des Geschäftsinhabers wiedergeben, also zugleich Unternehmensbezeichnungen sind[772]. Auch bei der Verletzung eines Werktitels kann der Inhaber nur dann ein Namensrecht geltend machen, wenn sich der Werktitel im Verkehr als namensmäßige Bezeichnung durchgesetzt hat[773]. Geschäftsabzeichen und sonstige zur Unterscheidung von Geschäftsbetrieben verwendete Zeichen haben grundsätzlich keine Namensfunktion[774]. Bilder, Zahlen, Hörzeichen oder Buchstabenkombinationen können Namensfunktion nur durch Anerkennung im Verkehr erlangen, so dass auch insoweit der Anwendungsbereich des Markengesetzes weiter ist[775].

Als Ergebnis kann festgehalten werden, dass ein Spezialitätsverhältnis nach der Definition von Dietz weder gegenüber §§ 3, 4 UWG (unverändert im Vergleich zu § 1 UWG a.F.) noch gegenüber §§ 823 Abs. 1, 12 BGB vorliegt. Die Tatbestandsvoraussetzungen der §§ 14, 15 MarkenG stellen sich nicht als Unterfall der genannten außermarkenrechtlichen Vorschriften dar[776].

C. Subsidiarität infolge erschöpfender Regelung

Grundgedanke der Subsidiarität ist, dass ein Gesetz nur dann gilt, wenn das andere nicht zur Anwendung kommt[777]. Die Subsidiarität wird als Appell verstanden,

---

770 Bork, GRUR 1989, 725, 733.

771 OLG Hamm, GRUR 2003, 722 – www.castor.de ; Palandt/Heinrichs, BGB, § 12 Rdnr. 12.

772 Fezer, Markenrecht, § 15 Rdnr. 58; Bork, GRUR 1989, 725, 729; a. A. MünchKomm/Schwerdtner, BGB, 4. Aufl., § 12 Rdnr. 264, wonach auch für Marken ohne Namensfunktion ein Namensschutz bei Verwechslungsgefahr im Verkehr gegeben sein kann.

773 Fezer, Markenrecht, § 15 Rdnr. 35.

774 Ilzhöfer, Patent-, Marken- und Urheberrecht, Kap. 5 Rdnr. 471 ff.

775 Palandt/Heinrichs, BGB, § 12 Rdnr. 10 und 11.

776 Walch, Ergänzender Leistungsschutz, S. 97 f.

777 Dietz, Anspruchskonkurrenz, S. 40 f.

andere Regeln nicht zu unterlaufen und ihnen als Spezialnormen im Zweifel den Vorrang gegenüber der Mutternorm einzuräumen[778].

Da eine Spezialität nach der logisch-systematischen Betrachtung daran scheitert, dass sich die Tatbestände der §§ 14, 15 MarkenG und der §§ 3, 4 UWG, 823 Abs. 1, 12 BGB nur teilweise überschneiden, kann sich die Verdrängung der außermarkenrechtlichen Normen nur aus einem Subsidiaritätsverhältnis zwischen §§ 14, 15 MarkenG und §§ 3, 4 UWG, 823 Abs. 1, 12 BGB ergeben[779]. Aus diesem Grund erübrigt sich auch die Kritik an der ausschließlich auf Gesichtspunkten der Logik beruhenden Begründung eines Spezialitätsverhältnisses durch Dietz[780]. Der Haupteinwand, dass die Schutzzwecke der konkurrierenden Bestimmungen und deren Wertungen unberücksichtigt bleiben oder nur eine nicht sichtbare Interessenbewertung vorgenommen werde, lässt sich nicht gegen die Kriterien vorbringen, die nach Dietz ein Subsidiaritätsverhältnis begründen. Denn in Fällen der Subsidiarität als zweiten Unterfall der Gesetzeskonkurrenz beruht das Zurücktreten nach Dietz nicht auf logischen Gründen[781]. Bei der Subsidiarität sei im Gegensatz zur Spezialität in erster Linie auf den Zweck der konkurrierenden Gesetze abzustellen und zu prüfen, ob das eine Gesetz deshalb nicht zur Anwendung kommen dürfe, weil sonst der dem anderen Gesetz zugrunde liegende Sinn und Zweck vereitelt würde[782]. Hiermit stimmt Wolf im Ergebnis überein, demzufolge sich die Verdrängung einer Norm aus dem Zweck der verdrängenden Norm ergeben kann, ohne dass diese im Verhältnis zu jener lex specialis wäre[783].

In den Fällen, in denen sich die Tatbestände der konkurrierenden Normen nicht vollständig decken und eine Norm eine Materie aus der konkurrierenden Vorschrift besonders anspricht, indem sie ein bestimmtes Verhalten erschöpfend definiert, spricht die Konkurrenzlehre von Subsidiarität infolge erschöpfender Regelung[784]. Darunter fällt die Möglichkeit, dass das verdrängte Gesetz auch dann nicht zur Anwendung kommt, wenn das verdrängende Gesetz einen Sach-

---

778 Vgl. Staudinger/Hager, BGB, § 823 Rdnr. D 23; RGRK/Steffen, BGB, Vor § 823, Rdnr 35; für den wettbewerbsrechtlichen Leistungsschutz, Götte, Die Schutzdauer im wettbewerbsrechtlichen Leistungsschutz, S. 101; Beater, Nachahmen im Wettbewerb, S. 395.

779 Vgl. Larenz/Canaris, Methodenlehre, S. 89.

780 Zur Kritik: Georgiades, Anspruchskonkurrenz, § 17, S. 170 f.; Johann Georg Helm, Haftung für Schäden an Frachtgütern, S. 295; Enneccerus/Nipperdey, BGB AT, § 60 I; Larenz/Canaris, Methodenlehre, S. 88; Hübner, BGB AT, § 25 Rdnr. 437; Rüthers, Rechtstheorie, § 22 Rdnr. 771.

781 Dietz, Anspruchskonkurrenz, S. 41.

782 Dietz, Anspruchskonkurrenz, S. 44 und 51.

783 Larenz/Wolf, BGB AT, § 18 Rdnr. 22.

784 Larenz/Canaris, Methodenlehre, S. 89.

verhalt tatbestandsmäßig nicht erfasst, weil das erschöpfend geregelte Gebiet weiter reicht[785]. Andererseits ist denkbar, dass das vortretende Gesetz das andere nur in gewissen Beziehungen ausschließt. Das Subsidiaritätsdogma soll nur dort seine Berechtigung haben, wo die Spezialnorm Ausdruck des subsidiär dahinter stehenden allgemeinen Prinzips ist und die konkurrierenden Gesetze die Sachverhalte unter einem „wesensgleichen rechtlichen Gesichtspunkt" beurteilen[786]. Nach einem anderen Ansatz ist Subsidiarität dadurch gekennzeichnet, dass das subsidiäre Gesetz nur dann anwendbar ist, wenn der Schutz nach dem in der Regel anwendbaren Gesetz nicht ausreicht[787]. Ob ein ausschließlich auf das verbleibende Schutzbedürfnis abstellender Grundsatz zur Klärung der Konkurrenzfrage geeignet ist, erscheint allerdings fraglich, da er Normzweck- und Wertungsgesichtspunkte nicht ausreichend berücksichtigt. Der Gesichtspunkt des Bedürfnisses nach einem außermarkenrechtlichen Schutz wird im Zusammenhang mit den „pragmatischen Gesichtspunkten" erörtert[788].

Einer ausdrücklichen Subsidiaritätsregelung bedarf es bei zivilrechtlichen Ansprüchen zur Bejahung dieser Konkurrenzform nicht[789]. Mangels gesetzlicher Anordnung im Markengesetz kommt für die vorliegende Konkurrenzfrage nur eine stillschweigende Subsidiarität in Betracht, die sich aus dem Zusammenhang und dem Zweck der Normen ergibt. Es bedarf der Erörterung, ob Sinn und Zweck der markenrechtlichen Normen durch eine Anwendbarkeit der §§ 3, 4 UWG, 823 Abs. 1, 12 BGB unterlaufen bzw. vereitelt wird. Für die Frage, ob eine parallele Anwendbarkeit der außermarkenrechtlichen Vorschriften neben §§ 14, 15 MarkenG in Betracht kommt, interessiert zunächst, ob die Rechtsfolgen der konkurrierenden Normen miteinander verträglich sind oder ob sie sich ausschließen[790].

I. Verträglichkeit der Rechtsfolgen bei paralleler Anwendbarkeit

1. Identisches juristisches Interesse und günstigere Rechtsfolgen im Markengesetz

Im Vordergrund der Konkurrenzfrage beim Kennzeichenschutz steht das Verhältnis von Unterlassungsansprüchen (§§ 14 Abs. 5, 15 Abs. 4 MarkenG, § 8

785 Dietz, Anspruchskonkurrenz, S. 66.
786 Dietz, Anspruchskonkurrenz, S. 64.
787 Fikentscher, Wettbewerb und gewerblicher Rechtsschutz, S. 276.
788 Vgl. nachfolgend D.
789 Teplitzky, Wettbewerbsrechtliche Ansprüche und Verfahren, Kap. 4 Rdnr. 10 Fußn. 10.
790 Vgl. Larenz/Canaris, Methodenlehre, S. 89.

i.V.m. § 3 UWG, 823 Abs. 1, 1004, 12 BGB) zueinander. Es stehen mithin Anspruchsgrundlagen zur Verfügung, die auf dasselbe juristische Interesse gerichtet sind. In dieser Hinsicht können die Rechtsfolgen auch nicht miteinander in Konflikt geraten oder sich gegenseitig ausschließen[791]. Dies gilt insbesondere auch für Ansprüche wegen Verletzung von Kennzeichenrechten durch Internet-Domains. Hier hat der BGH klargestellt, dass außermarkenrechtliche Schutznormen keinen über das Markengesetz hinausgehenden Anspruch auf Übertragung des Domain-Namens auf den Kennzeicheninhaber auslösen[792]. Ein Konflikt mit dem Markengesetz, das einen Übertragungsanspruch nur in dem von § 17 MarkenG geregelten Fall der rechtswidrigen Anmeldung oder Eintragung einer Agentenmarke vorsieht, tritt somit nicht auf[793].

Auch resultiert eine Unverträglichkeit nicht aus den verschiedenen Besonderheiten des markenrechtlichen Schutzes gegenüber dem wettbewerbs- bzw. bürgerlichrechtlichen Schutz. Das wäre nur dann der Fall, wenn das Markengesetz gegenüber den wettbewerbs- und bürgerlichrechtlichen Vorschriften restriktivere Rechtsfolgen hätte, die durch die Berufung des Anspruchsstellers auf die (parallel anwendbaren) außermarkenrechtlichen Vorschriften entwertet würden. Die markenrechtlichen Instrumentarien sind aber regelmäßig für den Anspruchsinhaber günstiger und stellen ein „schärferes Schwert" im Vergleich zu § 8 i.V.m. § 3 UWG und §§ 823 Abs. 1, 12 BGB dar[794]. Das betrifft z. B. die Herstellungs- und Besitzverbote nach § 14 Abs. 3 Nr. 1 und 2 MarkenG, die Grenzbeschlagnahme nach §§ 146 ff. MarkenG und die Möglichkeit der Verhängung von Strafen nach § 143 ff. MarkenG[795]. Ein Zugewinn gegenüber den außermarkenrechtlichen Ansprüchen ist ferner der in § 19 MarkenG geregelte Anspruch auf Auskunft über Herkunft und Vertriebsweg der widerrechtlich gekennzeichneten Gegenstände, der neben dem unberührt bleibenden Auskunftsanspruch nach allgemeinen Regeln (vgl. § 19 Abs. 5 MarkenG i.V.m. § 242 BGB) eingreift[796]. Der allgemeine Auskunftsanspruch nach § 242 BGB dient als unselbständiger Hilfsanspruch der Durchsetzung von kennzeichenrechtlichen Ersatzansprüchen[797].

---

791 Vgl. Walch, Ergänzender Leistungsschutz, S. 98; Fezer, WRP 2000, 863, 870.

792 BGH, WRP 2002. 694, 699 – shell.de; OLG Hamm, CR 1998, 241, 243 – krupp.de.

793 Vgl. Bettinger, CR 1998, 243, 244. Zur Frage einer Übertragung im Rahmen des Beseitigungsanspruchs gemäß §§ 14, 15, 18 Abs. 3 MarkenG, 1004 BGB analog, vgl. Stein, Schutz von Name und Kennzeichen gegen eine Verwendung als Domain-Name durch Dritte, S. 110.

794 Ingerl/Rohnke, MarkenG, 2. Aufl., § 14 Rdnr. 80; Schricker, Festschrift für Vieregge, 774, 780; Weberndörfer, Auswirkungen der Umsetzung der EG-Markenrichtlinie, S. 180.

795 Vgl. Eichmann GRUR 1998, 201, 206.

796 Sambuc, in: Harte-Bavendamm/Henning-Bodewig, UWG, § 4 Rdnr. 14.

797 Meister, WRP 1995, 366, 374; Ströbele/Hacker, MarkenG, 7. Aufl., § 14 Rdnr. 317.

2. Verjährungsfragen

Die Verjährung markenrechtlicher Ansprüche ist in § 20 MarkenG geregelt. Die Vorschrift wurde durch das Gesetz zur Modernisierung des Schuldrechts neu geregelt[798]. Für Ansprüche nach §§ 14, 15 MarkenG gilt über die Verweisung in § 20 S. 1 MarkenG die Regelverjährung von drei Jahren gemäß § 195 BGB[799]. Dagegen gilt für Unterlassungs- und Beseitigungsansprüche aus dem UWG gemäß § 11 Abs. 1 UWG die kurze sechsmonatige Verjährungsfrist und der ebenfalls kenntnisabhängige Verjährungsbeginn ist, anders als in § 199 Abs. 1 BGB, nicht auf den Schluss des Jahres hinausgeschoben, in dem der Anspruch entstanden ist. Die Verjährung markenrechtlicher Ansprüche kann somit nicht durch etwaige längere Verjährungsfristen von konkurrierenden UWG-Ansprüchen unterlaufen werden. Umgekehrt können Wertungskonflikte auch nicht dadurch entstehen, dass die für den Anspruchsinhaber günstigere Verjährungsregelung nach dem Markengesetz durch eine Anwendung des § 11 Abs. 1 UWG auf markenrechtliche Ansprüche außer Kraft gesetzt wird, wenn konkurrierende wettbewerbsrechtliche Ansprüche bestehen. Denn markenrechtliche Ansprüche verjähren in jedem Fall nach der für sie geltenden markenrechtlichen Verjährungsregelung, auch wenn neben ihnen weitere Anspruchsgrundlagen bestehen[800]. Eine hiervon zu trennende Frage ist, inwieweit auch konkurrierende außermarkenrechtliche Ansprüche nach § 20 MarkenG verjähren sollen[801].

Ansprüche wegen eines schuldhaften Eingriffs in das Recht am eingerichteten und ausgeübten Gewerbebetrieb gemäß § 823 Abs. 1 BGB sollen nach überwiegender Ansicht der kurzen Verjährungsfrist gemäß § 11 Abs. 1 UWG unterliegen, wenn zugleich ein Wettbewerbsverstoß vorliegt[802]. Diese Frage kann jedoch

---

798 § 20 MarkenG wurde durch Art. 5 Nr. 22 des Gesetzes zur Modernisierung des Schuldrechts vom 26.11.2001 (BGBl 2001 I 3138) mit Wirkung zum 01.01.2002 dem zugleich neu eingeführten Verjährungsrecht des BGB angepasst.

799 Vgl. §§ 20 S. 1 MarkenG, 195, 199 Abs. 4 BGB, wonach die relative Verjährungsfrist drei Jahre und die absolute Verjährungsfrist 10 Jahre beträgt.

800 BGH, GRUR 1968, 367, 370 – Corrida; von Hellfeld, in: HK-MarkenR, § 20 Rdnr. 23; Ströbele/Hacker, MarkenG, 7. Aufl., § 20 Rdnr. 8 ; v. Schultz, Markenrecht, § 20 Rdnr. 5; Köhler/Piper, UWG, § 21 Rdnr. 3.

801 Vgl. hierzu v. Schultz, Markenrecht, § 20 Rdnr. 5; Fezer, Markenrecht, § 20 Rdnr. 10. Nirk, GRUR 1993, 247, 254, plädiert dafür, dass § 852 BGB a.F. (= §§ 195, 199 BGB n.F.) in Fällen des ergänzenden wettbewerbsrechtlichen Leistungsschutzes gilt. Diese Ansicht ist nach dem neuen UWG überholt, da der wettbewerbsrechtliche Leistungsschutz ausdrücklich in § 4 Nr. 9 UWG geregelt ist, für den die Verjährungsregelung des § 11 Abs. 1 UWG gilt (vgl. auch Begr. Reg.-Entw. BT-Drucks. 15/1487, S. 18).

802 BGH, GRUR 1962, 310, 314 – Gründerbildnis; Baumbach/Hefermehl, Wettbewerbsrecht, 22. Aufl., Einl. UWG Rdnr. 345; Köhler/Piper, UWG, § 21 Rdnr. 7.

offen bleiben, da jedenfalls im Verhältnis von markenrechtlichen zu bürgerlichrechtlichen Ansprüchen hinsichtlich der Verjährung keine Unverträglichkeiten bestehen. Denn § 823 Abs. 1 BGB unterliegt gemäß § 195 BGB grundsätzlich derselben Verjährungsregelung wie §§ 14, 15 MarkenG. Dasselbe gilt für namensrechtliche Ansprüche, die ebenfalls gemäß § 195 BGB nach drei Jahren verjähren[803].

Die Möglichkeit einer Umgehung der in § 20 S. 1 MarkenG i.V.m. § 195 BGB geregelten Verjährungsfristen durch konkurrierende Ansprüche aus §§ 3 UWG, 823 Abs. 1, 12 BGB besteht somit nicht, da die markenrechtlichen Ansprüche entweder einer längeren oder jedenfalls einer identischen Verjährungsfrist unterliegen.

II. Untersuchung der Normzwecke der konkurrierenden Schutzvorschriften

Ob ein Subsidiaritätsverhältnis der wettbewerbs- und bürgerlichrechtlichen zu den markenrechtlichen Vorschriften besteht, hängt maßgeblich von den Schutzzielen und Grundüberlegungen der sich gegenüberstehenden Vorschriften ab[804]. Dabei schließen divergierende Zwecke der konkurrierenden Normen bzw. Normgruppen nicht notwendig eine Subsidiarität als Unterfall der Gesetzeskonkurrenz aus[805]. Entscheidende Bedeutung kommt der Frage zu, ob Sinn und Zweck der markenrechtlichen Vorschriften durch eine uneingeschränkte autonome Anwendung der außermarkenrechtlichen Bestimmungen unterlaufen bzw. vereitelt werden. In diesem Zusammenhang ist zu erörtern, ob ein Zurückweichen der §§ 3 UWG, 823 Abs. 1, 12 BGB in vom Markengesetz geregelten Bereichen mit den Schutzzwecken der betreffenden Vorschriften vereinbar ist oder ob diese eine autonome Anwendung neben den Bestimmungen des Markenrechts erfordern[806].

---

803 Auch hinsichtlich des Verjährungsbeginns bestehen keine Unterschiede zwischen markenrechtlichen und bürgerlichrechtlichen Vorschriften, vgl. §§ 20 S. 1 MarkenG, 199 Abs. 1 und 5.

804 Bork, GRUR 1989, 725, 731, bezüglich der Frage der Anwendung von §§ 12, 823 Abs. 1 BGB im Bereich der Warengleichartigkeit; Schulte-Beckhausen, Das Verhältnis des § 1 UWG zu den gewerblichen Schutzrechten, S. 249; Fezer, WRP 2000, 863, 869; Nägele, Die rechtsverletzende Benutzung im Markenrecht, S. 121; Streuli-Youssef, in: v. Büren/David, Schweizerisches Immaterialgüter- und Wettbewerbsrecht, S. 146.

805 Johann Georg Helm, Haftung für Schäden an Frachtgütern, S. 297.

806 Allgemein hierzu Johann Georg Helm, Haftung für Schäden an Frachtgütern, S. 302.

1. Vergleich der Schutzzwecke und anderer Wertungsgesichtspunkte der §§ 14, 15 MarkenG und des § 3 UWG

Ob der Zweck der §§ 14, 15 MarkenG durch eine extensive Anwendbarkeit des § 3 UWG vereitelt wird, ist vor dem Hintergrund der Schutzgegenstände des Markengesetzes, der geschützten Markenfunktionen, der Integration der vormals über § 1 a.F. UWG gelösten Fallgruppen in das Markengesetz, der etwaigen Begrenzungsfunktion markenrechtlicher Tatbestände einschließlich des Grundsatzes der Annäherungsfreiheit sowie des Ziels eines umfassenden Kennzeichenschutzes durch das Markengesetz zu erörtern. Dabei ist die besondere Stellung des Markenrechts, das einerseits Teil des gewerblichen Rechtsschutzes ist und andererseits einen Ausschnitt aus dem allgemeinen Wettbewerbsrecht bildet, zu berücksichtigen[807]. Außerdem ist von Bedeutung, ob eine Beschränkung der Anwendbarkeit auf markenrechtlich ungeregelte Fälle mit dem Normzweck der wettbewerbsrechtlichen Generalklausel vereinbar ist.

a) Kein Unterlaufen des Markenrechts wegen unterschiedlicher Schutzzwecke?

Das Markengesetz dient dem Schutz des Ausschließlichkeitsrechts des Inhabers von Marken bzw. geschäftlichen Bezeichnungen (§§ 14 Abs. 1, 15 Abs. 1 MarkenG). Damit ist gemeint, dass der Erwerb des Markenschutzes dem Inhaber der Marke ein subjektiv-privates Exklusivrecht gewährt[808]. Das Wesen der Ausschließlichkeitsrechte besteht darin, dem jeweils Berechtigten ausschließliche Rechtspositionen zu gewähren. Im Umfang entsprechen den positiven Rechten spiegelbildlich die Verbietungsrechte der §§ 14 Abs. 2, 15 Abs. 2 und 3 MarkenG[809]. Während vor Inkrafttreten des Markengesetzes der zeichenrechtliche Schutz des Ausschließlichkeitsrechts auf den Bereich der Verwechslungsgefahr innerhalb des Gleichartigkeitsbereichs beschränkt war, bezieht er sich nun auch auf den erweiterten Bekanntheitsschutz gemäß §§ 14 Abs. 2 Nr. 3, 15 Abs. 3 MarkenG. Die Fälle des ergänzenden Kennzeichenschutzes wegen Rufausbeutung und Rufbehinderung sind in den Rang eines Immaterialgüterrechts erhoben worden[810].

Dagegen hat das UWG nicht den Schutz von Ausschließlichkeitsrechten, die gegen jedermann wirken, zum Gegenstand, sondern allgemein den Schutz des

---

807 Baumbach/Hefermehl, Wettbewerbsrecht, 22. Aufl., Allg. Rdnr. 101; v. Schutz, Markenrecht, § 2 Rdnr. 1.

808 Meister, WRP 1995, 366, 369.

809 Fezer, Markenrecht, § 14 Rdnr. 12; Walch, Ergänzender Leistungsschutz, S. 15, bezüglich der Normen des früheren WZG.

810 Traub, Festschrift für Söllner, 1213, 1217.

lauteren Wettbewerbs[811]. Dieser Umstand wird in Teilen der Literatur als wichtiges Argument für eine autonome Anwendbarkeit von der wettbewerbsrechtlichen Generalklausel neben §§ 14 Abs. 2, 15 Abs. 2 und 3 MarkenG angeführt[812]. Dem liegt die Erwägung zugrunde, dass wegen des unterschiedlichen Schutzzwecks kein Ausschlussverhältnis des Markenrechts zum Wettbewerbsrecht bestehe und es nicht zu einer Vereitelung des Schutzzwecks des Markenrechts kommen kann[813].

Andererseits betonen besonders einige Befürworter der autonomen Anwendung der wettbewerbsrechtlichen Generalklausel neben den §§ 14, 15 MarkenG den subjektiv-rechtlichen Charakter des wettbewerbsrechtlichen Markenschutzes, um dessen Eigenständigkeit zu unterstreichen[814]. Ein solcher subjektiver Rechtsgüterschutz durch das UWG würde aber gleichzeitig eine engere Verwandtschaft mit dem Immaterialgüterschutz des Markenrechts bedeuten[815]. Der Ansatz vom subjektiven Rechtsgüterschutz wird mehrheitlich abgelehnt, da es im Wettbewerbsrecht nicht um den Schutz von subjektiven Rechten oder Rechtsgütern gehe, sondern um die Gewährleistung von freiem, lauterem und unverfälschtem Wettbewerb im Interesse aller Beteiligten auf der Grundlage der liberalen Wirtschaftsverfassung[816]. Das Wesen des unlauteren Wettbewerbs liege in dem Verstoß gegen objektive Verhaltensnormen, die den lauteren Wettbewerb im Interes-

---

811 BGH, GRUR 1996, 508, 509 – Uhren-Applikation: Der auf § 1 UWG (a.F.) gestützte Schutz ist nicht dem gesetzlichen Sonderschutz mit Ausschließlichkeitsbefugnis gleichzusetzen. Baumbach/Hefermehl, Wettbewerbsrecht, 22. Aufl., Einl. UWG Rdnr. 49; Erdmann, Festschrift für Vieregge, 197, 206; Köhler/Piper, UWG, Einf. Rdnr. 11; Walch, Ergänzender Leistungsschutz, S. 21 f.

812 Zu § 1 UWG a.F. Fezer, WRP 2000, 863, 868; Nägele, Die rechtsverletzende Benutzung im Markenrecht, S. 12; für die Schweiz, Streuli-Youssef, in: v. Büren/David, Schweizerisches Immaterialgüter- und Wettbewerbsrecht, S. 146.

813 Vgl. Weberndörfer, Auswirkungen der Umsetzung der EG-Markenrichtlinie, S. 96; Schroeter, WRP 1968, 125, 126; früher in diese Richtung auch Ingerl/Rohnke, NJW 1994, 1247,1248.

814 Fezer, Markenrecht, § 2 Rdnr. 7; ders., WRP 1993, 63, 64 f.; Peter Ulmer, WRP 1987, 297, 304.

815 Vgl. Mees, WRP 1999, 62, 65, wonach der Schutz nach § 1 UWG a.F. dann in dieselbe Richtung gehen würde. Für den Schweizer Markenschutz wird daher von den Befürwortern einer autonomen Anwendung des Wettbewerbsrechts gerade dessen handlungsorientierter Schutzzweck im Gegensatz zum subjektiv-rechtlichen Schutz aus den Spezialgesetzen hervorgehoben, Streuli-Youssef, in: v. Büren/David, Schweizerisches Immaterialgüter- und Wettbewerbsrecht, S. 164 f. und 168.

816 Sambuc, in: Harte-Bavendamm/Henning-Bodewig, UWG, Einl. F Rdnr. 210; zum alten UWG Erdmann, Festschrift für Vieregge, 197, 206; Ströbele/Hacker, MarkenG, 7. Aufl., § 2 Rdnr. 16; Sosnitza, WRP 2003, 1186, 1187.

se der Mitbewerber, der Verbraucher und der übrigen Marktbeteiligten sowie der Allgemeinheit schützten[817].

Die Kontroverse kann jedoch an dieser Stelle offen bleiben, da sich jedenfalls aus dem Umstand, dass § 3 UWG im Gegensatz zu den markenrechtlichen Bestimmungen nicht dem Schutz von Ausschließlichkeitsrechten dient, keine autonome Anwendbarkeit des § 3 UWG herleiten lässt. Denn § 3 UWG würde gleichwohl in den vom Markengesetz erfassten Konstellationen im Ergebnis dem Schutz gegen Beeinträchtigung eines Kennzeichens dienen. Im neuen UWG ist das Kennzeichen als Schutzgegenstand zudem ausdrücklich im Beispielskatalog unlauteren Handelns in § 4 Nr. 7 genannt[818]. Lediglich das rechtliche Instrumentarium beider Rechtsgebiete ist verschieden. Zudem haben das Markengesetz und das Wettbewerbsrecht insoweit eine gemeinsame Zielrichtung, als auch das Markenrecht letztlich der Abwehr von unlauterem Wettbewerbsverhalten dient[819].

Aufschlussreich in diesem Zusammenhang ist ein Blick auf die Rechtsprechung zur Unlauterkeitsfallgruppe der vermeidbaren Herkunftstäuschung unter Geltung des WZG. Neben dem Verletzungstatbestand der Verwechslungsgefahr gemäß § 31 WZG schied eine autonome Anwendung von § 1 UWG a.F. unter dem Gesichtpunkt der vermeidbaren Herkunftstäuschung aus[820]. § 1 UWG a.F. sollte unter diesem Aspekt nur herangezogen werden können, wenn ein Ausschließlichkeitsrecht nach dem WZG in Form eines inländischen Kennzeichenrechts nicht vorlag[821]. Grund dafür war, dass der Wettbewerbsschutz aus dem Gesichtspunkt der vermeidbaren Herkunftstäuschung als wettbewerbsrechtliche Parallele zum echten Kennzeichenschutz angesehen wurde, der, soweit ein Kennzeichnungsrecht gegeben war, durch die Sondergesetzgebung des WZG und § 16 UWG a.F. abschließend geregelt sei[822]. Obwohl § 1 UWG a.F. nur die Art und

---

817 Sambuc, a.a.O., Rdnr. Einl. F. Rdnr. 202 und § 4 Rdnr. 11; Baumbach/Hefermehl, Wettbewerbsrecht, 22. Aufl., Einl. UWG Rdnr. 50; Streuli-Youssef, in: v. Büren/David, Schweizerisches Immaterialgüter- und Wettbewerbsrecht, S. 168; Walch, Ergänzender Leistungsschutz, S. 16.

818 Darüber hinaus ist das Kennzeichen in § 6 Abs. 2 Nr. 3, 4 und 6 UWG genannt.

819 Kraft, Festschrift GRUR, 729, 760.

820 BGH, GRUR 1992, 203, 207 – Roter mit Genever; BGH, GRUR 1992, 329, 333 – AjS-Schriftenreihe; v. Gamm, Festschrift Bundespatentgericht, 133, 138. Auch in seiner aktuellen Rechtsprechung ist für den BGH das Bestehen des Markenschutzes ein entscheidendes Kriterium für die Anwendbarkeit, vgl. BGH, WRP 2003, 1338, 1339 – Tupperwareparty (s. o. 5. Kap. A I 3 c).

821 Pluta, Der ergänzende wettbewerbsrechtliche Kennzeichenschutz, S. 248; Vierheilig, GRUR 1977, 704, 706.

822 BGH, GRUR 1979, 853, 855 – LILA; BGH, GRUR 1990, 681, 684 f. – Schwarzer Krauser; BGH, GRUR 1992, 203, 207 – Roter mit Genever; BGH, GRUR 1992, 329, 333 – AjS-Schriftenreihe; Schulte-Beckhausen; Das Verhältnis des § 1 UWG zu den gewerblichen Schutzrechten, S. 174: Umstand der Verwechslungsgefahr für

Weise der Zeichenbenutzung und nicht ein Ausschließlichkeitsrecht schützt, wurden wettbewerbsrechtlicher und kennzeichenrechtlicher Schutzgegenstand im Ergebnis als gleich angesehen[823].

Hierzu passt, dass erst mit der Regelung der Verletzungstatbestände der §§ 14 Abs. 2 Nr. 3, 15 Abs. 3 MarkenG die Forderungen nach einer autonomen Anwendung wettbewerbsrechtlicher und bürgerlichrechtlicher Vorschriften neben denen des Markenrechts zunahmen. Aber auch hier reicht der bloße Hinweis, dass § 1 UWG a.F. (= §§ 3, 4 UWG n.F.) im Gegensatz zu §§ 14 Abs. 2 Nr. 3, 15 Abs. 3 MarkenG keinen subjektivrechtlichen Schutz der Ausschließlichkeitsrechte zum Gegenstand hat, zur Begründung einer Anspruchskonkurrenz nicht aus. Es ist zwar zutreffend, dass bekannte Marken und geschäftliche Bezeichnungen im Markenrecht als eigenständige Rechte und nicht als Ausprägung wettbewerbsrechtlicher Regelungskomplexe geschützt werden. Gleichwohl handelt es sich bei §§ 14 Abs. 2 Nr. 3, 15 Abs. 3 MarkenG um einen seiner Natur nach wettbewerbsrechtlichen Kennzeichenschutz[824]. Wegen der engen Beziehung zwischen der „DIMPLE-Rechtsprechung" und dem erweiterten Schutz bekannter Kennzeichen im Markengesetz, insbesondere wegen der Tatsache, dass es in den entsprechenden Fallgruppen des UWG letztlich auch um den Schutz bekannter Kennzeichen geht, würden die markenrechtlichen Bestimmungen bei einer autonomen und kumulativen Anwendung der wettbewerbsrechtlichen Generalklausel entwertet. Soweit sich die Fallgruppen der Rufausbeutung und Rufbeeinträchtigung i.S.v. §§ 3 und 4 Nr. 7, 9 und 10 UWG auf den Schutz bekannter Kennzeichen beziehen, ist dieser Schutzzweck von §§ 14 Abs. 2 Nr. 3, 15 Abs. 3 MarkenG abgedeckt.

Dass sich der Schutzzweck von § 3 UWG in den von §§ 14 Abs. 2 Nr. 3, 15 Abs. 3 MarkenG erfassten Fällen nicht wesentlich von den markenrechtlichen Vorschriften unterscheidet, lässt sich ferner daran festmachen, dass auch § 3 UWG in diesen Konstellationen in erster Linie den Mitbewerbern dient und nicht der Allgemeinheit[825]. Auch wenn das neue UWG gemäß § 1 ausdrücklich den Schutz der Allgemeinheit in die Schutzzwecktrias aufgenommen hat, geht es beim wettbewerbsrechtlichen Kennzeichenschutz regelmäßig nicht um den Schutz von Allgemein-, sondern von Individualinteressen[826]. Da die Individualin-

---

die Begründung wettbewerbswidrigen Verhaltens im Rahmen des § 1 UWG a.F. „verbraucht".

823 V. Gamm, Festschrift Bundespatentgericht, 133, 138.

824 Erdmann, Festschrift für Vieregge, 197, 213; Piper, GRUR 1996, 429, 431; Sack, WRP 2001, 1022, 1033; a. A. Fezer, WRP 2000, 863, 868.

825 Marianne Helm, GRUR 2001, 291, 294.

826 Ingerl, WRP 2004, 809, 815; vgl. zum wettbewerbsrechtlichen Leistungsschutz nach § 1 UWG a.F. Nirk, GRUR 1993, 247, 254.

teressen des Kennzeicheninhabers aber besonders im Markengesetz geschützt werden, bestehen insoweit keine wesentlichen, eine autonome und kumulative Anwendung des § 3 UWG rechtfertigenden Unterschiede. Damit ist auch die von Dietz aufgestellte Voraussetzung erfüllt, dass die konkurrierenden Vorschriften die Sachverhalte unter einem „wesensgleichen rechtlichen Gesichtspunkt" behandeln[827].

b) Gesetzliche Legitimierung der früheren Rechtsprechung

Mit der Integration des erweiterten Schutzes bekannter Kennzeichen in das Markengesetz hat der Gesetzgeber die einschlägige Rechtsprechung vor Einführung des Markengesetzes legitimiert[828]. Dieser Gesichtspunkt ist für die Frage nach der Berechtigung eines uneingeschränkten wettbewerbsrechtlichen Kennzeichenschutzes von Bedeutung. Der häufig verwendete Satz, dass die frühere Rechtsprechung auf der Grundlage von § 1 UWG a.F. durch das Markengesetz „kodifiziert" wurde[829], ist zwar zutreffend. Er lässt jedoch nicht erkennen, dass die frühere Rechtsprechung berechtigter dogmatischer Kritik ausgesetzt war[830]. Die Kritik betraf unter anderem die ausdehnende Auslegung des Begriffs des konkreten Wettbewerbsverhältnisses i.S.v. § 1 UWG a.F.[831]. Auch unter Geltung des neuen UWG wird das Vorliegen eines konkreten Wettbewerbsverhältnisses zwischen Kennzeicheninhaber und branchenfremdem Kennzeichennutzer i.S.v. § 2 Abs. 1 Nr. 3 UWG teilweise abgelehnt[832]. Darüber hinaus war zum Teil umstritten, woraus sich bei der Bezugnahme auf bekannte Kennzeichen im Bereich der Werbung für den Absatz branchenfremder Produkte die Sittenwidrigkeit i.S.v. § 1 UWG a.F. ergab, wenn weder eine Verwechslungsgefahr gegeben war noch ein negatives Image beigelegt wurde[833]. Vereinzelt wurde die wettbewerbsrechtliche Schutzfähigkeit eines mit dem Warenzeichen verbundenen Images abgelehnt[834]. Die genannten Bedenken sind zwar insoweit obsolet geworden, als der Gesetzgeber sich darüber in den §§ 14 Abs. 2 Nr. 3, 15 Abs. 3 MarkenG hinweg-

827 Vgl. Dietz, Anspruchskonkurrenz, S. 64.

828 Beater, Nachahmen im Wettbewerb, S. 123.

829 OLG Düsseldorf, WRP 1997, 588, 590 – McPaint: „Dimple-Doktrin"; Kammergericht Berlin, WRP 2001, 551, 554 – Alex/live vom Alex; OLG München, WRP 1996, 130, 135 – Mac Fash :"Kodifizierung der früheren Rechtsprechung"; vgl. auch Deutsch, WRP 2000, S. 854.

830 Vgl. hierzu Piper, GRUR 1996, 429, 431; Althammer/Klaka, MarkenG, 6. Aufl., § 14 Rdnr. 24.

831 Nägele, Die rechtsverletzende Benutzung im Markenrecht, S. 126; Piper, a.a.O.

832 Köhler, in: Baumbach/Hefermehl, § 2 Rdnr. 62.

833 Vgl. Grunewald, NJW 1987, 105, 111 f. m.w.N.

834 Hösch, WRP 1994, 796, 799 m.w.N.

gesetzt hat. Jedoch bezieht sich die Legitimierung nur auf das Markenrecht. Zweifel an der Berechtigung des Schutzes auf der Grundlage der wettbewerbsrechtlichen Generalklausel werden dadurch nicht ausgeräumt. Diese Erwägungen sprechen eher gegen als für eine autonome Anwendung der §§ 3, 4 UWG neben den §§ 14, 15 MarkenG[835]. In der Kodifizierung der früheren Rechtsprechung auf der Grundlage von § 1 UWG a.F. in das Markengesetz ist zudem der Rechtsgedanke der Regel „lex posterior derogat legi priori" enthalten, wonach die spätere Norm der jüngeren vorgeht[836].

c) *Konsequenzen aus der Erweiterung der Markenfunktionen und Ziel eines umfassenden Kennzeichenschutzes*

In der Erweiterung der vom Markengesetz geschützten Markenfunktionen und dem Ziel eines umfassenden Kennzeichenschutzes könnte eine grundsätzliche Abkehr von der begrenzenden Aufgabe des Markengesetzes zu sehen sein, die auch eine uneingeschränkte Anwendung außermarkenrechtlicher Vorschriften rechtfertigt.

Durch den Schutz bekannter Kennzeichen wird im Ergebnis der in ihnen verkörperte Goodwill geschützt, ohne dass es ausschließlich auf eine Beeinträchtigung der Herkunftsfunktion ankommt[837]. Dies wird überwiegend als Abkehr des Markengesetzes von der Rechtslage des WZG gesehen, nach der im Kern lediglich die Beeinträchtigung der Herkunftsfunktion markenrechtlich geschützt wurde[838]. Geschützt werden auch die ökonomischen Funktionen der Marke, wie die Werbefunktion als Unterfunktion der Identifizierungs- und Kommunikationsfunktion[839]. Nach der amtlichen Begründung führt dies zwar zu einer veränderten Konzeption des Markengesetzes, jedoch soll die Herkunftsfunktion, die insbesondere durch die Werbe- und Qualitätsfunktion ergänzt werde, weiterhin maßgeblich sein[840]. Ebenso geht die Markenrechtsrichtlinie im Erwägungsgrund Nr. 10 davon aus, dass der Zweck des durch die Marke gewährten Schutzes „insbesondere" in der Gewährleistung der Herkunftsfunktion der Marke liegt. Der

---

835 Vgl. Götting, in: Fezer, Lauterkeitsrecht, § 4-9 Rdnr. 46, demzufolge das Markenrecht eine „abschließende Gesamtkodifikation" darstellt; ähnlich Ingerl, WRP 2004, 809, 810.

836 Vgl. zu dieser Konkurrenzregel Engisch, Einführung in das juristische Denken, S. 210.

837 Begr. Reg.-Entw. zum MarkenG BT-Drucks. 12/6581, S. 72.

838 Loewenheim, MA 1991, 238, 248; Kur, GRUR 1990, 1, 4; a. A. v. Gamm, WRP 1993, 793, 795: Keine Abkehr von der Herkunftsfunktion, sondern systemwidrige Einbeziehung wettbewerbsrechtlicher Tatbestände in das Markenrecht.

839 Fezer, GRUR 1996, 566, 569; Kiethe/Krauß, WRP 1996, 495, 497.

840 Begr. Reg.-Entw. zum MarkenG, BT-Drucks. 12/6581, S. 82.

BGH spricht von der Herkunftsfunktion als markenrechtlich zu schützender Hauptfunktion der Marke[841]. Auch in der Literatur wird vertreten, dass das Wesen der Markenschutzbestimmungen weiterhin im Schutz der Herkunftsfunktion als „Basisfunktion" zu sehen sei und die weiteren geschützten Markenfunktionen als Folge der Herkunftsfunktion auf diese aufbauten[842]. Dagegen wird von anderen die „rechtliche Multifunktionalität" der Marke hervorgehoben. Der Markenschutz diene sowohl der Herkunfts- als auch der Produktidentität[843]. Zum Teil wird von der produktidentifizierenden Unterscheidungsfunktion der Marke im neuen Markenrecht gesprochen[844]. Betrachtet man den Verwechslungsschutz weiterhin als zentrale Aufgabe des Markengesetzes, so sollte auch die Herkunftsfunktion, ungeachtet der Erweiterung durch andere Markenfunktionen, als vom Markengesetz zu schützende Hauptfunktion betrachtet werden. Im Übrigen kann auch der in § 14 Abs. 2 Nr. 3 MarkenG geschützte Werbewert der Marke nicht beschädigt werden, wenn die Marke nicht entweder durch eine markenmäßige oder eine sonstige Benutzung des Zeichens adressiert und damit in ihrer Herkunftsfunktion beeinträchtigt wird[845].

Selbst wenn der Herkunftsfunktion keine dominierende Stellung mehr eingeräumt wird, hat dies lediglich Auswirkungen auf den Schutzumfang innerhalb des Markengesetzes im Sinne einer in sich geschlossenen Regelung und ist keine Ermächtigung für eine uneingeschränkte Anwendung von § 3 UWG zum Schutz von Kennzeichen. Vielmehr wird durch die Erweiterung der Markenfunktionen im Markengesetz der Anwendungsbereich für außermarkenrechtliche Normen entsprechend beschnitten. Dies zeigen besonders die Argumente, die unter Geltung des WZG auch von den Vertretern einer extensiven Anwendung des § 1 UWG a.F. vorgebracht wurden. Da unter Geltung des WZG der Schutz des Werbewerts der Marke dem wettbewerbsrechtlichen Kennzeichenschutz vorbehalten war[846], ließ sich ein wettbewerbsrechtlicher Schutz von Kennzeichen mit den unterschiedlichen Regelungsaufgaben von WZG und UWG rechtfertigen. Entsprechend begründete Fezer unter Geltung des WZG seine These vom „originären Wettbewerbsschutz der Marke" unter anderem damit, dass der Normzweck

---

841 BGH, WRP 2003, 521, 523 – Abschlußstück.

842 V. Schultz, GRUR 1997, 408, 409; Lange, WRP 2003, 323, 324.

843 Fezer, GRUR 2003, 457, 463 f.

844 Kunz-Hallstein, Festschrift DPMA, 147, 164; Fezer, GRUR 1996, 566, 569; ders., GRUR 1998, 713, 716; Kiethe/Krauß, WRP 1996, 495, 497.

845 Lange, WRP 2003, 323, 325.

846 Nägele, Die rechtsverletzende Benutzung im Markenrecht, S. 107; Weberndörfer, MarkenR 2001, 436, 438; a. A. v. Gamm, WRP 1993, 793, 795; Vierheilig, GRUR 1977, 704, 712: Hauptzweck des WZG ist der Schutz unternehmerischen Werbeleistung.

des WZG nicht entgegenstünde, da dieser auf die Herkunftsfunktion beschränkt sei. Der Schutz des Werbewerts der Marke liege „außerhalb des Normzwecks des WZG“[847]. Auch andere sahen in den Unterschieden dieser Schutzfunktionen einen Grund für ein gleichrangig neben das WZG tretendes Schutzinstrument des Wettbewerbsrechts[848]. Diese Argumentation lässt sich durch die Erweiterung der Markenfunktionen nach dem neuen Markengesetz nicht mehr aufrechterhalten.

Die Erweiterung der Markenfunktionen entspricht dem Ziel des Markengesetzes, einen umfassenden Schutz zu gewährleisten[849]. Dies betrifft aber die Schutzvorschriften innerhalb des Markengesetzes und liefert keine Rechtfertigung für einen uneingeschränkten wettbewerbsrechtlichen Kennzeichenschutzes[850]. Vielmehr soll die Verteilung kennzeichenrechtlicher Vorschriften auf verschiedene Gesetze beendet werden[851]. Hiermit geht das Gebot einher, die Grenzen des harmonisierten Markenschutzes nicht durch einen nationalen wettbewerbsrechtlichen Schutz zu unterlaufen[852].

d) Begrenzungsfunktion des Markengesetzes

Ein wesentlicher Zweck, der den markenrechtlichen Vorschriften von der Rechtsprechung zugewiesen wird, ist ihre Begrenzungsfunktion[853].

---

847 Schulte-Beckhausen, Das Verhältnis des § 1 UWG zu den gewerblichen Schutzrechten, S. 124 f.; Fezer, GRUR 1986, 485, 493; ähnlich Bork, GRUR 1989, 725, 737.

848 Peter Ulmer, WRP 1987, 299, 304. Allerdings begründet Ulmer dies mit der Kräutermeister-Entscheidung, vgl. S. 307 (BGH, GRUR 1981, 142, 144). Dort handelte es sich jedoch immer noch um eine lückenfüllende Anwendung des § 1 UWG, da die Konstellation der Rufausbeutung im WZG nicht geregelt war.

849 Begr. Reg.-Entw. zum MarkenG, BT-Drucks. 12/6581, S. 72.

850 So aber Klippel/Pahlow in: HK-MarkenR, § 2 Rdnr. 3.

851 Marianne Helm, GRUR 2001, 291; Ingerl, WRP 2004, 809, 810: „Explizite Kodifizierung“. Zum „wenig klaren“ früheren Rechtszustand Grunewald, NJW 1987, 105, 109; Götting, in: Fezer, Lauterkeitsrecht, § 4-9 Rdnr. 46: Markenrecht als „abschließende Gesamtkodifikation“.

852 Ingerl, WRP 2004, 809, 810.

853 BGH, GRUR 1999, 161, 162 – MAC Dog; Ingerl, WRP 2004, 809, 810 f.; Münch-Komm/Wagner, BGB, 4. Aufl., § 823 Rdnr. 157; Erdmann, GRUR 2001, 609, 610; Marianne Helm, GRUR 2001, 291; vgl. auch Sambuc, in: Harte-Bavendamm/Henning-Bodewig, UWG, Einl. F Rdnr. 208 und 216; kritisch Sack, WRP 2004, 1405, 1414 f.; Fezer, in: Fezer, Lauterkeitsrecht, Einl. E Rdnr. 96, befürwortet nur eine „tatbestandliche Begrenzungsfunktion bei der Konkretisierung der Lauterkeit im Wettbewerb“.

aa) Grundsatz der Annäherungsfreiheit

Die Rechtsprechung und Teile der Literatur halten an dem auch vor Inkrafttreten des Markengesetzes geltenden Grundsatz fest, dass jede außerhalb des kennzeichenrechtlichen Schutzbereiches liegende Annäherung grundsätzlich zulässig ist. Eine Auslegung, nach der schon Annäherungen und damit verbundene Schädigungen wettbewerbsrechtlich unzulässig seien, verstoße gegen die Systematik des Wettbewerbs- und Kennzeichenrechts[854]. Dem Markengesetz komme die begrenzende Aufgabe zu, im Interesse der Mitbewerber, aber auch im Allgemeininteresse zu gewährleisten, dass ein ausreichender Handlungs- und Gestaltungsspielraum erhalten bleibt[855]. Das führt dazu, dass der Inhaber eines Kennzeichenrechts die Schwächung seines Kennzeichens durch Aufkommen benachbarter Kennzeichen grundsätzlich solange hinnehmen muss, bis die Grenze der Verwechslungsgefahr überschritten ist[856]. Eine markenrechtsimmanente Ausnahme von diesem Grundsatz besteht für den Fall des „erweiterten" Kennzeichenschutzes bekannter Kennzeichen gemäß §§ 14 Abs. 2 Nr. 3, 15 Abs. 3 MarkenG[857]. Die Einhaltung dieser Regel kann nur dadurch sichergestellt werden, dass im Anwendungsbereich des Markengesetzes Kennzeichenbeeinträchtigungen nur bei Vorliegen der Voraussetzungen gemäß §§ 14 Abs. 2, 15 Abs. 2 und 3 MarkenG untersagt werden können. Eine uneingeschränkte Anwendung von § 3 UWG würde den Begrenzungszweck vereiteln. Der Einwand in der Literatur, dass es ausreiche, wenn der ergänzende wettbewerbsrechtliche Kennzeichenschutz nicht im Widerspruch zum Markengesetz stehe, sich hieraus jedoch nicht pauschal eine Begrenzungsfunktion ableiten lasse[858], ist eher terminologischer Natur. Denn mit „Begrenzungsfunktion" wird gerade umschrieben, dass keine Widersprüche zum markenrechtlichen Schutzsystem auftreten dürfen. So würde ein Widerspruch zum Markengesetz bestehen, wenn markengesetzliche Tatbestandsmerkmale, die die Reichweite markenrechtlicher Ansprüche begrenzen, durch eine uneingeschränkte Anwendung wettbewerbsrechtlicher Vorschriften relativiert würden[859].

---

854 BGH, GRUR 1997, 754, 755 – grau/magenta; BGH, GRUR 1968, 371, 379 – Maggi; OLG Köln, WRP 2001, 964, 967 – Kfz-Modellbezeichnungen; Ströbele/Hacker, MarkenG, 7. Aufl., § 14 Rdnr. 208; Köhler/Piper, UWG 3. Aufl., § 1 Rdnr. 593, 594.

855 Würtenberger, GRUR 2003, 912, 913.

856 BGH, GRUR 1997, 754, 755 – grau/magenta. Zum WZG, das mit „Grenzen versehene Ausschlussrechte" schütze, vgl. Pluta, Der ergänzende wettbewerbsrechtliche Kennzeichenschutz, S. 141; zum neuen UWG Sambuc, in: Harte-Bavendamm/Henning-Bodewig, UWG, § 4 Rdnr. 92.

857 Vgl. Kammergericht Berlin, WRP 2001, 551, 554 – Alex/live vom Alex.

858 Sack, WRP 2004, 1405, 1414.

859 Vgl. auch Ingerl, WRP 2004, 809, 810.

Zwischen dem Grundsatz, dass eine Annäherung an fremde Kennzeichen ohne Vorliegen einer Verwechslungsgefahr grundsätzlich zulässig ist, und dem Verständnis von der abschließenden Regelung des erweiterten Kennzeichenschutzes in §§ 14 Abs. 2 Nr. 3, 15 Abs. 3 MarkenG besteht ein enger Zusammenhang. Indem die Bestimmungen der §§ 14 Abs. 2 Nr. 3, 15 Abs. 3 MarkenG innerhalb ihres Anwendungsbereichs als abschließend betrachtet werden, wird gleichzeitig gewährleistet, dass die Voraussetzungen für eine Verwechslungsgefahr nicht außermarkenrechtlich unterlaufen werden können. Das machen die untersuchten Entscheidungen der instanzgerichtlichen Rechtsprechung deutlich, in denen eine Verwechslungsgefahr ausschied, die Voraussetzungen für einen erweiterten Bekanntheitsschutz nicht vorlagen und ein außermarkenrechtlicher Schutz mit Hinweis auf die abschließende Regelung der §§ 14 Abs. 2 Nr. 3, 15 Abs. 3 MarkenG abgelehnt wurde. Bei einer autonomen Anwendung des Wettbewerbsrechts im Anwendungsbereich des markenrechtlich geregelten Bekanntheitsschutzes würden mithin nicht nur die Verletzungstatbestände der §§ 14 Abs. 2 Nr. 2 Nr. 3, 15 Abs. 3 MarkenG, sondern auch der §§ 14 Abs. 2 Nr. 2, 15 Abs. 2 MarkenG weitgehend ins Leere gehen[860].

bb) Parallelität zum Grundsatz der Nachahmungsfreiheit

Der im Zusammenhang mit der Annäherung an fremde Kennzeichen aufgestellte Grundsatz ist eng verwandt mit dem allgemeinen Prinzip, dass die Nachahmung fremder Leistungsergebnisse außerhalb der gesetzlichen Regelungen des Sonderrechtsschutzes grundsätzlich frei sein soll[861]. Die Sonderrechte des gewerblichen Rechtsschutzes sind als Ausnahmevorschriften zur grundsätzlich geltenden Nachahmungsfreiheit erlassen worden[862]. Andererseits ist der Grundsatz der Nachahmungsfreiheit im Verhältnis von Sonderrechtsschutz und Wettbewerbsrecht nicht umfassend, ein ergänzender wettbewerbsrechtlicher Schutz mithin nicht generell ausgeschlossen. Dies kommt auch durch § 2 MarkenG zum Ausdruck[863]. Die Erweiterung von Schutzrechten über die gesetzlichen Sonder-

---

860 Bezüglich §§ 14 Abs. 2 Nr. 3, 15 Abs. 3 MarkenG: BGH, GRUR 1999, 161, 162 – MAC Dog; Erdmann, GRUR 2001, 609, 610; vgl. auch Sambuc, in: Harte-Bavendamm/Henning-Bodewig, UWG, § 4 Rdnr. 92.

861 BGH, GRUR 1994, 732, 734 – McLaren; Kotthoff, in: HK-WettbR, § 1 Rdnr. 544; Köhler/Piper, UWG, § 1 Rdnr. 593; Sambuc, in: Harte-Bavendamm/Henning-Bodewig, UWG, § 4 Rdnr. 9; ablehnend Fezer, in: Fezer, Lauterkeitsrecht, Einl. E Rdnr. 96.

862 Walch, Ergänzender Leistungsschutz, S. 21; Erdmann, Festschrift für Vieregge, 197, 200.

863 Götte, Die Schutzdauer im wettbewerbsrechtlichen Leistungsschutz, S. 97; Sambuc, in: Harte-Bavendamm/Henning-Bodewig, UWG, § 4 Rdnr. 5.

rechtsgebiete hinaus wird als ergänzender wettbewerbsrechtlicher Leistungsschutz bezeichnet, der nunmehr in § 4 Nr. 9 UWG eine nicht abschließende Regelung erfahren hat. An der Beurteilung des ergänzenden Leistungsschutzes hat sich im Vergleich zum bislang auf § 1 UWG a.F. aufbauenden Unlauterkeitsrecht nichts Grundlegendes geändert[864]. Die frühere Rechtsprechung zu § 1 UWG a.F. ist in ihren Grundlinien in § 4 Nr. 9 UWG kodifiziert worden[865]. Es müssen für die Zubilligung von Ansprüchen aus wettbewerbsrechtlichem Leistungsschutz die Grenzen der Sonderschutzrechte beachtet werden und es bedarf besonderer wettbewerbsrechtlicher Umstände, die zum Tatbestand der Nachbildung eines schutzwürdigen Leistungsergebnisses hinzutreten müssen. Das Spannungsverhältnis von Nachahmungsfreiheit und wettbewerbsrechtlichem Schutz lässt sich mit dem Grundsatz der Subsidiarität des wettbewerbsrechtlichen Schutzes auflösen, der an die Stelle der umfassenden Nachahmungsfreiheit tritt. Daraus ergibt sich, dass die Grenze des ergänzenden wettbewerbsrechtlichen Schutzes erreicht ist, sobald der Gesetzgeber die Regelung eines Bereichs an sich gezogen und in seinen sachlichen Anwendungsbereich aufgenommen hat[866]. Der Gesetzgeber hat in den Sonderrechten eine Abwägung zwischen den Schutzinteressen und dem Freiheitsprinzip vorgenommen. Diese Abwägung würde durch eine kumulative Anwendung des UWG neben dem Sonderrechtsschutz durchkreuzt[867].

(1) Weniger gravierender Eingriff in die Nachahmungsfreiheit beim Kennzeichenschutz

Im Hinblick auf das Spannungsverhältnis von ergänzendem wettbewerbsrechtlichen Schutz und der Nachahmungsfreiheit bestehen auf dem Gebiet der Kennzeichnungen Unterschiede zu den übrigen Sonderschutzrechten[868]. Das ist darauf

864 Henning-Bodewig, GRUR 2004, 713, 717. Zum alten Recht vgl. nur Nirk, GRUR 1993, 247, 248; Kur, GRUR 1990, 1, 3; Köhler/Piper, UWG, Einf. Rdnr. 53.

865 Begr. Reg.-Entw. BT-Drucks. 15/1487, S. 18; Köhler, in: Baumbach/Hefermehl, UWG, 23. Aufl., Rdnr. 9.1.

866 Zum neuen UWG Sambuc, in: Harte-Bavendamm/Henning-Bodewig, UWG, Einl. F Rdnr. 206 f.; zu § 1 UWG a.F. Götte, Die Schutzdauer im wettbewerbsrechtlichen Leistungsschutz, S. 101; Beater, Nachahmen im Wettbewerb, S. 395 f.: Anwendbarkeit nur, wenn die Sondergesetze weder Schutz vorsehen noch schutzausschließende Bestimmungen enthalten; ders., Unlauterer Wettbewerb, § 12 Rdnr. 66.

867 Das Argument der Durchkreuzung der Risikoabwägung wird auch in der zivilrechtlichen Konkurrenzliteratur zum Verhältnis von Vertrags- und Deliktsrecht angeführt, vgl. Schwark, AcP 179 (1979), S. 66.

868 Hierzu Kur GRUR 1990, 1, 5 f.; Walch, Ergänzender Leistungsschutz, S. 11; Knies, Der wettbewerbliche Leistungsschutz – eine unzulässige Rechtsfortbildung ?, S. 157.

zurückzuführen, dass der Eingriff in die Nachahmungsfreiheit bei Kennzeichenbeeinträchtigungen als weniger gravierend angesehen wird[869]. Hinsichtlich des Verwechslungsschutzes i.S.v. §§ 14 Abs. 2 Nr. 2, 15 Abs. 2 MarkenG unterscheidet sich der Kennzeichenschutz nach dem Markengesetz von anderen Immaterialgüterschutzrechten dadurch, dass die Kennzeichen in ihrer akzessorischen Funktion als Hinweis auf entsprechend gekennzeichnete betriebliche Leistungen geschützt werden[870]. Der Markenschutz hindert in dieser Funktion die Nachahmung der Leistung nicht. Anders verhält es sich dagegen bei der Fallgruppe der Rufausbeutung und Rufbeeinträchtigung gemäß §§ 14 Abs. 2 Nr. 3, 15 Abs. 3 MarkenG, die überwiegend als markenrechtliche Regelung des ergänzenden Leistungsschutzes angesehen wird, da hier die Marke selbst in ihrem Eigenwert den eigentlichen Schutzgegenstand bildet[871]. Es kann daher nicht mehr davon gesprochen werden, dass das Markenrecht keine Leistung an sich repräsentiert[872]. Allerdings ist auch im Bereich des Bekanntheitsschutzes der Eingriff in die Wettbewerbsfreiheit im Vergleich zum Nachahmungsschutz hinsichtlich anderer Immaterialgüterrechte weniger schwerwiegend, da bei der Übernahme fremder Leistung weniger das Produkt selbst betroffen ist[873].

Die weniger gravierende Beeinträchtigung der Nachahmungs- und Wettbewerbsfreiheit durch den wettbewerbsrechtlichen Kennzeichenschutz wirkt sich jedoch nur dahingehend aus, dass der Vorwurf der Unlauterkeit nach dem UWG eher in Betracht gezogen werden kann als bei der Nachahmung einer Ware selbst[874]. Das Markengesetz selbst trägt dem geringeren Gewicht des Grundsatzes der Nachahmungsfreiheit beim Kennzeichenschutz durch ein umfassendes und abgestuftes Schutzsystem und eine weniger starre zeitliche Begrenzung im Markenschutz Rechnung (vgl. § 47 Abs. 1 und 2 MarkenG)[875]. Eine autonome Anwendbarkeit von § 3 i.V.m. § 4 Nr. 9 UWG neben dem im Markenrecht geregel-

869 Sambuc, in: Harte-Bavendamm/Henning-Bodewig, UWG, Einl. F Rdnr. 207.

870 Kur, GRUR Int. 1998, 771, 778; dies., GRUR 1990, 1, 4; Fikentscher, Wettbewerb und Gewerblicher Rechtsschutz, S. 273.

871 Erdmann, Festschrift für Vieregge, 197, 198; Kur, GRUR Int. 1998, 771, 777.

872 So für das WZG Fezer, GRUR 1986, 485, 491.

873 Götting, in: Fezer, Lauterkeitsrecht, § 4-9 Rdnr. 46; Kur, GRUR Int. 1998, 771, 778; Erdmann, Festschrift für Vieregge, 197, 213; Beater, Nachahmen im Wettbewerb, S. 143.

874 Zu § 1 UWG a.F. BGH, GRUR 1968, 419, 422 – feuerfest I; Baumbach/Hefermehl, Wettbewerbsrecht, 22. Aufl., § 1 Rdnr. 483 m.w.N.

875 Vgl. hierzu Beater, Nachahmen im Wettbewerb, S. 396, wonach die Festlegung der Schutzdauer in den anderen Immaterialgüterrechten einen typischen Fall einer abschließenden gesetzgeberischen Entscheidung darstellt.

ten Sonderrechtsbereich lässt sich daraus jedoch nicht herleiten[876]. Ebenso lässt sich vertreten, dass die weniger schwerwiegenden Folgen des Kennzeichenschutzes für die Nachahmungsfreiheit bereits innerhalb des Markengesetzes berücksichtigt sind und sich allenfalls auf die Tatbestandsvoraussetzungen der §§ 3, 4 Nr. 9 UWG außerhalb des Anwendungsbereichs der §§ 14, 15 MarkenG auswirken können.

(2) Markenrecht als Teil des allgemeinen Wettbewerbsrechts

Bei einer zu Wettbewerbszwecken erfolgten Annäherung an ein Kennzeichen handelt es sich um typisches Wettbewerbsverhalten, das gemäß § 2 Abs. 1 Nr. 1 UWG grundsätzlich auch in den Bereich des UWG fällt. Es ist deshalb anerkannt, dass das Kennzeichenrecht einen Ausschnitt aus dem allgemeinen Wettbewerbsrecht darstellt und unter den Immaterialgüterrechten eine Sonderstellung einnimmt[877]. Markenrecht und Wettbewerbsrecht werden als sich ergänzende Teile einer einheitlichen Wettbewerbsordnung betrachtet[878], zwischen denen vielfältige Beziehungen bestehen[879]. Die anderen gewerblichen Schutzrechte sind nicht Teil des Wettbewerbsrechts, haben aber einen wettbewerbsrechtlichen Einschlag[880]. Die besondere Stellung des Markenrechts könnte eine vom allgemeinen Verhältnis des UWG zu den Sonderschutzrechten abweichende Bewertung erfordern. Da sich die markenrechtlichen und wettbewerbsrechtlichen Vorschriften gegenseitig ergänzen und im Sinne einer „gedanklichen Synthese" beeinflussen[881], passen möglicherweise Kategorien, die einem der beiden Normenkomplexe den Vorrang einräumen, nicht[882]. Es könnte sich vielmehr um gleichberechtigte Teile einer einheitlichen Wettbewerbsordnung handeln.

Bereits unter Geltung des WZG wurde aus der Tatsache, dass das Zeichenrecht Teil des Wettbewerbsrechts ist, gefolgert, dass ein als unzureichend empfundener zeichenrechtlicher Schutz über das WZG hinaus, insbesondere durch

876 Köhler, in: Baumbach/Hefermehl, § 4 Rdnr. 9.10; zu § 1 UWG a.F. v. Gamm, Festschrift Bundespatentgericht, 133; a. A. Fezer, GRUR 1986, 485, 491.

877 Baumbach/Hefermehl, Wettbewerbsrecht, 22. Aufl., Einl. UWG Rdnr. 101; Köhler/Piper, UWG, Einf. Rdnr. 10; Gloy, Festschrift für von Gamm, 257, 260; Fezer, GRUR 1986, 485, 492.

878 Pluta, Der ergänzende wettbewerbsrechtliche Kennzeichenschutz, S. 195.

879 Sack, WRP 2004, 1405, 1406; Sambuc, in: Harte-Bavendamm/Henning-Bodewig, UWG, Einl. F Rdnr. 220 und § 4 Rdnr. 7.

880 Baumbach/Hefermehl, Wettbewerbsrecht, 22. Aufl., Allg. Rdnr. 102.

881 Baumbach/Hefermehl, WZG, Einl. WZG Rdnr. 44; Beier/Kur, Festschrift für Fikentscher, 477, 493.

882 Pluta, Der ergänzende wettbewerbsrechtliche Kennzeichenschutz, S. 195; Fikentscher, Wettbewerb und Gewerblicher Rechtsschutz, S. 273.

Anwendung von § 1 UWG a.F., erweitert werden konnte[883]. Ferner wurde daraus gefolgert, dass die Benutzung einer Marke markenrechtlich zulässig und wettbewerbsrechtlich unzulässig sein konnte[884]. Auch nach Einführung des Markengesetzes wird die Möglichkeit ergänzenden Schutzes nach dem UWG und BGB zum Teil damit begründet, dass das Markengesetz Teil des Wettbewerbsrechts ist[885].

Die gedankliche Synthese von Wettbewerbs- und Markenrecht ist jedoch keine Rechtfertigung für eine uneingeschränkte autonome Anwendung der wettbewerbsrechtlichen Generalklausel neben den §§ 14, 15 MarkenG. Sie darf nicht das Regel-/Ausnahmeverhältnis zwischen Marken- und Wettbewerbsrecht in Frage stellen und zu einer Aushöhlung der markenrechtlichen Vorschriften mit ihren spezifischen Schutzvoraussetzungen führen[886]. Seine Begrenzungsfunktion kann das Markengesetz nur dann erfüllen, wenn es die wettbewerbsrechtliche Generalklausel in seinem Anwendungsbereich verdrängt. Es sollte auch im Bereich des wettbewerbsrechtlichen Kennzeichenschutzes bei dem Grundsatz bleiben, dass die Grenze des ergänzenden wettbewerbsrechtlichen Schutzes erreicht ist, sobald der Gesetzgeber die Regelung des Kennzeichenschutzes an sich gezogen hat. Hiermit stimmt die Ansicht von der abschließenden Regelung des seiner Natur nach wettbewerbsrechtlichen und in das Markenrecht integrierten Schutzes bekannter Kennzeichen gemäß §§ 14 Abs. 2 Nr. 3, 15 Abs. 3 MarkenG überein[887]. Aus dem engen Verhältnis von Marken- und Wettbewerbsrecht ergibt sich nur, dass das Markengesetz nicht als völlig eigenständige abschließende Regelung zu betrachten ist, sondern einem ergänzenden wettbewerbsrechtlichen Auffangschutz weiterhin zugänglich ist, was dem hier vertretenen Verständnis vom Normzweck des § 2 MarkenG entspricht[888]. Darüber hinaus wird dadurch zum Ausdruck gebracht, dass durch das Wettbewerbsrecht auch eine Einschränkung

883 Vgl. Vierheilig, GRUR 1977, 704; v. Gamm, Wettbewerbsrecht, Einf. A, Rdnr. 13; Gloy, Festschrift für v. Gamm, 257, 260; Fezer, GRUR 1986, 485, 492: „Wettbewerbsrecht dient der Ausdehnung des Markenschutzes".

884 Baumbach/Hefermehl, WZG, Einl. WZG Rdnr. 44; vgl. zum neuen UWG Sack, WRP 1994, 1405, 1406.

885 V. Schultz, Markenrecht, § 2 Rdnr. 1; Ströbele/Hacker, MarkenG, 7.Aufl., § 2 Rdnr. 13.

886 Sambuc, in: Harte-Bavendamm/Henning-Bodewig, UWG, § 4 Rdnr. 9. Zum WZG Kroitzsch, GRUR 1986, 579, 584; Schaeffer, GRUR 1988, 509, 514.

887 Vgl. hierzu Sack, GRUR 1998, 871, 875. Nach Lehmann, Festschrift für Beier, 279, 280, demonstriert § 14 Abs. 2 Nr. 3 MarkenG, dass das MarkenG eine höhere Integration in das Wettbewerbsrecht verfolgt als dies hinsichtlich des WZG der Fall war.

888 Vgl. auch Götte, Die Schutzdauer im wettbewerbsrechtlichen Leistungsschutz, S. 97; Sambuc, in: Harte-Bavendamm/Henning-Bodewig, UWG, § 4 Rdnr. 5.

des Markenschutzes möglich ist[889]. Auch bei der Auslegung der einzelnen Tatbestandsmerkmale der §§ 14, 15 MarkenG kommt wettbewerbsrechtlichen Wertungen eine wichtige Rolle zu[890]. Geht es ferner um vom Markengesetz nicht erfasste Belange, wie die Interessen der Verbraucher oder der Öffentlichkeit, hat § 3 UWG eine wichtige, das Markengesetz ergänzende Funktion[891].

cc) Kein Unterlaufen des Markengesetzes wegen Berücksichtigung markenrechtlicher Wertungen bei der Unlauterkeit i.S.d. § 3 UWG? Zusammenhang zur Prüfungsreihenfolge

Ein Unterlaufen markenrechtlicher Wertungen durch die unbeschränkte Anwendbarkeit von § 3 UWG neben §§ 14, 15 MarkenG wird möglicherweise schon dadurch vermieden, dass markenrechtliche Maßstäbe bei der Konkretisierung der Voraussetzungen für einen Anspruch gemäß § 3 UWG herangezogen werden[892]. Wenn die Beurteilung der Unlauterkeit i.S.v. § 3 UWG bei kennzeichenrelevanten Sachverhalten von markenrechtlichen Wertungen unterlegt ist, könnte die im Markenrecht enthaltene Abwägung zwischen Schutzinteressen und Freiheitsprinzip und die begrenzende Aufgabe des Markengesetzes trotz einer autonomen Anwendung von wettbewerbsrechtlichen Normen neben dem Markenrecht ausreichend berücksichtigt werden[893].

Jedoch lässt sich nur durch die Begrenzung des Anwendungsbereichs des § 3 UWG auf vom Markenrecht nicht geregelte Konflikte ein Prüfungsvorrang markengesetzlicher Regelungen schlüssig begründen[894]. Nach Fezer ist es zwar naheliegend, dass die markenrechtlichen Vorschriften, in denen der Gesetzgeber einen

---

889 Sack, WRP 2004, 1405, 1406; vgl. nachfolgend 9. Kap. C. II. 1. e).

890 Beater, Nachahmen im Wettbewerb, S. 123. Beispiele sind die qualifizierenden Tatbestandsmerkmale „in unlauterere Weise" oder „ohne rechtfertigenden Grund" in §§ 14 Abs. 2 Nr. 3, 15 Abs. 3 MarkenG, vgl. Kur, GRUR 1990, 1, 15.

891 Beier/Kur, Festschrift für Fikentscher, 477, 493. Vgl. auch die Schutzzweckbestimmung in § 1 UWG, wonach Mitbewerber, Verbraucher und die Allgemeinheit nach dem UWG geschützt werden.

892 Fezer, in: Fezer, Lauterkeitsrecht, Einl. E Rdnr. 96; kritisch Ingerl, WRP 2004, 809, 813; zu § 1 UWG a.F. Eichmann, GRUR 1998, 201, 207 f.: Konkretisierung der Generalklausel durch außerrechtliche Wertungen.

893 Zum neuen UWG, Fezer, in Fezer, Lauterkeitsrecht, Einl. E Rdnr. 96; ders. zu § 1 UWG a.F. in: Markenrecht, § 2 Rdnr. 4 und 9: „Tatbestandsfunktion der im Markengesetz normierten Kennzeichenrechte"; Deutsch, WRP 2000, 854, 858. Allgemein zur Berücksichtigung markenrechtlicher Wertungen bei § 1 UWG a.F.: BGH, GRUR 1997, 754, 755 – grau/magenta; OLG Köln, WRP 2001, 964, 966 – Kfz-Modellbezeichnungen; Beater, Unlauterer Wettbewerb, § 20 Rdnr. 31.

894 Vgl. Vierheilig, GRUR 1977, 704, 712; vgl. auch Schulz, Festschrift für Horst Helm, S. 246.

Sachverhalt erstmals ausdrücklich regelt, „in erster Linie“ angewandt werden müssen[895]. Damit befürwortet er trotz der von ihm vertretenen uneingeschränkten Anspruchskonkurrenz einen Prüfungsvorrang der markenrechtlichen Vorschriften. Bei Bejahung einer autonomen Anwendung außermarkenrechtlicher Regelungen ist aber nicht ersichtlich, woraus der Prüfungsvorrang des Markengesetzes hergeleitet werden soll. Stehen die sich aus Markengesetz und UWG ergebenden Ansprüche gleichberechtigt nebeneinander, ist das Gericht nicht an eine bestimmte Prüfungsreihenfolge gebunden und kann unter Umständen offen lassen, ob Ansprüche aus dem Markengesetz zugunsten des Markeninhabers gegeben sind[896]. Nach dem Rechtsgrundsatz „da mihi factum, dabo tibi jus“[897] hat der Richter einen Klageanspruch nach allen denkbaren rechtlichen Gesichtspunkten zu prüfen. Im Wettbewerbsrecht besteht die Besonderheit, dass der Unterlassungsgläubiger ein gewisses Dispositionsrecht hat. Er kann bestimmen, dass von mehreren Ansprüchen nur ein bestimmter der Prüfung zugrunde gelegt werden soll oder er kann eine bestimmte Prüfungsreihenfolge vorschreiben[898]. Dadurch würde der Inhaber konkurrierender Ansprüche aus Markengesetz und UWG aber theoretisch die Möglichkeit erhalten, die Voraussetzungen der §§ 14, 15 MarkenG zu umgehen, indem er seine Klage nur auf wettbewerbsrechtliche Vorschriften stützt. Um zu verhindern, dass die Determinationskraft der §§ 14, 15 MarkenG unterminiert und ihre Begrenzungsfunktion vereitelt wird, muss die Anwendbarkeit der außermarkenrechtlichen Bestimmungen daher eingeschränkt werden[899].

e) Vereinbarkeit einer nur eingeschränkten Anwendbarkeit mit der Rechtsergänzungs- und Rechtsentwicklungsfunktion der wettbewerbsrechtlichen Generalklausel

§ 3 UWG hat grundsätzlich einen autonomen Wertungsgehalt und Anwendungsbereich, so dass sich bei formaler Betrachtung aus der Regelung des Markenge-

---

895 Fezer, WRP 2000, 861, 866; a. A. Vierheilig, GRUR 1977, 704, 712.

896 Vgl. Müller, in: v. Büren/David, Schweizerisches Immaterialgüter- und Wettbewerbsrecht, S. 42 f., der wegen der autonomen Anwendung einen Prüfungsvorrang der gewerblichen Schutzrechte ablehnt.

897 „Gib mir den Tatbestand, und ich werde dir das Recht geben“; zitiert nach Liebs, Lateinische Rechtsregeln, S. 60 unter D 1. Dem entspricht die Aussage des § 293 ZPO.

898 Pastor, Wettbewerbs- und Warenzeichenrecht, S. 36. Vgl. BGH, WRP 2001, 804, 806 – Telefonkarte, für den umgekehrten Fall, dass der Kläger die Begründung seiner Klage allein auf gewerbliche Schutzrechte stützt, ohne gleichzeitig einen Lebenssachverhalt für eine wettbewerbswidrige Nachahmung darzulegen. Diese Beschränkung des Klagevorbringens sei vom Gericht hinzunehmen.

899 MünchKomm/Wagner, BGB, 4. Aufl., § 823 Rdnr. 157.

setzes keine Rückwirkungen für die Anwendung der wettbewerbsrechtlichen Generalklausel ergeben[900]. Eine Unanwendbarkeit der theoretisch einschlägigen Anspruchsgrundlage des § 3 UWG im Anwendungsbereich der markenrechtlichen Regelungen widerspricht aber nicht dem autonomen Wertungsgehalt der Vorschrift. Nach dem vorstehend erörterten Zusammenspiel von Sonderschutzrecht und Wettbewerbsrecht kommt der wettbewerbsrechtlichen Generalklausel grundsätzlich eine Rechtsentwicklungs- und Rechtsergänzungsfunktion zu[901].

aa) Situation unter Geltung des § 1 UWG a.F.

Die frühere wettbewerbsrechtliche Generalklausel hatte häufig die Funktion eines „Schrittmachers“ für nachfolgende Sondergesetze, mit dem der dynamischen und innovativen Natur des Wettbewerbs Rechnung getragen wurde[902]. Sie blieb bedeutsam für Fälle, in denen eine spezielle gesetzliche Grundlage fehlte[903]. Auch für kennzeichenbezogene Sachverhalte behielt § 1 UWG a.F. außerhalb des markengesetzlichen Anwendungsbereichs oder, soweit nicht der Gegenstand des Kennzeichenschutzes als solcher betroffen war, seine Eigenständigkeit[904]. Dagegen war eine Heranziehung von § 1 UWG a.F. in den Bereichen, über deren Schutzwürdigkeit der Spezialgesetzgeber im positiven oder negativen Sinne entschieden hat, nach dem Normzweck der Vorschrift nicht erforderlich[905].

---

900 Hierzu bezüglich § 1 UWG a.F. Kur, GRUR Int. 1998, 771, 772; Plaß/Kotthoff, in: HK-WettbR, § 1 Rdnr. 1; Streuli-Youssef, in: v. Büren/David, Schweizerisches Immaterialgüter- und Wettbewerbsrecht, S. 167: „Die Neu-Kodifizierung des Markenrechts kann nicht zum Anlass genommen werden, das UWG nicht mehr aus sich heraus auszulegen“.

901 Zu § 1 UWG a.F. BGH, GRUR 1991, 223, 225 – Finnischer Schmuck; OLG Hamburg, GRUR 1996, 982, 983 – Für Kinder : § 1 UWG a.F. als Auffangnorm; Schricker, Festschrift für Vieregge, S. 776; Kotthoff, in: HK-WettbR, § 1 Rdnr. 570.

902 Sack, Bewegliche Systeme, S. 192; Plaß/Kotthoff, in: HK-WettbR, § 1 Rdnr. 1; Ströbele/Hacker, MarkenG, 3. Aufl., Einf. Rdnr. 53; Fezer, in: Fezer, Lauterkeitsrecht, Einl. E Rdnr. 96: Lauterkeitsrecht als „Jungbrunnen .des Immaterialgüterrechts“.

903 Kotthoff, in: HK-WettbR, § 1 Rdnr. 544; vgl. Götte, Die Schutzdauer im wettbewerbsrechtlichen Leistungsschutz, S. 97, wonach es einem „Rechtsstaat nicht angemessen sei, unter dem lapidaren, formalistischen Verweis auf das Fehlen einer speziellen gesetzlichen Grundlage den Schutz vor Nachahmungen zu versagen, obwohl § 1 UWG (a.F.) zum Eingreifen berechtigen würde“.

904 BGH, WRP 2003, 521, 526 – Abschlußstück (s. o. 5. Kap. A I 3 c).

905 Beater, Nachahmen im Wettbewerb, S. 394 f.; Sack, WRP 1985, 1, 2, sieht den Sinn und Zweck der Generalklausel des § 1 UWG (a.F.) darin, als Auffangtatbestand zum Ausfüllen von Lücken zu dienen. Es handele sich um ein „Stück offen gelassener Gesetzgebung“. Durch die Generalklausel solle die rechtliche Handhabe gegen

Gegen die Reduzierung der wettbewerbsrechtlichen Generalklausel auf eine Lückenbüßerfunktion wurde unter Geltung des § 1 UWG a.F. eingewandt, dass dies der eigenständigen Aufgabe des Wettbewerbsrechts als einem originären Schutz des subjektiven Markenrechts widerspreche[906]. Die Schutzrichtung des § 1 UWG a.F. wurde nicht nur darin gesehen, die Anwendung unlauterer Wettbewerbsmethoden zu unterbinden[907]. Begründet wurde dies unter anderem damit, dass beim wettbewerbsrechtlichen Leistungsschutz entgegen der tradierten Lehre nicht die Art und Weise der wettbewerbswidrigen Handlung im Mittelpunkt stehe, sondern die Schutzwürdigkeit der unternehmerischen Leistung. Es gehe um die Abwehr von Behinderungen im Leistungswettbewerb[908].

Eine Überhöhung des § 1 UWG a.F. zu einem subjektivrechtlichen Rechtsgüterschutz erschien jedoch wegen der unbestimmten Weite der Vorschrift nicht sinnvoll, da dies praktisch zu einem wettbewerbsrechtlichen Sondertatbestand geführt hätte[909]. Die Anwendung der Generalklausel auf Sachverhalte in Randbereichen des Sonderrechtsschutzes wurde zum Teil ohnehin als Notlösung sowie als umständlich und risikoreich empfunden[910]. Die Schaffung eines solchen Sondertatbestands sei Aufgabe des Gesetzgebers und nicht der Rechtsprechung[911]. Besonders aus Gründen der Rechtssicherheit wurde die Etablierung wettbewerbsrechtlichen Schutzes als gleichrangiges Normensystem neben den traditionellen Schutzrechten des gewerblichen Rechtsschutzes größtenteils abgelehnt. Es sei für den Rechtsanwender von Vorteil, wenn die Schutzvoraussetzungen und die Begrenzungen einer ausschließlichen Rechtsposition kodifiziert und damit für je-

---

rechtlich zu missbilligendes Verhalten geboten werden, so weit es von speziellen gesetzlichen Bestimmungen nicht erfasst werde.

906 Fezer, WRP 2000, 863, 870; ders., GRUR 1986, 485, 491; Ulmer, WRP 1987, 299, 304; Schulte-Beckhausen, Das Verhältnis des § 1 UWG zu den gewerblichen Schutzrechten, S. 249: Zeichenrecht und Wettbewerbsrechtlicher Leistungsschutz stehen gleichrangig nebeneinander.

907 So aber BGH, GRUR 1991, 223, 224 – Finnischer Schmuck; v. Gamm, Wettbewerbsrecht, § 1 Rdnr. 56; Erdmann, Festschrift für Vieregge, 197, 206; Mees, WRP 1999, 62, 65.

908 Fezer, Markenrecht, § 2 Rdnr. 7; ders. WRP 2000, 863; 870; Ekey, in: HK-MarkenR, § 14 Rdnr. 147.

909 Ströbele/Hacker, MarkenG, 7. Aufl., § 2 Rdnr. 16; Sosnitza, WRP 2003, 1186, 1187; v. Gamm, Festschrift für Piper, 537, 538: „Generalklauselartige Weite".

910 Vgl. hierzu Kur, GRUR Int. 1998, 771, 773 m.w.N.

911 Hösch, WRP 1994, 796, 801, mit Bezug auf Art. 20 Abs. 3 GG; Beater, Unlauterer Wettbewerb, § 22 Rdnr. 47; Götte, Die Schutzdauer im wettbewerbsrechtlichen Leistungsschutz, S. 116 f., befürwortet zwar eine Gleichsetzung des leistungsbezogenen Schutzes nach § 1 UWG a.F. mit den Ausschließlichkeitsrechten, lehnt aber eine uneingeschränkte Anwendung von § 1 UWG a.F. ab.

dermann ersichtlich geregelt würden[912]. Dieses Anliegen würde durch eine autonome Anwendung des § 1 UWG a.F. neben den Sonderrechten unterlaufen. Die Existenz konturierterer Vorschriften des gewerblichen Rechtsschutzes könne nicht ohne Einfluss auf den Anwendungsbereich der Generalklausel bleiben[913]. Daher sollte die Wertung zum Tragen kommen, dass die allgemeinere Vorschrift von der spezielleren verdrängt wird[914]. Der Generalklausel wurde wegen ihres offenen Tatbestands und der damit verbundenen Beweglichkeit in der Rechtsanwendung eine wichtige Funktion im Vorfeld des gewerblichen Rechtsschutzes zugebilligt, ohne dass die sondergesetzlichen Schutzformen dadurch allerdings überflüssig werden durften.

bb) Erforderlichkeit einer Neubewertung wegen der neuen durch Beispielstatbestände konkretisierten Generalklausel des § 3 UWG?

Die Rechtfertigung einer bloßen Ergänzungsfunktion der Generalklausel des § 1 UWG a.F. im Bereich des Kennzeichenschutzes mit dem Argument, die markenrechtlichen Vorschriften seien präziser, enger und überschaubarer als § 1 UWG a.F., könnte durch die Regelungstechnik im neuen UWG seine Grundlage verloren haben[915]. Denn die neue Generalklausel des § 3 UWG wird nunmehr durch Aufstellung eines umfangreichen Katalogs von Beispielstatbeständen in den §§ 4 bis 7 UWG konkretisiert. Darüber hinaus enthält § 3 UWG selbst die neu gefassten Tatbestandsmerkmale der „nicht unerheblichen Wettbewerbsbeeinträchtigung“ und der „unlauteren Wettbewerbshandlung“. Diese Änderungen könnten dafür sprechen, dass der UWG-Gesetzgeber sich bewusst von der generalklauselartigen Bestimmung des § 1 UWG a.F. entfernen wollte[916]. Daraus könnte eine größere Eigenständigkeit der neuen UWG-Bestimmungen im Vergleich zu § 1 UWG a.F. resultieren, so dass diese in ihrem Verhältnis zu den §§ 14, 15 MarkenG nicht mehr auf eine bloße Ergänzungsfunktion reduziert werden können.

---

912 Vgl. Althammer/Klaka, MarkenG, 6. Aufl., § 14 Rdnr. 24; Piper, GRUR 1996, 429, 431: Engere und überschaubarere Schutzvoraussetzungen in § 14 Abs. 2 Nr. 3 MarkenG als bei § 1 UWG a.F.; Kur, GRUR 1990, 1, 5, 15, weist darauf hin, dass die Rechtsprechung vor Einführung des Markengesetzes zum Schutz des bekannten Zeichens gemäß § 1 UWG a.F. nicht immer eine klare Linie erkennen ließ. Zur Rechtssicherheit im Zeichenrecht auch Pluta, Der ergänzende wettbewerbsrechtliche Kennzeichenschutz, S. 117; Walch, Ergänzender Leistungsschutz, S. 86; Schroeter, WRP 1968, 435, 436: „Begrenzung des ergänzenden Schutzes als Gebot der Rechtssicherheit“.

913 Vgl. Kur, GRUR Int. 1998, 771, 776 f.

914 Pastor, Wettbewerbs- und Warenzeichenrecht, S. 37.

915 Vgl. Omsels, in: Harte-Bavendamm/Henning-Bodewig, UWG, § 4 Rdnr. 31.

916 So Berlit, WRP 2003, 563.

Jedoch sind auch die neuen Rechtsbegriffe wie „nicht unerhebliche Wettbewerbsbeeinträchtigung“ interpretationsfähig und können wegen unterschiedlicher Auslegungsmöglichkeiten zu einer Rechtsunsicherheit führen[917].

Auch die Beispielstatbestände der §§ 4 ff. UWG haben in kennzeichenbezogenen Sachverhalten gegenüber den §§ 14, 15 MarkenG ungeachtet der Präzisierung von Fallgruppen nur eine Auffangfunktion[918]. Zwar hat innerhalb des neuen UWG die neue Regelungstechnik dazu geführt, dass die §§ 4 ff. UWG gegenüber § 3 UWG „vorrangig“ sind und die Generalklausel nur noch „subsidiär“ zur Anwendung kommt. Erst wenn eine Wettbewerbshandlung nicht unter die §§ 4 ff. UWG subsumierbar ist, kommt somit eine originäre Beurteilung auf der Grundlage der Generalklausel in Betracht[919]. Aus diesem „Vorrang“ der §§ 4 ff. UWG gegenüber § 3 UWG lässt sich jedoch nicht ableiten, dass sie nunmehr gegenüber Vorschriften außerhalb des UWG eine autonome Funktion erhalten haben. Hiergegen spricht bereits, dass die §§ 4 ff. UWG in ihrer Eigenschaft als Beispielstatbestände für unlauteres Handeln im Sinne von § 3 UWG nicht losgelöst von der neuen Generalklausel betrachtet werden können. Denn nur § 3 UWG eröffnet den Zugang zu den in §§ 8-10 UWG geregelten Ansprüchen[920]. Durch die nicht abschließenden Beispielstatbestände der §§ 4 bis 7 UWG soll die Rechtsprechung von der Aufgabe der Konkretisierung der Generalklausel zu einem wesentlichen Teil entlastet und eine größere Transparenz erreicht werden[921]. Gleichwohl wird auch im neuen UWG ausdrücklich am Prinzip der Generalklausel mit dem Ziel der Bewahrung des bisherigen Schutzniveaus festgehalten[922]. Auch die Schrittmacherfunktion des UWG ist erhalten geblieben[923]. Das spricht dafür, dass durch Einführung von Beispielstatbeständen unlauteren Handelns nichts am Verhältnis der durch diese konkretisierten Generalklausel zu den Vorschriften außerhalb des UWG geändert werden sollte[924].

---

917 Vgl. Heermann, GRUR 2004, 94.

918 Köhler, in Baumbach/Hefermehl, Wettbewerbsrecht, § 4 Rdnr. 10.78.

919 Henning-Bodewig, GRUR 2004, 713, 716; Schünemann, WRP 2004, 925, 927: § 3 UWG als Auffangtatbestand nur für Extrem- und Evidenzfälle.

920 Schünemann, WRP 2004, 925, 972: „Rechtstechnisch notwendige Umschaltnorm“.

921 Begr. Reg.-Entw. BT-Drucks. 15/1487, S. 17; Köhler, NJW 2004, 2121, 2122.

922 Begr. Reg.-Entw. zum UWG, BT-Drucks. 15/1487, S. 13; vgl. auch Heermann, WRP 2004, 263, 270.

923 Sambuc, in: Harte-Bavendamm/Henning-Bodewig, UWG, Einl. F Rdnr. 225.

924 Köhler, in: Baumbach/Hefermehl, Wettbewerbsrecht, 23. Aufl., § 4 Rdnr. 7.9; kritisch Omsels, in: Harte-Bavendamm/Henning-Bodewig, UWG, § 4 Rdnr. 31.

g) Ergebnis

Als Ergebnis kann festgehalten werden, dass zwischen §§ 14, 15 MarkenG und §§ 3, 4 UWG ein Subsidiaritätsverhältnis besteht. Eine Subsidiarität der wettbewerbsrechtlichen Generalklausel infolge erschöpfender Regelung liegt insoweit vor, als die markenrechtlichen Bestimmungen den betreffenden Sachverhalt tatbestandsmäßig erfassen. Eine vollständige autonome Anwendbarkeit von § 3 i.V.m. §§ 4 bis 7 UWG unabhängig vom Regelungsbereich der markenrechtlichen Vorschriften ist mit der Begrenzungsfunktion des Markengesetzes unvereinbar und auch nach dem Normzweck der wettbewerbsrechtlichen Generalklausel nicht geboten. Die Beschränkung der Anwendbarkeit der Generalklausel auf markenrechtlich ungelöste Konflikte widerspricht nicht ihrem Normzweck. Teilweise wird in diesem Zusammenhang sogar von „Entlastung des Lauterkeitsrechts“ gesprochen[925]. Beide Aspekte entsprechen der Systematik des Wettbewerbs- und Kennzeichenrechts. An dieser Situation hat sich durch das neue UWG-Gesetz nichts geändert.

2. Normzweckgesichtspunkte hinsichtlich des deliktsrechtlichen Kennzeichenschutzes

Die im Hinblick auf das Verhältnis der §§ 14, 15 MarkenG zu § 3 UWG festgestellte Begrenzungsfunktion der markenrechtlichen Bestimmungen besteht auch gegenüber dem deliktsrechtlichen Kennzeichenschutz. Insbesondere gilt auch hier, dass der wenig klare Rechtszustand unter Geltung des WZG, der darauf zurückzuführen war, dass der Schutz von Kennzeichen durch zahlreiche nicht aufeinander abgestimmte Normen geregelt war, durch das Markengesetz und das Vorgehen der markenrechtlichen Bestimmungen beendet werden sollte[926]. Einer näheren Betrachtung bedarf die Frage, ob eine Beschränkung des § 823 Abs. 1 BGB auf vom Markengesetz nicht erfasste Sachverhalte mit dem Normzweck der Vorschrift vereinbar ist. Dabei ist zwischen dem deliktsrechtlichen Kennzeichenschutz unter dem Gesichtspunkt des eingerichteten und ausgeübten Gewerbebetriebs und dem des Kennzeichens als „sonstiges Recht“ i.S.v. § 823 Abs. 1 BGB zu unterscheiden.

---

925 Kur, GRUR Int. 1998, 771, 773.

926 Vgl. zum alten Recht, Grunewald, NJW 1987, 105, 109.

a) Schutz des Gewerbebetriebs

Der bürgerlichrechtliche Kennzeichenschutz hat besondere Bedeutung unter dem Gesichtspunkt des Eingriffs in den eingerichteten und ausgeübten Gewerbetrieb. Vor Inkrafttreten des Markengesetzes war dieser vor allem relevant in Bezug auf den Schutz der berühmten Marke mit überragender Verkehrsgeltung als Bestandteil des Unternehmens gegen die Gefahr einer Verwässerung ihrer Kennzeichnungs- und Werbekraft[927]. Das Kennzeichen wurde mit Hilfe des § 823 Abs. 1 BGB über den Funktionsschutz nach dem WZG hinaus in seiner Eigenschaft als Vermögenswert des Unternehmens außerhalb des Bereichs der Warengleichartigkeit geschützt. Unter Geltung des WZG konnte eine Anspruchskonkurrenz damit begründet werden, dass das WZG den „imageprägenden Faktor" des Kennzeichens als Vermögenswert nicht schützte und daher ein unterschiedlicher Schutzgegenstand von WZG und § 823 Abs. 1 BGB bestand[928]. Diese Argumentation lässt sich mit Einführung der §§ 14 Abs. 2 Nr. 3, 15 Abs. 3 MarkenG und dem damit verbundenen Leistungsschutz des Kennzeichens nicht mehr aufrechterhalten.

Eine autonome Anwendung trotz der veränderten Gesetzeslage widerspräche vor allem dem Normzweck des Rechtsschutzes des eingerichteten und ausgeübten Gewerbebetriebs gemäß § 823 Abs. 1 BGB, Lücken zu schließen, die durch andere Sonderregelungen nicht gedeckt und daher regelungsbedürftig sind[929]. Ansprüche wegen Verletzung des Rechts am Gewerbebetrieb unterliegen allgemein und unabhängig vom Kennzeichenschutz einer strengen Subsidiaritätsregel[930]. Eine Anwendung des § 823 Abs. 1 BGB unter dem Gesichtspunkt der Verletzung des Gewerbebetriebs im Anwendungsbereich von spezielleren Vorschriften, die eigene Voraussetzungen für den Schutz aufstellen, ist nicht mehr vom lückenfüllenden Normzweck gedeckt[931].

Solange der Schutz gegen Verwässerung berühmter Marken zeichenrechtlich nicht geregelt war, widersprach der Deliktsschutz unter dem Gesichtspunkt des

---

927 Nach Foerstl, CR 2002, 518, 521, setzt auch nach der gegenwärtigen Rechtslage die Anwendung von § 823 Abs. 1 BGB immer Berühmtheit des Zeichens voraus.

928 Bork, GRUR 1989, 725, 731.

929 Vgl. allgemein Baumbach/Hefermehl, Wettbewerbsrecht, 22. Aufl., Allg. Rdnr. 129, 130; hinsichtlich des Kennzeichenschutzes: Sack, WRP 2001, 1022, 1034.

930 Loewenheim, MA 1991, 238, 246; Baumbach/Hefermehl, Wettbewerbsrecht, 22. Aufl., UWG Einl. Rdnr. 60; Jauernig/Teichmann, BGB, § 823 Rdnr. 96; Palandt/Sprau, BGB, Einf. v. § 823 Rdnr. 9.

931 BGH, GRUR 1998, 696, 697 – Rolex-Uhr mit Diamanten; Staudinger/Hager, BGB, § 823 Rdnr. D 20; RGRK/Steffen, BGB, Vor § 823, Rdnr. 47; Baumbach/Hefermehl, WZG, Einl. WZG Rdnr. 62.

Eingriffs in den eingerichteten und ausgeübten Gewerbebetrieb nicht dessen Normzweck als Auffangtatbestand. Dies hat sich aber durch die Kodifizierung des Verwässerungsschutzes gemäß §§ 14 Abs. 2 Nr. 3, 15 Abs. 3 MarkenG geändert. Ähnliches gilt für die Fallgruppe der Rufschädigung bekannter Kennzeichen, für die unter Geltung des WZG ein Anspruch wegen Eingriffs in das Recht des eingerichteten und ausgeübten Gewerbebetriebs in Betracht gezogen wurde[932]. Auch diese Konstellation ist nun von §§ 14 Abs. 2 Nr. 3, 15 Abs. 3 MarkenG in der Verletzungsvariante der Beeinträchtigung der Wertschätzung erfasst. Eine andere im Rahmen des Abschnitts der Reichweite des ergänzenden Schutzes zu erörternde Frage ist, inwieweit die §§ 14 Abs. 2 Nr. 3, 15 Abs. 3 MarkenG den früheren Schutz der berühmten Marke und des berühmten Unternehmenskennzeichens bzw. den Schutz gegen Rufschädigungen vollständig ersetzt haben[933].

Darüber hinaus wäre es ein Widerspruch, wenn § 823 Abs. 1 BGB unter dem Gesichtspunkt des Rechts am Gewerbebetrieb allgemein nur subsidiär und zur Schließung von Lücken zur Anwendung kommen sollte, im Bereich des Kennzeichenschutzes jedoch eine autonome Anwendung befürwortet würde. Das zeigt besonders das Verhältnis des deliktsrechtlichen Unternehmensschutzes zur wettbewerbsrechtlichen Generalklausel. Hier wird in der Regel davon ausgegangen, dass § 823 Abs. 1 BGB nur dann anwendbar ist, wenn Lücken bestehen, die durch den Tatbestand der wettbewerbsrechtlichen Vorschrift nicht gedeckt sind[934]. So soll auch nach dem neuen UWG beispielsweise ein ergänzender deliktsrechtlicher Kennzeichenschutz erst in Betracht kommen, wenn die Voraussetzung des konkreten Wettbewerbsverhältnisses i.S.d. § 2 Abs. 1 Nr. 1 und Nr. 3 UWG nicht erfüllt ist[935]. Wenn aber im Verhältnis des deliktsrechtlichen Unter-

---

932 BGH, GRUR 1984, 684, 685 f. – Mordoro; OLG Frankfurt, GRUR 1982, 319, 321 – Lusthansa; Grunewald, NJW 1987, 105, 110.

933 Vgl. Krings, GRUR 1996, 624, Ströbele/Hacker, MarkenG, 7. Aufl., § 2 Rdnr. 30: Verwässerungsschutz berühmter Kennzeichen gemäß § 823 Abs. 1 BGB durch §§ 14 Abs. 2 Nr. 3, 15 Abs. 3 MarkenG ist „obsolet geworden".

934 Zum neuen UWG Hausmann/Obergfell, in: Fezer, Lauterkeitsrecht, Einl. I Rdnr. 32: Subsidiaritätsverhältnis; Köhler, in: Baumbach/Hefermehl, Wettbewerbsrecht, 23. Aufl., § 4 Rdnr. 7.4. Zu § 1 UWG a.F. BGH, GRUR 1962, 310, 314 – Gründerbildnis; MünchKomm/Wagner, 4. Aufl., § 823 Rdnr. 188; Beater, Unlauterer Wettbewerb, § 28 Rdnr. 36; Lehmann, GRUR Int. 1986, 6, 11; Köhler/Piper, UWG, § 1 Rdnr. 8; RGRK/Steffen, BGB, Vor § 823 Rdnr. 47; a. A. Klippel, in: HK-WettbR, E 2 Rdnr. 5.

935 Köhler, in: Baumbach/Hefermehl, Wettbewerbsrecht, 23. Aufl., § 4 Rdnr. 10.79. Zur Anwendbarkeit von § 823 Abs. 1 BGB, wenn ein Handeln zu Wettbewerbszwecken i.S.v. § 1 UWG a.F. fehlte, vgl. Köhler/Piper, UWG, § 1 Rdnr. 433; Hdb. WettbR/Greuner, § 4 Rdnr. 24; Baumbach/Hefermehl, Wettbewerbsrecht, 22. Aufl., Allg. Rdnr. 129; Staudinger/Hager, BGB, § 823 Rdnr. D 31.

nehmensschutzes zur wettbewerbsrechtlichen Generalklausel der lückenfüllende Charakter hervorgehoben wird, muss dies auch gegenüber den markengesetzlichen Vorschriften gelten. Dafür spricht vor allem, dass nach der hier vertretenen Auffassung die wettbewerbsrechtliche Generalklausel ihrerseits gegenüber den §§ 14, 15 MarkenG nur subsidiär anwendbar ist und dass § 823 Abs. 1 BGB wegen seines generalklauselartigen Charakters mit § 3 UWG vergleichbar ist[936].

b) Umfassende Schutzfähigkeit der Kennzeichen als „sonstige Rechte" i.S.v. § 823 Abs. 1 BGB?

Eine Reduzierung des deliktsrechtlichen Kennzeichenschutzes auf eine Auffangfunktion wäre möglicherweise dann nicht angebracht, wenn dem teilweise in der Literatur geforderten Ansatz gefolgt würde, dass Kennzeichenrechte selbst als „sonstige Rechte" i.S.d. § 823 Abs. 1 BGB anzusehen und in ihrem Bestand zu schützen sind. Der Umweg über den (subsidiären) Schutz des ausgeübten und eingerichteten Gewerbebetriebs müsste dann nicht gegangen werden[937]. Bei einem solchen Verständnis ließe sich auch eine weitgehende Autonomie deliktsrechtlicher Vorschriften zum Schutz von Kennzeichen neben denen des Markengesetzes begründen, da dem deliktsrechtlichen Schutz von Kennzeichen als „sonstige Rechte" eine eigenständige Rolle zukäme[938]. Mehrere Befürworter einer Etablierung von Kennzeichenrechten als „sonstige Rechte" i.S.v. § 823 Abs. 1 BGB bringen damit jedoch keine autonome Anwendung von § 823 Abs. 1 BGB neben den Bestimmungen des Markenrechts in Verbindung[939]. Teilweise wird nur in berühmten Zeichen eine als „sonstiges Recht" zu qualifizierende

---

936 Vgl. Soergel/Zeuner, BGB, 12. Aufl., § 823 Rdnr. 114; Sack, WRP 1985, 1, 2.

937 Deutsch, Festschrift für Gaedertz, S. 107; Klippel, GRUR 1986, 697, 712; MünchKomm/Wagner, BGB, 4. Aufl., § 823 Rdnr. 157 und 194.

938 Deutsch, WRP 2000, 854, 857, leitet daraus einen umfassenden Anwendungsbereich von § 823 Abs. 1 BGB ab.

939 Lehmann, GRUR Int. 1986, 6, 10 f., plädiert für einen Schutz von Kennzeichen als „sonstige Rechte", ist aber dennoch für die Subsidiarität des allgemeinen Deliktsrechts; ebenso Teplitzky, Wettbewerbsrechtliche Ansprüche, Kap. 4 Rdnr. 13; vgl. auch OLG Frankfurt/Main, GRUR 2000, 1066, 1067 – Abkürzung ACC: Verletzung des „Eigentumsrechts an der Marke" gemäß § 823 Abs. 1 BGB außerhalb des Anwendungsbereichs des § 14 Abs. 2 Nr. 3 MarkenG. Tilmann, GRUR 1968, 619 f., ist für einen selbständigen Schutz des Zeichens als absolutes Recht nach §§ 823, 1004 BGB hinsichtlich der vom WZG nicht geregelten Fälle des nichtwarenzeichenmäßigen Gebrauchs. Moench, NJW 1984, 2920, 2923, ist für einen selbständigen Schutz der Marke als „sonstiges Recht" gemäß § 823 Abs. 1 BGB, „soweit die spezialgesetzlichen Vorschriften Raum für deliktische Ansprüche lassen".

Rechtsposition gesehen, deren Schutz sich jedoch in erster Linie nach den §§ 14, 15 MarkenG richte[940].

Gerechtfertigt wird die Einordnung der Kennzeichen als „sonstige Rechte" i.S.d. § 823 Abs. 1 BGB mit einem generellen Schutzbedürfnis von Kennzeichen als vermögenswerte Rechte, das über den Inhalt der markengesetzlichen Schutzansprüche hinausgehe[941]. Die Vertreter dieser Auffassung verweisen dabei auf die Entscheidung „Weinbergrolle", in der das Bundesverfassungsgericht das Markenrecht als Eigentum i.S.v. Art. 14 Abs. 1 S. 1 GG qualifiziert hat, da es sich um ein subjektives vermögenswertes Recht handele, das der Eigentumsgarantie des Art. 14 GG unterliege[942]. Wegen der mittelbaren Drittwirkung der Grundrechte bei der Auslegung von Generalklauseln des Zivilrechts seien daher Namens- und Kennzeichenrechte als „sonstige Rechte" i.S.v. § 823 Abs. 1 BGB anzusehen und als zu schützende Rechtsposition anzuerkennen[943].

Gegen die Einordnung von Kennzeichen als „sonstige Rechte" i.S.d. § 823 Abs. 1 BGB spricht, dass die Kennzeichen zunächst den Schutz genießen, den ihnen das Markengesetz gewährt[944]. Dieser Funktionsschutz darf nicht an anderer Stelle unterlaufen werden; die Schaffung überflüssiger Sonderkategorien sollte vermieden werden[945]. Hieran ändert auch die verfassungsrechtliche Anerkennung der Marke als ein unter dem Schutz des Art. 14 Abs. 1 GG stehendes subjektives Recht nichts. Ein über den Schutzbereich des Markengesetzes hinausgehender Schutz des Kennzeichens als „sonstiges Recht" ist auch deshalb fraglich, weil die Anwendung des Begriffs des „sonstigen Rechts" ein bestehendes „sonstiges Recht" voraussetzt und nicht erst dessen Schaffung[946]. Im Ergebnis würde dadurch neben dem Markengesetz ein neues Immaterialgüterrecht geschaffen und es bestünde die Gefahr, dass das Markengesetz durch § 823 Abs. 1 BGB zweitrangig würde. Ein umfassender Kennzeichenschutz auf der Grundlage von § 823 Abs. 1 BGB würde zu erheblicher Rechtsunsicherheit führen, da die Klärung der

940 MünchKomm/Wagner, BGB, 4. Aufl., § 823 Rdnr. 157 und 194.

941 Deutsch, WRP 2000, 854, 858; MünchKomm/Wagner, BGB, 4. Aufl., § 823 Rdnr. 157; Moench, NJW 1984, 2920, 2923; Klippel, GRUR 1986, 697, 712.

942 BVerfG, GRUR 1979, 773, 778 – Weinbergrolle.

943 Deutsch, WRP 2000, 854, 857; ders., Festschrift für Gaedertz, 1992, S. 106 f.; Deutsch/Mittas, Titelschutz, S. 93; Moench, NJW 1984, 2920, 2923; Lehman, GRUR Int. 1986, 6, 15: Eigentumsgleiche „Property-Rights-Qualitäten" von Kennzeichen.

944 Bork, GRUR 1989, 725, 731; Bonn, Der Rechtsschutz von Marken mit gesteigerter Verkehrsgeltung, S. 53; ders., WRP 1994, 501 f.; Schulte-Beckhausen, Das Verhältnis des § 1 UWG zu den gewerblichen Schutzrechten und zum Urheberrecht, S. 129.

945 Bonn, Der Rechtsschutz von Marken mit gesteigerter Verkehrsgeltung, S. 53.

946 Vgl. auch Walch, Ergänzender Leistungsschutz, S. 21.

Frage, ob eine Kennzeichenverletzung vorliegt, in die Interessenabwägung bei § 823 Abs. 1 BGB verlagert würde[947]. Der sondergesetzliche Schutz von Immaterialgüterrechten bestimmt sich in seinen Voraussetzungen und seinem Umfang grundsätzlich nach dem Markengesetz und lässt für einen autonomen deliktsrechtlichen Schutz als „sonstiges Recht" i.S.v. § 823 Abs. 1 BGB keinen Raum[948].

c) Ergebnis

Als Ergebnis kann festgehalten werden, dass eine autonome Anwendung des § 823 Abs. 1 BGB neben den Vorschriften der §§ 14, 15 MarkenG weder aus dem Schutzzweck des eingerichteten Gewerbebetriebs noch aus der Anerkennung von Kennzeichen als „sonstige Rechte" i.S.v. § 823 Abs. 1 BGB herzuleiten ist. Ein bürgerlichrechtlicher Kennzeichenschutz ist subsidiär und kommt nur in Betracht, wenn weder das Markengesetz noch das UWG eingreift[949].

3. Schutzzweckerwägungen im Verhältnis der §§ 14, 15 MarkenG zu § 12 BGB

a) Vereinbarkeit einer subsidiären Anwendbarkeit mit der Eigenschaft des § 12 BGB als „Generalklausel des Kennzeichenrechts"

Obwohl § 12 BGB nach Wortlaut und Entstehungsgeschichte sowie aufgrund seiner systematischen Stellung auf den persönlichkeitsrechtlichen Schutz des Namens als Mittel zur Individualisierung einer Person zugeschnitten ist, wird der Schutzbereich der Vorschrift über den Schutz des Namens einer natürlichen Person hinaus ausgedehnt[950]. § 12 BGB hat sich zu einer „Generalklausel des gesamten Bezeichnungsrechts" für sämtliche Kennzeichen entwickelt[951]. Die amtliche Begründung zum Markengesetz bezeichnet § 12 BGB als „Grundsatznorm

---

947 A. A. Deutsch, Festschrift für Gaedertz, 99, 109.

948 Peter Ulmer, WRP 1987, 299, 302; vgl. zum Vorrang der besonderen Ausschlussrechte gegenüber dem BGB auch Nirk, GRUR 1993, 247, 251.

949 BGH, GRUR 1995, 697, 700 – FUNNY PAPER; Köhler, in: Baumbach/Hefermehl, Wettbewerbsrecht, 23. Aufl., § 4 Rdnr. 10.101; Köhler/Piper, UWG, § 1 Rdnr. 433; Starck, Festschrift für Erdmann, 485, 489 f.; Erdmann, GRUR 2001, 609, 610; Sack, WRP 2001, 1022, 1034; a. A. Fezer, Markenrecht, § 2 Rdnr. 24; Baumbach/Hefermehl, Wettbewerbsrecht, 22. Aufl., UWG Einl. Rdnr. 345; Nägele, WRP 2002, 138, 147; Klippel/Pahlow, in: HK-MarkenR, § 2 Rdnr. 3.

950 Palandt/Heinrichs, BGB, § 12 Rdnr. 4; Foerstl, CR 2002, 518, 519.

951 Ilzhöfer, Patent-, Marken- und Urheberrecht, 5. Kap. Rdnr. 468; Fezer, Markenrecht, § 15 Rdnr. 22; Staudinger/Weick/Habermann, BGB, § 12 Rdnr. 235; Bork, GRUR 1989, 725, 729: „Generalnorm".

des Schutzes geschäftlicher Bezeichnungen“[952]. Bestrebungen, § 12 BGB im Wesentlichen dem Schutz des Namenspersönlichkeitsrechts vorzubehalten und dementsprechend den Schutz u. a. von Unternehmensbezeichnungen wieder aus § 12 BGB herauszunehmen, konnten sich nicht durchsetzen[953]. Die grundsätzliche Anwendbarkeit des § 12 BGB auf Unternehmensbezeichnungen ist auch gerechtfertigt, da § 12 BGB den Schutz der hinter dem Namen stehenden Person bezweckt und das Unternehmen als Rechtsobjekt notwendig einem bestimmten Rechtsträger zugeordnet ist, so dass ein enger Zusammenhang mit der Person besteht[954].

Diese Ausdehnung des Anwendungsbereichs des § 12 BGB durch die Rechtsentwicklung erfordert aber nicht dessen autonome Anwendung neben den Vorschriften des Markengesetzes. Der Zuordnungsfunktion des Namens gemäß § 12 BGB wird ausreichend Rechnung getragen, wenn ein Kennzeichen mit Namensfunktion außerhalb des Anwendungsbereichs der §§ 14, 15 MarkenG geschützt wird. Dafür, dass die nur subsidiäre Anwendbarkeit des § 12 BGB mit dem Normzweck der Vorschrift vereinbar ist, spricht vor allem die identische subjektivrechtliche Ausrichtung der konkurrierenden Bestimmungen. Das Namensrecht ist ein absolutes Recht und wird jedenfalls im geschäftlichen Verkehr als Immaterialgüterrecht angesehen[955]. Der immaterialgüterrechtliche Schutz der geschäftlichen Bezeichnungen, die hauptsächlich für einen Namensschutz in Betracht kommen, wird aber nun durch das Markengesetz gesichert. Unter Geltung des § 16 UWG a.F. ließ sich eine Anspruchskonkurrenz noch damit dogmatisch begründen, dass § 16 UWG a.F. nicht ausdrücklich ein subjektives Recht gewährte und sich darin vom Individualrechtsschutz nach § 12 BGB unterschied[956]. Der subjektivrechtliche Gehalt des § 16 UWG a.F. war umstritten, und teilweise wurde der Zweck des § 16 UWG a.F. primär im Schutz der Öffentlichkeit vor Irreführung gesehen[957]. Dagegen ist der subjektivrechtliche Charakter der geschäftli-

---

952 Begr. Reg.-Entw. zum MarkenG, BT-Drucks. 12/6581, S. 67.

953 Klippel, GRUR 1986, 697, 699; MünchKomm/Schwerdtner, BGB, 4. Aufl., § 12 Rdnr. 110 f.

954 Soergel/Heinrich, BGB, 13. Aufl., § 12 Rdnr. 115; Michael Heinrich, MarkenR 2003, 89, 95.

955 MünchKomm/Schwerdtner, BGB, 4. Aufl., § 12 Rdnr. 40; Staudinger/Weick/Habermann, BGB, § 12 Rdnr. 35 f.; Palandt/Heinrichs, BGB, § 12 Rdnr. 2: Immaterialgüterrechte sind die von § 12 BGB mitgeschützten Unternehmensbezeichnungen, die übrigen Namensrechte sind Persönlichkeitsrechte; vgl. hierzu auch. Soergel/Heinrich, BGB, 13. Aufl., § 12 Rdnr. 21 f.

956 Bork, GRUR 1989, 725, 729.

957 Soergel/Heinrich, BGB, 12. Aufl., § 12 Rdnr. 114; MünchKomm/Schwerdtner, BGB, 3. Aufl., § 12 Rdnr. 59; Bork, GRUR 1989, 725, 729: § 16 UWG a.F. schütze

chen Bezeichnungen, die hauptsächlich für einen Namensschutz in Frage kommen, in § 15 Abs. 1 MarkenG ausdrücklich festgeschrieben.

b) Zweck der §§ 14, 15 MarkenG, in ihrem Anwendungsbereich den Schutz von Kennzeichen mit Namensfunktion abschließend zu regeln

Der BGH hat in der Entscheidung „shell.de" für den Bereich des geschäftlichen Verkehrs die „MAC-Dog"-Grundsätze auf das Verhältnis der §§ 14, 15 MarkenG zum Namensschutz des § 12 BGB übertragen[958]. Entgegen seiner früheren Rechtsprechung zum Verhältnis von § 16 UWG a.F. zu § 12 BGB[959] räumt der BGH damit § 15 MarkenG gegenüber § 12 BGB innerhalb seines Geltungsbereichs nun Vorrang ein. Das führt dazu, dass markenrechtlich erfasste Handlungen innerhalb des geschäftlichen Verkehrs ausschließlich nach §§ 14, 15 MarkenG beurteilt werden.

Teilweise wird aus der Übereinstimmung des Regelungsgehalts der §§ 14, 15 MarkenG und § 12 BGB innerhalb des geschäftlichen Verkehrs auf eine autonome Anwendbarkeit von § 12 BGB geschlossen, da § 12 BGB im geschäftlichen Verkehr inhaltlich nicht weiter reiche als die Ansprüche aus §§ 14, 15 MarkenG und daher keine Umgehung bzw. Aushöhlung markenrechtlicher Regelungen drohe[960]. Jedoch kann die Tatsache, dass § 12 BGB im geschäftlichen Verkehr (mit Ausnahme der Fälle der Namensleugnung) keine eigenständige Bedeutung gegenüber den Verletzungsansprüchen nach dem Markengesetz hat, nicht als Argument für die Unschädlichkeit einer autonomen Anwendbarkeit des § 12 BGB dienen. Innerhalb des Geltungsbereichs des Markengesetzes mit seinen spezifischen Voraussetzungen sollte § 12 BGB, dessen Schutzvoraussetzungen sich bezüglich der Namensanmaßung aus einer umfassenden Interessenabwägung ergeben, nicht den gleichen Rang haben wie die Verletzungstatbestände der §§ 14, 15 MarkenG. Aus der Übereinstimmung der §§ 14, 15 MarkenG mit § 12 BGB in der subjektivrechtlichen Zielrichtung und im Regelungsgehalt ergibt sich vielmehr, dass die Vorschriften des Markengesetzes mit den konturierteren Voraus-

---

die Transparenz des Wettbewerbs; a. A. v. Gamm, Wettbewerbsrecht, Einf. A Rdnr. 38: § 16 UWG a.F. sei dem Wesen nach Immaterialgüterrechtsschutz.

958 BGH, WRP 2002, 694, 696 – shell.de; vgl. auch BGH, GRUR 2002, 706, 707 – vossius.de.

959 BGH, GRUR 1966, 623, 624 – Kupferberg; BGH, GRUR 1977, 503, 504 – Datenzentrale; BGH, GRUR 1988, 635, 636 – Grundkommerz; BGH, GRUR 1993, 404, 405 – Columbus.

960 Stein, Schutz von Name und Kennzeichen gegen eine Verwendung als Domain-Name durch Dritte, S. 124; ähnlich Klippel/Pahlow, in: HK-MarkenR, § 15 Rdnr. 105, 106.

setzungen Vorrang haben und insoweit abschließend sind[961]. Die neuere Rechtsprechung des BGH stellt eine begrüßenswerte Korrektur der früheren Entscheidungspraxis dar[962]. Schon § 16 UWG a.F. hätte als speziellere Norm für den Schutz von Unternehmenskennzeichen gegenüber § 12 BGB Vorrang haben müssen[963]. Jedenfalls stellt die Einbeziehung des Schutzes der geschäftlichen Bezeichnungen in das Markengesetz eine wesentliche Änderung gegenüber der alten Rechtslage dar und macht eine Neubewertung des Konkurrenzverhältnisses notwendig[964]. Damit sollte das Rechtsgebiet der Kennzeichenrechte zusammenfassend geregelt und die Kennzeichenrechte im Markengesetz vereint werden, weswegen der BGH zutreffend von einer „in sich geschlossenen kennzeichenrechtlichen Regelung spricht“[965]. Das Ziel des Gesetzgebers, die Rechtslage zum Schutz der geschäftlichen Bezeichnungen nicht zu ändern, führt zu keinem anderen Ergebnis, da dieses sich lediglich auf den Anwendungsbereich des § 15 Abs. 2 MarkenG bezieht, der § 16 UWG a.F. abgelöst hat[966].

Hinsichtlich des Verwechslungsschutzes gemäß § 15 Abs. 2 MarkenG und der Namensanmaßung gemäß § 12 BGB würde es zudem bei einer Anspruchskonkurrenz oft zu einer überflüssigen Doppelprüfung der Verwechslungsgefahr kommen[967]. Außerdem bestünde bei einer autonomen Anwendung von § 12 BGB die Gefahr, dass die Gerichte die markenrechtlichen Anspruchsgrundlagen umschiffen und stattdessen auf § 12 BGB ausweichen könnten[968]. Beispielsweise bereitet die Feststellung des Waren/Dienstleistungsähnlichkeitsbereichs bzw. der Branchennähe i.S.v. §§ 14 Abs. 2 Nr. 2, 15 Abs. 2 MarkenG bei der Benutzung

---

961 BGH, GRUR 2002, 706, 707 – vossius.de.

962 Für einen Vorrang des Markengesetzes gegenüber § 12 BGB nun auch Ingerl-/Rohnke, MarkenG, 2. Aufl., Nach § 15 Rdnr. 3 im Gegensatz zur Vorauflage (Nach § 15 Rdnr. 5); MünchKomm/Schwerdtner, BGB, 4. Aufl., § 12 Rdnr. 110; a. A. v. Schultz, Markenrecht, § 2 Rdnr. 5; Fezer, Markenrecht, § 15 Rdnr. 22; Soergel/Heinrich, BGB, 13. Aufl., § 12 Rdnr. 22 und 194a; offen gelassen: Knaak, Festschrift für Beier, 243, 252.

963 MünchKomm/Schwerdtner, BGB, 3. Aufl., § 12 Rdnr. 60; Foerstl, CR 2002, 518, 519; a. A. Althammer/Ströbele, MarkenG, 6. Aufl., § 15 Rdnr. 18; Klippel/Pahlow, in: HK-MarkenR, § 15 Rdnr. 104.

964 Vgl. Staudinger/Weick/Habermann, BGB, § 12 Rdnr. 236, wonach die Neuregelung des Kennzeichnungsrechts ein Grund sei, die extensive Anwendung von § 12 BGB zu überdenken.

965 BGH, WRP 2002, 694, 696 – shell.de (s. o. 5. Kap. A II 2).

966 Begr. Reg.-Entw. zum MarkenG, BT-Drucks. 12/6581, S. 67. Ähnlich Ingerl-/Rohnke, MarkenG, 2. Aufl., § 15 Rdnr. 36: Nur Verwechslungsschutz geschäftlicher Bezeichnungen unverändert; a. A. Fezer, Markenrecht, § 15 Rdnr. 22.

967 Vgl. Goldmann, Schutz des Unternehmenskennzeichens, § 16 Rdnr. 30.

968 So OLG Hamm, CR 1998, 241, 242 – krupp.de; OLG München GRUR 2000, 519, 521 – rolls-royce.de; vgl. Ingerl/Rohnke, MarkenG, 2. Aufl., Nach § 15 Rdnr. 46.

des mit einer Marke oder geschäftlichen Bezeichnung identischen oder ähnlichen Domain-Namens im geschäftlichen Verkehr Schwierigkeiten[969]. Die Anwendbarkeit von § 12 BGB in diesen Fällen würde dazu verleiten, vorschnell auf allgemeine Interessenabwägungen im Rahmen des § 12 BGB zurückzugreifen[970].

Die abschließende Regelung der markenrechtlichen Anspruchsgrundlagen im geschäftlichen Verkehr erstreckt sich nach deren Normzweck auch auf den früher von § 12 BGB abgedeckten Verwässerungsschutz berühmter Zeichen mit Namensfunktion[971]. Ein paralleler Schutz nach § 12 BGB ist schon deshalb nicht angebracht, weil das betroffene Individualisierungsinteresse des Namensträgers i.S.v. § 12 BGB in dieser Fallgruppe ohnehin dogmatisch schwer begründbar ist[972]. Der Verwässerungsschutz mit dem speziellen Eingriffstatbestand der unlauteren Beeinträchtigung der Unterscheidungskraft ist durch das Markengesetz originär zeichenrechtlich geregelt. Mit dem Ziel der Vereinheitlichung des Kennzeichenschutzes im Markengesetz wäre eine Aufspaltung des Rechtsschutzes insoweit, als daneben § 12 BGB zum Schutz berühmter Zeichen im geschäftlichen Verkehr zum Zuge kommt, schwer zu vereinbaren.

III. Ergebnis

Die Untersuchung der Konkurrenzmodelle hat ergeben, dass zwischen §§ 14 Abs. 2, 15 Abs. 2 und 3 MarkenG und §§ 3, 4 UWG (= § 1 UWG a.F.), 823 Abs. 1, 12 BGB das Verhältnis der Subsidiarität infolge erschöpfender Regelung als Unterfall der normverdrängenden Konkurrenz besteht. Das Konkurrenzverhältnis der Spezialität scheidet dagegen wegen der bloßen Teilidentität der tatbestandlichen Voraussetzungen der konkurrierenden Vorschriften aus. Die markenrechtlichen Vorschriften gehen nicht völlig im Anwendungsbereich der jeweiligen außermarkenrechtlichen Bestimmungen auf. Aus den Normzwecken der konkurrierenden Vorschriften ergibt sich, dass die außermarkenrechtlichen Vorschriften nur dann zum Zuge kommen, wenn der betreffende Vorgang nicht vom Markengesetz erfasst bzw. ein anderer Schutzgegenstand betroffen ist. Ungeach-

---

969 Foerstl, CR 2002, 518; Ingerl/Rohnke, MarkenG, 2. Aufl., Nach § 15 Rdnr. 120.

970 Bettinger, CR 1998, S. 243.

971 Dagegen für vollständige Anspruchskonkurrenz: Soergel/Heinrich, BGB, 13. Aufl., § 12 Rdnr. 194a, da der Schutz nach §§ 14 Abs. 2 Nr. 3, 15 Abs. 3 MarkenG mit dem nach § 12 BGB nicht identisch sei. Außerdem ergebe sich dies aus der amtlichen Begründung zum Markengesetz (BT-Drucks. 12/6581, S. 72), wonach der außermarkenrechtliche Schutz berühmter Marken nicht beseitigt werde.

972 Sack, GRUR 1995, Anmerkung zu LG München, GRUR 1995, 883 f. – Microshell; Ströbele/Hacker, MarkenG, 7. Aufl., § 15 Rdnr. 82.

tet dieser rechtstheoretischen Bestimmung des Konkurrenzverhältnisses kann besonders im Hinblick auf den verbleibenden Anwendungsbereich der außermarkenrechtlichen Vorschriften bzw. die Reichweite der Sperrwirkung des Markengesetzes nicht gänzlich auf kasuistische Einzeluntersuchungen mit ihren jeweiligen Wertungsgesichtspunkten verzichtet werden[973].

D. Pragmatischer Ansatz: Bedürfnis nach einer autonomen und kumulativen Anwendung von §§ 3, 4 UWG, 823 Abs. 1, 12 BGB?

Neben dem Versuch, das Konkurrenzverhältnis zwischen den markengesetzlichen und den wettbewerbs- und bürgerlichrechtlichen Vorschriften rechtstheoretisch zu fundieren, spielen „pragmatische“ Begründungsansätze, die das Bedürfnis nach einem außermarkenrechtlichen Schutz in den Vordergrund stellen, in der Diskussion eine große Rolle[974]. Beispielsweise wird danach gefragt, ob die Anwendung der wettbewerbsrechtlichen Generalklausel „geboten und sinnvoll“ ist[975]. Der wichtigste pragmatische Gesichtspunkt ist der nach einem Bedürfnis nach einen außermarkenrechtlichen Schutz wegen einer Unzulänglichkeit der markengesetzlichen Schutzvorschriften[976].

Ein Bedürfnis nach einer autonomen und kumulativen Anwendung von außermarkenrechtlichen Vorschriften kann sich aber auch aus den prozessualen Unterschieden zum Markengesetz ergeben. Zu nennen sind hier mögliche Unterschiede bei der Klageberechtigung und der Beweislast, insbesondere wegen möglicher Schwierigkeiten bei der Feststellung der markengesetzlichen Anspruchsvoraussetzungen (z. B. der Verkehrsgeltung gemäß § 4 Nr. 2 MarkenG). Darüber hinaus können bei einer uneingeschränkten Anwendung möglicherweise Abgrenzungsschwierigkeiten hinsichtlich des verbleibenden Anwendungsbereichs außermarkenrechtlicher Vorschriften vermieden werden.

---

973 Vgl. schon Spengler, GRUR 1950, 545; Ingerl/Rohnke, MarkenG, 2. Aufl., § 2 Rdnr. 1.

974 Vgl. Traub, Festschrift für Söllner, 1213, 1215; Keller, Schutz eingetragener Marken, S. 121; Klippel, GRUR 1986, 697, 700; Walch, Ergänzender Leistungsschutz, S. 90; Müller, in: v. Büren/David, Schweizerisches Immaterialgüter- und Wettbewerbsrecht, S. 42.

975 Beater, Unlauterer Wettbewerb, § 1 Rdnr. 75; vgl. auch Ingerl, WRP 2004, 809, 814, zur Frage der Notwendigkeit eines wettbewerbsrechtlichen Schutzes von Werbeslogans.

976 Vgl. Vierheilig, GRUR 1977, 704; Piper GRUR 1996, 429, 435: „Überschießendes Schutzbedürfnis“; Hausmann/Obergfell, in: Fezer, Lauterkeitsrecht, Einl. I Rdnr. 28: Eingreifen wettbewerbsrechtlichen Schutzes, wenn Schutz nach dem MarkenG „nicht ausreicht“.

I. Stellenwert des Bedürfnis-Kriteriums

Der Frage nach dem Bedürfnis nach einer parallelen Anwendung außermarkenrechtlicher Vorschriften kommt nicht die gleiche Bedeutung zu wie den Kriterien der Normzwecke, einschließlich der Begrenzungsfunktion der markenrechtlichen Bestimmungen[977]. Das subjektive Interesse des Verletzten sollte als objektives Kriterium für den Anwendungsbereich außermarkenrechtlicher Vorschriften nicht ausschlaggebend sein, sondern nur als zusätzliches Kriterium in der Einzelfalluntersuchung berücksichtigt werden[978]. Kommt es daher zu einer Kollision zwischen einem pragmatischen Argument und Normzweckkriterien, so müssen letztere den Vorrang haben. Wenn etwa in der FOCUS-Entscheidung vor dem Hintergrund des „starren prioritätsabhängigen Regelungsbereichs des Markenrechts" die autonome Anwendbarkeit des „flexiblen rein wettbewerbsrechtlich orientierten § 1 UWG (a.F.)" gefordert wird[979], ist dem nicht zuzustimmen, da der Begrenzungsfunktion des Markengesetzes ein größeres Gewicht beizumessen ist als einer unter Umständen leichteren Nachweisbarkeit eines Anspruchs aus dem UWG[980]. Auch der Rückgriff des OLG Hamm in der Entscheidung „krupp.de"[981] auf den Namensschutz gemäß § 12 BGB ohne vorherige Prüfung der §§ 5, 15 Abs. 3 MarkenG war aus pragmatischen Gründen nachvollziehbar, da die Anwendung des markenrechtlichen Instrumentariums angesichts der Besonderheiten bei der Benutzung von Domain-Namen Probleme bereitet[982]. Dennoch hätten hier die markenrechtlichen Vorschriften geprüft werden müssen, um die Wertungen des Markengesetzes nicht zu unterlaufen[983].

Die praktischen Vorteile, die mit der Anwendung einer konkurrierenden Vorschrift verbunden sind, sind auch deswegen nicht ausschlaggebend für die Beantwortung der Konkurrenzfrage, da sie unterschiedlich bewertet bzw. aus ihnen unterschiedliche Schlussfolgerungen gezogen werden können. Zum Beispiel ist einerseits eine Erleichterung des Beweisverfahrens im Rahmen der wettbewerbs-

---

977 Vgl. Walch, Ergänzender Leistungsschutz, der von „höherrangigen Kriterien" als dem des Bedürfnisses spricht.

978 Vgl. Müller, in: v. Büren/David, Schweizerisches Immaterialgüter- und Wettbewerbsrecht, S. 42.

979 LG Köln, WRP 1998, 917, 918 – FOCUS; ähnlich Deutsch, WRP 2000, 854, 857: § 1 UWG a.F. als flexible Anspruchsgrundlage.

980 Vgl. zu diesem Gesichtspunkt auch Ingerl, WRP 2004, 809, 810.

981 OLG Hamm, CR 1998, 241, 242 – krupp.de (s. o. 5. Kap. B I 2).

982 Vgl. Bettinger, CR 1998, S. 243.

983 Ingerl/Rohnke, MarkenG, 2. Aufl., Nach § 15 Rdnr. 46.

rechtlichen Generalklausel wegen dessen größerer Flexibilität möglich[984]. Andererseits ist die Rechtsstellung für den Inhaber eines Kennzeichenrechts nach dem Markenrecht im Prozess insofern günstiger, als er in den Genuss von gesetzlichen Vermutungen kommt, während der Anspruchsberechtigte bei einem Vorgehen aus §§ 3, 4 UWG, 823 Abs. 1 oder 12 BGB nach den allgemeinen Regeln die Darlegungs- und Beweislast für sämtliche Anspruchsvoraussetzungen zu tragen hat[985]. Diese nachteiligen prozessualen Folgen bei einem Vorgehen nach außermarkenrechtlichen Normen können wiederum einerseits als Argument dafür dienen, dass keine Aushöhlung markenrechtlicher Wertungen droht[986]. Der gleiche Umstand lässt sich aber auch gegen eine Anspruchskonkurrenz anführen, da wegen der Vorzüge des markenrechtlichen Schutzes das Interesse des Verletzten fehlt, daneben auch wettbewerbs- bzw. bürgerlichrechtlichen Schutz in Anspruch zu nehmen[987]. Letzteres Argument würde dem in der Konkurrenzlehre teilweise vertretenen Grundsatz von der vorrangigen Berücksichtigung der für den Gläubiger günstigeren Norm entsprechen[988]. Hierzu passt, dass der BGH den Vorrang des Sonderrechtsschutzes des Urheberrechts gegenüber § 1 UWG a.F. unter anderem mit der Tatsache begründete, dass aus der Generalklausel keine weiterreichenden Rechtsfolgen hergeleitet werden konnten[989].

II. Abgrenzungsschwierigkeiten und Probleme im Instanzenzug

Die Befürworter einer kumulativen Anspruchskonkurrenz weisen auf den praktischen Vorteil hin, dass bei einer autonomen Anwendung von marken- und außermarkenrechtlichen Vorschriften keine schwierige Prüfung erforderlich sei, ob und inwieweit das Markengesetz eine abschließende Regelung treffe[990]. In diesem Zusammenhang wird vorgebracht, dass in den Rechtsmittelinstanzen bei einer von der Vorinstanz abweichenden Verneinung der tatbestandlichen Voraus-

---

984 Zu § 1 UWG a.F. Würtenberger, GRUR 2003, 912, 918; eine Erleichterung des Beweisverfahrens durch § 1 UWG a.F. bezweifelnd Vierheilig, GRUR 1977, 704, 712.

985 Fikentscher, Wettbewerb und Gewerblicher Rechtsschutz, S. 275; Walch, Ergänzender Leistungsschutz, S. 67.

986 Müller, in: v. Büren/David, Schweizerisches Immaterialgüter- und Wettbewerbsrecht, S. 41: Nicht die gleiche Rechtsstellung durch den Schutz nach UWG.

987 Hierzu Müller, in: v. Büren/David, Schweizerisches Immaterialgüter- und Wettbewerbsrecht, S. 42. Zu den Vorteilen Eichmann, GRUR 1998, 201, 206, 213; Schricker, Festschrift für Vieregge, 775, 781.

988 Georgiades, Anspruchskonkurrenz, § 17, S. 170.

989 BGH, GRUR 1992, 697, 699 – Alf.

990 Deutsch, GRUR 2002, 308, 309.

setzungen der §§ 14, 15 MarkenG eine Zurückverweisung erforderlich sein könne, wenn in der Vorinstanz die außermarkenrechtlichen Vorschriften einer Prüfung unter Berufung auf die abschließende Regelung im Markengesetz nicht unterzogen worden seien[991]. Das könne bei einer autonomen Anwendung der §§ 3, 4 UWG, 823 Abs. 1, 12 BGB vermieden werden, da dann deren Anspruchsvoraussetzungen unabhängig vom Vorliegen markenrechtlichen Schutzes geprüft würden[992].

Die Gefahr einer Zurückverweisung wegen unterbliebener Prüfung der Anspruchsvoraussetzungen außermarkenrechtlicher Bestimmungen besteht dann nicht, wenn außermarkenrechtliche Vorschriften nur auf Sachverhalte angewendet werden, die nicht in den Anwendungsbereich des Markengesetzes fallen[993]. Denn dann können die §§ 3, 4 UWG, 823 Abs. 1, 12 BGB auch für den Fall nicht herangezogen werden, dass die Rechtsmittelinstanz die Tatbestandsvoraussetzungen der §§ 14 Abs. 2, 15 Abs. 2 und 3 MarkenG abweichend von der Vorinstanz verneint und eine Zurückverweisung wegen unterbliebener Prüfung dieser Normen wäre nicht erforderlich. Im Übrigen ist eine parallele Anwendung der außermarkenrechtlichen Vorschriften dann nicht ausgeschlossen, wenn diese sich auf einen anderen Schutzgegenstand beziehen oder von §§ 14, 15 MarkenG ungeregelte Konflikte betreffen[994].

Allerdings kann eine Präzisierung der Fälle, in denen ein ergänzender wettbewerbs-, delikts- oder namensrechtlicher Kennzeichenschutz möglich sein soll, mit Schwierigkeiten verbunden sein[995]. Diese praktischen Schwierigkeiten können aber auch auftreten, wenn eine autonome Anwendung der §§ 3, 4 UWG oder §§ 823 Abs. 1, 12 BGB neben den Vorschriften des Markengesetzes angenommen wird. Denn auch von den Befürwortern einer autonomen Anwendbarkeit der außermarkenrechtlichen Schutztatbestände wird eine etwaige Begrenzungsfunktion des Markengesetzes und die Notwendigkeit, markenrechtliche Wertungen nicht zu unterlaufen, nicht in Abrede gestellt[996]. Lediglich der Ort der Prüfung dieser Kriterien ist gegebenenfalls ein anderer, was Fezer damit umschreibt, dass

991 Fezer, WRP 2000, 863, 871; Deutsch, WRP 2000, 854, 855.

992 Zu § 1 UWG a.F. Deutsch, WRP 2000, 854, 857.

993 Teplitzky, Wettbewerbsrechtliche Ansprüche, Kap. 4 Rdnr. 10a.

994 BGH, WRP 2003, 521, 526 – Abschlußstück; OLG München, GRUR 2000, 518, 519 – buecherde.com.

995 Ingerl/Rohnke, MarkenG, 2. Aufl., § 14 Rdnr. 881.

996 Klippel/Pahlow, in: HK-MarkenR, § 2 Rdnr. 3; Fezer, Markenrecht, § 2 Rdnr. 4 u. 9; Deutsch, WRP 2000, 854, 858; Stein, Schutz von Name und Kennzeichen gegen die Verwendung als Domain-Name durch Dritte, S. 119 f., hält die Ermittlung einer etwaigen Sperrwirkung des Markengesetzes trotz grundsätzlicher Bejahung einer kumulativen Anspruchskonkurrenz für notwendig. Nach Ingerl, WRP 2004, 809, 814, wird dem Vorrang des Markengesetzes so „indirekte Geltung" verliehen.

ungeachtet der von ihm geforderten autonomen Anwendbarkeit außermarkenrechtlicher Normen die Tatbestandsfunktion der im Markenrecht normierten Kennzeichenrechte den Anwendungsbereich der konkurrierenden Normen bestimmt[997]. Unabhängig davon sind etwaige Vorteile in der praktischen Rechtsanwendung kein ausreichender Grund für eine autonome Heranziehung außermarkenrechtlicher Vorschriften in Anspruchskonkurrenz. Auch das Gebot eines Prüfungsvorrangs markenrechtlicher Vorschriften wird nicht dadurch entkräftet, dass es unter Umständen für die Gerichte leichter ist, sofort auf die wettbewerbsrechtliche Generalklausel zu rekurrieren[998].

III. Erweiterte Sach- und Klagebefugnis nach dem UWG

1. Zusammenhang zur Konkurrenzfrage

Die vom Markengesetz abweichende Regelung der Sach- und Klagebefugnis im UWG wurde in der Vergangenheit teilweise als Begründung für die Notwendigkeit der uneingeschränkten Anwendung der wettbewerbsrechtlichen Generalklausel neben den §§ 14, 15 MarkenG angeführt[999]. Es ging darum, ob ein Verstoß gegen §§ 14, 15 MarkenG über einen parallel anwendbaren § 1 UWG a.F. zusätzlich die im UWG geregelten Klagerechte nach sich ziehen sollte[1000].

2. Anspruchsberechtigung von Mitbewerbern

a) Bisherige Gesetzeslage gemäß § 13 Abs. 2 Nr. 1 UWG a.F.

Nach der bisherigen Vorschrift des § 13 Abs. 2 Nr. 1 UWG a.F. waren branchengleiche oder branchenverwandte Gewerbetreibende, die lediglich abstrakt betroffene Mitbewerber sind, grundsätzlich aktivlegitimiert. Ausreichend war die Möglichkeit einer nicht ganz unbedeutenden Beeinträchtigung des Wettbewerbers[1001].

---

997 Fezer, Markenrecht, § 2 Rdnr. 9.

998 Zu § 1 UWG a.F. Schulz, Festschrift für Horst Helm, 237, 246; Bettinger, CR 1998, 243.

999 Fezer, Markenrecht, § 2 Rdnr. 5; a. A. Ingerl/Rohnke, MarkenG, 2. Aufl., § 14 Rdnr. 893 f.; Ströbele/Hacker, MarkenG, 7. Aufl., § 2 Rdnr. 16; Sack, WRP 2004, 1405, 1408.

1000 Zu § 3 UWG a.F. vgl. Speckmann, Wettbewerbsrecht, Rdnr. 2429, S. 677 f., der eine Anwendung der Vorschrift neben § 15 MarkenG ausschließlich mit einem Bedürfnis nach der erweiterten Klagebefugnis gemäß § 13 Abs. 2 UWG a.F. begründet.

1001 Köhler/Piper, UWG, Einf. Rdnr. 243.

Die Aktivlegitimation des „unmittelbar Verletzten“ war dagegen bislang nicht ausdrücklich geregelt und ergab sich aus der verletzten Norm (z. B. § 1 UWG a.F.)[1002]. Die Bedeutung der Voraussetzung des konkreten Wettbewerbsverhältnisses in § 1 UWG a.F. wurde daher auch teilweise darin gesehen, die Aktivlegitimation des unmittelbar Verletzten zu begründen[1003]. Dies zeigt beispielsweise die DIMPLE-Entscheidung des BGH, in der die Klageberechtigung trotz Branchenfremdheit der Parteien wegen Vorliegens eines konkreten Wettbewerbsverhältnisses bejaht wurde[1004].

b) Wegfall der Aktivlegitimation des nur abstrakt betroffenen Mitbewerbers im neuen UWG

Im neuen UWG ist die Anspruchsberechtigung des nur abstrakt betroffenen Mitbewerbers entfallen. Anspruchsberechtigt sind nach § 8 Abs. 3 Nr. 1 UWG nur noch „Mitbewerber“, wofür nach § 2 Abs. 1 Nr. 3 UWG ein konkretes Wettbewerbsverhältnis zwischen den Parteien erforderlich ist. § 8 Abs. 3 Nr. 1 UWG normiert daher nur die Anspruchsberechtigung des Mitbewerbers als „unmittelbar Verletzten“[1005]. Diese klare Wertung des Gesetzgebers sollte auch nicht durch eine zu großzügige Bejahung eines konkreten Wettbewerbsverhältnisses ausgehöhlt werden[1006]. Mit dem Wegfall der Aktivlegitimation des nur abstrakt betroffenen Mitbewerbers im UWG-Reformgesetz entfällt zugleich ein wesentlicher Unterschied zum Markengesetz. Angesichts dieser Änderungen lässt sich die Möglichkeit der erweiterten Anspruchsberechtigung des nur abstrakt betroffenen Mitbewerbers zur effizienten Verfolgung eines Wettbewerbsverstoßes in kennzeichenbezogenen Sachverhalten nicht mehr als Argument für eine autonome Anwendung der §§ 3, 4 UWG neben den §§ 14, 15 MarkenG aufrechterhalten[1007].

Im Übrigen war auch im Hinblick auf die bisherige Gesetzeslage eine Anwendung des § 13 Abs. 2 Nr. 1 UWG a.F. im Anwendungsbereich der §§ 14, 15 MarkenG abzulehnen. Eine erweitere Klageberechtigung für Mitbewerber gemäß § 13 Abs. 2 Nr. 1 UWG a.F. war nicht sachgerecht, da Kennzeichenrechte als In-

---

1002 Köhler/Piper, UWG, a.a.O.
1003 Bork, GRUR 1989, 725, 730 Fußn. 41.
1004 BGH, GRUR 1985, 550, 551 – Dimple.
1005 Begr. Reg.-Entw. zum UWG, BT-Drucks. 15/1487, S. 14 und 22; Köhler, NJW 2004, 2121, 2125.
1006 Köhler, in: Baumbach/Hefermehl, Wettbewerbsrecht, 23. Auflage, § 2 Rdnr. 62; zur Frage eines konkreten Wettbewerbsverhältnisses zwischen Außenseiter und Vertriebsbinder vgl. Sack, WRP 2004, 1405, 1424.
1007 So bislang Fezer, Markenrecht, § 2 Rdnr. 5.

dividualrechte eigentumsähnlich ausgestaltet sind[1008]. Es geht um den Schutz des Kennzeicheninhabers aus seinem subjektiven Ausschließlichkeitsrecht, nicht aber um Belange der Allgemeinheit[1009]. Der Kennzeicheninhaber kann die Benutzung durch einen Dritten aus unterschiedlichen, einem außenstehenden Dritten unbekannten Gründen dulden[1010]. Ein weiterer Hinweis dafür, dass die Klageberechtigung für Marken und geschäftliche Bezeichnungen im Markengesetz abschließend geregelt ist, ist das Fehlen einer § 128 Abs. 1 MarkenG vergleichbaren Vorschrift, in der ausdrücklich auf die Anspruchsberechtigung im UWG verwiesen wird. Auch die Rechtsprechung lehnte eine Klageberechtigung nicht unmittelbar betroffener Mitbewerber dann ab, wenn der Wettbewerbsverstoß ausschließlich in der Verletzung einer subjektivrechtlichen Ausschließlichkeitsposition lag[1011].

2. Verbandsklagebefugnis gemäß § 8 Abs. 3 Nr. 2 und 3 UWG

Die bisherige Regelung der Verbandsklagebefugnis in § 13 Abs. 2 Nr. 2 UWG a.F. ist im neuen UWG in § 8 Abs. 3 Nr. 2 und 3 ohne wesentliche Änderungen übernommen worden[1012]. Gemäß § 8 Abs. 3 Nr. 2 und 3 UWG sind neben Mitbewerbern, rechtsfähige Verbände zur Förderung gewerblicher oder beruflicher Interessen und Verbraucherschutzverbände anspruchsberechtigt. In der Verbandsklagebefugnis des UWG liegt weiterhin ein praktischer Unterschied zur Klageberechtigung nach dem Markengesetz, die grundsätzlich auf den jeweiligen Kennzeicheninhaber beschränkt ist.

Dieser Unterschied wirkt sich jedoch im Bereich des für die Konkurrenzfrage relevanten wettbewerbsrechtlichen Kennzeichenschutzes nicht entscheidend aus. Eine Klagebefugnis von Verbänden kommt nur dann in Betracht, wenn eine über die Verletzung des individuellen Ausschließlichkeitsrechts hinausgehende Sittenwidrigkeit vorliegt und es um die kollektive Wahrnehmung von Mitgliederinteressen geht[1013]. Für eine solche kollektive Wahrnehmung ist bei Kennzeichen-

1008 Ingerl/Rohnke, MarkenG, 1. Aufl., § 2 Rdnr. 1; Sosnitza, WRP 2003, 1186, 1187.

1009 Ströbele/Hacker, MarkenG, 7. Aufl., § 2 Rdnr. 16; Ingerl/Rohnke, MarkenG, 2. Aufl., § 14 Rdnr. 893; Sosnitza, MarkenR 2000, 77, 86; a. A. Fezer, Markenrecht, § 2 Rdnr. 5; Mees, WRP 1999, 62, 66.

1010 Köhler, in: Baumbach/Hefermehl, Wettbewerbsrecht, 23. Aufl., § 8 Rdnr. 3.5; Ingerl/Rohnke, MarkenG; 1. Aufl., § 2 Rdnr. 1.

1011 BGH, GRUR 1999, 325, 326 – Elektronische Pressearchive; vgl. auch BGH, GRUR 1991, 223, 225 – Finnischer Schmuck: Keine erweiterte Klagebefugnis für die Geltendmachung von Individualansprüchen.

1012 Begr. Reg.-Entw. zum UWG, BT-Drucks. 15/1487, S. 14.

1013 Nirk, GRUR 1993, 247, 250; Ingerl/Rohnke, MarkenG, 2. Aufl., § 14 Rdnr. 894; a. A. Baumbach/Hefermehl, Wettbewerbsrecht, 22. Aufl., UWG Einl. Rdnr. 51 u. § 13 Rdnr. 6.

verletzungen jedoch in der Regel kein Platz, da es grundsätzlich allein um den Individualrechtsschutz des Kennzeicheninhabers geht[1014]. Der BGH hat in der DIMPLE-Entscheidung eine Verbandsklagebefugnis bezüglich der Rufausbeutung der bekannten Marke „DIMPLE“ auf einem anderen Warengebiet mit der Begründung bejaht, dass Rufausbeutungen auch in vergleichbaren Fällen denkbar und in ihren Auswirkungen gefährlich für die gesamte Branche seien[1015]. Dies war jedoch eher eine Ausnahme, und im Anwendungsbereich des Markengesetzes wurde eine bewusste Begrenzung des Kreises der Anspruchsberechtigten vorgenommen. Andernfalls hätte der Gesetzgeber eine Verbandsklagebefugnis im Markengesetz selbst geregelt bzw. sich wie in § 128 Abs. 1 MarkenG ausdrücklich auf § 8 Abs. 3 UWG bezogen.

Es ist zwar nicht unbedenklich, aus prozessualen Unterschieden der konkurrierenden Normenkomplexe auf den materiellen Anwendungsbereich der Vorschriften zu schließen[1016]. Jedoch entspricht die Unanwendbarkeit von §§ 3, 4 UWG im Anwendungsbereich der §§ 14, 15 MarkenG der Wertung, dass in diesem Bereich grundsätzlich auch keine erweiterte Klageberechtigung i.S.v. § 8 Abs. 3 Nr. 2 bis 4 UWG möglich sein soll.

IV. Anwendbarkeit der Dringlichkeitsvermutung des § 12 Abs. 2 UWG

Gemäß § 12 Abs. 2 UWG (= § 25 UWG a.F.) wird für Unterlassungsansprüche aus dem UWG die Eilbedürftigkeit widerleglich vermutet, auch wenn die Voraussetzungen der §§ 935, 940 ZPO für den Erlass einer einstweiligen Verfügung nicht vorliegen. Das Markengesetz enthält keine vergleichbare Vorschrift. Lediglich für den markenrechtlichen Auskunftsanspruch gemäß § 19 Abs. 1 MarkenG regelt das Markengesetz die Durchsetzung im Eilverfahren (vgl. § 19 Abs. 3 MarkenG). Da die Dringlichkeitsvermutung des § 12 Abs. 2 UWG auf Unterlassungsansprüche gemäß § 3 i.V.m. § 8 Abs. 1 UWG anwendbar ist, ließe sich daraus ein Bedürfnis für die Anwendung des UWG auf kennzeichenbezogene Sachverhalte herleiten. In diese Richtung geht die Argumentation von Traub, der § 1 UWG a.F. (= §§ 3, 4 UWG n.F.) zwar als lex generalis gegenüber §§ 14, 15 MarkenG betrachtet, aber für ein „Aufleben“ von UWG-Normen (§§ 1 und 25 UWG a.F.) in Fällen plädiert, die an sich nach dem Markengesetz zu beurteilen sind, jedoch ohne die Existenz der Sondernorm unter die Vorschriften des UWG

1014 Sosnitza, MarkenR 2000, 77, 86; Ingerl, WRP 2004, 809, 815; Ingerl/Rohnke, MarkenG, 2. Aufl., § 14 Rdnr. 894; a. A. Baumbach/Hefermehl, Wettbewerbsrecht, 22. Aufl., UWG Einl. Rdnr. 51.

1015 BGH, GRUR 1985, 550, 553 – Dimple (s. o. 3. Kap. C II 2 b) bb) (1).

1016 Fezer, WRP 2000, 863, 866, Walch, Ergänzender Leistungsschutz, S. 67.

subsumiert werden könnten[1017]. Diese Ansicht setzt sich jedoch über die Begrenzungsfunktion des Markengesetzes hinweg, indem sie die wettbewerbsrechtliche Generalklausel unabhängig von der Frage, inwieweit das Markengesetz einen Sachverhalt abschließend regelt, „aufleben" lässt.

Die überwiegende Ansicht in Rechtsprechung und Literatur hält die wettbewerbsrechtliche Beweisvermutung – unabhängig von der Frage der Anwendbarkeit von der wettbewerbsrechtlichen Generalklausel neben §§ 14, 15 MarkenG – auf markenrechtliche Unterlassungsansprüche analog für anwendbar[1018]. Nach der Gegenansicht fehlt es an einer planwidrigen Regelungslücke im Markengesetz, da der Markengesetzgeber davon abgesehen habe, eine der Vorschrift des § 25 UWG a.F. (= § 12 Abs. 2 UWG n.F.) entsprechende Regelung in das Markengesetz aufzunehmen[1019]. Die analoge Anwendung der Vorschrift bedeute eine systemwidrige Benutzungsfiktion[1020]. Diese Kontroverse braucht jedoch nicht entschieden zu werden, da eine analoge Anwendung des § 12 Abs. 2 UWG im Markenrecht keine Konsequenzen für das Konkurrenzverhältnis zwischen §§ 14, 15 MarkenG und §§ 3, 4 UWG hat.

1017 Traub, WRP 2000, 1046, 1049.

1018 OLG Köln, WRP 2001, 1099, 1100 – Mon Chérie/MA CHÉRIE; OLG Stuttgart, WRP 1997, 118, 121 – Dringlichkeitsvermutung; Köhler/Piper, UWG, § 25 Rdnr. 14; Ströbele/Hacker, MarkenG, 7. Aufl., § 14 Rdnr. 276.

1019 OLG Frankfurt/Main, WRP 2002, 1457; Teplitzky, Wettbewerbsrechtliche Ansprüche, Kap. 54 Rdnr. 20; Eikelau, MarkenR 2001, 41, 45.

1020 Eikelau, MarkenR 2001, 41, 43 ff.

9. Kapitel: Grundsätze für die Anwendung und den verbleibenden Anwendungsbereich von §§ 3, 4 UWG, 823 Abs. 1, 12 BGB

Die §§ 3, 4 UWG und 823 Abs. 1, 12 BGB sind gegenüber §§ 14, 15 MarkenG subsidiär. Einerseits ist das Markenrecht grundsätzlich einer inhaltlichen Ergänzung durch außermarkenrechtliche Tatbestände zugänglich. Andererseits scheidet eine Anwendung der §§ 3, 4 UWG, 823, 12 BGB innerhalb des Anwendungsbereichs der §§ 14 Abs. 2, 15 Abs. 2 und 3 MarkenG aus. Die abschließende Regelung des Markenrechts betrifft nicht nur den Anwendungsbereich des erweiterten Schutzes gemäß §§ 14 Abs. 2 Nr. 3, 15 Abs. 3 MarkenG, sondern auch die übrigen markenrechtlichen Verletzungstatbestände[1021]. Eine Begrenzung des erweiterten Schutzes bekannter Kennzeichen auf die von den §§ 14 Abs. 2 Nr. 3, 15 Abs. 3 MarkenG erfassten Vorgänge würde auch dann unterlaufen werden, wenn neben dem Verwechslungsschutz gemäß §§ 14 Abs. 2 Nr. 2, 15 Abs. 2 MarkenG uneingeschränkt außermarkenrechtliche Anspruchsgrundlagen zum Zuge kommen könnten. Die §§ 3, 4 UWG, 823 Abs. 1, 12 BGB sind nicht schon immer dann anwendbar, wenn ein Schutz nach §§ 14, 15 MarkenG entfällt, weil einzelne Tatbestandsvoraussetzungen nicht erfüllt sind. Der berechtigte Einwand der Gegner eines Vorrangs des Markengesetzes, dass es auch dann nicht zu der geforderten Begrenzung durch das Markengesetz komme, wenn außermarkenrechtliche Vorschriften in allen Fällen anwendbar wären, in denen markenrechtliche Ansprüche – aus welchen Gründen auch immer – ausscheiden, greift bei diesem restriktiven Ansatz nicht[1022]. Die so genannte „Umwegthese", wonach nicht über den Umweg des UWG (oder BGB) geschützt werden kann, was nach den Spezialgesetzen erlaubt ist, behält ihre Richtigkeit, wenn das Markengesetz auch für bestimmte Fälle, in denen es keinen Schutz gewährt, eine Sperrwirkung entfaltet[1023]. Für die Anwendbarkeit von §§ 3, 4 UWG oder §§ 823 Abs. 1, 12 BGB ist mithin maßgebend, inwieweit das Markengesetz eine abschließende Regelung trifft. Eine solche muss auf wettbewerbs- oder bürgerlichrechtlicher Ebene hin-

---

1021 A.A. Sack, WRP 2004, 1405, 1414.

1022 Hierzu Deutsch, WRP 2000, 854, 855; vgl. auch Sambuc, in: Fezer, Lauterkeitsrecht, Einl. F Rdnr. 208.

1023 Zur vermeintlichen Inkonsequenz der „Umwegthese" Streuli-Youssef, in: v. Büren/David, Schweizerisches Immaterialgüter- und Wettbewerbsrecht, S. 157.

genommen werden, um einen Schutz „durch die Hintertür" entgegen der Wertung des Markengesetzes zu vermeiden[1024].

Andererseits lässt sich der verbleibende Anwendungsbereich der §§ 3, 4 UWG, 823 Abs. 1, 12 BGB nicht auf die Formal reduzieren, dass ein außermarkenrechtlicher Schutz nur dann in Betracht kommt, wenn ein markenrechtlicher Schutz ausscheidet. Beziehen sich die außermarkenrechtlichen Bestimmungen auf vom Markengesetz ungeregelte Konflikte bzw. auf einen anderen Schutzgegenstand, ist auch ein paralleler Schutz neben den markenrechtlichen Vorschriften möglich[1025]. Allerdings darf eine Heranziehung außermarkenrechtlicher Vorschriften auch außerhalb des Anwendungsbereichs des Markengesetzes nicht im Widerspruch zu markenrechtlichen Aussagen stehen.

Eine mögliche parallele Anwendung der §§ 3, 4 UWG, 823 Abs. 1, 12 BGB neben den Vorschriften des Markengesetzes ist nicht mit einer autonomen Anwendung gleichzusetzen. Das zeigt neben der Tatsache, dass die außermarkenrechtlichen Bestimmungen im Anwendungsbereich des Markenrechts nicht zum Zuge kommen, der Anwendungsvorrang des Markenrechts. Markenrechtliche Anspruchsgrundlagen sind stets vorrangig heranzuziehen, um feststellen zu können, ob ein Anwendungsbereich für außermarkenrechtliche Ansprüche verbleibt, der nicht Gegenstand markenrechtlicher Regelungen ist[1026]. Auf die Erörterung markenrechtlicher Ansprüche kann nicht mit der Begründung verzichtet werden, dass jedenfalls unter dem Gesichtspunkt eines Wettbewerbsverstoßes ein Anspruch gegeben sei[1027]. Der Prüfungsvorrang des Markenrechts muss entgegen der Messerkennzeichnung-Entscheidung des BGH[1028] auch für die Fälle gelten, in denen unklar ist, ob die Voraussetzungen einer Benutzungsmarke gemäß § 4 Nr. 2 MarkenG vorliegen, da nur so markenrechtliche Wertungen beachtet werden können und die Grenzlinien zwischen markenrechtlichem und wettbewerbsrechtlichem Kennzeichenschutz deutlich bleiben[1029]. Erst nach einer Prüfung etwaiger markenrechtlicher Anspruchsgrundlagen kann die Frage beantwortet werden, ob der erforderliche „Ausnahmefall" für einen Schutz nach dem UWG ge-

---

1024 Würtenberger, GRUR 2003, 912, 918. Die Umwegthese ablehnend Fezer, in: Fezer, Lauterkeitsrecht, Einl. E Rdnr. 95 f.

1025 Vgl. BGH, GRUR 2002, 706, 707 – vossius.de: „Parallel möglicher Namensschutz aus § 12 BGB".

1026 Vgl. zum WZG Vierheilig, GRUR 1977, 704, 712.

1027 Vgl. BGH, GRUR 1999, 161, 162 – MAC Dog (s. o. 5. Kap. A I 1 a).

1028 GRUR 2001, 251, 253; ähnlich OLG Köln, GRUR-RR 2001, 26, 27 – Dämmstoffplatten (s. o. 5. Kap. A I 3 b) und B 6).

1029 BGH, GRUR 1997, 754, 755 – grau/magenta: „Vorrangige Frage des markengesetzlichen Schutzes"; vgl. auch Schulz, Festschrift für Horst Helm, 237, 246, 250.

geben ist oder nicht[1030]. Dasselbe gilt für die primär zu prüfenden Schutzbestimmungen der §§ 14 Abs. 2, 15 Abs. 2 und 3 MarkenG gegenüber § 12 BGB, auch wenn dies, z. B. im Domainrecht, mit praktischen Schwierigkeiten verbunden ist[1031].

A. Kriterien für eine Sperrwirkung des Markengesetzes

Die Ermittlung der Reichweite der Sperrwirkung des Markengesetzes ist im Einzelfall mit Schwierigkeiten verbunden. Das zeigen auch die unterschiedlichen Formulierungen in der BGH-Rechtsprechung. Während der BGH in der Entscheidung „shell.de" die außermarkenrechtlichen Vorschriften im „Anwendungsbereich" des Markengesetzes für unanwendbar hält, spricht er in der später ergangenen Tupperwareparty-Entscheidung nur vom „unmittelbaren Anwendungsbereich"[1032]. Von der anfänglich verwendeten Formulierung „Versagen" des markenrechtlichen Schutzes hat der BGH in den nachfolgenden Entscheidungen Abstand genommen.

Zur Feststellung, ob es sich um eine Fallkonstellation außerhalb des Anwendungsbereichs des Markengesetzes handelt, greift die Rechtsprechung im Rahmen der wettbewerbsrechtlichen Generalklausel und des § 12 BGB auf das Erfordernis der „besonderen Umstände"[1033] bzw. der besonderen vom Markengesetz nicht berücksichtigten Unlauterkeitsgesichtspunkte zurück[1034]. Die Vorgehensweise wirft allerdings die Frage auf, an welcher Stelle diese Kriterien zu prüfen sind, da die Anwendbarkeit der jeweiligen Vorschriften gerade noch nicht feststeht. Dasselbe Problem tritt auf, wenn die Anwendung der wettbewerbsrechtlichen Generalklausel davon abhängig gemacht wird, ob der Unlauterkeitsvorwurf anders begründet wird als im Markengesetz[1035]. Mit dem Kriterium der „besonderen Umstände" wird auch umschrieben, wann eine Wettbewerbswidrigkeit vorliegt[1036]. Daran wird deutlich, dass mit diesem Kriterium nicht notwendig das

1030 Vgl. OLG Hamburg, GRUR-RR 2002, 356, 357 – Marzipanherzen, das zutreffend markenrechtliche Unterlassungsansprüche vorrangig erörtert (s. o. 5. Kap. B II 10).

1031 Abzulehnen daher das Vorgehen von OLG München, GRUR 2000, 519, 521 – rolls-royce.de; OLG Düsseldorf, WRP 1999, 343, 346 – ufa.de; OLG Hamm, CR 1998, 241 – krupp.de (s. o. 5. Kap. B I 2).

1032 BGH, WRP 2002, 694, 696 – shell.de; BGH, WRP 2003, 1338, 1339 – Tupperwareparty (s. o. 5. Kap. A I 3 d).

1033 BGH, GRUR 1997, 754, 755 – grau/magenta; OLG Hamburg, MarkenR 2003, 401, 409 – VISA (s. o. 5. Kap. B II 11).

1034 Vgl. etwa OLG Frankfurt/Main, WRP 2000, 772, 774 – alcon.de.

1035 Schulz, Festschrift für Horst Helm, 237, 246.

1036 Vgl. BGH, GRUR 1994, 732, 734 – McLaren.

Problem der Anwendbarkeit der wettbewerbsrechtlichen Generalklausel angesprochen wird. Auch sind damit nicht stets Sachverhalte gemeint, die außerhalb der markenrechtlichen Tatbestände liegen. Beispielsweise wird vertreten, dass die in § 14 Abs. 2 Nr. 3, 15 Abs. 3 MarkenG geregelten Tatbestandsmerkmale der „Ausnutzung der Wertschätzung des Kennzeichens“ und „ohne rechtfertigenden Grund“ „besonderen Umstände“ der nachahmenden Verwendung eines bekannten fremden Kennzeichens darstellen[1037].

Aus den genannten Gründen sind Fragen der Anwendbarkeit außermarkenrechtlicher Bestimmungen deutlicher von solchen der Tatbestandserfüllung zu trennen. Darüber hinaus ist möglichst aus der Perspektive des Markengesetzes zu ermitteln, ob es den betreffenden Sachverhalt erfasst. Für die Frage, ob die §§ 14, 15 MarkenG die Anwendung von §§ 3, 4 UWG, 823 Abs. 1, 12 BGB sperren, ist darauf abzustellen, ob es um Gesichtspunkte geht, die bereits bei der markenrechtlichen Beurteilung positiv oder negativ berücksichtigt worden sind[1038].

Ein wichtiges Abgrenzungsmerkmal ist die Frage, ob das Markengesetz den betreffenden Sachverhalt im Kern regelt, eine Anwendung des Markengesetzes vom Ansatz her also denkbar ist[1039]. Zu diesem Zweck sind die „Basisvoraussetzungen“ (Inhaber eines Kennzeichens, geschäftlicher Verkehr und kennzeichenmäßige Benutzung) von den speziellen Tatbestandsmerkmalen der §§ 14 Abs. 2, 15 Abs. 2 und 3 MarkenG zu unterscheiden. Wenn es demgemäß an einem prioritätsälteren Kennzeichen oder einer kennzeichenmäßigen Benutzung im geschäftlichen Verkehr fehlt, kommt ein außermarkenrechtlicher Schutz deshalb in Betracht, weil ein markenrechtlicher Anspruch bereits an der fehlenden Einschlägigkeit des Markengesetzes scheitert. Sind dagegen lediglich einzelne Tatbestandsmerkmale der Verletzungstatbestände (z. B. die Waren/Dienstleistungsähnlichkeit gemäß § 14 Abs. 2 Nr. 2 MarkenG) nicht erfüllt, ist ein Rückgriff auf §§ 3, 4 UWG, 823 Abs. 1 BGB, 12 BGB nur möglich, wenn für den außermarkenrechtlichen Schutz ein eigenständiger Anwendungsbereich verbleibt, etwa, weil er sich auf einen anderen Schutzgegenstand bezieht[1040]. Das ist z. B. bezüg-

1037 Götte, Die Schutzdauer im wettbewerbsrechtlichen Leistungsschutz, S. 59; vgl. auch Erdmann, Festschrift für Vieregge, 197, 206, 213.

1038 OLG Hamburg, MarkenR 2003, 401, 409 – VISA: Es muss sich um Aspekte handeln, die nicht schon der Prüfung im Rahmen der §§ 14, 15 MarkenG zugrundegelegen haben (s. o. 5. Kap. B II 11); vgl. auch Sambuc, in: Harte-Bavendamm/Henning/Bodewig, UWG, § 4 Rdnr. 121, zur Prüfung, ob eine „gewollte Freistellung“ durch das Markengesetz vorliegt.

1039 Vgl. BGH, GRUR 2000, 70, 73 – SZENE; BGH, WRP 2001, 1320, 1326 – Bit/Bud; Kammergericht Berlin, WRP 2001, 551, 554 – Alex/live vom Alex; OLG Frankfurt/Main, GRUR 2000, 1063, 1066 – Spee-Fuchs. Vgl. oben 5. Kap.

1040 BGH, WRP 2003, 521, 526 – Abschlußstück (s. o. 5. Kap. A I 3 c).

lich §§ 3, 4 Nr. 7 und 10 UWG der Fall, wenn in den §§ 14, 15 MarkenG nicht geregelte Behinderungsaspekte hinzutreten[1041].

Darüber hinaus darf die Anwendung der außermarkenrechtlichen Vorschriften nicht im Widerspruch zur Wertung des Markengesetzes stehen[1042]. Dieser Aspekt wird allerdings auch schon vom Grundsatz der abschließenden Regelung des Markengesetzes innerhalb seines Anwendungsbereichs berücksichtigt[1043].

B. Begriff der Schutzlücke des Markengesetzes

I. Verhältnis von Lückenhaftigkeit und abschließender Regelung

Entscheidende Bedeutung für den verbleibenden Anwendungsbereich der außermarkenrechtlichen Bestimmungen hat die Frage, ob das Markengesetz für bestimmte Fallgestaltungen einen adäquaten Schutz bietet bzw. ob ein praktisches Bedürfnis für die Inanspruchnahme von Schutz auf Grundlage des UWG und BGB zur wirksamen Rechtsverteidigung besteht[1044].

Da der Gesetzgeber mit § 2 MarkenG den ergänzenden Kennzeichenschutz durch außermarkenrechtliche Vorschriften für vom Markengesetz nicht erfasste Sachverhalte ausdrücklich geregelt hat, ist die Schließung von Schutzlücken grundsätzlich möglich. Aus der Lückenhaftigkeit des Markengesetzes kann aber nicht zwingend auf dessen nicht abschließenden Charakter geschlossen werden. Instruktiv ist der Begriff der planwidrigen Lücke. An der Planwidrigkeit fehlt es, wenn der Gesetzgeber einen Bereich abschließend geregelt hat, auch wenn die Regelung möglicherweise unbefriedigend ist[1045]. Nach Canaris liegt eine planwidrige Lücke solange nicht vor, als sich die Rechtsfolge ohne weiteres aus der bloßen Umkehrung des Rechtssatzes ergibt, der als Grundlage des argumentum e

---

1041 Zu § 1 UWG a.F. OLG Köln, GRUR-RR 2002, 321, 322 – FLEX, bezüglich des Gesichtspunkts der systematischen Nachahmung; OLG München, GRUR 2000, 518, 519 – buecherde.com, bezüglich des Behinderungswettbewerbs; vgl. auch Goldmann, Schutz des Unternehmenskennzeichens, S. 274.

1042 Ingerl/Rohnke, MarkenG, 2. Aufl., § 2 Rdnr. 1; Sambuc, in: Harte-Bavendamm/Henning-Bodewig, UWG, § 4 Rdnr. 5.

1043 Kritisch Sack, WRP 2004, 1405, 1414.

1044 Hauck/Fischoeder, GRUR 2004, 185, 189; Beier/Kur, Festschrift für Fikentscher, S. 477, 493; Sack, WRP 1998, 1127, 1138; Piper, GRUR 1996, 429, 435.

1045 Walch, Ergänzender Leistungsschutz, S. 106; Götte, Die Schutzdauer im wettbewerbsrechtlichen Leistungsschutz, S. 101. Vgl. auch Althammer/Klaka, MarkenG, 6. Aufl., § 14 Rdnr. 22, die eine Anwendbarkeit von § 1 UWG a.F. als ergänzende Grundlage bei „echten Gesetzeslücken zum Schutz des Kennzeichens“ oder bei einem nach dem MarkenG „echt versagenden Schutz“ für möglich halten.

contrario dient[1046]. Das Schweigen, etwa zum Schutz nicht bekannter Marken gegen Rufausbeutung oder Rufbeeinträchtigung, ist dann weder „nichtssagend"[1047] noch die Verweigerung einer Antwort, sondern stellt eine negative Lösung in dem Sinne dar, dass ein Schutz zu versagen ist. Für die Ermittlung, wann eine negative Lösung im Sinne einer Sperrwirkung trotz eines verbleibenden Schutzbedürfnisses vorliegt, ist eine wertende Betrachtung notwendig[1048]. Im Rahmen dieser wertenden Betrachtung sind besonders die Gesichtspunkte der Begrenzungsfunktion des Markengesetzes und des Ziels einer einheitlichen Rechtsanwendung im Geltungsbereich der Markenrechtsrichtlinie zu beachten. Ein vorschnelles Ausweichen auf §§ 3, 4 UWG, 823 Abs. 1, 12 BGB unter Berufung auf eine etwaige Lückenhaftigkeit des Markengesetzes ist damit nicht vereinbar.

II. Schutz des absoluten Markenrechts analog § 1004 BGB trotz Fehlens eines positiv-rechtlichen Verbietungsrechts?

Möglicherweise kann ein überschießendes Bedürfnis nach der Anwendung außermarkenrechtlicher Vorschriften dann vermieden werden, wenn sich Verbietungsrechte gegenüber sonstigen Beeinträchtigungen der Markenposition aus dem absoluten Markenrecht in Verbindung mit einer analogen Anwendung des § 1004 BGB herleiten lassen[1049]. Dem liegt die Vorstellung zugrunde, dass das Markenrecht als absolutes Recht Schutz gegen jede Art von Behinderung und Schmälerung seines Wertes unabhängig von den Voraussetzungen der §§ 14 Abs. 2, 15 Abs. 2 und 3 MarkenG gewährt. Dieser Ansatz ist jedoch abzulehnen, da damit die Begrenzung durch die gesetzliche Festlegung bestimmter Tatbestandsvoraussetzungen in den markenrechtlichen Anspruchsgrundlagen unterlaufen wird[1050]. Ein derart umfassender Schutz des absoluten Markenrechts lässt sich auch nicht damit rechtfertigen, dass bestimmte markenrechtlich nicht geregelte Konflikte auch durch die gegebenenfalls anwendbaren §§ 3, 4 UWG, 823 Abs. 1, 12 BGB nicht verhindert werden können, wenn deren Tatbestandsvoraus-

1046 Canaris, Die Feststellung von Lücken im Gesetz, S. 44 f.

1047 Zu diesem Begriff Mergel, GRUR 1986, 646, 649.

1048 Beater, Unlauterer Wettbewerb, § 22 Rdnr. 91.

1049 So Körner, Festschrift für Erdmann, 343, 353, für den Fall des Domaingrabbings außerhalb des Ähnlichkeitsbereichs, wenn die bei § 1 UWG a.F. und § 826 BGB erforderliche Bösgläubigkeit nicht nachweisbar ist.

1050 Dagegen sieht Körner, Festschrift für Erdmann, 343, 353, hierin keine nicht hinnehmbare Überdehnung des Markenrechts.

setzungen nicht erfüllt sind. In solchen Fällen kann nur der Gesetzgeber Abhilfe schaffen[1051].

C. Untersuchung des Anwendungsbereichs von §§ 3, 4 UWG, 823 Abs. 1, 12 BGB anhand einzelner Fallkonstellationen

I. Fälle, in denen markenrechtliche Vorschriften eine Sperrwirkung entfalten

1. Rufausbeutung und Rufbeeinträchtigung bekannter Kennzeichen außerhalb des Ähnlichkeitsbereichs

Der Schutz bekannter Kennzeichen gegen Rufausbeutung und Rufschädigung außerhalb des Ähnlichkeitsbereichs ist abschließend in §§ 14 Abs. 2 Nr. 3, 15 Abs. 3 MarkenG geregelt. Die §§ 14 Abs. 2 Nr. 3, 15 Abs. 3 MarkenG sind an die Stelle des bisherigen von der Rechtsprechung entwickelten Schutzes getreten und lassen in ihrem unmittelbaren Anwendungsbereich für die Anwendung der §§ 3, 4 UWG, 823 Abs. 1, 12 BGB keinen Raum[1052]. Selbst wenn die Voraussetzungen „Ausnutzung oder Beeinträchtigung der Wertschätzung und Unterscheidungskraft" bzw. „ohne rechtfertigenden Grund und in unlauterer Weise" enger sind als die von der früheren Rechtsprechung auf der Basis von § 1 UWG a.F. entwickelten[1053], müssen die dadurch zum Ausdruck kommenden Begrenzungen auch für die außermarkenrechtlichen Vorschriften gelten. Scheitert demnach ein Anspruch gemäß § 14 Abs. 2 Nr. 3 oder 15 Abs. 3 MarkenG an diesen Voraussetzungen, ist die Anwendung der §§ 3, 4 UWG, 823 Abs. 1 BGB gesperrt. Die begrenzende Funktion der genannten Tatbestandsmerkmale wurde auch bei der Darstellung der Rechtsprechung deutlich: In der Spee-Fuchs-Entscheidung verneinte das OLG Frankfurt/Main das Kriterium der „Beeinträchtigung der Wertschätzung" des „Schwäbisch-Hall-Fuchses" wegen der extremen Branchenferne der Dienstleistungen der Parteien und lehnte einen Rückgriff auf § 1 UWG a.F. mit der Begründung ab, dass die grundsätzliche Anwendbarkeit des Markengesetzes gegeben sei und lediglich einzelne Tatbestandsmerkmale nicht erfüllt seien[1054]. Exemplarisch ist auch der Fall „alcon.de", in dem § 15 Abs. 3 MarkenG

1051 Vgl. Sack, WRP 1998, 1127, 1141, der auf die Möglichkeit hinweist, auf einschränkende Merkmale des Markengesetzes de lege ferenda zu verzichten.

1052 BGH, WRP 2003, 1338, 1339 – Tupperwareparty; BGH, GRUR 1999, 161, 162 – MAC Dog (s. o. 5. Kap. A I 3 d) und A I 1 a).

1053 Vgl. Sack, WRP 1998, 1127, 1141; Krings, GRUR 1996, 624, 625.

1054 OLG Frankfurt/Main, GRUR 2000, 1063, 1066 – Spee-Fuchs; ähnlich OLG Hamburg, GRUR-RR 2002, 190, 191 f. – HDI (s. o. 5. Kap. B II 4 u. 8).

daran scheiterte, dass die Voraussetzung „Fehlen eines rechtfertigenden Grundes“ nicht erfüllt war, eine Anwendung des § 1 UWG a.F. aber verneint wurde, weil das Markengesetz abschließend sei[1055]. Schließlich entschied der BGH in der Tupperwareparty-Entscheidung, dass auf die mittelbare Ausstrahlung des guten Rufs der Marken „Tupperware“ keine wettbewerbsrechtliche Rufausbeutung gestützt werden könne, da diese Rufausbeutung sich nach § 14 Abs. 2 Nr. 3 MarkenG bemesse[1056].

Auch die Kodifizierung der Rufausbeutung und Rufbeeinträchtigung im Beispielstatbestand des § 4 Nr. 9 b) UWG ändert nichts am Vorrang der §§ 14 Abs. 2 Nr. 3, 15 Abs. 3 MarkenG in ihrem Anwendungsbereich[1057]. Zwar kommt ein ergänzender Leistungsschutz gemäß § 4 Nr. 9 UWG grundsätzlich auch bei Nachahmungen fremder Kennzeichnungen in Betracht. Jedoch wird die Kennzeichennachahmung als solche speziell von den §§ 14, 15 MarkenG erfasst, während der Tatbestand des § 4 Nr. 9 b) allgemein den mit der Anlehnung an ein Fremdprodukt verbundenen Imagetransfer auf das eigene Produkt betrifft. Im Übrigen sollte mit § 4 Nr. 9 UWG nur die bisherige Rechtsprechung zum ergänzenden Leistungsschutz i.S.d. § 1 UWG a.F. kodifiziert werden, ohne den Grundsatz vom Vorrang des Sonderrechtsschutzes (u. a. Patent, Urheber, Geschmacksmuster- und Markenrecht) aufzugeben[1058].

2. *Rufausbeutung und Rufbeeinträchtigung innerhalb des Ähnlichkeitsbereichs*

Da für den Schutz bekannter Marken innerhalb des Waren/Dienstleistungsähnlichkeitsbereichs eine Lösung innerhalb des Markenrechts vorzuziehen ist[1059], fällt diese Fallgruppe in den Anwendungsbereich des § 14 Abs. 2 Nr. 3 MarkenG. Das hat wegen des Vorgehens des § 14 Abs. 2 MarkenG in seinem Anwendungsbereich gegenüber §§ 3 UWG, 823 Abs. 1 BGB zur Folge, dass die außermarkenrechtlichen Vorschriften in derartigen Fallgestaltungen unanwendbar sind. § 14 Abs. 2 Nr. 3 MarkenG ist auch im Waren/Dienstleistungsähnlichkeitsbereich abschließend[1060].

1055 OLG Frankfurt/Main, WRP 2000, 772, 774 – alcon.de (s. o. 5. Kap. B II 5).

1056 BGH, WRP 2003, 1338, 1340 – Tupperwareparty (s. o. 5. Kap. A I 3 d).

1057 Berlit, Wettbewerbsrecht, 5. Aufl., Rdnr. 92 und 95 a; Köhler, in: Baumbach/Hefermehl, Wettbewerbsrecht, 23. Aufl., § 4 Rdnr. 9.9.

1058 Begr. Reg.-Entw. zum UWG, BT-Drucks. 15/1487, S. 18; Köhler, in Baumbach/Hefermehl, Wettbewerbsrecht, 23. Aufl., § 4 Rdnr. 9.6.

1059 S. o. 4. Kap. B II 3.

1060 BGH, WRP 2004, 360, 364 – Davidoff II; Starck, Festschrift für Erdmann, 485, 490; Köhler/Piper, UWG, § 1 Rdnr. 420; Ingerl, WRP 2004, 809, 811.

3. *Fehlende Zeichenähnlichkeit*

Im Zusammenhang mit der Ausdehnung des Tatbestandes des § 14 Abs. 2 Nr. 3 MarkenG auf den Schutz innerhalb des Waren-/Dienstleistungsähnlichkeitsbereichs wird die Frage aufgeworfen, ob ein außermarkenrechtlicher Schutz bei fehlender Markenähnlichkeit, die nach § 14 Abs. 2 Nr. 3 MarkenG erforderlich ist, möglich ist. Gemeint sind Sachverhalte, bei denen die Verwechslungsgefahr i.S.v. § 14 Abs. 2 Nr. 2 MarkenG nicht an der Warenähnlichkeit, sondern an der mangelnden Zeichenübereinstimmung scheitert[1061]. Auch hinsichtlich der „Davidoff/Gofkid"-Entscheidung des EuGH[1062] wird teilweise vertreten, dass dieser eine Konstellation zugrunde liegt, in der ein markenrechtlicher Schutz bereits wegen fehlender Zeichenähnlichkeit versagt[1063]. Wenn aber eine Verwechslungsgefahr gemäß § 14 Abs. 2 Nr. 2 MarkenG bezüglich einer bekannten Marke bei Vorliegen einer Waren/Dienstleistungsähnlichkeit nur an der fehlenden Markenähnlichkeit scheitern kann und an den Grad der Markenähnlichkeit bei § 14 Abs. 2 Nr. 3 MarkenG dieselben Anforderungen gestellt werden, wäre im Umkehrschluss ein Schutz nach § 14 Abs. 2 Nr. 3 MarkenG im Ähnlichkeitsbereich nur möglich, wenn zugleich eine Verwechslungsgefahr i.S.v. § 14 Abs. 2 Nr. 2 MarkenG vorliegt[1064]. Es ist jedoch abzulehnen, einen markenrechtlichen Schutz der bekannten Marke innerhalb des Ähnlichkeitsbereichs nur zuzulassen, wenn eine Verwechslungsgefahr vorliegt. Hiergegen spricht, dass es bei § 14 Abs. 2 Nr. 3 MarkenG um die spezifische Voraussetzung der Rufausbeutung, Rufbeeinträchtigung und Verwässerungsgefahr geht und eine Verwechslungsgefahr gerade nicht vorausgesetzt wird[1065]. Hiervon geht auch der BGH aus, wenn er in der Marlboro-Dach-Entscheidung ausführt, dass der Frage nach Ansprüchen unter

---

1061 BGH, GRUR 1991, 609, 611 – SL; BGH, GRUR 1981, 142, 144 – Kräutermeister; vgl. auch Starck, MarkenR 2000, 73, 76; Sambuc, Der UWG-Nachahmungsschutz, Rdnr. 662. Vgl. oben 3. Kap. C II 2 b) aa).

1062 EuGH, GRUR 2003, 240, 242 auf Vorlage des BGH, WRP 2000, 1142 – Davidoff.

1063 Ingerl/Rohnke, MarkenG, 2. Aufl., § 2 Rdnr. 5; Ströbele/Hacker, MarkenG, 7. Aufl., § 14 Rdnr. 211: „Davidoff-Konstellation"; wohl auch Starck, MarkenR 2000, 73, 76. Hierzu steht aber die Entscheidung des EuGH im Widerspruch, wonach zwar die Befugnis der Mitgliedstaaten besteht, einen besonderen Bekanntheitsschutz innerhalb des Ähnlichkeitsbereichs vorzusehen, jedoch damit ausdrücklich Fälle gemeint sind, in denen die jüngere Marke oder das jüngere Zeichen mit der eingetragenen Marke identisch oder ähnlich ist, vgl. EuGH, GRUR 2003, 240, 242 – Davidoff/Gofkid.

1064 Ähnliche Erwägungen wurden auch unter Geltung des WZG für die Fallgruppe des Rufausbeutungsschutzes gemäß § 1 UWG a.F. im Warengleichartigkeitsbereich angestellt, vgl. Schroeter, WRP 1968, 125, 129; Marinos, Die „sittenwidrige Annäherung" an fremde Kennzeichen, S. 109; s. o. 3. Kap. C. II. 2. b) aa) (2).

1065 Körner, Festschrift für Erdmann, 343, 348 m.w.N.

dem Gesichtspunkt der Rufausbeutung oder Rufbeeinträchtigung der Marke (im Ähnlichkeitsbereich) aus § 14 Abs. 2 Nr. 3 MarkenG oder § 1 UWG a.F. nur nachzugehen sei, wenn Ansprüche wegen Verwechslungsgefahr verneint würden[1066].

Um zu verhindern, dass ein Schutz gemäß § 14 Abs. 2 Nr. 3 MarkenG im Ähnlichkeitsbereich nur bei Vorliegen einer Verwechslungsgefahr gewährt wird, sollte von unterschiedlichen Graden der geforderten Zeichenähnlichkeit in § 14 Abs. 2 Nr. 2 MarkenG und § 14 Abs. 2 Nr. 3 MarkenG ausgegangen werden. Dies entspricht der vom EuGH in der Entscheidung „Adidas" gewählten Lösung[1067]. Für einen Schutz gemäß Art. 5 Abs. 2 MarkenRL (entspricht § 14 Abs. 2 Nr. 3 MarkenG) soll danach nicht erforderlich sein, dass zwischen der bekannten Marke und dem Zeichen ein Grad der Ähnlichkeit festgestellt wird, der so hoch ist, dass für die beteiligten Verkehrskreise eine Verwechslungsgefahr zwischen beiden besteht. Es genüge vielmehr, dass der Grad der Ähnlichkeit zwischen der bekannten Marke und dem Zeichen bewirke, dass die beteiligten Verkehrskreise das Zeichen und die Marke „gedanklich miteinander verknüpfen"[1068]. Der EuGH trennt die „gedankliche Verknüpfung" ausdrücklich von der Verwechslungsgefahr und damit wohl auch von der „gedanklichen Verbindung" i.S.d. Art. 5 Abs. 1 Buchst. b, die nach ständiger Rechtsprechung keinen eigenen über die Verwechslungsgefahr hinausgehenden Markenverletzungstatbestand enthält[1069].

Scheitert ein Abwehranspruch aus § 14 Abs. 2 Nr. 3 MarkenG hingegen an dem vom EuGH geforderten Grad der Zeichenähnlichkeit, so hat dies auch Konsequenzen für die Anwendbarkeit der §§ 3, 4 UWG und 823 Abs. 1 BGB. Die grundsätzliche Wertung des Markengesetzes, dass ein Kennzeichenschutz nur bei Zeichenidentität bzw. -ähnlichkeit gewährt wird, darf durch die Anwendung außermarkenrechtlicher Vorschriften nicht unterlaufen werden. Für einen Rückgriff auf außermarkenrechtliche Vorschriften bedarf es objektiver von § 14 Abs. 2 Nr. 3 MarkenG nicht erfasster Gesichtspunkte[1070]. Hierfür liefert die Abschluß-

---

1066 BGH, WRP 2001, 1315, 1320 – Marlboro-Dach.

1067 EuGH MarkenR 2003, 453, 456 – Adidas.

1068 EuGH MarkenR 2003, 453, 456 f. – Adidas; a. A. Ströbele/Hacker, MarkenG, 7. Aufl., § 14 Rdnr. 142, wonach der Begriff der Zeichenähnlichkeit bei § 14 Abs. 2 Nr. 3 MarkenG enger auszulegen ist.

1069 EuGH GRUR 1998, 387, 389 – Sabèl/Puma; BGH, GRUR 1999, 240, 241 – STEPHANSKRONE I; OLG Düsseldorf, GRUR 2001, 247, 248 – T-Auskunft; Ströbele/Hacker, MarkenG, 7. Aufl., § 9 Rdnr. 459.

1070 BGH, WRP 2003, 1338, 1340 – Tupperwareparty; Starck, MarkenR 2000, 73, 76; Ströbele/Hacker, MarkenG, 7. Aufl., § 14 Rdnr. 211; restriktiv Sambuc, in: Harte-Bavendamm/Henning-Bodewig, UWG, § 4 Rdnr. 125; nach Sack, WRP 2004, 1405, 1409, ist bei fehlender Markenähnlichkeit ein Schutz bei Mitbewerbern sostück-Entscheidung des BGH ein Beispiel, in der markenrechtliche Ansprüche unter dem Gesichtspunkt der Verwechslungsgefahr gemäß § 14 Abs. 2 Nr. 2 MarkenG wegen zu geringer Ähnlichkeit der beanstandeten Gestaltung mit der klägerischen dreidimensionalen Marke ausschieden[1071]. Eine Anwendung des § 1 UWG a.F. kam für den BGH gleichwohl in Betracht, soweit der gestützte Vorwurf nicht in der markenrechtlich erfassten Annäherung an die fremde Kennzeichnung, sondern in der Ausnutzung des Rufs besonderer Qualität und Exklusivität der konkreten Erzeugnisse lag[1072].

4. Verwässerungsschutz

Nach dem Markengesetz wird der Verwässerungsschutz gemäß §§ 14 Abs. 2 Nr. 3, 15 Abs. 3 MarkenG von der Verletzungsvariante der Beeinträchtigung der Unterscheidungskraft erfasst. Wegen des Vorrangs der markenrechtlichen Vorschriften in ihrem Anwendungsbereich kommt ein außermarkenrechtlicher Verwässerungsschutz nur in Betracht, wenn Kollisionsfälle denkbar sind, die nicht von den §§ 14 Abs. 2 Nr. 3, 15 Abs. 3 MarkenG abgedeckt sind[1073]. Dies wäre möglicherweise dann gegeben, wenn nicht in allen Fällen, in denen früher ein Schutz gegen Verwässerungsgefahr gemäß §§ 823 Abs. 1, 1004 oder 12 BGB gewährt wurde, ein markenrechtlicher Verwässerungsschutz zur Verfügung stünde. Zunächst ist festzuhalten, dass die Schutzvoraussetzungen bei §§ 14 Abs. 2 Nr. 3, 15 Abs. 3 MarkenG teilweise gegenüber den früheren außermarkenrechtlichen Tatbeständen herabgesetzt wurden[1074]. So kommt der Schutz abweichend vom früheren Recht nicht mehr nur berühmten, sondern auch bekannten Kennzeichen zu. Es wird weder Alleinstellung noch Originalität nach §§ 14 Abs. 2 Nr. 3, 15 Abs. 3 MarkenG verlangt. Durch die entsprechende Anwendbarkeit von § 14 Abs. 2 Nr. 3 MarkenG bei Ähnlichkeit der Waren und Dienstleistungen besteht in diesem Bereich im Gegensatz zur früheren Rechtslage nunmehr ein Verwässerungsschutz[1075]. Das Tatbestandsmerkmal „in unlauterer Weise" setzt dar-

---

wohl nach § 6 Abs. 2 Nr. 4 UWG als auch nach § 4 Nr. 10 und nach § 3 UWG möglich.

1071 BGH, WRP 2003, 521, 524 f. – Abschlußstück.

1072 BGH, WRP 2003, 521, 526 – Abschlußstück; vgl. auch BGH, GRUR 1999, 593, 594 – BiC Cristal (s. o. 5. Kap. A I 3 c) u. B II 2).

1073 Zur Entbehrlichkeit der §§ 3 und 4 Nr. 9 UWG in dieser Fallgruppe Sambuc, in: Harte-Bavendamm/Henning-Bodewig, UWG § 4 Rdnr. 117; zum alten UWG Ströbele/Hacker, MarkenG, 7. Aufl., § 2 Rdnr. 30; Weberndörfer, Auswirkungen der Umsetzung der EG-Markenrichtlinie, S. 191; a. A. Nägele WRP 2002, 138, 147.

1074 Starck, DZWir, 1996, 313, 314.

1075 Vgl. Ernst-Moll, GRUR 1993, 8 f. Das OLG Hamburg, GRUR 1999, 172, 176 – CABINET, hatte noch mit der Begründung, dass § 14 Abs. 2 Nr. 3 MarkenG in Fälüber hinaus nicht zwingend unlautere Motive voraus, so dass entgegen der Ansicht von Krings[1076] auch eine objektiv widerrechtliche Störung ohne „Schmarotzerabsicht" markenrechtlich abgedeckt ist[1077]. Im Übrigen würde auch ein Eingreifen des § 823 Abs. 1 BGB beim Fehlen unlauterer Motive regelmäßig an der Rechtswidrigkeit scheitern[1078]. Auch das Erfordernis der kennzeichenmäßigen Benutzung stellt keine strengere Voraussetzung des Markenrechts gegenüber §§ 823 Abs. 1, 1004 Abs. 1 BGB dar, da der deliktsrechtliche Verwässerungsschutz ebenfalls nur gegenüber kennzeichenmäßigem Gebrauch gewährt wurde[1079].

Möglicherweise ist die Tatbestandsvoraussetzung der Beeinträchtigung der Unterscheidungskraft i.S.v. §§ 14 Abs. 2 Nr. 3, 15 Abs. 3 MarkenG jedoch strenger, da sie nach überwiegender Auffassung eine konkret nachvollziehbare greifbare Rechtsbeeinträchtigung voraussetzt und eine nur abstrakte Gefährdung der Rechte des Markeninhabers nicht genügen lässt[1080]. Hieran fehlt es in der Regel bei extremer Branchenferne der Waren und Dienstleistungen der Parteien[1081]. Eine konkrete und greifbare Beeinträchtigung liegt auch nicht schon immer dann vor, wenn eine bekannte Marke als Domain-Name verwendet wird und als Zieladresse auf dem Bildschirm erscheint[1082]. Für nur abstrakte Gefährdungen des Markeninhabers wäre somit zwar ein eigener Anwendungsbereich des § 823

len der Produktidentität nicht anwendbar sei, einen Verwässerungsschutz nach § 1 UWG a.F. geprüft, jedoch gleichzeitig betont, dass der über § 1 UWG a.F. zu gewährende Schutz nicht über den Umfang des § 14 Abs. 2 Nr. 3 MarkenG hinausgehen dürfe.

1076 Krings, GRUR 1996, 624, 625 f.

1077 Goldmann, Schutz des Unternehmenskennzeichens, S. 281; Marianne Helm, GRUR 2001, 291, 292, nach der mit dem Merkmal „ohne rechtfertigenden Grund in unlauterer Weise" die rigiden Voraussetzungen der früheren Rechtsprechung durch eine flexiblere Gesamtbetrachtung ersetzt worden sind.

1078 Weberndörfer, Auswirkungen der Umsetzung der EG-Markenrichtlinie, S. 191 f.

1079 BGH, GRUR 1991, 863, 866 – Avon; BGH, GRUR 1959, 182, 186 – Quick; Ernst-Moll, GRUR 1993, 8, 9; a. A. Loewenheim, MA 1991, 238, 248.

1080 OLG Hamburg, GRUR-RR 2003, 367, 369 – duplo; OLG Köln, WRP 2001, 964, 970 – Kfz-Modellbezeichnungen; Piper, GRUR 1996, 429, 436; vgl. auch Sack, GRUR 1995, 81, 96, wonach nur über § 823 Abs. 1 BGB ein Berühmtheitsschutz „ohne weiteres" gegen unbefugte kennzeichenmäßige Benutzung gewährt werden könne, ohne dass eine Gefahr der Rufausbeutung oder Beeinträchtigung des Werbewerts oder der Unterscheidungskraft vorliegen müsse.

1081 OLG Frankfurt/Main, GRUR 2000, 1063, 1065 – Spee-Fuchs; OLG Hamburg, GRUR-RR 2002, 190, 191 f. – HDI: Branchenunabhängiger Verwässerungsschutz gemäß § 14 Abs. 2 Nr. 3 MarkenG nur bei berühmten Marken; vgl. auch OLG Hamburg, GRUR-RR 2003, 367, 369 – duplo: Je weiter der Branchenabstand, desto geringer die greifbare Beeinträchtigungsgefahr.

1082 Vgl. hierzu Joller, MarkenR 2000, 341, 349 m.w.N.

Abs. 1 BGB denkbar. Jedoch hat der BGH schon unter Geltung des WZG klargestellt, dass eine nur kursorische Bejahung der Beeinträchtigung von Alleinstellung und Werbewert für einen Verwässerungsschutz nach § 823 Abs. 1 BGB nicht ausreicht[1083]. Selbst wenn in den §§ 14 Abs. 2 Nr. 3, 15 Abs. 3 MarkenG mit den Tatbestandsvoraussetzungen der „Beeinträchtigung der Unterscheidungskraft" und „ohne rechtfertigenden Grund in unlauterer Weise" die Maßstäbe gegenüber dem früheren außermarkenrechtlichen Verwässerungsschutz heraufgesetzt wurden, dürfen diese Wertungen nicht durch die bürgerlichrechtlichen Schutzvorschriften ausgehöhlt werden. Hierfür spricht auch, dass die vor Inkrafttreten des Markengesetzes unterschiedlichen Tatbestände der „Verwässerung" und „Rufausbeutung" in §§ 14 Abs. 2 Nr. 3, 15 Abs. 3 MarkenG zu einem einheitlichen und leichter zu handhabenden Tatbestand zusammengefasst wurden[1084]. Dieser Vorteil würde durch eine kumulative Heranziehung von §§ 3, 4 UWG, 823 Abs. 1, 12 BGB auf dem Gebiet des Verwässerungsschutzes zunichte gemacht. Für einen außermarkenrechtlichen Verwässerungsschutz ist allenfalls dann Raum, wenn weitere nicht markentypische Umstände vorliegen[1085]. Auch ein Verwässerungsschutz nicht bekannter Kennzeichen, die sich erst dorthin entwickeln, ist wegen der Begrenzungsfunktion der §§ 14 Abs. 2 Nr. 3, 15 Abs. 3 MarkenG abzulehnen. Ein solcher wurde auch vor Einführung des Markengesetzes von der Rechtsprechung nicht gewährt[1086].

Es kann daher zusammengefasst werden, dass das Markengesetz den Verwässerungsschutz bekannter bzw. berühmter Kennzeichen im geschäftlichen Verkehr abschließend regelt. Für §§ 3, 4 UWG, 823 Abs. 1, 12 BGB fehlt es an einem eigenständigen Anwendungsbereich hinsichtlich des Schutzes berühmter Zeichen gegen Verwässerungsgefahr[1087]. Daher entfällt bereits die Anwendbarkeit der in Frage kommenden außermarkenrechtlichen Vorschriften. Eine wettbewerbs- oder bürgerlichrechtliche Beurteilung der Verwässerungsgefahr, die von der „marken-

---

1083 BGH, GRUR 1987, 711, 713 – Camel Tours; a. A. v. Schultz, GRUR 1994, 85, 89; nach Soergel/Heinrich, BGB, 13. Aufl., § 12 Rdnr. 194a, gilt das Erfordernis einer konkreten Beeinträchtigung nicht für einen Verwässerungsschutz aus § 12 BGB.

1084 Vgl. Kunz-Hallstein, GRUR Int. 1990, 747, 758.

1085 BGH, WRP 2001, 1188, 1189 – Tagesschau; OLG Hamburg, MarkenR 2003, 401, 409 – VISA; OLG Köln, GRUR 2001, 424, 426 – Mon Chérie/MA CHERIE; Ströbele/Hacker, MarkenG, 7. Aufl., § 2 Rdnr. 30; a. A. Schmieder, NJW 1994, 1241, 1244; Fezer, Markenrecht, § 14 Rdnr. 411a; Ekey, in: HK-MarkenR, § 14 Rdnr. 143; Soergel/Heinrich, BGB, 13. Aufl., § 12 Rdnr. 194a.

1086 BGH, GRUR 1956, 172, 177 – Magirus; vgl. Ströbele/Hacker, MarkenG, 7. Aufl., § 14 Rdnr. 206.

1087 BGH, GRUR 2000, 70, 73 – SZENE; BGH, GRUR 1999, 161, 162 – MAC Dog; Sack, WRP 2001, 1022, 1034; v. Gamm, Festschrift für Piper, 537, 542; v. Schultz, Markenrecht, § 2 Rdnr. 2; Piper, GRUR 1996, 429, 436.

rechtlichen Wertung unterlegt" wird, ist abzulehnen[1088]. Die amtliche Begründung, wonach der Schutz berühmter Marken „nicht beseitigt" ist, bezieht sich m. E. nur noch auf Verletzungshandlungen außerhalb des geschäftlichen Verkehrs[1089].

5. Schutz des nicht bekannten Zeichens ohne Verwechslungsgefahr

Das Markengesetz schützt nicht bekannte Marken und geschäftliche Bezeichnungen gemäß §§ 14 Abs. 2 Nr. 2, 15 Abs. 2 MarkenG nur gegen Verwendung identischer Zeichen und gegen Verwechslungsgefahr. Der über das klassische Konzept der Verwechslungsgefahr hinausgehende Kennzeichenschutz gegen Rufausbeutung, Rufbeeinträchtigung und Verwässerungsgefahr gemäß § 14 Abs. 2 Nr. 3, 15 Abs. 3 MarkenG setzt dagegen die Bekanntheit des Zeichens voraus. Ein möglicher lückenfüllender Anwendungsbereich der außermarkenrechtlichen Anspruchsgrundlagen wäre daher der Schutz nicht bekannter Zeichen, wenn eine Verwechslungsgefahr fehlt[1090]. Im früheren UWG war eine Anwendbarkeit von § 1 UWG a.F. im Falle der bewussten Anlehnung an ein Zeichen, dem die für §§ 14 Abs. 2 Nr. 3, 15 Abs. 3 MarkenG erforderliche Bekanntheit fehlt, unter dem Aspekt der Rufausbeutung und Rufbeeinträchtigung denkbar[1091]. Im neuen UWG ist im Beispielstatbestand des § 4 Nr. 7 die Herabsetzung von Kennzeichen von Mitbewerbern ausdrücklich geregelt. Darüber hinaus regelt § 4 Nr. 10 UWG die gezielte Behinderung von Mitbewerbern. § 4 Nr. 10 UWG kommt wiederum gegenüber dem Beispielstatbestand des § 4 Nr. 7 UWG eine Auffangfunktion zu[1092]. Sowohl § 4 Nr. 7 UWG als auch § 4 Nr. 10 UWG könnten von ihrem Wortlaut für Fälle der Beeinträchtigung nicht bekannter Kennzeichen in Betracht kommen. Gegen eine Rufausbeutung nicht bekannter Kennzeichen wäre zudem theoretisch ein Schutz gemäß § 3 UWG möglich[1093]. Ob ein Bedürfnis für einen außermarkenrechtlichen Schutz besteht und inwieweit das Markengesetz hier dennoch eine Sperrwirkung entfaltet, ist anhand der Fallgruppen des „Marken-

---

1088 So aber OLG Köln, WRP 2001, 964, 970 – Kfz-Modellbezeichnungen.

1089 Begr. Reg.-Entw. zum MarkenG, BT-Drucks. 12/6581, S. 72. Vgl. OLG Hamm, GRUR 2003, 722, 723 – www.castor.de; OLG Hamburg, GRUR 1998, 420 – Pack den Tiger in die Bürgerschaft; a. A. Soergel/Heinrich, BGB, 13. Aufl., § 12 Rdnr. 194a.

1090 Vgl. Kammergericht Berlin, WRP 2001, 551, 552 – Alex/live vom Alex, wo eine Rufausbeutung des Titels „Alex" gemäß § 15 Abs. 3 MarkenG an der erforderlichen Bekanntheit scheiterte (s. o. 5. Kap. B II 6).

1091 V. Schultz, Markenrecht, § 2 Rdnr. 3; Schricker, Festschrift für Vieregge, 775, 779 f.; v. Gamm, Festschrift für Piper, 537, 541.

1092 Köhler, in: Baumbach/Hefermehl, Wettbewerbsrecht, 23. Aufl., § 4 Rdnr. 10.78.

1093 Vgl. Sack, WRP 2004, 1405, 1421.

raubs“ und der Rufausbeutung bzw. Rufschädigung nicht bekannter Kennzeichen zu untersuchen.

a) Fälle des „Markenraubs“

Ein Schutzbedürfnis kann für Marken mit normaler Kennzeichnungskraft besonders in Fällen des „Markenraubs“ als Form der Rufausbeutung bestehen, falls eine Verwechslungsgefahr auch unter Zuhilfenahme der Grundsätze einer mittelbaren Verwechslungsgefahr unter dem Gesichtspunkt des Serienzeichens ausscheidet. Dies betrifft Fälle, in denen eine fremde, nicht bekannte Marke durch Hinzufügen der eigenen Firmenbezeichnung oder eigener Marken identisch übernommen wird[1094]. Nach der „Prägetheorie“ des BGH kann eine Verwechslungsgefahr zwischen einer Marke und einem zusammengesetzten Zeichen nur begründet werden, wenn der übernommene Markenbestandteil den Gesamteindruck der neuen Marke prägt oder doch wesentlich mitbestimmt[1095]. Erweist sich aber der „differenzierende“ Zeichenbestandteil aus der Sphäre des Verletzers als prägend, scheidet eine Markenverletzung wegen Verwechslungsgefahr möglicherweise selbst dann aus, wenn die übernommene Marke noch selbständig in dem kombinierten Zeichen erhalten bleibt[1096]. Ein nur unzureichender Schutz nach dem Markengesetz kann aber dadurch verhindert werden, dass die Fälle des „Markenraubs“ bei zusammengesetzten Zeichen durch eine großzügige Anwendung des Begriffs der Verwechslungsgefahr gemäß § 14 Abs. 2 Nr. 2 MarkenG gelöst werden. Das hätte zur Folge, dass ein markenrechtlicher Verwechslungsschutz bereits dann in Betracht käme, wenn ein ganzes Zeichen mit normaler Kennzeichnungskraft in eine zusammengesetzte jüngere Marke übernommen wird und die übernommene Marke in dem verletzenden Zeichen unabhängig von der Verkehrsbekanntheit des differenzierenden weiteren Bestandteils erkennbar erhalten bleibt[1097]. Bei einem solchen Verständnis fehlt aber beim „Markenraub“ in der Regel das Bedürfnis für einen Schutz nach §§ 3, 4 UWG oder § 823 Abs. 1 BGB.

1094 Zum Begriff des „Markenraubs“ Körner, Festschrift für Erdmann, 343, 349; vgl. auch OLG Hamburg, GRUR-RR 2004, 42, 44 – Sitting Bull.

1095 BGH, GRUR 1976, 353, 354 – COLORBOY; BGH, GRUR 1996, 198, 199 f. – Springende Raubkatze; BGH, GRUR 2004, 865, 866 f – Mustang.

1096 BGH, GRUR 2002, 542, 543 – BIG; BGH, GRUR 2000, 233, 234 – RAUSCH/ELFI RAUCH; BGH, GRUR 1996, 198, 200 – Springende Raubkatze.

1097 So Ingerl/Rohnke, MarkenG, 2. Aufl., § 14 Rdnr. 712 ff.; Körner, Festschrift für Erdmann, 343, 350.

b) *Rufschädigung und Rufausbeutung nicht bekannter Kennzeichen*

Des Weiteren kann ein Schutzbedürfnis in Fällen der Rufbeeinträchtigung und Rufausbeutung nicht bekannter Kennzeichen bestehen[1098]. Auch bei der Benutzung nicht bekannter Kennzeichen als Domain-Namen durch branchenfremde Unternehmen ist diese Frage relevant, da es in diesen Fällen nach überwiegender Auffassung an der für §§ 14 Abs. 2 Nr. 2 MarkenG erforderlichen Waren/Dienstleistungsähnlichkeit fehlt und § 14 Abs. 2 Nr. 3 MarkenG an der fehlenden Bekanntheit des Zeichens scheitert[1099]. Jedoch gibt das Markenrecht für den Bereich der Rufausbeutung, Rufbeeinträchtigung und Verwässerungsgefahr in §§ 14 Abs. 2 Nr. 2, 15 Abs. 3 MarkenG grundsätzlich die klare Vorgabe, dass allein „bekannte" Kennzeichen den besonderen Schutz genießen sollen[1100]. Daraus geht hervor, dass der Gesetzgeber die Bekanntheit eines Zeichens im Markt mit einem größeren Schutzumfang belohnen wollte. Mit dieser gesetzlichen Festlegung ist grundsätzlich eine Begrenzungsfunktion verbunden, an der die Frage der Anwendbarkeit der in Betracht kommenden außermarkengesetzlichen Vorschriften auszurichten ist[1101]. Bei der Anlehnung an nicht bekannte Zeichen ohne Vorliegen einer Verwechslungsgefahr treten grundsätzlich keine vom Markengesetz nicht erfasste Behinderungsaspekte hinzu, da die Konstellation mit Ausnahme der

1098 Ingerl/Rohnke, MarkenG, 2. Aufl., § 14 Rdnr. 885; Sack, WRP 1998, 1127, 1138.

1099 Joller, MarkenR 2000, 341, 345 m.w.N. Dagegen LG Düsseldorf, CR 1998, 165, 168 – epson.de, wonach die unter dem Domain-Namen unterhaltene Homepage das für die Beurteilung der Waren/Dienstleistungsähnlichkeit maßgebliche Produkt ist. Dies ist abzulehnen, da es einen faktischen Verzicht auf die Voraussetzung der Waren-/Dienstleistungsähnlichkeit bei Internetkonflikten bedeutet.

1100 Kammergericht Berlin, WRP 2001, 551, 552 – Alex/live vom Alex; Marianne Helm, GRUR 2001, 291, 293; Ströbele/Hacker, MarkenG, 7. Aufl., § 2 Rdnr. 19; Beater, Unlauterer Wettbewerb, § 22 Rdnr. 90; a. A. v. Schultz, Markenrecht, § 2 Rdnr. 3; Althammer/Klaka, MarkenG, 6. Aufl., § 2 Rdnr. 5. Für die Anwendbarkeit von § 1 UWG a.F. nur bei vorsätzlichen Rufbeeinträchtigungen nicht bekannter Zeichen: Ingerl/Rohnke, MarkenG, 2. Auf., § 14 Rdnr. 885; Köhler/Piper, UWG, § 1 Rdnr. 422; Remmertz, MarkenR 2000, 242, 245, Deutsch, WRP 2000, 854, 857; v. Gamm, Festschrift für Piper, 537, 541; Goldmann, Schutz des Unternehmenskennzeichens, § 16 Rdnr. 9: Beschränkung des Schutzes vor Rufschädigung auf bekannte Kennzeichen nicht sachgerecht. Für einen wettbewerbsrechtlichen Schutz nicht bekannter geschäftlicher Bezeichnungen: Schricker, Festschrift für Vieregge, 775, 779; Klippel/Pahlow, in: HK-MarkenR, § 15 Rdnr. 59.

1101 BGH, GRUR 1999, 161, 162 – MAC Dog; Köhler, in: Baumbach/Hefermehl, Wettbewerbsrecht, 23. Aufl., § 4 Rdnr. 7.9; Marianne Helm, GRUR 2001, 291, 293; Ströbele/Hacker, MarkenG, 7. Aufl., § 2 Rdnr. 19; Beater, Unlauterer Wettbewerb, § 22 Rdnr. 90.

fehlenden Bekanntheit des Zeichens in den §§ 14 Abs. 2 Nr. 3, 15 Abs. 3 MarkenG geregelt ist.

Darüber hinaus bestehen bei einem Rückgriff auf Vorschriften des UWG oder des BGB zum Schutz nicht bekannter Kennzeichen gegen Rufbeeinträchtigung und Rufausbeutung Zweifel an der Vereinbarkeit mit der Markenrechtsrichtlinie, da nach deren Erwägungsgrund Nr. 9 die Gewährung eines weitergehenden Schutzes auf bekannte Marken beschränkt ist[1102]. Dieser bezieht sich zwar nur auf Marken und nicht auf geschäftliche Bezeichnungen. Jedoch sollte eine unterschiedliche Behandlung der verschiedenen Kennzeichen vermieden werden, soweit sie nicht durch Gründe, die in der Natur des jeweiligen Kennzeichenrechts begründet sind, sachlich gerechtfertigt ist[1103].

c) Neubewertung infolge der partiellen Kodifizierung des Kennzeichenschutzes in § 4 Nr. 7 UWG?

Mit der „Herabsetzung oder Verunglimpfung von Kennzeichen eines Mitbewerbers" regelt der Beispielstatbestand des § 4 Nr. 7 UWG den Schutz von Kennzeichen ausdrücklich, ohne einen bestimmten Bekanntheitsgrad vorauszusetzen. Hieraus könnte geschlossen werden, dass das Markengesetz in diesem Bereich keine Sperrwirkung entfalten soll. Wie bereits an anderer Stelle gesehen führt jedoch die Tatsache, dass Kennzeichen in den Beispielstatbeständen als Schutzgegenstand genannt werden, und dass die Beispielstatbestände im Vergleich zu § 1 UWG a.F. eine größere Konturierung aufweisen, nicht zu einer autonomen Anwendbarkeit von UWG-Tatbeständen neben denen des Markenrechts. Auch § 2 MarkenG erfordert kein anderes Ergebnis[1104]. Denn auch wenn es sich bei § 4 Nr. 7 UWG um eine „andere Vorschrift zum Schutz von Kennzeichen" i.S.v. § 2 MarkenG handelt, kommt deren Anwendung nach der hier vertretenen richtlinienkonformen Auslegung des § 2 MarkenG nur für Fälle außerhalb des Anwendungsbereichs der markenrechtlichen Bestimmungen in Betracht. Nur soweit das Markengesetz eine „echte Schutzlücke" aufweist, weil Schutz nach dem Markengesetz schon vom Ansatz ausscheidet, kann diese von § 4 Nr. 7 UWG geschlos-

1102 Sack, WRP 1998, 1127, 1138; ders. jedoch im Hinblick auf das neue UWG für eine großzügige Anwendbarkeit von § 4 Nr. 7 und § 3 UWG bei Rufausbeutung und Rufbeeinträchtigung nicht bekannter Marken, WRP 2004, 1405, 1421.

1103 BGH, GRUR 2001, 344, 345 – DB Immobilienfonds; Klippel/Pahlow, in: HK-MarkenR, § 15 Rdnr. 58.

1104 So aber Omsels, in: Harte-Bavendamm/Henning-Bodewig, UWG, § 4 Rdnr. 31, da § 4 Nr. 7 UWG eine „andere Bestimmung" i.S.v. § 2 MarkenG sei.

sen werden[1105]. Eine solche Schutzlücke ist zu bejahen in den von § 4 Nr. 7 UWG erfassten spezifischen Fällen der Schmähkritik, in denen Kennzeichen des Mitbewerbers pauschal und ohne erkennbaren sachlichen Bezug abgewertet werden[1106]. Hierunter fallen gezielte Herabsetzungen, die ausschließlich bezwecken, den Mitbewerber an der wettbewerbsrechtlichen Entfaltung zu hindern[1107]. Über diese Fälle hinaus darf jedoch der auf bekannte Kennzeichen beschränkte markenrechtliche Schutz gegen Rufausbeutung und Rufbeeinträchtigung nicht mittels einer autonomen Anwendung von § 4 Nr. 7 UWG faktisch auf den Schutz nicht bekannter Kennzeichen ausgedehnt werden[1108]. Ein weitergehender Schutz nicht bekannter Kennzeichen gegen Rufausbeutung, Rufbeeinträchtigung und Verwässerungsgefahr scheitert daher daran, dass insoweit für die Anwendung von Vorschriften des UWG und BGB wegen der Unvereinbarkeit mit den Wertungen des Markengesetzes und der Markenrechtsrichtlinie kein Raum ist.

6. Schutz von Markenbildungsprinzipien bzw. Kennzeichnungssystemen

Anhand der Frage, ob ein wettbewerbsrechtlicher Schutz für ein Markenbildungsprinzip bzw. ein insoweit aus der Benutzung erworbenes Kennzeichnungssystem möglich sein soll, werden mehrere Wertungsgesichtspunkte des markenrechtlichen Schutzes und damit zusammenhängende Konkurrenzaspekte deutlich. Es geht um die Möglichkeit der Zuerkennung wettbewerbsrechtlicher Unterlassungsansprüche für Markenbildungsprinzipien, wie „Mc-Something“, einem „einfachen T“ in Verbindung mit bestimmten Sachbegriffen sowie von Kfz-Modellbezeichnungen bestehend aus der Kombination eines Buchstabens mit einer ihm nachgestellten drei- oder zweistelligen Zahl[1109]. Gemeinsam ist diesen Konstellationen, dass einzelne Bezeichnungen wie „Mc“ in einer bestimmten

---

1105 Vgl. auch Ingerl, WRP 2004, 809, 816; restriktiv Köhler, in Baumbach/Hefermehl, Wettbewerbsrecht, 23. Aufl., § 4 Rdnr. 7.9. Dagegen befürwortet Omsels, in: Harte-Bavendamm/Henning-Bodewig, UWG, § 4 Rdnr. 31, eine autonome Anwendung von § 4 Nr. 7 UWG unter Berücksichtigung markenrechtlicher Wertungen, sieht aber gleichzeitig eine eigenständige Bedeutung der Vorschrift nur dort, „wo der Anwendungsbereich der speziellen Vorschriften des Markengesetztes verlassen wird“.

1106 Zu dieser Fallgruppe vgl. Begr. Reg.-Entw. BT-Drucks. 15/1487, S. 18.

1107 § 4 Nr. 7 ist bei Kennzeichenherabsetzungen die sachnähere Regelung gegenüber dem Beispielstatbestand der gezielten Mitbewerberbehinderung in § 4 Nr. 10 UWG und daher vorrangig, vgl. Ingerl, WRP 2004, 809, 816; Henning-Bodewig, GRUR 2004, 713, 718.

1108 Köhler, in: Baumbach/Hefermehl, Wettbewerbsrecht, 23. Aufl., § 4 Rdnr. 7.9.

1109 OLG Düsseldorf, WRP 1997, 588 – McPaint; OLG Düsseldorf, GRUR 2001, 247 – T-Auskunft; OLG Köln, WRP 2001, 964 – Kfz-Modellbezeichnungen.

graphischen Gestaltung, „McDonald's"; „T-Auskunft" oder „ML 270" als Marken eingetragen sind.

Für einen von den eingetragenen Marken losgelösten wettbewerbsrechtlichen Schutz eines Markenbildungsprinzips bzw. eines aus der Benutzung eines aus mehreren eingetragenen Marken gebildeten Kennzeichnungssystems oder einer Markenfamilie besteht keine Notwendigkeit. Die Zuerkennung eines solchen Schutzes würde sich darüber hinaus mit den Grundsätzen des Markengesetzes in Widerspruch setzen[1110]. Zu beachten ist, dass für die einzelnen Marken Kennzeichenschutz besteht[1111] und die eingetragenen Marken gemäß § 14 Abs. 2 Nr. 2 MarkenG gegen verwechslungsfähigen Gebrauch und, sofern sie bekannt sind, gemäß § 14 Abs. 2 Nr. 3 MarkenG gegen Rufausbeutung, Rufbeeinträchtigung und Verwässerung geschützt sind. Einem „Systemschutzgedanken" und dem Schutz vor Übernahme eines Stammbestandteils einer Zeichenserie kann darüber hinaus durch eine großzügig angewandte Prägetheorie und durch die Grundsätze der mittelbaren Verwechslungsgefahr Rechnung getragen werden[1112]. Allerdings ist dafür Voraussetzung, dass der übernommene Stammbestandteil eine hinreichende Kennzeichnungskraft aufweist. Scheitert ein markenrechtlicher Anspruch hieran oder fehlt es an der erforderlichen Zeichenähnlichkeit, so muss diese Wertung auch bei der wettbewerbsrechtlichen Beurteilung beachtet werden. Hierfür spricht auch das in § 6 Abs. 1 MarkenG verankerte Prioritätsprinzip. Wenn einer eingetragenen Marke gemäß § 6 Abs. 2 MarkenG der bessere Zeitrang zukommt, kann dieser Prioritätstatbestand nicht dadurch ausgehebelt werden, dass sich derjenige, der sein Kennzeichenrecht erst später erworben hat, auf den aus der „Markenfamilie" abgeleiteten „Besitzstand" beruft. Der Inhaber einer „Markenfamilie", die als solche kein Prioritätstatbestand ist, muss es grundsätzlich hinnehmen, dass jemand eine Marke anmeldet, die er selbst „ausgelassen" hat[1113]. Daher ist die Anwendung des wettbewerbsrechtlichen Verbots des „Einschiebens in eine fremde Serie" im Markenrecht abzulehnen. Das Argument, dass es beim wettbewerbsrechtlichen Schutz eines Markenbildungsprinzips nicht um die Wahrung der Markenfunktionen, sondern um die durch das Kennzeichnungssystem

---

1110 Ingerl, WRP 2004, 809, 815 f.; Ingerl/Rohnke, MarkenG, 2. Aufl., § 14 Rdnr. 892; OLG Düsseldorf, WRP 1997, 588, 592 – McPaint.

1111 Daher besteht auch ein Unterschied zur Fallgestaltung in der Entscheidung „grau/magenta" (BGH, GRUR 1997, 754, 755), wo ein markenrechtlicher Schutz schon an der Verkehrsgeltung einer Benutzungsmarke (§ 4 Nr. 2 MarkenG) scheiterte.

1112 BGH, GRUR 1999, 240, 241 – STEPHANSKRONE I; OLG Düsseldorf, GRUR 2001, 247, 249 – T-Auskunft. Vgl. oben 5 a).

1113 OLG Düsseldorf, GRUR 2001, 247, 248, 250 – T-Auskunft.

geschaffene Leistungsposition gehe[1114], ist nicht überzeugend, da der Leistungsschutzgedanke bereits von §§ 14 Abs. 2 Nr. 3, 15 Abs. 3 MarkenG berücksichtigt wird. Darüber hinaus kann ein wettbewerbsrechtlicher Schutz von Markenbildungsprinzipien nicht damit gerechtfertigt werden, dass es sich um einen vom Markengesetz nicht erfassten Schutzgegenstand handelt. Denn auch bei unterschiedlichen Schutzgegenständen kommt eine autonome Anwendung von Vorschriften des UWG neben denen des Markengesetzes nur dann in Betracht, wenn diese nicht in Widerspruch zu markenrechtlichen Wertungen steht[1115].

II. Verbleibender Anwendungsbereich der außermarkenrechtlichen Normen

1. Ergänzender Kennzeichenschutz gemäß §§ 3, 4 UWG

a) Gezielter Behinderungswettbewerb

Wird über eine Annäherung an Kennzeichnungen hinaus eine umfassende Behinderung des Konkurrenten angestrebt, sind die §§ 3, 4 Nr. 7 und Nr. 10 UWG anwendbar[1116]. Obwohl in der Verletzungsvariante der Beeinträchtigung der Unterscheidungskraft oder Wertschätzung i.S.v. §§ 14 Abs. 2 Nr. 3, 15 Abs. 3 MarkenG die Fallgruppe des Behinderungswettbewerbs enthalten ist[1117], steht bei der gezielten Behinderung der wettbewerblichen Tätigkeit des Mitbewerbers nicht die vom Markengesetz geregelte Beeinträchtigung des Kennzeichens im Vordergrund. Einen solchen Fall stellt z. B. die systematische Kennzeichennachahmung und die gezielte Beeinträchtigung durch beschreibende Benutzung dar[1118].

Auch die Kennzeichenentfernung kann einen gezielten Behinderungswettbewerb darstellen und damit über § 4 Nr. 10 UWG geschützt werden[1119]. Sie stellt keinen rechtsverletzenden Gebrauch der Marke dar und kann daher nicht markenrechtlich verfolgt werden. Allerdings stellt sich in dieser Fallkonstellation die Frage nach der Vereinbarkeit des UWG-Schutzes mit den Vorgaben des Art. 5 Abs. 5 MarkenRL, der grundsätzlich für die Reichweite von außermarkenrechtli-

1114 OLG Köln, WRP 2001, 964, 966 – Kfz-Modellbezeichnungen.
1115 Ingerl, WRP 2004, 809, 815; vgl. auch Sack, WRP 2004, 1405, 1414.
1116 OLG München, GRUR 2000, 518, 519 – buecherde.com; OLG Köln, GRUR-RR 2002, 130, 134 – Focus; Pluta, Der ergänzende wettbewerbsrechtliche Kennzeichenschutz , S. 167.
1117 Köhler/Piper, UWG, § 1 Rdnr. 420; Bork, GRUR 1989, 725, 737.
1118 Fezer, Markenrecht, § 2 Rdnr. 13a; Ingerl, WRP 2004, 809, 816.
1119 Köhler, in: Baumbach/Hefermehl, Wettbewerbsrecht, 23. Aufl., § 4 Rdnr. 10.77; Ingerl, WRP 2004, 809, 816.

chen Tatbeständen von Belang ist, da er die Außengrenzen für den außermarkenrechtlichen Schutz festlegt[1120]. Das Entfernen eines Kennzeichens ist nämlich weder eine Ausnutzung noch eine Beeinträchtigung der Unterscheidungskraft oder Wertschätzung der Marke i.S.v. Art. 5 Abs. 5 MarkenRL[1121]. Jedoch ist in Fällen der Kennzeichenentfernung ein wettbewerbsrechtlicher Schutz deshalb möglich, weil es dabei nicht um den „verstärkten Schutz der Marke" i.S.v. Art. 5 Abs. 5 MarkenRL[1122], sondern um die Behinderung des Wettbewerbers und die Beeinträchtigung seines Produktabsatzes geht[1123].

b) Schutz bei nicht kennzeichenmäßigen Benutzungen

Die Anwendung der §§ 3, 4 UWG auf den Fall der nicht kennzeichenmäßigen Benutzung des fremden Zeichens hängt wegen des Vorrangs des Markengesetzes davon ab, ob die markengesetzlichen Verletzungstatbestände auf den Schutz von kennzeichenmäßigen Benutzungshandlungen beschränkt sind und des Weiteren, ob die §§ 14, 15 MarkenG gegebenenfalls in diesem Bereich eine Sperrwirkung entfalten. In Betracht kommen vor allem die §§ 4 Nr. 10 und 3 UWG[1124]. Wie gesehen sollte für den markenrechtlichen Schutz am Erfordernis der kennzeichenmäßigen Benutzung in weiter Auslegung festgehalten werden[1125]. Sind die Kennzeichenverwendungen nicht herkunftskennzeichnend in dem Sinne, dass sie im Rahmen des Produktabsatzes jedenfalls auch der Unterscheidung der Waren eines Unternehmens von denen anderer Unternehmen dienen, kann kein Schutz über das Markengesetz erlangt werden[1126].

aa) Beispiele für nicht vom Markenrecht erfasste Benutzungen

Nicht unter den weiten Begriff der kennzeichenmäßigen Benutzung fallen Kennzeichnungen, die sich auch nicht mittelbar auf das Produkt- oder Dienstleistungsangebot des Verwenders beziehen, sondern ausschließlich zur Benennung fremder Originalprodukte benutzt werden, die, anders als im BMW-Fall, nicht in das

1120 Keller, Schutz eingetragener Marken, S. 27 und 141 f; s. o. 7. Kap. D IV.
1121 Kur, MarkenR 2001, 137, 145.
1122 EuGH, MarkenR 2003, 23, 26 – Robeco/Robelco.
1123 BGH, GRUR 1972, 558, 559 – Teerspritzmaschine. Ströbele/Hacker, MarkenG, 7. Aufl., § 14 Rdnr. 88; zum WZG Baumbach/Hefermehl, WZG, Einl. WZG Rdnr. 64.
1124 Köhler, in: Baumbach/Hefermehl, Wettbewerbsrecht, 23. Aufl., § 4 Rdnr. 10.80; Sambuc, in: Harte-Bavendamm/Henning-Bodewig, UWG, § 4 Rdnr. 121.
1125 S. o. 4. Kap. B IV 1. d).
1126 BGH, GRUR 2003, 963, 964 – AntiVir/AntiVirus; BGH, WRP 2001, 1315, 1317 – Marlboro-Dach.

eigene Angebot aufgenommen wurden[1127]. Ebenso wenig stellt die gattungsmäßige Benutzung eines Kennzeichens in einem Presseartikel eine kennzeichenmäßige Benutzung dar[1128]. Das gleiche gilt für die bloße Verwendung einer konturlosen Farbe, da ihr nicht die Funktion zukommt, auf den Anbieter von Dienstleistungen hinzuweisen[1129]. Als weiterer Anwendungsfall für §§ 3, 4 UWG wegen fehlender kennzeichenmäßiger Benutzung kann das Registrieren eines Domain-Namens für eine nicht benutzte Homepage in Betracht kommen, weil der Domain-Name noch keinen konkreten Waren oder Dienstleistungen zugeordnet ist[1130]. Nur außermarkengesetzlich unterbunden werden können darüber hinaus Praktiken im Internet, bei denen eine fremde Marke als Suchstichwort durch einen Wettbewerber verwendet wird, um an günstiger Stelle auf Trefferlisten von Suchmaschinen als Antwort auf die Eingabe der betreffenden Marke zu erscheinen. Denn das Registrieren-Lassen bzw. Platzieren in der Trefferliste ist keine zeichenmäßige Benutzungshandlung, da die Treffer auf der Trefferliste nicht dem Markeninhaber zugeordnet werden[1131].

bb) Keine Sperrwirkung des Markenrechts für nicht kennzeichenmäßige Benutzungen

Es stellt sich die Frage, ob die markenrechtlichen Bestimmungen auch für den Bereich nicht kennzeichenmäßiger Benutzungshandlungen abschließend sind[1132]. Für eine Sperrwirkung der Verletzungstatbestände des Markengesetzes für nicht kennzeichenmäßige Verwendungen könnte der Umstand sprechen, dass die kennzeichenmäßige Verwendung als ungeschriebenes Tatbestandsmerkmal betrachtet wird[1133]. Fehlen aber lediglich einzelne Tatbestandsvoraussetzungen der §§ 14 Abs. 2, 15 Abs. 2 und 3 MarkenG, so ist die Anwendung der §§ 3, 4 UWG, 823 Abs. 1, 12 BGB grundsätzlich ausgeschlossen, da der betreffende Sachverhalt

1127 Ingerl, WRP 2002, 861, 864; Ingerl/Rohnke, MarkenG, 2. Aufl., § 14 Rdnr. 83 m.w.N.

1128 Hauck/Fischoeder, GRUR 2004, 185, 188.

1129 OLG Köln, CR 2003, 563, 564 – Magenta.

1130 Ingerl/Rohnke, MarkenG, 2. Aufl., Nach § 15 Rdnr. 79, diese bejahen aber eine markenmäßigen Benutzung, wenn der Domain-Name zu einer benutzten Homepage führt, vgl. Nach § 15 Rdnr. 80. Kennzeichenmäßig ist aber auch das Registrieren von verkehrsbekannten Zeichen als Domain, da aufgrund der Bekanntheit bereits Rückschlüsse auf das Leistungsangebot gezogen werden können, vgl. BGH, WRP 2002, 694, 699 – shell.de.

1131 Vgl. hierzu Varadinek, GRUR 2000, 279, 281 ff.

1132 Vgl. Sambuc, in: Harte-Bavendamm/Henning-Bodewig, UWG, § 4 Rdnr. 121.

1133 BGH, GRUR 2003, 963, 964 – AntiVir/AntiVirus.

von den Regelungen des Markengesetzes generell erfasst wird[1134]. Die Voraussetzung des kennzeichenmäßigen Gebrauchs unterscheidet sich aber wie die des geschäftlichen Verkehrs von den übrigen Tatbestandsvoraussetzungen der Verletzungstatbestände, da sie eine „Basisvoraussetzung" des markenrechtlichen Schutzes darstellt[1135] Zu berücksichtigen ist besonders die Regelung des Art. 5 Abs. 5 MarkenRL, welche nach Auffassung des EuGH im Hinblick auf den Benutzungsbegriff als Schnittstelle zwischen harmonisiertem Markenrecht und einzelstaatlichem Wettbewerbs- bzw. Deliktsrecht angesehen wird[1136]. Art. 5 Abs. 5 MarkenRL erlaubt den Mitgliedstaaten weitere Vorschriften zum Schutz gegen den nicht zeichenmäßigen Gebrauch. Hieraus wird deutlich, dass die Vorgaben der Markenrechtsrichtlinie allein eine zeichenmäßige Verwendung betreffen[1137]. Da es im deutschen Markengesetz anders als im Benelux-Markengesetz keinen über den harmonisierten Markenschutz hinausgehenden Auffangtatbestand nach dem Muster des Art. 5 Abs. 5 MarkenRL gibt, handelt es sich bei Benutzungen, die nicht zur Unterscheidung von Waren und Dienstleistungen erfolgen, um Fälle außerhalb des Anwendungsbereichs des Markengesetzes[1138]. Die auf Art. 5 Abs. 1 und 2 beruhenden Tatbestände des § 14 Abs. 2 entfallen bei nicht kennzeichenmäßigen Benutzungen daher schon vom Ansatz, so dass §§ 3, 4 UWG, 823 Abs. 1, 12 BGB zur Anwendung kommen[1139].

1134 Daher ist Marianne Helm, GRUR 2001, 291, 293, gegen einen Rückgriff auf § 1 UWG a.F. in Fällen nicht kennzeichenmäßiger Benutzung.

1135 S. o. A. Vgl. OLG Frankfurt, WRP 2000, 772, 774 – alcon.de. Zum WZG: Tilman, GRUR 1968, 619, 623: Zeichenverletzungen ohne zeichenmäßige Benutzung „behandelt das WZG nicht".

1136 EuGH MarkenR 1999, 84, 87 – BMW; Ingerl/Rohnke, MarkenG, 2. Aufl., § 14 Rdnr. 80, Starck, Festschrift für Erdmann, 485, 488.

1137 Keller, GRUR 1996, 607, 609; Weberndörfer, Auswirkungen der Umsetzung der EG-Markenrichtlinie, S. 193.

1138 Vgl. Ingerl, WRP 2002, 861, 868; v. Linstow, WRP 2000, 955, 956: Keine Ansprüche aus der Richtlinie bei nicht markenmäßiger Benutzung.

1139 BGH, GRUR 2000, 70, 73 – SZENE; OLG Frankfurt/Main, WRP 2001, 551, 554 – Alex/live vom Alex; OLG Frankfurt/Main, GRUR 2000, 1063, 1066 – Spee-Fuchs; Hauck/Fischoeder, GRUR 2004, 185, 189: Keine abschließende Regelung des Markengesetzes für nicht kennzeichenmäßige Benutzungen. Ingerl/Rohnke, MarkenG, 2. Aufl., § 14 Rdnr. 882: „Markengesetzlich von vornherein nicht erfasst". Nach Köhler, in Baumbach/Hefermehl, Wettbewerbsrecht, 23. Aufl., § 4 Rdnr. 7.9 ist die Kennzeichenverletzung ohne Kennzeichenbenutzung der wichtigste Anwendungsfall für § 4 Nr. 7 UWG; Ingerl, WRP 2004, 809, 811, fordert zusätzlich eine Prüfung, ob das Markengesetz eine Begrenzungswirkung gegen die betroffene Handlungsform entfaltet; ähnlich Sambuc, in: Harte-Bavendamm/Henning-Bodewig, UWG, § 4 Rdnr. 121.

c) Ergänzender wettbewerbsrechtlicher Leistungsschutz

Wie bereits gesehen ist die Fallgruppe des wettbewerbsrechtlichen Leistungsschutzes in § 4 Nr. 9 UWG nunmehr ausdrücklich geregelt[1140]. Hierunter fallen unter anderem die Nachahmungsfälle der vermeidbaren Herkunftstäuschung (§ 4 Nr. 9 a) UWG), der Rufausbeutung und der Rufbeeinträchtigung der nachgeahmten Ware oder Dienstleistung (§ 4 Nr. 9 b) UWG). Durch § 4 Nr. 9 UWG werden die bisherigen höchstrichterlichen Entscheidungen zum wettbewerbsrechtlichen Leistungsschutz auf der Grundlage des § 1 UWG a.F. kodifiziert[1141]. Am Inhalt des ergänzenden wettbewerbsrechtlichen Leistungsschutzes hat sich gegenüber dem früheren UWG nichts geändert[1142].

Nach den Grundsätzen des wettbewerbsrechtlichen Leistungsschutzes kann die Übernahme einer Gestaltungsform, die nicht (mehr) unter Sonderrechtsschutz steht, nach §§ 3, 4 Nr. 9 UWG (= § 1 UWG a.F.) wettbewerbswidrig sein, wenn das Erzeugnis von wettbewerblicher Eigenart ist und besondere Umstände hinzutreten, welche die Nachahmung unlauter erscheinen lassen[1143]. Berührungspunkte mit dem Kennzeichenschutz ergeben sich u. a. dadurch, dass nach der Rechtsprechung die wettbewerbliche Eigenart eines Erzeugnisses auch in dessen als solcher ungeschützten Kennzeichnung bestehen kann[1144]. Die Grenzlinien zwischen Markenrecht und wettbewerbsrechtlichem Leistungsschutz sind im Falle der Anlehnung an Produkt- oder Werbemerkmale deswegen nicht randscharf, da äußere Produktgestaltungen grundsätzlich auch als Formmarken geschützt werden können. In diesem Zusammenhang tritt beispielsweise die Frage auf, ob ein Schutz nach dem UWG, z. B. in der Fallgruppe der vermeidbaren Herkunftstäuschung (vgl. § 4 Nr. 9 a) UWG), für nicht als Marke eingetragene Gestaltungselemente möglich ist, denen die zum Schutz als „Benutzungsmarke" i.S.v. § 4 Nr. 2 MarkenG erforderliche Verkehrsgeltung fehlt[1145]. In der jüngeren Rechtsprechung zum wettbewerbsrechtlichen Leistungsschutz mit Berührungspunkten zum Markenrecht kamen als Anknüpfungspunkte für eine Nachahmung die Übernahme von Farbgestaltungen[1146], das Anlehnen an den guten Ruf einer nicht schutzfähi-

1140 Begr. Reg.-Entw. zum UWG, BT-Drucks. 15/1487, S. 18.
1141 Berlit, WRP 2003, 563, 565 f.
1142 Sambuc, in: Harte-Bavendamm/Henning-Bodewig, UWG, § 4 Rdnr. 1.
1143 BGH, GRUR 2001, 443, 444 – Viennetta.
1144 BGH, GRUR 2001, 251, 253 – Messerkennzeichnung (s. o. 5. Kap. A I 3 b).
1145 BGH, GRUR 1997, 754, 755 – grau/magenta; OLG Hamburg, GRUR-RR 2002, 356, 357 – Marzipanherzen (s. o. 5. Kap. A I 3 a) und B II 10).
1146 BGH, GRUR 1997, 754, 755 – grau/magenta; OLG Köln, GRUR-RR 2001, 26, 27 – Dämmstoffplatten (s. o. 5. Kap. B I 6).

gen Kennzeichnung[1147] sowie die Übernahme von Gestaltungselementen einer Kennzeichnung[1148], von Formgestaltungen einer Ware[1149] oder von einer Verpackungsgestaltung[1150] in Betracht.

aa) Nichtbestehen eines Kennzeichenrechts als Voraussetzung für die Anwendbarkeit von §§ 3, 4 UWG?

Eine Abgrenzung der kennzeichenbezogenen Sachverhalte des wettbewerbsrechtlichen Leistungsschutzes lässt sich auch danach vornehmen, ob ein Kennzeichenrecht, etwa eine dreidimensionale Marke, entstanden ist[1151] oder ob es mangels Markenfähigkeit gemäß § 3 MarkenG[1152] oder mangels Verkehrsgeltung bei nicht eingetragenen oder nicht eintragbaren Kennzeichen gemäß § 4 Nr. 2 MarkenG nicht besteht[1153] bzw. dessen Vorliegen nicht feststeht[1154].

Es stellt sich die Frage, ob in kennzeichenbezogenen Sachverhalten der Anwendungsbereich von § 4 Nr. 9 UWG in der Fallgruppe des wettbewerbsrechtlichen Leistungsschutzes dann eröffnet sein soll, wenn für das nachgeahmte Produkt kein Schutzrecht, etwa eine Formmarke, besteht. Für das Bestehen eines kennzeichenrechtlichen Schutzes als Abgrenzungskriterium spricht, dass Ansprüche aus Markenrecht schon dem Grunde nach ausscheiden, wenn ein Schutzrecht gemäß §§ 4, 5 MarkenG nicht entstanden ist[1155]. Auch der BGH unterscheidet Fälle nicht bestehenden Markenschutzes von solchen, in denen Kennzeichen an sich geschützt sind, aber die Rechtsfolgevoraussetzungen fehlen[1156]. Eine Unterscheidung hinsichtlich der Anwendbarkeit von § 4 Nr. 9 UWG danach, ob die

1147 BGH, WRP 2003, 1338, 1339 – Tupperwareparty (s. o. 5. Kap. A I 3 d).

1148 BGH, GRUR 2001, 251, 253 – Messerkennzeichnung.

1149 BGH, WRP 2003, 521, 524 – Abschlußstück; BGH, GRUR 1998, 934, 936 – Wunderbaum; OLG Frankfurt/Main, GRUR 1999, 591, 593 – Kabelbinderkopf.

1150 BGH, GRUR 2001, 443, 445 – Viennetta; OLG Hamburg, GRUR-RR 2002, 356, 357 – Marzipanherzen.

1151 BGH, WRP 2003, 521 f. – Abschlußstück; OLG Frankfurt/Main, GRUR 1999, 593 – BiC Cristal (s. o. 5. Kap. A I 3 c) und B II 2).

1152 BGH, WRP 2003, 1338, 1339 – Tupperwareparty; OLG Frankfurt/Main, GRUR 1999, 591, 592 – Kabelbinderkopf.

1153 BGH, GRUR 1997, 754, 755 – grau/magenta; OLG Hamburg, GRUR-RR 2002, 356, 357 – Marzipanherzen; OLG Frankfurt/Main, GRUR 1999, 591, 592 – Kabelbinderkopf.

1154 BGH, GRUR 2001, 443, 444 – Viennetta; BGH, GRUR 2001, 251, 252 – Messerkennzeichnung; OLG Köln, GRUR-RR 2001, 26 – Dämmstoffplatten.

1155 Vgl. Kur, GRUR Int. 1998, 771, 778, nach der diese Fälle eindeutig jenseits der Außengrenzen des Markenschutzes angesiedelt sind.

1156 Vgl. BGH, WRP 2003, 1338, 1339 – Tupperwareparty, unter Hinweis auf die Unterschiede zur MAC-Dog Rechtsprechung (BGH, GRUR 1999, 161, 162).

Entstehungsvoraussetzungen eines kennzeichenrechtlichen Schutzes vorliegen oder nicht, ist jedoch abzulehnen. Es würde eine ungerechtfertigte Schlechterstellung von Kennzeicheninhabern bedeuten, wenn der wettbewerbsrechtliche Leistungsschutz nur im Falle des Bestehens von Kennzeichenschutz verdrängt würde[1157]. Ein ergänzender wettbewerbsrechtlicher Leistungsschutz ist daher unabhängig vom Bestehen eines Zeichenrechts möglich. Er kommt dann in Betracht, wenn ein anderer Schutzgegenstand als nach dem Markengesetz betroffen ist, etwa wenn Rufausbeutungen oder Rufschädigungen nicht durch die übereinstimmenden Kennzeichen selbst, sondern durch eine (systematische) Anlehnung an andere Produkt- und Werbemerkmale herbeigeführt werden[1158]. Auch der Gesichtspunkt der sklavischen Nachahmung, z. B. durch Kopie der Aufmachung einer Titelseite[1159], fällt hierunter.

Im Fall eines bestehenden Zeichenschutzes ist die Anwendung von § 4 Nr. 9 UWG auf die Fälle zu beschränken, in denen die Übernahme ästhetischer Gestaltungsgedanken durch Mitbewerber für deren Waren und nicht die Beeinträchtigung der Herkunftsfunktion im Vordergrund steht. Es müssen über die bloße Herkunftstäuschung hinaus weitere Unlauterkeitsmomente vorliegen[1160].

Auch bei fehlenden Schutzrechten kommt die Anwendung des § 4 Nr. 9 UWG nur ausnahmsweise in Betracht, da derjenige, der z. B. Geld und Mühe für eine Schutzrechtsanmeldung gemäß § 4 Nr. 1 MarkenG spart, dies auch mit einer geringeren Verteidigungsmöglichkeit gegen Nachahmer büßen sollte[1161]. Eine Anwendung von UWG-Normen darf auch nicht dazu führen, Schutz für Produktgestaltungen und Produktmerkmale zu eröffnen, die nach der Wertung des Markengesetzes frei sein sollen[1162].

bb) Schutz so genannter Verkehrsgeltungsanwartschaften

Die Nachahmung nicht eingetragener Zeichen, die den Schutzvoraussetzungen einer Benutzungsmarke (§ 4 Nr. 2 MarkenG) noch nicht genügen, sich aber auf

1157 Ingerl/Rohnke, MarkenG, 2. Aufl., § 2 Rdnr. 6.

1158 Zu § 1 UWG a.F. BGH, GRUR 2003, 521, 526 – Abschlußstück; Beater, Unlauterer Wettbewerb, § 22 Rdnr. 93; Ingerl/Rohnke, MarkenG, 2. Aufl., § 14 Rdnr. 890; zu § 4 Nr. 9 UWG n.F. Ingerl, WRP 2004, 809, 816.

1159 LG Bremen, AfP 1999, 385, 386.

1160 Ingerl/Rohnke, MarkenG, 2. Aufl., § 2 Rdnr. 6; Sambuc, in: Harte-Bavendamm/Henning-Bodewig, UWG, § 4 Rdnr. 76.

1161 Schulz, Festschrift für Horst Helm, 237, 246.

1162 OLG Köln, GRUR-RR 2001, 26, 27 – Dämmstoffplatten; Würtenberger, GRUR 2003, 912, 918; gegen einen ergänzenden wettbewerbsrechtlichen Leistungsschutz bei Nachahmungen von ungeschützten Kennzeichen: Ströbele/Hacker, MarkenG, 7. Aufl., § 2 Rdnr. 27.

dem Wege zur Verkehrsgeltung befinden, kann nicht nach Markenrecht beurteilt werden. Auch bei Unternehmensbezeichnungen, deren Schutz gemäß § 5 Abs. 2 Satz 2 MarkenG erst mit Verkehrsgeltung des Zeichens entsteht, ist diese Konstellation denkbar. Der prinzipiell mögliche wettbewerbsrechtliche Schutz im Vorfeld der Erstarkung des Kennzeichens zum vollwertigen Kennzeichenrecht steht im Konflikt mit der Wertung des Markengesetzes, das nicht eingetragenen Marken grundsätzlich nur bei Vorliegen von Verkehrsgeltung Schutz gewährt. Eine Vorverlagerung des Schutzes kann daher eine Aushöhlung der Schutzvoraussetzung des § 4 Nr. 2 MarkenG bewirken[1163]. Dieser Wertungswiderspruch ist m. E. dadurch aufzulösen, dass einerseits in § 4 Nr. 2 MarkenG keine pauschal greifende Anwendungssperre gesehen wird[1164] und andererseits die Grenzen eines kraft Benutzung gewährten kennzeichenrechtlichen Schutzes nur in bestimmten Ausnahmefällen aus wettbewerbsrechtlichen Erwägungen ausgedehnt werden. Um sicherzustellen, dass die markenrechtlichen Wertungen berücksichtigt werden, ist immer vorrangig zu prüfen, ob ein Kennzeichenschutz kraft Verkehrsgeltung nach dem Markengesetz entstanden ist[1165]. In der Kabelbinderkopf-Entscheidung ergab diese Prüfung beispielsweise, dass ein Markenschutz hinsichtlich eines nachgeahmten Merkmals am absoluten Freihaltebedürfnis gemäß § 3 Abs. 2 Nr. 2 MarkenG und hinsichtlich der anderen Merkmale an der fehlenden Verkehrsgeltung der gemäß § 8 Abs. 2 MarkenG nicht eintragbaren Formmarke scheiterte[1166]. Wegen dieser durch das Markenrecht gezogenen Grenzen lehnte das Gericht auch einen wettbewerbsrechtlichen Leistungsschutz ab.

Über die markenrechtliche Beurteilung hinausgehende, die Wettbewerbswidrigkeit begründende Umstände können darin liegen, dass die Zeichenbenutzung durch den Konkurrenten in der Absicht erfolgt, Verwechslungen herbeizuführen oder den Ruf, den das nachgeahmte Zeichen trotz fehlender Verkehrsgeltung schon erworben hat, zu beeinträchtigen oder auszunutzen[1167]. Auf eine solche

---

1163 Ablehnend daher Ingerl/Rohnke, MarkenG, 2. Aufl., § 14 Rdnr. 891; Ingerl, WRP 2004, 809, 814; dagegen hält Sack, WRP 2004, 1405, 1422, eine besondere Zurückhaltung beim wettbewerbsrechtlichen Schutz von Markenanwartschaften nicht für geboten.

1164 Kur, GRUR Int. 1998, 771, 778; Sack, WRP 2004, 1405, 1422.

1165 Zutreffend OLG Frankfurt/Main, GRUR 1999, 591, 593 – Kabelbinderkopf; OLG Hamburg, GRUR-RR 2002, 356, 357 – Marzipanherzen; vgl. auch Sambuc, in: Harte-Bavendamm/Henning-Bodewig, UWG, § 4 Rdnr. 93. Den Prüfungsvorrang nicht berücksichtigend: BGH, GRUR 2001, 251, 253 – Messerkennzeichnung; BGH, GRUR 2001, 443, 444 – Viennetta; OLG Köln, GRUR-RR 2001, 26 – Dämmstoffplatten.

1166 OLG Frankfurt/Main, GRUR 1999, 591, 593 – Kabelbinderkopf.

1167 BGH, GRUR 1997, 754, 755 – grau/magenta; BGH, GRUR 1969, 190, 192 – halazon; kritisch Ingerl/Rohnke, MarkenG, 2. Aufl., § 14 Rdnr. 891; nach Köhler, in:

Absicht kann aber nicht allein aus dem Umstand geschlossen werden, dass der Mitbewerber eine markenrechtlich nicht geschützte Form nachgeahmt hat; denn dies erlaubt das Markenrecht gerade[1168]. Im Übrigen sollte ein Bekanntheitsgrad des nachgeahmten Zeichens nahe der Verkehrsgeltung i.S.v. §§ 4 Nr. 2, 5 Abs. 2 S. 2 MarkenG gefordert werden[1169].

e) Wettbewerbswidriger Zeichenerwerb

aa) Schutzrechtsbeschränkung neben Kennzeichenschutz

Nicht nur um ergänzenden wettbewerbsrechtlichen Kennzeichenschutz, sondern auch um eine Schutzrechtsbeschränkung des Kennzeicheninhabers (Schutz gegen ein Zeichenrecht) geht es in Fallkonstellationen, in denen der Erwerb eines Zeichenrechts unter wettbewerbsrechtlich zu missbilligenden oder sonst sittenwidrigen Umständen herbeigeführt worden ist[1170]. Derartige Fallgestaltungen können einen Anspruch aus § 4 Nr. 10 i.V.m. §§ 3, 8 UWG (= § 1 UWG a.F.) wegen sittenwidriger Behinderung durch Kennzeichenerwerb auslösen. Daneben kommt für denjenigen, der sich gegen den Zeichenerwerb wehrt, ein wettbewerbsrechtlicher Leistungsschutz seiner sondergesetzlich nicht geschützten Bezeichnung unter dem Gesichtspunkt der vermeidbaren Herkunftstäuschung, Rufausbeutung oder Rufschädigung durch Benutzung seines Zeichens in Betracht[1171]. Hierunter fallen auch Konstellationen, in denen ein nur im Ausland geschütztes Kennzeichen an der Ausdehnung im Inland gehindert wird[1172]. Die Wettbewerbswidrigkeit des Zeichenerwerbs ist häufig ein Spiegelbild der Frage, ob der Benutzer einer sondergesetzlich nicht geschützten Bezeichnung unter dem Gesichtspunkt des

Baumbach/Hefermehl, Wettbewerbsrecht, 23. Aufl., § 4 Rdnr. 9.10, kommt in diesen Fällen allenfalls ein wettbewerbsrechtlicher Schutz vor gezieltem Behinderungswettbewerb gemäß § 4 Nr. 10 UWG in Betracht.

1168 OLG Düsseldorf, GRUR 2001, 247, 250 – T-Auskunft; OLG Frankfurt/Main, GRUR 1999, 591, 593 – Kabelbinderkopf.

1169 BGH, GRUR 1997, 754, 756 – grau/magenta: Ausstattungsschutz „alsbald"; Sambuc, in: Harte-Bavendamm/Henning-Bodewig, UWG, § 4 Rdnr. 67. Zum früheren WZG Schroeter, WRP 1968, 125, 127: „Beinahe Verkehrsgeltung".

1170 Ströbele/Hacker, MarkenG, 7. Aufl., § 2 Rdnr. 38.

1171 Vgl. OLG Köln GRUR-RR 2002, 130, 134 – Focus; Starck, DZWir 1996, 313, 316.

1172 OLG Karlsruhe, GRUR 1997, 373, 375 – NeutralRed. Das OLG verneinte einen wettbewerbsrechtlichen Schutz des im Inland ungeschützten Zeichens mangels Vorliegens eines ausreichenden Bekanntheitsgrades, bejahte aber einen Anspruch auf Löschung der eingetragenen Marken wegen Behinderung gemäß § 1 UWG a.F. Bezüglich Unternehmenskennzeichen vgl. BGH, GRUR 1980, 110, 111 – Torch.

wettbewerbsrechtlichen Leistungsschutzes geschützt werden kann[1173]. Für den Gesichtspunkt des wettbewerbsrechtlichen Leistungsschutzes gelten die dargestellten Grundsätze. In Bezug auf den Aspekt des sittenwidrigen Zeichenerwerbs handelt es sich dagegen von vornherein um einen anderen Schutzgegenstand als bei §§ 14, 15 MarkenG, was gegen eine Sperrwirkung dieser Vorschriften spricht.

bb) Fallgruppen der sittenwidrigen Markenanmeldung

Gegen eine sittenwidrige Markenanmeldung konnte gemäß § 1 UWG a.F. ein wettbewerbsrechtlicher Löschungsanspruch, ein Anspruch auf Rücknahme der Markenanmeldung unter dem Gesichtspunkt des allgemeinen wettbewerbsrechtlichen Beseitigungsanspruchs sowie ein Unterlassungsanspruch des durch die bösgläubige Anmeldung Beeinträchtigten geltend gemacht werden[1174]. Ein solcher Schutz kommt auch auf der Grundlage des neuen UWG in Betracht[1175]. Im Wesentlichen werden zwei Fallgruppen unterschieden[1176]. Der sittenwidrige Markenerwerb kann zum einen darin liegen, dass der Markeninhaber in Kenntnis eines schutzwürdigen Besitzstandes des Vorbenutzers ohne zureichenden Grund die gleiche oder eine verwechselbar ähnliche Bezeichnung für gleiche oder gleichartige Waren mit dem Ziel der Störung des Besitzstandes des Vorbenutzers oder in der Absicht, für diesen den Gebrauch der Bezeichnung zu sperren, als Marke hat eintragen lassen. Zum anderen kann ein Wettbewerbsverstoß darin liegen, dass ein Markenanmelder die mit der Eintragung der Marke entstehende Sperrwirkung zweckfremd als Mittel des Wettbewerbskampfes einsetzt[1177].

cc) Verhältnis von § 8 Abs. 2 Nr. 10, 50 Abs. 1 MarkenG zu § 4 Nr. 10, i.V.m. §§ 3, 8 UWG

In beiden Varianten stellt sich allerdings die Frage des Verhältnisses von § 4 Nr. 10 UWG i.V.m. §§ 3, 8 UWG zum absoluten Schutzhindernis des § 8 Abs. 2

1173 Baumbach/Hefermehl, WZG, Einl. WZG Rdnr. 47.
1174 BGH, GRUR 2001, 242, 244 – Classe E; BGH, WRP 2000, 546, 548 f. – SPA; OLG Karlsruhe, GRUR 1997, 373 ff. – NeutralRed; v. Linstow, MarkenR 1999, 81, 83.
1175 Sack, WRP 2004, 1405, 1423.
1176 Hierzu BPatG, GRUR 2001, 744, 746 – S100.
1177 Zu § 1 UWG a.F. BGH, GRUR 2001, 242, 244 – Classe E; BGH, GRUR 1998, 412, 414 – Analgin; BGH, GRUR 1998, 1034, 1037 – Makalu.

Nr. 10 i.V.m. 50 Abs. 1 MarkenG bei bösgläubiger Anmeldung[1178]. Das absolute Schutzhindernis der bösgläubigen Anmeldung ist nicht mehr nur ein Löschungsgrund gemäß § 50 Abs. 1 MarkenG, sondern steht bereits der Eintragung nach § 8 Abs. 2 MarkenG entgegen. Sowohl über die Ablehnung der Eintragung (vgl. § 37 Abs. 3 MarkenG) als auch den auf § 50 Abs. 1 i.V.m. § 8 Abs. 2 Nr. 10 MarkenG gestützten Löschungsantrag entscheidet das Deutsche Patent- und Markenamt (DPMA), während für einen Anspruch aus dem UWG die ordentlichen Gerichte zuständig sind. Nach der Rechtsprechung des BGH stellte der frühere § 50 Abs. 1 Nr. 4 MarkenG a.F. keine abschließende Regelung dar, um rechtsmissbräuchliche oder sittenwidrige Markeneintragungen zur Löschung zu bringen[1179]. Der Gesetzgeber habe mit den Bestimmungen des Markengesetzes den unter Geltung des WZG bestehenden ergänzenden wettbewerbsrechtlichen Schutz nicht einengen wollen, weshalb die Löschungsansprüche nach § 54 Abs. 1 MarkenG i.V.m. § 50 Abs. 1 Nr. 4 MarkenG a.F. diejenigen aus § 1 UWG a.F. nicht ausschließen sollten[1180].

In Abweichung von seiner Rechtsprechung zum außermarkenrechtlichen Kennzeichenschutz hat der BGH in Fällen der bösgläubigen Markenanmeldung somit eine Anspruchskonkurrenz angenommen und ein selbständiges Nebeneinander von markenamtlichem Löschungsverfahren (§ 50 Abs. 1 Nr. 4 MarkenG a.F.) und zivilgerichtlicher Löschungsklage (§ 1 UWG a.F.) befürwortet. Es ist nicht ersichtlich, warum der BGH diese Rechtsprechung vor dem Hintergrund des neu eingeführten § 8 Abs. 2 Nr. 10 MarkenG und des neuen UWG-Gesetzes ändern sollte.

Ein wesentlicher Grund für die Notwendigkeit einer zusätzlichen Rechtsschutzmöglichkeit gegen bösgläubige Markenanmeldungen nach dem UWG neben den markenrechtlichen Bestimmungen ist, dass in Fällen der außermarkenrechtlichen Löschungsansprüche der Weg zu den ordentlichen Gerichten eröffnet ist, den der Gesetzgeber nicht versperren wollte[1181]. Ein Verfahren vor den ordentlichen Gerichten ist besser geeignet als das Amtsermittlungsverfahren beim DPMA, um die häufig streitigen und komplexen Sachverhalte bei bösgläubigen

---

1178 Der frühere § 50 Abs. 1 Nr. 4 MarkenG wurde 2004 durch § 8 Abs. 2 Nr. 10 ersetzt. Im früheren WZG existierte eine vergleichbare Regelung nicht. Unter Geltung des WZG behandelte die Rechtsprechung das Problem der rechtsmissbräuchlichen Anmeldung im Rahmen des § 1 UWG a.F. unter dem Gesichtspunkt des sittenwidrigen Behinderungswettbewerbs; fehlte ein Wettbewerbsverhältnis, wurde § 826 BGB angewendet.

1179 BGH, GRUR 2000, 1032, 1034 – EQUI 2000; BGH, GRUR 1998, 412, 413 f. – Analgin.

1180 BGH, GRUR 2000, 1032, 1034 – EQUI 2000; vgl. auch OLG Hamburg, GRUR-RR 2003, 307, 308 – Gezuckerte Kondensmilch.

1181 BGH, GRUR 2000, 1032, 1034 – EQUI 2000.

Markenanmeldungen zu klären[1182]. Gleichzeitig kann damit auch eine Verfahrensvereinfachung verbunden sein, wenn durch Zulassung einer auf §§ 4 Nr. 10, 3, 8 UWG gestützten Widerklage im ordentlichen Verfahren auf Einwilligung in die Löschung die Aufspaltung eines einheitlichen Sachverhalts zur Entscheidung zwischen DPMA einerseits und den ordentlichen Gerichten andererseits vermieden werden kann[1183]. Gemäß § 51 Abs. 4 Nr. 2 MarkenG sind die ordentlichen Gerichte außerdem ohnehin mit bösgläubigen Markenanmeldungen befasst[1184].

Ein autonomes Nebeneinander von Vorschriften des Markengesetzes und des UWG hinsichtlich der bösgläubigen Markenanmeldung stellt keinen Widerspruch zum ansonsten befürworteten Vorrang des Markengesetzes dar. Zunächst besteht ein wesentlicher Unterschied darin, dass es in der Konstellation der bösgläubigen Markenanmeldung nicht um konkurrierende Verletzungsansprüche geht, sondern um Schutzrechtsbeschränkungen[1185]. Zu berücksichtigen ist ferner, dass neben den verfahrensrechtlichen Unterschieden auch die materiell-rechtlichen Voraussetzungen von § 8 Abs. 2 Nr. 10 MarkenG (= § 50 Abs. 1 Nr. 4 MarkenG a.F.) mit denen der unlauteren Markeneintragung §§ 3, 4 Nr. 10 UWG nicht notwendig übereinstimmen[1186]. Darüber hinaus ist § 8 Abs. 2 Nr. 10 MarkenG anders als §§ 14, 15 MarkenG ein schwach konturierter Tatbestand und kann auch daher nicht als abschließende Regel angesehen werden[1187]. Der Begriff der „Bösgläubigkeit“ ist wenig aussagekräftig, da er aus Elementen wie „unlauter“, „rechtsmissbräuchlich“ und „sittenwidrig“ zusammengesetzt ist. Daher wird auch teilweise bezweifelt, ob das Tatbestandsmerkmal, wenn es nur durch das DPMA im markenamtlichen Löschungsverfahren geprüft wird, den verfassungsrechtlichen Bestimmtheitsanforderungen genügt[1188].

f) Speziell: Unterlassungsansprüche gegen die Benutzung eines einem fremden Kennzeichen entsprechenden Domain-Namens

Von großer praktischer Relevanz ist die Konkurrenzfrage bei Kennzeichenverletzungen durch Registrierung und Benutzung von Domain-Namen. „Mit dem Wandel des Internets vom anarchischen Nischenmedium zu einem kommerziali-

---

1182 BGH, GRUR 2000, 1032, 1034 – EQUI 2000; Erdmann, GRUR 2001, 609, 610; Sack, WRP 2004, 1405, 1423.

1183 BGH, GRUR 2000, 1032, 1034 – EQUI 2000; v. Linstow, MarkenR 1999, 81, 83.

1184 Vgl. Jordan, Festschrift für Horst Helm, 187, 199.

1185 Sack, WRP 1405, 1423.

1186 Zum Verhältnis von § 50 Abs. 1 Nr. 4 a. F. und § 1 UWG a.F. BGH, GRUR 2001, 242, 243 – Classe E.

1187 V. Linstow, MarkenR 1999, 81, 83.

1188 Meessen, GRUR 2003, 672, 675.

sierten Massenmedium sind die Kennzeicheninhaber zu Mitspielern im Cyberspace geworden"[1189]. Es geht um den Schutz der Marke oder geschäftlichen Bezeichnung gegen die Benutzung identischer oder ähnlicher Domain-Namen. Im Vordergrund stehen Kollisionen zwischen Kennzeicheninhabern und Inhabern von kennzeichenrechtlich nicht geschützten Internet-Domains[1190]. Ein zentrales Problem ist, inwieweit der Konflikt zwischen Kennzeichen und Domain-Namen auf der Basis des Markenrechts gelöst werden kann. Erweist sich das markenrechtliche Instrumentarium als nicht geeignet, tritt die Frage auf, ob und in welchem Umfang Raum für die Anwendung der wettbewerbsrechtlichen Generalklausel (und §§ 823 Abs. 1, 12 BGB) besteht.

aa) Lückenhaftigkeit und Schwierigkeiten bei der Anwendung der §§ 14 Abs. 2, 15 Abs. 2 und 3 MarkenG

Bei Kennzeichennutzungen als Domain-Name besteht theoretisch für außermarkenrechtliche Vorschriften ein weites Anwendungsgebiet. Häufig wird der mit einer Marke oder geschäftlichen Bezeichnung identische oder ähnliche Domain-Name nicht von einem Konkurrenten des Kennzeicheninhabers, sondern von einem branchenfremden Unternehmen benutzt. Dann scheidet Identitäts- oder Verwechslungsschutz in der Regel aus, da es an der für §§ 14 Abs. 2 Nr. 1 und 2, 15 Abs. 2 MarkenG erforderlichen Waren/Dienstleistungsähnlichkeit bzw. Branchenähnlichkeit fehlt. In diesen Fällen ist ein markenrechtlicher Schutz nur über §§ 14 Abs. 2 Nr. 3, 15 Abs. 3 MarkenG zu erlangen, wenn das mit dem Domain-Namen identische oder ähnliche Kennzeichen bekannt ist[1191]. Gleich mehrere Hindernisse für einen Schutz nach dem Markengesetz können ferner auftreten, wenn noch keine Homepage für die dem Kennzeichen entsprechende Domain eingerichtet ist und damit noch nicht feststeht, zu welchem Zweck der Domain-Inhaber den Domain-Namen verwenden will. Zum einen lässt sich dann häufig nicht beantworten, ob das nach dem Markengesetz erforderliche Handeln im geschäftlichen Verkehr vorliegt. Zudem ist zweifelhaft, ob das Zeichen kennzeichenmäßig benutzt wird und ob der Bereich der Waren/Dienstleistungs-

1189 Bettinger, GRUR Int. 1997, 402, 419.

1190 Grundsätzlich kann eine Internet-Domain auch selbst Kennzeichenrechte begründen, vgl. etwa OLG München, ZUM 2000, 71, 72 – tnet.de, zu einer Internet-Domain als Unternehmenskennzeichen i.S.d. § 5 Abs. 2 MarkenG. Diese Fälle sind in der Praxis allerdings seltener. Allgemein zur Möglichkeit des Erwerbes kennzeichenrechtlichen Schutzes bei Internet Domains als eingetragene Marke, Benutzungsmarke oder geschäftliche Bezeichnung, Michael Heinrich, MarkenR 2003, 89, 91.

1191 Apel/Große-Ruse, WRP 2000, 816, 818.

ähnlichkeit betroffen ist, da die Homepage noch keinen Waren oder Dienstleistungen zugeordnet ist[1192]. Schließlich ist auch eine Rufausbeutung, Rufbeeinträchtigung oder Verwässerung i.S.v. §§ 14 Abs. 2 Nr. 3, 15 Abs. 3 MarkenG schwer festzustellen, wenn mit dem Kennzeichen als Domain keine mit Inhalten versehene Website aufrufbar ist. Wird der Domain-Name nicht im geschäftlichen Verkehr verwendet, etwa bei Registrierung eines Domain-Namens durch eine Privatperson, ist eine Inanspruchnahme von Kennzeichenschutz weder auf der Grundlage des Markengesetzes noch des Wettbewerbsrechts möglich. Für derartige Sachverhalte verbleiben nur §§ 12, 823 Abs. 1 BGB[1193].

bb) Wertungsgesichtspunkte für Kennzeichen/Domain-Konfliktfälle

Besonders angesichts der Tatsache, dass Domain-Namen an Ländergrenzen nicht Halt machen, ist es erforderlich, eine einheitliche Rechtsanwendung im Geltungsbereich der Markenrechtsrichtlinie anzustreben[1194]. Der Kennzeichenschutz im Internet muss im Interesse einer Harmonisierung der Rechtsanwendung vorrangig mit den rechtlichen Instrumenten des Markengesetzes erreicht werden. Darüber hinaus ist der „First Come, First Served“-Grundsatz im Internet von großer Bedeutung, um dem Interesse von Internetnutzern an einem starken Kommunikationsmedium gerecht zu werden[1195]. Ein zu großzügiger Rückgriff auf Vorschriften des UWG bei einem Scheitern markenrechtlicher Ansprüche ist daher abzulehnen. Die Rechtsprechung löst Kennzeichenkonflikte um Domain-Namen grundsätzlich nach den gleichen Grundsätzen wie entsprechende außerhalb des Internets auftretende Konflikte[1196]. Angestrebt wird die Gewährleistung eines möglichst umfassenden Kennzeichenschutzes, ohne damit die in der MAC Dog-Entscheidung entwickelten Grundsätze vom Vorrang des Markengesetzes aufzugeben[1197].

1192 Ingerl/Rohnke, MarkenG, 2. Aufl., Nach § 15 Rdnr. 102.

1193 Althammer/Klaka, MarkenG, 6. Aufl., § 15 Rdnr. 35; Foerstl, CR 2002, S. 518.

1194 Ubber, Markenrecht im Internet, S. 125; Apel-Große-Ruse, WRP 2000, 816, 817.

1195 Apel/Große-Ruse, WRP 2000, 816, 817; Foerstl, CR 2002, 518, 524; Bettinger, GRUR Int. 1997, 402, 411.

1196 BGH, WRP 2002, 694, 696 – shell.de; OLG Karlsruhe, WRP 1998, 900 – Zwilling. Zustimmend Ingerl/Rohnke, MarkenG, 2. Aufl., Nach § 15 Rdnr. 39; Apel/Große-Ruse, WRP 2000, 816, 819. Dagegen spricht Bettinger, GRUR Int. 1997, 402, 420, vom Recht der Domain-Namen als einem „kennzeichenrechtlichen Sondertatbestand“.

1197 BGH, WRP 2002, 694, 696 – shell.de; OLG München, GRUR 2000, 518, 519 – buecherde.com; vgl. auch Ingerl/Rohnke, MarkenG, 2. Aufl., Nach § 15 Rdnr. 39; Foerstl, CR 2002, 518, 520.

Überträgt man die genannten Wertungsgesichtspunkte und die Grundsätze von der abschließenden Regelung der Vorschriften des Markengesetzes auf die Fälle der Domain-Nutzung durch Dritte, dann ist die Anlehnung eines Domain-Inhabers an fremde Kennzeichen grundsätzlich so lange nicht zu beanstanden, wie nicht die Voraussetzungen der §§ 14 Abs. 2 oder 15 Abs. 2 und 3 MarkenG vorliegen. Das hat zur Folge, dass auch beim Kennzeichenschutz gegenüber der Verwendung von Domain-Namen das Erfordernis der Waren/Dienstleistungsähnlichkeit im Sinne der §§ 14 Abs. 2 Nr. 2, 15 Abs. 2 MarkenG nicht durch eine Anwendung der §§ 3, 4 UWG ausgehöhlt werden darf. Sonst würde im Ergebnis ein markenrechtlich nicht vorgesehener Schutz nicht bekannter Marken und geschäftlicher Bezeichnungen trotz fehlender Branchennähe ermöglicht werden. Die Konsequenz hieraus ist, dass der Inhaber eines nicht bekannten Kennzeichens häufig nicht gegen Domain-Inhaber, die das Zeichen im geschäftlichen Verkehr nutzen, vorgehen kann.

Es entspricht auch dem „First Come, First Served"-Grundsatz, wenn auf §§ 3, 4 UWG nicht schon dann zurückgegriffen werden kann, sobald mit der Erstreservierung eines mit einem Kennzeichen identischen Domain-Namens ein Blockadeeffekt erzielt wird und der gleiche Domain-Name für den Kennzeicheninhaber aus technischen Gründen für die Benutzung im Internet gesperrt ist[1198]. Die mit der Sperrwirkung verbundene Beeinträchtigung des Kennzeichenrechts, die nicht notwendigerweise auf unlauteren Motiven des Domain-Inhabers beruhen muss, kann grundsätzlich nur markenrechtlich unterbunden werden. Wenn der BGH bei Identität zwischen Domain-Namen und bekanntem Zeichen i.S.v. §§ 14 Abs. 2 Nr. 3, 15 Abs. 3 MarkenG bereits aufgrund der faktischen Ausschlusswirkung des Domain-Namens für den Inhaber des Kennzeichens eine Beeinträchtigung des besonderen Werbewerts des Zeichens sieht, ohne dass es auf einen möglichen Imagetransfer oder eine Verwässerungsgefahr ankommen soll, so ist dies deswegen nicht zu beanstanden, weil der Schutz im Rahmen des Markengesetzes erfolgt[1199]. Diese Rechtsprechung stimmt nämlich mit der markenrechtlichen Wertung überein, dass der Schutzumfang bekannter Kennzeichen höher ist, während für nicht bekannte Kennzeichen in der beschriebenen Konstellation Schutz nur bei Waren/Dienstleistungsähnlichkeit und bei Vorliegen einer Verwechslungsgefahr i.S.v. § 14 Abs. 2 Nr. 2 MarkenG gewährt wird[1200].

1198 Zu § 1 UWG a.F. Ingerl/Rohnke, MarkenG, 2. Aufl., Nach § 15 Rdnr. 135; Apel/Große-Ruse, WRP 2000, 816, 817 ff.; a. A. Körner, Festschrift für Erdmann, 343, 353.

1199 Vgl. BGH, WRP 2002, 694, 695 – shell.de (s. o. 5. Kap. A II 2).

1200 Vgl. Foerstl, CR 2002, 518, 522; Gloy, Festschrift für Rowedder, 77, 92.

cc) Behinderungswettbewerb durch Domain-Grabbing

§ 3 i.V.m. § 4 Nr. 10 UWG sollte nur dann herangezogen werden, wenn bei der Benutzung eines fremden Kennzeichens als Domain durch einen Konkurrenten wettbewerbsrechtliche Gesichtspunkte vorliegen, die bei der markenrechtlichen Beurteilung unberücksichtigt geblieben sind. Das trifft nach der instanzgerichtlichen Rechtsprechung auf Fälle des so genannten Domain-Grabbing zu, in denen der Domain-Inhaber seine formale Rechtsposition zu Behinderungszwecken ausnutzt[1201]. Hierfür werden die Grundsätze von der sittenwidrigen Markenanmeldung herangezogen, auch wenn ein Unterschied darin besteht, dass die Registrierung einer Internet-Adresse für sich betrachtet kein der Marke entsprechendes Ausschließlichkeitsrecht begründet[1202]. Als schikanösen und sittenwidrigen Behinderungswettbewerb gemäß § 1 UWG a.F. (bzw. bei Fehlen eines Wettbewerbsverhältnisses gemäß §§ 226, 826 BGB) hat die Rechtsprechung die Registrierung einer Vielzahl von Domains ohne eigenes Nutzungsinteresse dann gewertet, wenn die Nutzung der Domains keinen anderen Zweck haben kann, als Mitbewerber, die identische oder ähnliche Domains aufgrund ihrer Kennzeichenrechte registrieren wollen, zum Kauf der Domains zu bewegen oder sie an ihrer Entfaltung zu hindern oder es ihnen unmöglich zu machen, sich unter ihrem Kennzeichen zu präsentieren[1203].

Die instanzgerichtliche Rechtsprechung zum Domain-Grabbing ist mit der BGH-Rechtsprechung zur abschließenden, in sich geschlossenen Regelung der Bestimmungen des Markengesetzes vereinbar, solange die Kennzeichenbeeinträchtigung darin besteht, den Mitbewerber gezielt an seiner Entfaltung zu hindern und ihn dadurch zu verdrängen[1204]. Geht es dagegen um die Ausbeutung oder Beeinträchtigung eines Kennzeichens durch Übertragung eines negativen Images, so ist ausschließlich das Markengesetz heranzuziehen[1205].

1201 OLG München GRUR 2000, 518, 519 – buecherde.com; OLG Frankfurt/Main, WRP 2000, 772, 774 – alcon.de (s. o. 5. Kap. B II 5 und III 1).

1202 BGH, CR 2001, 777, 779 – mitwohnzentrale.de. Nach Ingerl/Rohnke, MarkenG, 2. Aufl., Nach § 15 Rdnr. 135, besteht dennoch Vergleichbarkeit.

1203 OLG München GRUR 2000, 518, 519 – buecherde.com; OLG Frankfurt/Main, CR 2001, 620, 621 – praline-tv.de (§§ 226, 826 BGB); OLG Frankfurt/Main, CR 2000, 615, 616 – weideglueck.de.

1204 Vgl. BGH, CR 2001, 777, 778 – mitwohnzentrale.de. Hier ging es um die Frage des Behinderungswettbewerbs bei der Verwendung eines beschreibenden Begriffs als Domain-Name. OLG München, GRUR 2000, 518, 519 – buecherde.com.

1205 Für eine großzügigere Anwendung von § 1 UWG a.F. dagegen Bettinger, GRUR Int. 1997, 402, 413.

2. *Ergänzender bürgerlichrechtlicher Kennzeichenschutz*

a) *Verletzungshandlungen außerhalb des geschäftlichen Verkehrs*

Als Hauptanwendungsgebiet für den bürgerlichrechtlichen Kennzeichenschutz kommen Verletzungshandlungen außerhalb des geschäftlichen Verkehrs in Betracht. Handlungen im privaten, amtlichen, politischen oder sozialen Bereich werden weder von §§ 14, 15 MarkenG noch von §§ 3, 4 UWG erfasst[1206]. Entsprechend dient im neuen UWG statt des bisherigen Begriffs des „geschäftlichen Verkehrs" in §§ 1, 3 UWG a.F. der weitgehend deckungsgleiche Begriff der Wettbewerbshandlung (§ 2 Abs. 1 Nr. 1 UWG) der Abgrenzung gegenüber den bürgerlichrechtlichen Vorschriften[1207]. Dass auch ein Handeln außerhalb des geschäftlichen Verkehrs die geschäftlichen Interessen eines Kennzeicheninhabers beeinträchtigen kann, zeigen Kennzeichenkonflikte im Internet. Für Privatpersonen eröffnet das Internet die Möglichkeit, ohne großen Aufwand durch Betreiben einer Homepage unter einer Internetdomain in den Schutzbereich von Unternehmenskennzeichen und Marken einzugreifen[1208]. Oft verschwimmen hierbei die Grenzen zwischen privater und geschäftlicher Nutzung[1209]. Sonstige Sachverhalte außerhalb des geschäftlichen Verkehrs sind z. B. die Verunglimpfung bekannter oder berühmter Marken durch Privatpersonen oder die Schwächung und Verwässerung einer berühmten Marke im Rahmen einer politischen Kampagne[1210]. Auch die Veränderung einer Markenware, die der Abnehmer der Ware in Eigenbedarf vornimmt, ist eine Benutzung außerhalb des geschäftlichen Verkehrs[1211]. Zu nennen ist schließlich die Verletzung eines geschäftlich nicht gebrauchten Namens durch Verwendung geschäftlicher Kennzeichen[1212].

Fraglich ist, ob aus der Tatsache, dass im Markengesetz Ansprüche auf ein Handeln im geschäftlichen Verkehr begrenzt sind, geschlossen werden kann, dass auch ein außermarkenrechtlicher Kennzeichenschutz außerhalb des geschäftli-

---

1206 OLG Hamm, GRUR 2003, 722, 723 – www.castor.de; OLG Köln, WRP 2002, 244, 247 – lotto-privat.de; Ströbele/Hacker, MarkenG, 7. Aufl., § 14 Rdnr. 30.

1207 Köhler, in: Baumbach/Hefermehl, Wettbewerbsrecht, 23. Aufl., § 2 Rdnr. 3 f.

1208 Vgl. BGH, WRP 2002, 694, 697 – shell.de.

1209 Vgl. hierzu Foerstl, CR 2002, 518, 520. Führt ein Domain-Name zu einer inhaltsleeren Homepage, steht nicht fest, ob eine Benutzung im geschäftlichen Verkehr vorliegt, vgl. Ingerl/Rohnke, MarkenG, 2. Aufl., Nach § 15 Rdnr. 88.

1210 OLG Hamburg, GRUR 1998, 420 – Pack den Tiger in die Bürgerschaft; LG München, ZUM 1985, 105, 109 – jetzt red'i, zur Verwässerung eines bekannten Titels einer Fernsehsendung durch Verwendung für eine Wahlkampfveranstaltung.

1211 BGH, GRUR 1998, 696 – Rolex-Uhr mit Diamanten (s. o. 5. Kap. A II 1).

1212 Ingerl/Rohnke, MarkenG, 2. Aufl., Nach § 15 Rdnr. 7 m.w.N.

chen Verkehrs ausgeschlossen sein soll[1213]. Für eine solche Sperrwirkung des Markengesetzes könnte sprechen, dass der Markengesetzgeber private Verletzungshandlungen trotz seines Anliegens, den Kennzeichenschutz umfassend zu regeln, unberücksichtigt ließ. Andererseits besteht nach § 2 MarkenG die Möglichkeit, Kennzeichenverletzungen außerhalb des Anwendungsbereichs der markengesetzlichen Verletzungstatbestände nach anderen als markenrechtlichen Normen aufzulösen. Gegen eine Sperrwirkung des Markengesetzes für den außergeschäftlichen Bereich lässt sich vor allem vorbringen, dass ein Schutz nach dem Markengesetz hier schon vom Ansatz ausscheidet[1214]. Das Markengesetz stellt wie gesehen einen speziell geregelten Ausschnitt aus dem allgemeinen Wettbewerbsrecht dar und die Benutzung eines Kennzeichens nach dem Markengesetz ist eine Art der wettbewerblichen Betätigung[1215]. Deswegen wird in den §§ 14, 15 MarkenG eine Zeichenbenutzung im geschäftlichen Verkehr vorausgesetzt, die ebenso wie im Wettbewerbsrecht auszulegen ist[1216]. Für einen Zeichengebrauch außerhalb des geschäftlichen Verkehrs fehlt den markenrechtlichen Ansprüchen die Basis, dieser ist „markenrechtlich irrelevant"[1217]. Da der außergeschäftliche Bereich vom Markenrecht nicht originär geregelt ist, ist er einem delikts- und namensrechtlichen Kennzeichenschutz zugänglich[1218].

b) Verbleibender Anwendungsbereich von § 823 Abs. 1 BGB

Ein deliktsrechtlicher Kennzeichenschutz gemäß § 823 Abs. 1 BGB kommt nur noch in wenigen Fällen in Betracht. Ein möglicher verbleibender Anwendungsbereich des § 823 Abs. 1 BGB betrifft Konflikte, die weder von den §§ 14, 15 MarkenG noch von §§ 3, 4 UWG geregelt sind[1219]. Entsprechend ist § 823 Abs. 1 BGB für den Schutz berühmter Kennzeichen gegen Verwässerungsgefahr

---

1213 Vgl. Marianne Helm, GRUR 2001, 291, 293.

1214 BGH, GRUR 2000, 70, 73 – SZENE; Kammergericht Berlin, WRP 2001, 551, 554 – Alex/live vom Alex; OLG Frankfurt, GRUR 2000, 1063, 1066 – Spee-Fuchs: „Markengesetz nicht einschlägig". Vgl. oben 5. Kap.

1215 Baumbach/Hefermehl, Wettbewerbsrecht, 22. Aufl., Allg. Rdnr. 101.

1216 Ströbele/Hacker, MarkenG, 7. Aufl, § 14 Rdnr. 29.

1217 BGH, GRUR 1998, 696 – Rolex-Uhr mit Diamanten; Ingerl/Rohnke, MarkenG, 2. Aufl., Nach § 15 Rdnr. 44.

1218 BGH, WRP 2002, 694, 697 – shell.de; Ströbele/Hacker, MarkenG, 7. Aufl., § 2 Rdnr. 31.

1219 Köhler, in: Baumbach/Hefermehl, Wettbewerbsrecht, 23. Aufl., § 4 Rdnr. 10.101; Köhler/Piper, UWG, § 1 Rdnr. 433; Teplitzky, Wettbewerbsrechtliche Ansprüche, Kap. 4 Rdnr. 13; Ingerl/Rohnke, MarkenG, 2. Aufl.; Ströbele/Hacker, MarkenG, 7. Aufl., § 2 Rdnr. 31; a. A. Fezer, Markenrecht, § 14 Rdnr. 411a; Klippel/Pahlow, in: HK-MarkenR, § 2 Rdnr. 5.

im Bereich des geschäftlichen Verkehrs unanwendbar. Auch wenn das Zeichen in den Anwendungsbereich von §§ 14 Abs. 2 Nr. 2, 15 Abs. 2 MarkenG fällt, aber ein Schutz an der fehlenden Verwechslungsgefahr scheitert, kann § 823 Abs. 1 BGB nicht herangezogen werden[1220].

Für einen Rückgriff auf § 823 Abs. 1 BGB wegen Eingriffs in den eingerichteten und ausgeübten Gewerbebetrieb besteht im geschäftlichen Bereich grundsätzlich kein Raum. Eine Ausnahme gilt bei fehlendem kennzeichenmäßigen Gebrauch, wenn ein Wettbewerbsverhältnis (§ 2 Abs. 1 Nr. 3 UWG) nicht nachgewiesen werden kann[1221]. Ausnahmsweise kommt ferner ein deliktsrechtlicher Kennzeichenschutz im geschäftlichen Verkehr unter dem Gesichtspunkt der Persönlichkeitsverletzung in Betracht[1222]. Der Anwendungsbereich des deliktsrechtlichen Persönlichkeitsschutzes im Kennzeichenrecht ist aber gering, da er grundsätzlich auf natürliche Personen zugeschnitten ist. Für juristische Personen kommt er nur dann in Frage, wenn deren sozialer Geltungsbereich in ihrem Aufgabenbereich betroffen ist[1223].

Im Übrigen ist § 823 Abs. 1 BGB nur bei Kennzeichenbeeinträchtigungen außerhalb des geschäftlichen Verkehrs anwendbar[1224]. Unter dem Aspekt des Schutzes des Rechts am eingerichteten und ausgeübten Gewerbebetrieb kann § 823 Abs. 1 BGB im außergeschäftlichen Bereich sowohl für den Fall der Verwechslungsgefahr als auch der Verwässerungsgefahr herangezogen werden[1225]. Im Bereich des Verwässerungsschutzes außerhalb des geschäftlichen Verkehrs sollte § 823 Abs. 1 BGB in gleichem Umfang anwendbar sein wie § 12 BGB. Nur so kann eine Ungleichbehandlung zwischen Marke und Unternehmenskennzeichen vermieden werden, da § 12 BGB bei der Verletzung von Markenrechten in der Regel nicht einschlägig ist[1226]. Wenn für § 12 BGB ausnahmsweise ein Verwässerungsschutz nicht berühmter geschäftlicher Bezeichnungen in Betracht kommt, sollte dies auch für Marken im Rahmen des § 823 Abs. 1 BGB möglich

---

1220 Vgl. schon zum Verhältnis § 16 UWG a.F. zu § 823 Abs. 1 BGB: BGH, GRUR 1953, 290, 292 – Fernsprechnummer.

1221 Köhler, in: Baumbach/Hefermehl, Wettbewerbsrecht, 23. Aufl., § 4 Rdnr. 10.102; Köhler/Piper, UWG, § 1 Rdnr. 419; OLG Frankfurt/Main, GRUR 2000, 1066, 1067 – Abkürzung ACC.

1222 BGH, GRUR 1986, 759, 761 – BMW; OLG Frankfurt/Main, GRUR 1982, 319, 320 – Lusthansa; Grunewald, NJW 1987, 105, 109 m.w.N.

1223 BGH, GRUR 1998, 696, 697 – Rolex-Uhr mit Diamanten; BGH, GRUR 1986, 759, 761 – BMW.

1224 Das ist entgegen Foerstl, CR 2002, 518, 519, auch mit den „MAC Dog-Grundsätzen“ vereinbar, wie aus BGH, WRP 2002, 694, 697 – shell.de, hervorgeht.

1225 OLG Hamm, GRUR 2003, 722, 723 – www.castor.de.

1226 Vgl. Foerstl, CR 2002, 518, 520 f.

sein[1227]. Der erforderliche Gleichlauf zwischen Marke und Unternehmenskennzeichen ist auch ein Grund dafür, dass § 823 Abs. 1 BGB unter dem Gesichtspunkt des Eingriffs in die gewerbliche Tätigkeit anwendbar ist, wenn eine fremde Marke gezielt zu privaten Zwecken als Domain-Name registriert wird, um den Kennzeicheninhaber an der Benutzung seines Zeichens als Domain-Name zu hindern[1228].

c) Verbleibender Anwendungsbereich von § 12 BGB

Da der markenrechtliche Schutz in seinem Anwendungsbereich einem Namensschutz aus § 12 BGB vorgeht, ist für eine ergänzende Anwendung des Namensschutzes nur insoweit Raum, als es sich um Eingriffstatbestände handelt, die von den speziellen Normen des Markenrechts weder erfasst noch freigestellt sind[1229].

Ein Anwendungsbereich des § 12 BGB kann sich unter dem Gesichtspunkt der Namensleugnung gemäß § 12 S. 1 1. Alt. BGB ergeben, da das Bestreiten eines Kennzeichens, für das ein Namensrecht geltend gemacht werden kann, von §§ 14 Abs. 2, 15 Abs. 2 und 3 MarkenG nicht erfasst ist[1230]. Obwohl für die Namensleugnung i.S.v. § 12 S. 1 1. Alt. BGB schon das Bestreiten als solches ohne Vorliegen einer weiteren Interessenverletzung genügt, ist ihr praktischer Anwendungsbereich im Kennzeichenschutz gering. Das liegt besonders daran, dass die bloße Verwendung z. B. eines einen fremden Namen enthaltenden Domain-Namens nicht als Fall der Namensleugnung angesehen wird, weil damit noch nicht das Recht des Namensträgers bestritten wird[1231].

In seltenen Fällen kann eine Konstellation auftreten, in der die Kennzeichenverwendung sowohl den geschäftlichen als auch den außergeschäftlichen Verkehr betrifft. Hier kommt eine parallele Anwendung von §§ 14, 15 MarkenG und 12 BGB in Betracht[1232]. Im Übrigen beschränkt sich der Anwendungsbereich des § 12 BGB auf den vom Markengesetz nicht erfassten außergeschäftlichen Be-

---

1227 Für den Schutz über § 823 BGB auch für nicht berühmte Kennzeichen: Hauck/Fischoeder, GRUR 2004, 185, 190.

1228 Bettinger, GRUR Int. 1997, 402, 414; Ubber, Markenrecht im Internet, S. 112 f.

1229 BGH, GRUR 2002, 706, 707 – vossius.de; BGH, GRUR 1998, 696, 697 – Rolex-Uhr mit Diamanten; a. A. Soergel/Heinrich, BGB, 13. Aufl., Rdnr. 194a, nach dem der Schutz künftig teilweise parallel aus § 12 BGB und §§ 14, 15 MarkenG gewährt werde, teilweise aber auch nur der eine oder andere Anspruch bestehen könne.

1230 Foerstl, CR 2002, 518, 519.

1231 BGH, GRUR 2003, 897, 898 – maxem.de; BGH, WRP, 2002, 694, 697 – shell.de; a. A. OLG Düsseldorf, WRP 1999, 343, 346 – ufa.de.

1232 Vgl. Ubber, Markenrecht im Internet, S. 196.

reich[1233]. Die Anwendung von § 12 BGB darf hier jedoch nicht dazu verleiten, die kennzeichenrechtlichen Wertungen aus den Augen zu verlieren und stattdessen auf der Grundlage von allgemeinen Interessenabwägungen zu entscheiden[1234]. Kennzeichenrechtliche Wertungen können im außergeschäftlichen Bereich z. B. durch das Erfordernis der fehlenden Befugnis im Rahmen des § 12 Abs. 1 S. 1 2. Alt. BGB berücksichtigt werden. Regelmäßig kommt § 12 BGB in Betracht, wenn die Namensbezeichnung eine namensmäßige Identitäts- oder Zuordnungsverwirrung hervorruft, was häufig der Verwechslungsgefahr im Sinne des Markenrechts entspricht[1235]. Darüber hinaus kann auf § 12 BGB in Fällen der Verwässerungsgefahr zurückgegriffen werden, wenn die Namensbezeichnung überragende Kennzeichenkraft für sich beansprucht oder zumindest einen den §§ 14 Abs. 2 Nr. 3, 15 Abs. 3 MarkenG entsprechenden Bekanntheitsgrad aufweist[1236]. Obwohl für einen solchen Schutz auf der Grundlage von § 12 BGB dogmatische Bedenken bestehen[1237], sollte dieser im Interesse der Gleichbehandlung mit Kennzeichenbeeinträchtigungen innerhalb des geschäftlichen Verkehrs nicht von vornherein ausgeschlossen werden. Dies führt auch nicht zu einer Überdehnung des Schutzes gemäß § 12 BGB, da dessen Voraussetzungen bei einer Verwendung des Namens außerhalb des geschäftlichen Verkehrs häufig nicht vorliegen werden[1238].

Umgekehrt ist zu vermeiden, dass § 12 BGB in Bezug auf den Schutzumfang von Kennzeichen im außergeschäftlichen Verkehr weiter reicht als im geschäftlichen Verkehr. Diesem Anliegen widerspricht möglicherweise die Entscheidung „shell.de", nach der eine Namensanmaßung i.S.d. § 12 S. 1 1. Alt. BGB bereits vorliegt, wenn ein fremdes Kennzeichen mit Namensfunktion (im privaten Verkehr) als Domain registriert wird. Aufgrund der Registrierung werde der Domain-Inhaber mit dem Namensträger identifiziert, was für eine Zuordnungsverwirrung, die keine Verwechslungsgefahr voraussetze, ausreiche[1239]. Eine Folge dieser

1233 BGH, WRP 2002, 694, 697 – shell.de; Ströbele/Hacker, MarkenG, 7. Aufl., § 2 Rdnr. 33; a. A. Fezer, Markenrecht, § 15 Rdnr. 22; Soergel/Heinrich, BGB, 13. Aufl., Rdnr. 194a. Nach Wüstenberg, GRUR 2003, 109, greift der Namensrechtsschutz einer Unternehmensbezeichnung dagegen nicht im außergeschäftlichen Bereich; ähnlich MünchKomm/Schwerdtner, BGB, 4. Aufl., § 12 Rdnr. 265.

1234 Vgl. Bettinger, CR 1998, 243; Apel/Große-Ruse, WRP 2000, 816; vgl. aber auch Althammer/Klaka, MarkenG, 6. Aufl., § 15 Rdnr. 35: „§ 12 BGB eröffnet durch den offenen Tatbestand der Namensanmaßung eine sachgerechte Interessenabwägung".

1235 Verwechslungsgefahr mit dem Namensträger ist aber nicht erforderlich, vgl. BGH, GRUR 2003, 897, 898 – maxem.de.

1236 OLG Hamm, GRUR 2003, 722 – www.castor.de.

1237 S. o. 8. Kap. C II 3 b).

1238 Marita Körner, NJW 2002, 3442 f.

1239 BGH, WRP 2002, 694, 698 – shell.de.

Rechtsprechung könnte sein, dass der Schutz von Kennzeichen mit Namensfunktion im privaten Verkehr weitergeht als im geschäftlichen Verkehr, da es im Rahmen des § 12 BGB im Gegensatz zu §§ 14 Abs. 2 Nr. 2, 15 Abs. 2 MarkenG nicht auf die Branchennähe ankommt[1240]. Gleichwohl wird eine Zuordnungsverwirrung durch Verwendung eines Kennzeichens als Domain-Name häufig dann ausscheiden, wenn es sich um einen wenig bekannten oder häufig gebrauchten Namen handelt, da dann der Eindruck von Zusammenhängen zwischen dem Domain- und dem Kennzeicheninhaber im Sinne einer Fehlzurechnung in der Regel nicht entsteht[1241]. Der größere Schutzumfang bekannter Kennzeichen mit Namensfunktion im außergeschäftlichen Verkehr gemäß § 12 BGB ist dagegen unschädlich, da auch das Markengesetz im geschäftlichen Verkehr solchen Kennzeichen einen weitergehenden Schutz gewährt und somit keine Wertungswidersprüche bestehen.

1240 Weidert/Lührig, WRP 2002, 880, 883.
1241 Bettinger, GRUR Int. 1997, 402, 416.

10. Kapitel: Zusammenfassung und Ausblick

A. Zusammenfassung

1. Die Vorschriften des Markengesetzes zum Schutz von Marken und geschäftlichen Bezeichnungen verdrängen in ihrem Anwendungsbereich §§ 3, 4 UWG, 823 Abs. 1, 12 BGB. Diese Konkurrenzlösung ergibt sich vor allem aus der Begrenzungsfunktion des Markengesetzes, die mit dem Ziel des Gesetzgebers zusammenhängt, den Kennzeichenschutz im Markengesetz im Sinne einer in sich geschlossenen, umfassenden Regelung zu normieren. Ein zweiter wesentlicher Grund für den Vorrang des Markengesetzes ist die mit der Teilharmonisierung erstrebte Vereinheitlichung des Markenschutzes in den Mitgliedstaaten, mit der eine uneingeschränkte autonome Anwendung nationaler außermarkenrechtlicher Vorschriften nicht vereinbar ist. Die Tatsache, dass sich die außermarkenrechtlichen Ansprüche von denen des Markengesetzes dadurch unterscheiden, dass sie nicht dem Schutz von Ausschließlichkeitsrechten dienen, rechtfertigt keine autonome Anwendung der §§ 3, 4 UWG, 823 Abs. 1, 12 BGB neben §§ 14, 15 MarkenG. Denn jedenfalls in dem vom Markengesetz erfassten Bereich dienen die außermarkenrechtlichen Vorschriften ebenfalls dem Schutz gegen Kennzeichenbeeinträchtigungen. Dem Gesichtspunkt, ob einem Schutzbedürfnis des Kennzeicheninhabers (besser) auf der Grundlage der außermarkenrechtlichen Ansprüche Rechnung getragen werden kann, kommt gegenüber der Begrenzungsfunktion der markenrechtlichen Vorschriften ein geringerer Stellenwert zu.

2. Es besteht das Konkurrenzverhältnis der Subsidiarität infolge erschöpfender Regelung gegenüber §§ 3, 4 UWG, 823 Abs. 1, 12 BGB. Die lex specialis-Form der zivilrechtlichen Konkurrenzlehre scheitert daran, dass die §§ 14 Abs. 2, 15 Abs. 2 und 3 MarkenG weder vollständig im Anwendungsbereich der jeweiligen außermarkenrechtlichen Vorschriften aufgehen noch ein spezialisierendes Merkmal hinzufügen. Die Subsidiaritätsform berücksichtigt die Normzwecke der konkurrierenden Vorschriften und trägt dem Gedanken Rechnung, dass die markenrechtlichen Vorschriften nicht durch eine autonome und kumulative Anwendung anderer Bestimmungen ausgehöhlt werden dürfen. Die nur subsidiäre Anwendbarkeit der wettbewerbsrechtlichen Generalklausel entspricht deren Rechtsergänzungs- und Entwicklungsfunktion. Eine Anwendung der Generalklausel mit ihren weniger konturierten Tatbestandsmerkmalen im Anwendungsbereich der markenrechtlichen Regelungen und ein Abstellen auf allgemeine Billigkeits-

erwägungen würde zu einer Rechtsunsicherheit führen. Auch im neuen UWG wurde am Prinzip der Generalklausel ausdrücklich festgehalten, so dass es ungeachtet der Konkretisierung unlauteren Handelns durch Beispielstatbestände im UWG an der Ergänzungsfunktion gegenüber den Sonderschutzrechten bleibt.

3. Der Vorrang der markenrechtlichen Bestimmungen widerspricht weder dem Wortlaut noch dem Regelungszweck der Konkurrenzvorschrift des § 2 MarkenG. Die Normierung, dass markenrechtlich ungelöste Konflikte nach §§ 3, 4 UWG, 823 Abs. 1, 12 BGB aufgelöst werden können, ein außermarkenrechtlicher Schutz somit möglich bleibt, ist eine wichtige Klarstellung. § 2 MarkenG ist auch unter dem Aspekt der Vorgaben der Markenrechtsrichtlinie zu betrachten. Dem Normzweck der Vorschrift kann weder ein eindeutig abschließender Charakter noch die Regelung einer vollständigen kumulativen Anspruchskonkurrenz entnommen werden. Für dieses Ergebnis sprechen auch die Erwägungsgründe der Markenrechtsrichtlinie, die Vorschrift des Art. 5 Abs. 5 MarkenRL und das Ziel eines Gleichlaufs mit der Gemeinschaftsmarkenverordnung.

4. Die abschließende Regelung des Markengesetzes in seinem Anwendungsbereich beschränkt sich nicht auf den erweiterten Bekanntheitsschutz gemäß §§ 14 Abs. 2 Nr. 3, 15 Abs. 3 MarkenG. Besonders die Untersuchung der Rechtsprechung hat ergeben, dass die §§ 14 Abs. 2 Nr. 3, 15 Abs. 3 MarkenG nicht losgelöst von den übrigen markenrechtlichen Verletzungstatbeständen betrachtet werden können. Die Unanwendbarkeit wettbewerbs- oder bürgerlichrechtlicher Regelungen im Anwendungsbereich der §§ 14 Abs. 2 Nr. 3, 15 Abs. 3 MarkenG wirkt sich unmittelbar auf die Möglichkeit eines außermarkenrechtlichen Schutzes bei fehlender Verwechslungsgefahr i.S.v. §§ 14 Abs. 2 Nr. 2, 15 Abs. 2 MarkenG aus.

5. Ein Vergleich mit der Rechtslage vor Einführung des Markengesetzes hat gezeigt, dass viele seinerzeit vorgetragene Argumente gegen einen unbeschränkten außermarkenrechtlichen Schutz auch unter Geltung des Markengesetzes ihre Gültigkeit behalten. Eine Kontinuität liegt insoweit vor, als nach überwiegender Ansicht auch gegenüber dem WZG nur ein ergänzender Schutz außermarkenrechtlicher Bestimmungen befürwortet wurde. Im Gegensatz zur jetzigen Rechtslage ließ sich jedoch unter Geltung des WZG eine Heranziehung der §§ 1 UWG a.F., 823 Abs. 1, 12 BGB zum Schutz gegen Rufausbeutung, Rufbeeinträchtigung und Verwässerung damit rechtfertigen, dass das Zeichenrecht einen solchen Schutz nicht vorsah. Die Rechtsprechung zum Vorrang der §§ 14, 15 MarkenG gegenüber § 12 BGB stellt eine notwendige Korrektur früherer zum Verhältnis von § 16 UWG a.F. und § 12 BGB ergangener Entscheidungen dar.

6. Markenrechtliche Anspruchsgrundlagen sind in kennzeichenbezogenen Sachverhalten stets vorrangig heranzuziehen. Das betrifft auch Fallgestaltungen, in denen die Entstehungsvoraussetzungen eines Kennzeichenschutzes nicht vor-

liegen oder ungeklärt sind. Erst durch diese Prüfungsreihenfolge lässt sich ermitteln, ob eine Anwendung außermarkenrechtlicher Bestimmungen mit den Wertungen des Markengesetzes vereinbar ist.

7. Hinsichtlich des verbleibenden Anwendungsbereichs von §§ 3, 4 UWG, 823 Abs. 1, 12 BGB ist danach zu unterscheiden, ob ein markenrechtlicher Schutz bereits dem Grunde nach nicht zu erlangen ist, etwa weil keine kennzeichenmäßige Benutzung oder eine Verwendung außerhalb des geschäftlichen Verkehrs vorliegt, oder ob lediglich einzelne Tatbestandsvoraussetzungen der Verletzungstatbestände nicht erfüllt sind. Im letzteren Fall entfaltet das Markengesetz eine Sperrwirkung, wenn nicht besondere Gesichtspunkte vorliegen, die bei der markenrechtlichen Beurteilung keine Berücksichtigung gefunden haben. Im Rahmen dieser Feststellung sollten Fragen der Anwendbarkeit von solchen der tatbestandlichen Voraussetzungen, etwa der Frage der Unlauterkeit bei § 3 UWG, strenger voneinander getrennt werden.

8. Beziehen sich die außermarkenrechtlichen Vorschriften im konkreten Fall auf vom Markengesetz abweichende Schutzgegenstände, wie beispielsweise vom Markengesetz nicht erfasste Behinderungsaspekte, kommt auch eine parallele Anwendung neben den Bestimmungen des Markengesetzes in Betracht. Eine Anwendbarkeit entfällt aber auch hier, wenn diese im Widerspruch zum Markenrecht steht. Unabhängig davon, ob der Anwendungsbereich des Markengesetzes betroffen ist, sind bei kennzeichenbezogenen Sachverhalten auch im Rahmen der Anwendung von §§ 3, 4 UWG, 823 Abs. 1, 12 BGB stets die Wertungen des Markengesetzes zu berücksichtigen.

B. Ausblick

1. Die Untersuchung der Rechtsprechungsentwicklung zum Verhältnis von markenrechtlichem zu wettbewerbsrechtlichem und bürgerlichrechtlichem Kennzeichenschutz hat ergeben, dass der BGH und die Instanzgerichte von einem Vorrang der markenrechtlichen Bestimmungen ausgehen. Es kann daher von einer gefestigten Rechtsprechung gesprochen werden. Gleichwohl hält sich der BGH einen gewissen Entwicklungsspielraum offen[1242]. Unterschiedliche Ansätze gibt es in Bezug auf die Reichweite einer etwaigen Sperrwirkung der markenrechtlichen Vorschriften. Darüber hinaus wird der Prüfungsvorrang des Markengesetzes nicht stets beachtet. Die Entscheidungen der Rechtsprechung betreffen zwar noch das Verhältnis des Markengesetzes zum früheren UWG. Jedoch ist nicht zu erwarten, dass die vor Einführung des neuen UWG entwickelten Grundsätze vom

1242 Ingerl, WRP 2004, 809, 811.

Vorrang des Markengesetzes wegen der neuen UWG-Tatbestände grundlegend geändert werden.

2. Auch nach der überwiegenden Auffassung in der Literatur sind die außermarkenrechtlichen Vorschriften verdrängt, soweit das Markengesetz tatbestandlich eingreift. Allerdings gibt es nach wie vor gewichtige Gegenstimmen und Differenzierungen hinsichtlich des verbleibenden Anwendungsbereiches außermarkenrechtlicher Vorschriften. Auch unter den Befürwortern eines grundsätzlichen Vorrangs des Markenrechts wird nicht einheitlich von einer Begrenzungsfunktion des Markenrechts ausgegangen. In der bisher zum neuen UWG vorliegenden Literatur wird größtenteils an den bisherigen Auffassungen festgehalten.

3. Hinsichtlich der Reichweite markenrechtlichen Schutzes und der damit zusammenhängenden Frage des Bedürfnisses nach einem ergänzenden außermarkenrechtlichen Schutz wird auch in Zukunft die Rechtsprechung des EuGH zu Art. 5 MarkenRL eine wichtige Rolle spielen[1243].

4. Die Kodifizierung wettbewerbsrechtlichen Kennzeichenschutzes im Beispielstatbestand des § 4 Nr. 7 UWG sowie die kennzeichenbezogenen Regelungen in § 4 Nr. 9 und 10 UWG machen keine Neubewertung des Konkurrenzverhältnisses zwischen Markengesetz und UWG erforderlich. Die größere Konturierung wettbewerbsrechtlicher Tatbestände durch detailliert ausformulierte, nicht abschließende Beispielskataloge in §§ 4-7 UWG rechtfertigt keine uneingeschränkte Anwendbarkeit neben den Vorschriften des Markengesetzes, sondern wirkt sich nur auf das Verhältnis der UWG-Tatbestände untereinander aus. Auch wenn es sich bei den Beispielstatbeständen um „andere Vorschriften" i.S.v. § 2 MarkenG handelt, kommt ihre Anwendung nach der hier vertretenen Auslegung von § 2 MarkenG nur außerhalb des Anwendungsbereichs der §§ 14, 15 MarkenG in Betracht. Die kennzeichenbezogenen Beispielstatbestände in § 4 Nr. 7, 9 und 10 UWG knüpfen an die bisherige Fallgruppen-Rechtsprechung an, ohne dass sich dadurch am Verhältnis zu Vorschriften außerhalb des UWG Grundlegendes ändert. Besonders deutlich wird dies am Beispiel des ergänzenden Leistungsschutzes gemäß § 4 Nr. 9 UWG. Denn ungeachtet der nunmehr ausdrücklichen gesetzlichen Regelung soll nach dem Willen des Gesetzgebers der Grundsatz, wonach ergänzender Leistungsschutz dann nicht gewährt wird, wenn bereits Sonderrechtsschutz besteht, weiterhin Bestand haben. Auch durch den Beispielstatbestand der Herabsetzung und Verunglimpfung von Kennzeichen in § 4 Nr. 7 UWG wird der Vorrang des Markengesetzes nicht beseitigt. Insbesondere darf die grundsätzliche Sperrwirkung der §§ 14 Abs. 2 Nr. 3, 15 Abs. 3 MarkenG hin-

---

1243 Dies zeigen z. B. die Entscheidungen EuGH, MarkenR 1999, 84 ff. – BMW; EuGH, MarkenR 2003, 23 ff. – Robeco/Robelco; EuGH, GRUR 2003, 240 ff. – Davidoff/Gofkid; EuGH, MarkenR 2003, 453 ff. – Adidas.

sichtlich des Schutzes nicht bekannter Kennzeichen gegen Rufausbeutung oder Rufbeeinträchtigung nicht durch § 4 Nr. 7 UWG in Frage gestellt werden. Bei der Frage des verbleibenden Anwendungsbereichs von § 4 Nr. 7 UWG zeigt sich aber auch, dass ungeachtet eines befürworteten Vorrangs des Markengesetzes die Abgrenzung von markenrechtlichem und wettbewerbsrechtlichem Schutz nicht abschließend geklärt ist und auch weiterhin Rechtsprechung und Literatur beschäftigen wird.

Literaturverzeichnis

Althammer, Werner/Ströbele, Paul/Klaka, Rainer: Markengesetz, 5. Auflage, Köln, Berlin [u.a.] 1997 (zitiert: Althammer/Bearbeiter, MarkenG, 5. Aufl.).

Althammer, Werner/Ströbele, Paul/Klaka, Rainer: Markengesetz, 6. Auflage, Köln, Berlin [u.a.] 2000 (zitiert: Althammer/Bearbeiter, MarkenG, 6. Aufl.).

Apel, Jürgen/Große-Ruse, Henning: Markenrecht versus Domainrecht. Ein Plädoyer für die Paradigmen des Markenrechts im Rechtsvergleich, WRP 2000, 816 ff.

Baumbach, Adolf/Hefermehl, Wolfgang: Warenzeichenrecht und Internationales Wettbewerbs- und Zeichenrecht, 12. Auflage, München 1985 (zitiert: Baumbach/Hefermehl, WZG).

Baumbach, Adolf/Hefermehl, Wolfgang: Wettbewerbsrecht, Kommentar, 22. Auflage, München 2001 (zitiert: Baumbach/Hefermehl, Wettbewerbsrecht, 22. Aufl.).

Baumbach, Adolf/Hefermehl, Wolfgang: Wettbewerbsrecht, Kommentar, 23. Auflage, München 2004, kommentiert von Helmut Köhler und Joachim Bornkamm (zitiert: Bearbeiter, in: Baumbach/Hefermehl, Wettbewerbsrecht, 23. Aufl.).

Beater, Axel: Nachahmen im Wettbewerb. Eine rechtsvergleichende Untersuchung zu § 1 UWG, Tübingen 1995.

Beater, Axel: Unlauterer Wettbewerb, München 2002.

Beier, Friedrich-Karl/Kur, Annette: Das Verhältnis von Markenrecht und Recht des unlauteren Wettbewerbs im Wandel der Zeiten, Festschrift für Wolfgang Fikentscher zum 70. Geburtstag, 477 ff., Tübingen 1998.

Berlit, Wolfgang: Das neue Gesetz gegen den unlauteren Wettbewerb: Von den guten Sitten zum unlauteren Verfälschen, WRP 2003, 563 ff.

Berlit, Wolfgang: Das neue Markenrecht, 3. Auflage, München 1999 (zitiert: Berlit, Markenrecht, 3. Aufl.).

Berlit, Wolfgang: Die Verkehrsbekanntheit von Kennzeichen (§§ 9 II Nr. 3, 14 II Nr. 3, 15 III MarkenG), GRUR 2002, 572 ff.

Berlit, Wolfgang: Markenrechtliche und europarechtliche Grenzen des Markenschutzes, GRUR 1998, 423 ff.

Berlit, Wolfgang: Wettbewerbsrecht anhand ausgewählter Rechtsprechung, 4. Auflage, München 2002 (zitiert: Berlit, Wettbewerbsrecht, 4. Aufl.).

Berlit, Wolfgang: Wettbewerbsrecht anhand ausgewählter Rechtsprechung, 5. Auflage, München 2004 (zitiert: Berlit, Wettbewerbsrecht, 5. Aufl.).

Bettinger, Torsten: Anmerkung zu OLG Hamm CR 1998, 241 ff. – krupp.de, CR 1998, 243 f.

Bettinger, Torsten: Kennzeichenrecht im Cyberspace: Der Kampf um die Domain-Namen, GRUR Int. 1997, 402 ff.

Bonn, Volkmar: Anmerkung zu BGH WRP 1994, 495 ff. – Markenverunglimpfung, WRP 1994, 501 ff.

Bonn, Volkmar: Anmerkung zu BGH, GRUR 1990, 711 ff. – Telefonnummer 4711, GRUR 1990, 1050 f.

Bonn, Volkmar: Der Rechtsschutz von Marken mit gesteigerter Verkehrsgeltung, Diss. Trier 1997.

Bork, Reinhard: Kennzeichenschutz im Wandel – Zum Verhältnis des bürgerlichrechtlichen zum wettbewerbsrechtlichen Schutz der berühmten Marke gegen Verwässerungsgefahr, GRUR 1989, 725 ff.

Büren, Roland von/David, Lucas: Schweizerisches Immaterialgüter- und Wettbewerbsrecht, Band 5, Wettbewerbsrecht, Teilband 1, Lauterkeitsrecht, 2. Auflage, Basel, Frankfurt am Main, 1998 (zitiert: Bearbeiter, in: v. Büren/ David, Schweizerisches Immaterialgüter- und Wettbewerbsrecht).

Bürglen, Bernd: Anmerkung zu BGH, GRUR 1994, 808 ff. – Markenverunglimpfung, GRUR 1994, 812 f.

Canaris, Claus-Wilhelm: Die Feststellung von Lücken im Gesetz. Eine methodologische Studie über Voraussetzungen und Grenzen der richterlichen Rechtsfortbildung praeter legem, 2. Auflage, Berlin 1983.

Deutsch, Volker: Anspruchskonkurrenzen im Marken- und Kennzeichenrecht, WRP 2000, 854 ff.

Deutsch, Volker: Der Schutz von Marken und Firmen außerhalb des Wettbewerbsbereichs, Festschrift für Alfred-Carl Gaedertz zum 70. Geburtstag, 99 ff., München 1992.

Deutsch, Volker: Die „Tagesschau"-Urteile des Bundesgerichtshofs, GRUR 2002, 308 ff.

Deutsch, Volker/Mittas, Tatjana: Titelschutz. Der Werktitelschutz nach Markenrecht, München 1999.

Dietz, Rolf: Anspruchskonkurrenz bei Vertragsverletzung und Delikt, Bonn, Köln 1934 (zitiert: Dietz, Anspruchskonkurrenz).

Eichmann, Helmut: Der Schutz von bekannten Kennzeichen, GRUR 1998, 201 ff.

Eikelau, Dieter: Unzulässige wettbewerbsrechtliche Unterlassungsansprüche gegen Markenanmeldungen, MarkenR 2001, 41 ff.

Ekey, Friedrich L./Klippel, Diethelm: Heidelberger Kommentar zum Markenrecht. MarkenG, GMV und Markenrecht ausgewählter ausländischer Staaten, Heidelberg 2003 (zitiert: Bearbeiter, in: HK-MarkenR).

Ekey, Friedrich L./Klippel, Diethelm/Kotthoff, Jost/Meckel, Astrid/Plaß, Gunda: Heidelberger Kommentar zum Wettbewerbsrecht, Heidelberg 2000 (zitiert: Bearbeiter, in: HK-WettbR).

Engisch, Karl: Einführung in das juristische Denken, 9. Auflage, Stuttgart, Berlin, Köln 1997.

Enneccerus, Ludwig/Nipperdey, Hans Carl: Allgemeiner Teil des Bürgerlichen Rechts, Ein Lehrbuch, 15. Auflage, Tübingen 1959 (zitiert: Enneccerus/Nipperdey, BGB AT)

Erdmann, Willi: Die zeitliche Begrenzung des ergänzenden wettbewerbsrechtlichen Leistungsschutzes, Festschrift für Ralf Vieregge zum 70. Geburtstag, 197 ff., Berlin, New York 1995.

Erdmann, Willi: Schwerpunkte der markenrechtlichen Rechtsprechung des Bundesgerichtshofs, GRUR 2001, 609 ff.

Ernst-Moll, Jürgen: Die berühmte und die bekannte Marke, GRUR 1993, 8 ff.

Fezer, Karl-Heinz: Entwicklungslinien und Prinzipien des Markenrechts in Europa. Auf dem Weg zur Marke als einem immaterialgüterrechtlichen Kommunikationszeichen, GRUR 2003, 457 ff.

Fezer, Karl-Heinz: Erste Grundsätze des EuGH zur markenrechtlichen Verwechslungsgefahr – oder: „Wie weit springt die Raubkatze?“, NJW 1998, 713 ff.

Fezer, Karl-Heinz: Kumulative Normenkonkurrenz im Kennzeichenrecht. Ein Beitrag zur autonomen Anwendung des MarkenG, des UWG und des BGB nach § 2 MarkenG, WRP 2000, 863 ff.

Fezer, Karl-Heinz: Lauterkeitsrecht, Kommentar zum Gesetz gegen den unlauteren Wettbewerb (UWG), Band 1: §§ 1-4 UWG, München 2005 (zitiert: Bearbeiter, in: Fezer, Lauterkeitsrecht)

Fezer, Karl-Heinz: Leistungsschutz im Wettbewerbsrecht, WRP 1993, 63 ff.

Fezer, Karl-Heinz: Markenrecht, Kommentar, 3. Auflage, München 2001.

Fezer, Karl-Heinz: Markenschutz durch Wettbewerbsrecht - Anmerkungen zum Schutzumfang des subjektiven Markenrechts -, GRUR 1986, 485 ff.

Fezer, Karl-Heinz: Rechtsverletzende Benutzung einer Marke als Handeln im geschäftlichen Verkehr - Abschied von der markenmäßigen Benutzung im MarkenG -, GRUR 1996, 566 ff.

Fezer, Karl-Heinz: Zum Anwendungsbereich der Kollisionstatbestände des Identitätsschutzes, des Verwechslungsschutzes und des Bekanntheitsschutzes einer Marke, Festschrift für Willi Erdmann zum 65. Geburtstag, 281 ff., Köln, Berlin [u.a.] 2002.

Fikentscher, Wolfgang: Wettbewerb und gewerblicher Rechtsschutz. Die Stellung des Rechts der Wettbewerbsbeschränkungen in der Rechtsordnung, München, Berlin 1958.

Foerstl, Uli: Die Entscheidung „shell.de" – Stärkung von Kennzeichenrechten im Internet? Zugleich Anmerkung zu BGH v. 22.11.2001 – I ZR 138/99, CR 2002, 518 ff.

Gamm, Otto Friedrich Frhr. von: Ergänzender wettbewerbsrechtlicher Kennzeichenschutz, Festschrift zehn Jahre Bundespatentgericht, S. 133 ff., München 1971 (zitiert: v. Gamm, Festschrift Bundespatentgericht).

Gamm, Otto Friedrich Frhr. von: Gesetz gegen den unlauteren Wettbewerb, 3. Auflage, Köln, Berlin [u.a.] 1993 (zitiert: v. Gamm, Wettbewerbsrecht).

Gamm, Otto Friedrich Frhr. von: Rufausnutzung und Beeinträchtigung bekannter Marken und geschäftlicher Bezeichnungen, Festschrift für Henning Piper zum 65. Geburtstag, 537 ff., München 1996.

Gamm, Otto Friedrich Frhr. von: Schwerpunkte des neuen Markenrechts - Referat anlässlich der GRUR-Jahrestagung am 3.6.1994 -, GRUR 1994, 775 ff.

Gamm, Otto Friedrich Frhr. von: Zur Warenzeichenreform, WRP 1993, 793 ff.

Georgiades, Apostolos: Die Anspruchskonkurrenz im Zivilrecht und Zivilprozeßrecht, München 1967 (zitiert: Georgiades, Anspruchskonkurrenz).

Gloy, Wolfgang: Handbuch des Wettbewerbsrechts, 2. Auflage, München 1997 (zitiert: Hdb. WettbR/Bearbeiter).

Gloy, Wolfgang: Notwendigkeit und Grenzen der Harmonisierung des Warenzeichenrechts in der Europäischen Gemeinschaft, Festschrift für Otto-Friedrich Frhr. von Gamm, 257 ff., Köln, Berlin [u.a.] 1990.

Gloy, Wolfgang: Zum Schutzumfang von Marken nach dem neuen Markengesetz. Festschrift für Heinz Rowedder zum 75. Geburtstag, 77 ff., München 1994.

Götte, Bertold: Die Schutzdauer im wettbewerbsrechtlichen Leistungsschutz, Diss. Baden-Baden 2000.

Goldmann, Michael: Der Schutz des Unternehmenskennzeichens. Schutzfähigkeit und Schutzumfang des Rechts an der Unternehmensbezeichnung im neuen Markengesetz, Köln, Berlin [u.a.] 2000 (zitiert: Goldmann, Schutz des Unternehmenskennzeichens).

Grunewald, Barbara: Der Schutz bekannter Marken vor dem Vertrieb branchenfremder Waren unter Benutzung übereinstimmender Zeichen, NJW 1987, 105 ff.

Harte-Bavendamm, Henning/Henning-Bodewig, Frauke: Gesetz gegen den unlauteren Wettbewerb (UWG), München 2004 (zitiert Bearbeiter, in: Harte-Bavendamm/Henning-Bodewig, UWG)

Hauck, Felix/Fischoeder, Sebastian: Gattungsmäßige Benutzung von Kennzeichen in den Medien – Rechte des Kennzeicheninhabers, GRUR 2004, 185 ff.

Heermann, Peter W.: Die Erheblichkeitsschwelle i. S. des § 3 UWG-E, GRUR 2004, 94 ff.

Heermann, Peter W.: Rechtlicher Schutz von Slogans. Werbesprüche im Spannungsfeld von Urheberrecht, Markenrecht und ergänzendem wettbewerbsrechtlichen Leistungsschutz, WRP 2004, 263 ff.

Hefermehl, Wolfgang: Anmerkung zu BGH GRUR 1968, 371 ff. – Maggi, GRUR 1968, 378 ff.

Heinrich, Michael: Der kennzeichenrechtliche Schutz von Internet Domains, MarkenR 2003, 89 ff.

Helm, Johann Georg: Haftung für Schäden an Frachtgütern. Studien zur Schadensersatzpflicht aus Frachtgütern und zur Konkurrenz vertraglicher und außervertraglicher Ersatzansprüche, Karlsruhe 1966.

Helm, Marianne: Zur ergänzenden Anwendung wettbewerbsrechtlicher Bestimmungen auf markenrechtliche Tatbestände, GRUR 2001, 291 ff.

Henning-Bodewig, Frauke: Das neue Gesetz gegen den unlauteren Wettbewerb, GRUR 2004, 713 ff.

Hösch, Ulrich: Der Schutz von „Image" als unternehmerische Leistung im UWG und seine Grenzen durch Art. 30 EGV und den freien Wettbewerb, WRP 1994, 796 ff.

Hösch, Ulrich: Grundlagen des Wettbewerbsrechts, Stuttgart 1996.

Hotz, Andreas: Die rechtsverletzende Markenbenutzung in der neueren Rechtsprechung von EuGH und BGH, GRUR 2003, 993 ff.

Hübner, Heinz: Allgemeiner Teil des Bürgerlichen Gesetzbuches, 2. Auflage, Berlin 1996 (zitiert: Hübner, BGB AT).

Ilzhöfer, Volker: Patent-, Marken- und Urheberrecht. Leitfaden für Ausbildung und Praxis, 5. Auflage, München 2002.

Ingerl, Reinhard: Der wettbewerbsrechtliche Kennzeichenschutz und sein Verhältnis zum MarkenG in der neueren Rechtsprechung des BGH und in der UWG-Reform, WRP 2004, 809 ff.

Ingerl, Reinhard/Rohnke, Christian: Die Umsetzung der Markenrechts-Richtlinie durch das deutsche Markengesetz, NJW 1994, 1247 ff.

Ingerl, Reinhard/Rohnke, Christian: Markengesetz – Gesetz über den Schutz von Marken und sonstigen Kennzeichen, München 1998 (zitiert: Ingerl/Rohnke, MarkenG, 1. Aufl.).

Ingerl, Reinhard/Rohnke, Christian: Markengesetz, – Gesetz über den Schutz von Marken und sonstigen Kennzeichen, 2. Auflage, München 2003 (zitiert: Ingerl/Rohnke, MarkenG, 2. Aufl.).

Ingerl, Reinhard: Rechtsverletzende und rechtserhaltende Benutzung im Markenrecht, WRP 2002, 861 ff.

Jauernig, Othmar: Bürgerliches Gesetzbuch, 10. Auflage, München 2003 (zitiert: Jauernig/Bearbeiter, BGB).

Joller, Gallus: Zur Verletzung von Markenrechten durch Domainnames – eine Standortbestimmung, MarkenR 2000, 341 ff.

Jordan, Götz: Markenanmeldung zu Spekulationszwecken, Festschrift für Horst Helm zum 65. Geburtstag, 187 ff., München 2002.

Keller, Erhard: Der Schutz eingetragener Marken gegen Rufausnutzung: nach deutschem und europäischen Recht, zugleich Diss. Baden-Baden 1994 (zitiert: Keller, Schutz eingetragener Marken).

Keller, Erhard: Die zeichenmäßige Benutzung im Markenrecht - Umfang und Grenzen der markenrechtlichen Abwehrbefugnis -, GRUR 1996, 607 ff.

Kiethe, Kurt/Krauß, Oliver: Die Verwechslungsgefahr nach dem Markengesetz – Verstärkter Rechtsschutz durch legislative Begriffserweiterung, WRP 1996, 495 ff.

Klein, Andreas: Konkurrenz und Auslegung: der deliktsrechtliche Gehalt vertragsrechtlicher Normen, Diss. Berlin 1997.

Klippel, Diethelm: Grundfragen des Schutzes gewerblicher Kennzeichen gegen Verwässerungsgefahr, GRUR 1986, 697 ff.

Knaak, Roland: Der Schutz von Name, Firma und Geschäftsbezeichnungen, Festschrift zum hundertjährigen Bestehen der Deutschen Vereinigung für gewerblichen Rechtsschutz und Urheberrecht und ihrer Zeitschrift, Band II, S. 971 ff., Weinheim 1991 (zitiert: Knaak, Festschrift GRUR).

Knaak, Roland: Zur Einbeziehung des Schutzes der Unternehmenskennzeichen in das neue Markengesetz, Festgabe für Friedrich-Karl Beier zum 70. Geburtstag, 243 ff., Köln, Berlin [u.a.] 1996.

Knetsch, Alfred: Das Verhältnis von Vertrags- und Deliktsrecht. Eine Darstellung der französischen Doktrin zum Prinzip des „non-cumul“ mit einem kritischen Ausblick auf das deutsche Recht, Köln 1975.

Knies, Volker: Der wettbewerbsrechtliche Leistungsschutz – eine unzulässige Rechtsfortbildung? Diss. Hamburg 1996.

Köhler, Helmut: Das neue UWG, NJW 2004, 2121 ff.

Köhler, Helmut/Piper, Henning: Gesetz gegen den unlauteren Wettbewerb, Kommentar, 3. Auflage, München 2002 (zitiert: Köhler/Piper, UWG).

Körner, Eberhard: Der Schutzumfang des Markenrechts als absolutem Recht mit Zuordnungsfunktion, Festschrift für Willi Erdmann zum 65. Geburtstag, 343 ff., Köln, Berlin [u.a.] 2002.

Körner, Marita: Gleichnamigkeitskonflikte bei Internet-Domain-Namen – Die „shell.de"-Entscheidung des BGH, NJW 2002, 3442 ff.

Kraft, Alfons: Die Entwicklung des Warenzeichenrechts als Teil des allgemeinen Wettbewerbsrechts, Festschrift zum hundertjährigen Bestehen der Deutschen Vereinigung für gewerblichen Rechtsschutz und Urheberrecht und ihrer Zeitschrift, Band II, S. 729 ff., Weinheim 1991 (zitiert: Kraft, Festschrift GRUR).

Kraft, Alfons: Zum Erfordernis eines verstärkten gesetzlichen Schutzes der Marke, GRUR 1989, 79 ff.

Kretschmer, Friedrich: Aktuelle Berichte – April 2003, GRUR 2003, 296 f.

Krings, E. Ph.: Haben §§ 14 Abs. 2 Nr. 3 und 15 Abs. 3 MarkenG den Schutz der berühmten Marke sowie des berühmten Unternehmenskennzeichens aus §§ 12, 823 Abs. 1, 1004 BGB ersetzt? GRUR 1996, 624 ff.

Kroitzsch, Hermann: Rufausbeutung und § 1 UWG-Lizenz, GRUR 1986, 579 ff.

Kunz-Hallstein, Hans Peter: Die Funktion der Marke nach europäischem und künftigem deutschen Markenrecht, Festschrift 100 Jahre Marken-Amt, 147 ff., München 1994 (zitiert: Kunz-Hallstein, Festschrift DPMA).

Kunz-Hallstein, Hans Peter: Europäisierung und Modernisierung des deutschen Warenzeichenrechts. Fragen einer Anpassung des deutschen Markenrechts an die EG Markenrichtlinie, GRUR Int. 1990, 747 ff.

Kur, Annette: Ansätze zur Harmonisierung des Lauterkeitsrechts im Bereich des wettbewerbsrechtlichen Leistungsschutzes, GRUR Int. 1998, 771 ff.

Kur, Annette: Der wettbewerbsrechtliche Leistungsschutz. Gedanken zum wettbewerbrechtlichen Schutz von Formgebungen, bekannten Marken und „Characters", GRUR 1990, 1 ff.

Kur, Annette: Die Harmonisierung der europäischen Markengesetze. Resultate – offene Fragen – Harmonisierungslücken, GRUR 1997, 241 ff.

Kur, Annette: Die Schnittstellen zwischen Marken- und Wettbewerbsrecht bei nationalen und bei Gemeinschaftsmarken, MarkenR 2001, 137 ff.

Kur, Annette: Einführung in: Die Neuordnung des Markenrechts in Europa. Herausgegeben von Gerhard Schricker/Eva-Marina Bastian/Florian Albert, Baden-Baden 1998.

Lange, Paul: Das System des Markenschutzes in der Rechtsprechung des EuGH – Versuch einer Interpretation -, WRP 2003, 323 ff.

Larenz, Karl/Wolf, Manfred: Allgemeiner Teil des Bürgerlichen Rechts, 8. Auflage, München 1997 (zitiert: Larenz/Wolf, BGB AT).

Larenz, Karl/Canaris, Claus-Wilhelm: Methodenlehre der Rechtswissenschaft, 3. Auflage, Berlin, Heidelberg, New York 1995 (zitiert: Larenz/Canaris, Methodenlehre).

Lehmann, Michael: Der Schutz der geschäftlichen Bezeichnungen im neuen Markengesetz, Festgabe für Friedrich-Karl Beier zum 70. Geburtstag, 279 ff., Köln, Berlin [u.a.] 1996.

Lehmann, Michael: Die wettbewerbswidrige Ausnutzung und Beeinträchtigung des guten Rufs bekannter Marken, Namen und Herkunftsangaben. Die Rechtslage in der Bundesrepublik Deutschland, GRUR Int. 1986, 6 ff.

Liebs, Detlef: Lateinische Rechtsregeln und Rechtssprichwörter, 6. Auflage, München 1997.

Linstow von, Bernhard: Die Verwendung fremder Zeichen zur Bezeichnung fremder Waren. Ein Beitrag zum markenmäßigen Gebrauch, WRP 2000, 955 ff.

Linstow von, Bernhard: Ist die Offensivmarke ein absolutes Schutzhindernis? Fragen zu § 50 Absatz 1 Nr. 4 MarkenG, MarkenR 1999, 81 ff.

Loewenheim, Ulrich: Die berühmte Marke im europäischen Spannungsfeld, MA 1991, 238 ff.

Marinos, Michael-Theodoros: Die „sittenwidrige Annäherung" an fremde Kennzeichen, Diss. München 1983.

Mees, Hans-Kurt: Verbandsklagebefugnis in Fällen des ergänzenden wettbewerbsrechtlichen Leistungsschutzes, WRP 1999, 62 ff.

Meessen, Karl M.: Die bösgläubige Markenanmeldung aus verfassungsrechtlicher Sicht, GRUR 2003, 672 ff.

Meister, Herbert E.: Die Verteidigung von Marken. Eine Skizze zum neuen Recht, WRP 1995, 366 ff.

Mergel, Harald: Die Rufausnutzung als Unlauterkeitstatbestand in der neueren Rechtsprechung des BGH – der wettbewerbsrechtlich verankerte Schutz „bekannter" und „exklusiver" Marken ein gangbarer Weg? GRUR 1986, 646 ff.

Mettang, Uwe: Unlautere Rufausnutzung durch Konkurrenten und Branchenfremde – der Bundesgerichtshof auf Abwegen? GRUR 1987, 149 ff.

Moench, Christoph: Die Bedeutung der Meinungsfreiheit bei Eingriffen in geschützte Rechtspositionen, NJW 1984, 2920 ff.

Möhring, Philipp/Nicolini, Käte: Urheberrechtsgesetz, Kommentar, 2. Auflage, München 2000.

Mühlendahl, Alexander von: Zum Schutz bekannter Marken im europäischen Markenrecht. Die Davidoff-Vorlage des Bundesgerichtshofs (Rs. C-292/2000), Festschrift für Willi Erdmann zum 65. Geburtstag, 425 ff., Köln, Berlin [u.a.] 2002.

Münchener Kommentar: Münchener Kommentar zum Bürgerlichen Gesetzbuch. Band 1, Allgemeiner Teil, §§ 1-240, 3. Auflage, München 1993 (zitiert: MünchKomm/Bearbeiter, BGB, 3. Aufl.).

Münchener Kommentar: Münchener Kommentar zum Bürgerlichen Gesetzbuch. Band 1, Allgemeiner Teil, §§ 1-240, 4. Auflage, München 2001 (zitiert: MünchKomm/Bearbeiter, BGB, 4. Aufl.).

Münchener Kommentar: Münchener Kommentar zum Bürgerlichen Gesetzbuch. Band 5, Schuldrecht, Besonderer Teil III, §§ 705-853, 4. Auflage, München 2004 (zitiert: MünchKomm/Bearbeiter, BGB, 4. Aufl.).

Nägele, Thomas: Die Benutzung fremder Marken im Rahmen von Werbevergleichen, MarkenR 1999, 177 ff.

Nägele, Thomas: Die Rechtsprechung des Bundesgerichtshofs zu Internet-Domains, WRP 2002, 138 ff.

Nägele, Thomas: Die rechtsverletzende Benutzung im Markenrecht, Diss. Baden-Baden 1999.

Nirk, Rudolf: Zur Rechtsfigur des wettbewerbrechtlichen Leistungsschutzes, GRUR 1993, 247 ff.

Nordemann, Wilhelm: Wettbewerbs- und Markenrecht, 9. Auflage, Baden-Baden 2002.

Palandt, Otto: Bürgerliches Gesetzbuch, Kommentar, 63. Auflage, München 2004 (zitiert: Palandt/Bearbeiter, BGB).

Pastor, Wilhelm L.: Wettbewerbs- und Warenzeichenrecht, 3. Band. Das wettbewerbsrechtliche Unterlassungs- und Schadensersatzrecht. Systematische Darstellung für die Praxis. 4. Auflage, Köln, Berlin [u.a.] 1971.

Piper, Henning: Der Schutz der bekannten Marke, GRUR 1996, 429 ff.

Piper, Henning: Zu den Anforderungen an den Schutz der bekannten Gemeinschaftsmarke nach der Gemeinschaftsmarkenverordnung, GRUR 1996, 657 ff.

Pluta, J.: Der ergänzende wettbewerbsrechtliche Kennzeichenschutz mit Blick auf die Rechtslage in England, USA, Frankreich und Italien, Diss. München 1977 (zitiert: Pluta, Der ergänzende wettbewerbsrechtliche Kennzeichenschutz).

Reimer, Dietrich: Das Recht des unlauteren Wettbewerbs in den Mitgliedstaaten der Europäischen Wirtschaftsgemeinschaft, Band 3, Köln 1968.

Remmertz, Frank René: Schutz von bekannten Marken bei Produktähnlichkeit, MarkenR 2000, 242 ff.

RGRK: Das Bürgerliche Gesetzbuch mit besonderer Berücksichtigung der Rechtsprechung des Reichsgerichts und des Bundesgerichtshofs, Kommentar, Band 2, 5. Teil, §§ 812-831, 12. Auflage, Berlin, New York 1989 (zitiert: RGRK/Bearbeiter, BGB).

Röhl, Klaus F.: Allgemeine Rechtslehre, Köln, Berlin [u.a.] 1995.

Rößler, Bernd: Die Ausnutzung der Wertschätzung bekannter Marken im neuen Markenrecht, GRUR 1994, 559 ff.

Rüthers, Bernd: Rechtstheorie. Begriff, Geltung und Anwendung des Rechts, München 1999.

Sack, Rolf: Anmerkung zu LG München, GRUR 1995, 883 f. – Microshell, GRUR 1995, 883.

Sack, Rolf: Auswirkungen der Art. 30, 36 und 59 ff. EG-Vertrag auf das Recht gegen den unlauteren Wettbewerb, GRUR 1998, 871 ff.

Sack, Rolf: Bewegliche Systeme im Wettbewerbs- und Warenzeichenrecht, in: Das Bewegliche System im geltenden und künftigen Recht, 12 ff., Wien, New York 1986.

Sack, Rolf: Die lückenfüllende Funktion der Sittenwidrigkeitsklauseln, WRP 1985, 1 ff.

Sack, Rolf: Die Verletzung abstrakter Farbmarken, WRP 2001, 1022 ff.

Sack, Rolf: Die wettbewerbsrechtliche Klagebefugnis des „unmittelbar Verletzten“ nach der Neufassung des § 13 Abs. 2 Nr. 1 UWG, BB 1995, 1 ff.

Sack, Rolf: „Doppelidentität“ und „gedankliches Inverbindungbringen“ im neuen deutschen und europäischen Markenrecht, GRUR 1996, 663 ff.

Sack, Rolf: Markenschutz und UWG, WRP 2004, 1405 ff.

Sack, Rolf: Probleme des Markenschutzes im Ähnlichkeitsbereich, WRP 1998, 1127 ff.

Sack, Rolf: Sonderschutz bekannter Marken, GRUR 1995, 81 ff.

Sack, Rolf: Sonderschutz bekannter Marken de lege ferenda, BB 1993, 869 ff.

Sambuc, Thomas: Der UWG-Nachahmungsschutz, München 1996.

Sambuc, Thomas: Rufausbeutung bei fehlender Warengleichartigkeit? GRUR 1983, 533 ff.

Schaeffer, Michael: Ausnutzung von bekannten Kennzeichen durch Branchenfremde, GRUR 1988, 509 ff.

Schlechtriem, Peter H.: Vertragsordnung und außervertragliche Haftung. Eine rechtsvergleichende Untersuchung zur Konkurrenz von Ansprüchen aus Vertrag und Delikt im französischen, amerikanischen und deutschen Recht, Frankfurt am Main, 1972.

Schmieder, Hans-Heinrich: Erste Erfahrungen mit dem neuen Markengesetz, NJW 1997, 2908 ff.

Schmieder, Hans-Heinrich: Neues deutsches Markenrecht nach europäischem Standard, NJW 1994, 1241 ff.

Schricker, Gerhard: Der Schutz des Werktitels im neuen Kennzeichenrecht, Festschrift für Ralf Vieregge zum 70. Geburtstag, S. 775 ff., Berlin, New York 1995.

Schricker, Gerhard/Henning-Bodewig, Frauke: Elemente einer Harmonisierung des Rechts des unlauteren Wettbewerbs in der Europäischen Union, WRP 2001, 1367 ff.

Schricker, Gerhard: Urheberrecht, Kommentar, 2. Auflage, München 1999.

Schroeter, Alfred: Ausstattungsanwartschaft und wettbewerbsrechtlicher Schutz von Kennzeichen. Zum „halazon"-Urteil des Bundesgerichtshofs, WRP 1968, 435 ff.

Schroeter, Alfred: Zur unlauteren Annäherung an fremde Kennzeichnungen, WRP 1968, 125 ff.

Schünemann, Wolfgang B.: „Unlauterkeit" in den Generalklauseln und Interessenabwägung nach neuem UWG, WRP 2004, 925 ff.

Schulte-Beckhausen, Thomas: Das Verhältnis des § 1 UWG zu den gewerblichen Schutzrechten und zum Urheberrecht, Diss. Bonn 1993/94.

Schultz, Detlef von: Markenrecht, Kommentar, Heidelberg 2002.

Schultz, Detlef von: Wohin geht das berühmte Kennzeichen? GRUR 1994, 85 ff.

Schultz, Detlef von: Zu den Privilegierungstatbeständen des § 23 MarkenG, GRUR 1997, 408 ff.

Schulz, Andreas: Grenzlinien zwischen Markenrecht und wettbewerbsrechtlichem Leistungsschutz, Festschrift für Horst Helm zum 65. Geburtstag, 237 ff., München 2002.

Schwark, Eberhard: Kaufvertragliche Mängelhaftung und deliktsrechtliche Ansprüche, AcP 179 (1979), 57 ff.

Soergel, Theodor Hans: Bürgerliches Gesetzbuch. Band 1, Allgemeiner Teil, §§ 1-240, 12. Auflage, Stuttgart, Berlin, Köln, Mainz 1988 (zitiert: Soergel/Bearbeiter, BGB, 12. Aufl.).

Soergel, Theodor Hans: Bürgerliches Gesetzbuch. Band 1, Allgemeiner Teil 1, §§ 1-103, 13. Auflage, Stuttgart, Berlin, Köln, Mainz 2000 (zitiert: Soergel/Bearbeiter, BGB, 13. Aufl.).

Soergel, Theodor Hans: Bürgerliches Gesetzbuch. Band 5/2, Schuldrecht IV/2, §§ 823-853, 12. Auflage, Stuttgart, Berlin, Köln 1998 (zitiert: Soergel/Bearbeiter, BGB, 12. Aufl.).

Sosnitza, Olaf: Aktuelle Probleme im europäischen und deutschen Markenrecht – Zugleich Besprechung von Ströbele/Hacker, Markengesetz, 7. Auflage 2003 –, WRP 2003, 1186 ff.

Sosnitza, Olaf: Konvergenz und Interferenz der Schutzrechte. Überlegungen zu Konkurrenzen und Vorrangregeln bei Konfliktlagen im Immaterialgüterrecht, Festschrift für Winfried Tilmann zum 65. Geburtstag, 895 ff., München 2003.

Sosnitza, Olaf: Subjektives Recht und Ausschließlichkeit. Zugleich ein Beitrag zur dogmatischer Einordnung geographischer Herkunftsangaben, MarkenR 2000, 77 ff.

Speckmann, Gerhard: Wettbewerbsrecht: UWG – Markenrechtsverletzung – Wettbewerbsverfahrensrecht, 3. Auflage, Köln, Berlin [u.a.] 2000.

Spengler: Gesetzesüberschneidungen im gewerblichen Rechtsschutz. Wechselbeziehungen zwischen allgemeinem Wettbewerbsrecht und den Sondergesetzen des gewerblichen Rechtsschutzes, GRUR 1950, 545 ff.

Starck, Joachim: Bemerkungen zum Regelungsumfang von § 2 MarkenG, Festschrift für Willi Erdmann zum 65. Geburtstag, 485 ff., Köln, Berlin [u.a.] 2002.

Starck, Joachim: Die Auswirkungen des Markengesetzes auf das Gesetz gegen den unlauteren Wettbewerb, DZWir 1996, 313 ff.

Starck, Joachim: Markenschutz – Bemerkungen zum Schutz gegen Rufausnutzung und Rufbeeinträchtigung, MarkenR 2000, 73 ff.

Starck, Joachim: Zur Vereinheitlichung des Rechts der Kennzeichen im geschäftlichen Verkehr durch das neue Markengesetz, Festschrift 100 Jahre Markenamt, 291 ff., München 1994 (zitiert: Festschrift DPMA).

Staudinger, Julius von: Kommentar zum Bürgerlichen Gesetzbuch. Erstes Buch, Allgemeiner Teil, §§ 1-12, 13. Bearbeitung, Berlin 1995. Zweites Buch,

Recht der Schuldverhältnisse, §§ 823-825, 13. Bearbeitung, Berlin 1999 (zitiert: Staudinger/Bearbeiter, BGB).

Stein, Sara: Schutz von Name und Kennzeichen gegen eine Verwendung als Domain-Name durch Dritte, Diss. Frankfurt am Main 2002.

Ströbele, Paul/Hacker, Franz: Markengesetz, Kommentar, 7. Auflage, Köln, Berlin [u.a.] 2003 (zitiert: Ströbele/Hacker, MarkenG, 7. Aufl.).

Teplitzky, Otto: Wettbewerbsrechtliche Ansprüche und Verfahren. Unterlassung – Beseitigung – Schadensersatz. Anspruchsdurchsetzung und Anspruchsabwehr, 8. Auflage, Köln, Berlin [u.a.] 2002 (zitiert: Teplitzky, Wettbewerbsrechtliche Ansprüche).

Tilmann, Winfried: Anmerkung zu BGH GRUR 1985, 550 ff. – DIMPLE, GRUR 1985, 553 ff.

Tilmann, Winfried: Grundlage und Reichweite des Handelsnamensrechts, GRUR 1981, 621 ff.

Tilmann, Winfried: Zeichenbenutzung und Zeichenverletzung, GRUR 1968, 619 ff.

Traub, Fritz: Der Anwendungsbereich des § 25 UWG, WRP 2000, 1046 ff.

Traub, Fritz: Zur Ausweitung des Investitionsschutzes durch Immaterialgüterrechte im europäischen Bereich: Gibt es Auswirkungen dieser Tendenz bei dem ergänzenden wettbewerbsrechtlichen Leistungsschutz? Festschrift für Alfred Söllner zum 70. Geburtstag, 1213 ff., München 2000.

Troller, Alois: Immaterialgüterrecht, Band 1, 3. Auflage, Basel, Frankfurt am Main 1985.

Ubber, Thomas: Markenrecht im Internet, Heidelberg 2003.

Ulmer, Eugen: Warenzeichen und unlauterer Wettbewerb in ihrer Fortbildung durch die Rechtsprechung, Berlin, 1929.

Ulmer, Peter: Wettbewerbsrechtliche Schranken für die Händlerwerbung mit bekannten Herstellermarken? – Zur Rufausbeutung von Markenartikeln und zur Minderung ihres Werbewerts durch Lockvogelstrategien von Handelsunternehmen -, WRP 1987, 299 ff.

Varadinek, Brigitta: Trefferlisten von Suchmaschinen im Internet als Werbeplatz für Wettbewerber - Zugleich ein Beitrag zum Erfordernis des kennzeichenmäßigen Gebrauchs nach neuem Markenrecht -, GRUR 2000, 279 ff.

Vierheilig, Wilfried: Sittenwidrige Annäherung an fremde Kennzeichen, GRUR 1977, 704 ff.

Walch, Dieter Erich: Ergänzender Leistungsschutz nach § 1 UWG. „Ersatz-Ausschließlichkeitsrechte" bei Computerprogrammen und ästhetischen Schöpfungen, zugleich Diss., Köln, Berlin [u.a.] 1992 (zitiert: Walch: Ergänzender Leistungsschutz).

Weberndörfer, Jörg: Die maßgebliche Bedeutung des gerechtfertigten Schutzumfangs der älteren Marke für die Ausfüllung des Abgrenzungskriteriums „Verwechslungsgefahr", MarkenR 2001, 436 ff.

Weberndörfer, Jörg: Rechtsvergleich Deutschland – Vereinigtes Königreich: Auswirkungen der Umsetzung der EG-Markenrichtlinie auf den erweiterten Schutz „bekannter" Marken, Diss. Berlin 1997 (zitiert: Weberndörfer, Auswirkungen der Umsetzung der EG-Markenrichtlinie).

Weidert, Stefan/Lührig, Nicolas: Was hat Vossius, was Shell nicht hat und umgekehrt. Anmerkung zu den Urteilen des BGH „shell.de" (WRP 2002, 694) und „vossius.de" (WRP 2002, 691), WRP 2002, 880 ff.

Würtenberger, Gert: Waren als Marken. Die Eintragungspraxis des DPMA und die Rechtsprechung des BPatG im Lichte der Rechtsprechung des EuGH, GRUR 2003, 912 ff.

Wüstenberg, Dirk: Das Namensrecht der Domainnamen, GRUR 2003, 109 ff.

Rechtsprechungsverzeichnis

Fallname	**Gericht**	**Fundstelle**
Abkürzung ACC	OLG Frankfurt a. M.	GRUR 2000, 1066
Abschlußstück	BGH	BGHZ 153, 131; GRUR 2003, 332; WRP 2003, 521; NJW 2003, 1669
Adidas	EuGH	GRUR Int. 2000, 163; MarkenR 2003, 453
AjS-Schriftenreihe	BGH	GRUR 1992, 329; WRP 1990, 613
alcon.de	OLG Frankfurt a. M.	WRP 2000, 772; CR 2000, 698
Alex/live vom Alex	KG	WRP 2001, 551; MarkenR 2001, 173
Alf	BGH	GRUR 1992, 697
Alles wird Teurer	KG	GRUR 1997, 295; WRP 1997, 85
Analgin	BGH	GRUR 1998, 412; WRP 1998, 373
AntiVir/Antivirus	BGH	GRUR 2003, 963, 964
Apollinaris-Brunnen	RG	RGZ 3, 67
ARD-1	BGH	GRUR 2000, 608; WRP 2000, 529; MarkenR 2000, 134
Arsenal FC	EuGH	GRUR 2003, 55; WRP 2002, 1415
ASTRA/ESTRA-PUREN	BGH	GRUR 2002, 342; WRP 2002, 326
Avon	BGH	BGHZ 114, 105; GRUR 1991, 863; WRP 1991, 568; NJW 1991, 3218
based on STEINWAY	OLG Hamburg	GRUR 2001, 749

Fallname	Gericht	Fundstelle
BiC Cristal	OLG Frankfurt a. M.	GRUR 1999, 593; WRP 1999, 551
BIG	BGH	GRUR 2002, 542
BIG BERTHA	BGH	GRUR 2003, 428; WRP 2003, 647
Big Pack	OLG München	WRP 1996, 1052
BIG PACK	BGH	GRUR 1999, 992; WRP 1999, 931; MarkenR 1999, 288
Bit/Bud	BGH	GRUR 2002, 167; WRP 2001, 1320; MarkenR 2001, 465
BMW	OLG Frankfurt a. M.	NJW 1985, 1649
BMW	BGH	BGHZ 98, 94; GRUR 1986, 759; WRP 1986, 669; NJW 1986, 2951
BMW	EuGH	GRUR Int. 1999, 438; WRP 1999, 407; MarkenR 1999, 84
BOSS	OLG Köln	WRP 1998, 1104
Bristol-Myers Squibb/Paranova	EuGH	GRUR Int. 1996, 1144; WRP 1996, 880
buecherde.com	OLG München	GRUR 2000, 518
CABINET	OLG Hamburg	GRUR 1999, 172
Camel Tours	BGH	GRUR 1987, 711; WRP 1987, 667
Cassis de Dijon	EuGH	GRUR Int. 1979, 468
Centra	BGH	GRUR 1966, 38; NJW 1965; 1856
Classe E	BGH	GRUR 2001, 242; WRP 2001, 160
coffeinfrei	BGH	GRUR 1963, 423
COLORBOY	BGH	GRUR 1976, 353; WRP 1975, 731
Columbus	BGH	BGHZ 120, 103; GRUR 1993, 404; WRP 1993, 175

Fallname	Gericht	Fundstelle
COTTON LINE	BGH	GRUR 1996, 68; WRP 1997, 446
Dämmstoffplatten	OLG Köln	GRUR-RR 2001, 26
Datenzentrale	BGH	GRUR 1977, 503; WRP 1977, 180
Davidoff	BGH	GRUR 2000, 875; WRP 2000, 1142
Davidoff II	BGH	GRUR 2004, 235; WRP 2004, 360; NJW 2004, 600
Davidoff/Gofkid	EuGH	GRUR 2003, 240
DB Immobilienfonds	BGH	BGHZ 145, 279; GRUR 2001, 344; WRP 2001, 273; MarkenR 2001, 54
DIMPLE	BGH	BGHZ 93, 96; GRUR 1985, 550; WRP 1985, 399; NJW 1986, 379
Dringlichkeits-vermutung	OLG Stuttgart	WRP 1997, 118
duplo	OLG Hamburg	GRUR-RR 2003, 367
Elektronische Presse-archive	BGH	GRUR 1999, 325; WRP 1999, 417
Elli Graffione SNC/Ditta Fransa	EuGH	GRUR Int. 1997, 546
epson.de	LG Düsseldorf	GRUR 1998, 159; CR 1998, 165
EQUI 2000	BGH	GRUR 2000, 1032; WRP 2000, 1293; MarkenR 2000, 367
EVIAN/REVIAN	BGH	GRUR 2001, 507; WRP 2001, 694; MarkenR 2001, 204
EXES	OLG Düsseldorf	GRUR-RR 2003, 80
Fabergé	BGH	GRUR 2002, 340; WRP 2002, 330

Fallname	Gericht	Fundstelle
FACTS	BGH	GRUR 2000, 504; WRP 2000, 533; MarkenR 2000, 172
Fernsprechnummer	BGH	BGHZ 8, 387; GRUR 1953, 290; NJW 1953, 900
Festspielhaus	BGH	GRUR 2002, 814; WRP 2002, 987
feuerfest I	BGH	GRUR 1968, 419
Finnischer Schmuck	BGH	GRUR 1991, 223
FLEX	OLG Köln	GRUR-RR 2002, 321
FOCUS	LG Köln	WRP 1998, 917
Focus	OLG Köln	GRUR-RR 2002, 130
FRÜHSTÜCKS-DRINK I	BGH	GRUR 2002, 809; WRP 2002, 982
FRÜHSTÜCKS-DRINK II	BGH	GRUR 2002, 812; WRP 2002, 985
FTOS	BGH	GRUR 1997, 902; WRP 1997, 1181; NJW 1997, 3315
Für Kinder	OLG Hamburg	GRUR 1996, 982
FUNNY PAPER	BGH	GRUR 1995, 697; WRP 1995, 815; NJW 1996, 122
Gezuckerte Kondens-milch	OLG Hamburg	GRUR-RR 2003, 307
grau/magenta	BGH	GRUR 1997, 754; WRP 1997, 748; NJW 1997, 2379
Gründerbildnis	BGH	BGHZ 36, 252; GRUR 1962, 310; WRP 1962, 331; NJW 1962, 1103
Grundcommerz	BGH	GRUR 1988, 635; WRP 1988, 440
halazon	BGH	GRUR 1969, 190
Handtuchspender	BGH	BGHZ 100, 51; GRUR 1987, 438; NJW 1987, 2016

Fallname	Gericht	Fundstelle
HDI	OLG Hamburg	GRUR-RR 2002, 190; WRP 2002, 735
Hölterhoff	EuGH	GRUR 2002, 692; WRP 2002, 664; MarkenR 2002, 189
Jetzt red'i	OLG München	ZUM 1985, 105
John Player	OLG München	GRUR Int. 1981, 180
Kabelbinderkopf	OLG Frankfurt a.M.	GRUR 1999, 591
karo-as	BGH	GRUR 1957, 281; WRP 1957, 180
Kfz-Modell-bezeichnungen	OLG Köln	WRP 2001, 964
Klettverschluss	BGH	GRUR 1990, 274
Konservenzeichen I	BGH	GRUR 1966, 30
Kräutermeister	BGH	GRUR 1981, 142
krupp.de	OLG Hamm	CR 1998, 241; NJW-RR 1998, 909
KSB	BGH	GRUR 1976, 379; WRP 1976, 102
Kupferberg	BGH	GRUR 1966, 623; WRP 1966, 30; NJW 1966, 343
Les-Paul-Gitarren	OLG Hamburg	WRP 1996, 572
Les-Paul-Gitarren	BGH	BGHZ 138, 143; GRUR 1998, 830; WRP 1998, 732; NJW 1998, 3773
LILA	BGH	BGHZ 75, 7; GRUR 1979, 853; WRP 1979, 780; NJW 1979, 2400
lotto-privat.de	OLG Köln	WRP 2002, 244
Lusthansa	OLG Frankfurt a. M.	GRUR 1982, 319; NJW 1982, 648
MAC Dog	OLG München	WRP 1996, 51
MAC Dog	BGH	BGHZ 138, 349; GRUR 1999, 161; WRP 1998, 1181; NJW 1998, 3781

Fallname	Gericht	Fundstelle
Mac Fash	OLG München	GRUR 1996, 63; WRP 1996, 130
Magenta	OLG Köln	CR 2003, 563
Maggi	BGH	GRUR 1968, 371; WRP 1968, 18
Magirus	BGH	BGHZ 19, 23; GRUR 1956, 172; WRP 1956, 73; NJW 1956, 591
Maja	BGH	GRUR 1964, 372; NJW 1964, 972
Makalu	BGH	GRUR 1998, 1034
Markenbeeinträchtigung Deutsche Post	LG Hamburg	GRUR 2000, 514
Markenverunglimpfung I (Mars)	BGH	BGHZ 125, 91; GRUR 1994, 808; WRP 1994, 495; NJW 1994, 1954
Markenverunglimpfung II (Nivea)	BGH	GRUR 1995, 57; WRP 1995, 92; NJW 1995, 871
Marlboro-Dach	BGH	GRUR 2002, 171; WRP 2001, 1315
Marzipanherzen	OLG Hamburg	GRUR-RR 2002, 356
maxem.de	BGH	GRUR 2003, 897; WRP 2003, 1215; NJW 2003, 2978
McLaren	BGH	BGHZ 126, 208; GRUR 1994, 732; WRP 1994, 599
McPaint	OLG Düsseldorf	WRP 1997, 588
merci	OLG Hamburg	GRUR-RR 2004, 15
Messerkennzeichnung	BGH	GRUR 2001, 251
mitwohnzentrale.de	BGH	GRUR 2001, 1061; CR 2001, 777

Fallname	Gericht	Fundstelle
Mon Chérie/MA CHÉRIE	OLG Köln	GRUR 2001, 424, WRP 2001, 1099
Mordoro	BGH	GRUR 1984, 684
Mozzarella I	BGH	GRUR 1994, 307
Multi Cable Transit	EuGH	GRUR Int. 1982, 409
Mustang	BGH	GRUR 2004, 865
NeutralRed	OLG Karlsruhe	GRUR 1997, 373
Nocado	BGH	GRUR 1971, 573
Noppenbahnen	BGH	GRUR 2002, 275
Öffnungshinweis	BGH	GRUR 1982, 115
Pack den Tiger in die Bürgerschaft	OLG Hamburg	GRUR 1998, 420
Pecose	RG	RGZ 97, 90
Peugeot	OLG Karlsruhe	GRUR 1999, 353
Photokina	BGH	GRUR 1983, 467
planet e	OLG Hamburg	GRUR-RR 2001, 231
Plus	EuGH	MarkenR 1999, 234
PowerPoint	BGH	BGHZ 135, 278; GRUR 1998, 155; WRP 1997, 1184; NJW 1997, 3313
praline-tv.de	OLG Frankfurt a. M.	CR 2001, 620
Promota	BGH	GRUR 1960, 550
Pulloverbeschriftung	BGH	GRUR 1994, 635
Quick	BGH	BGHZ 28, 320; GRUR 1959, 182; WRP 1959, 93; NJW 1959, 675
RAUSCH/ELFI RAUCH	BGH	GRUR 2000, 233
Rewe	EuGH	Slg. 1975, 843
Rheinische Post	OLG Düsseldorf	GRUR 1983, 794

Fallname	Gericht	Fundstelle
Robeco/Robelco	EuGH	WRP 2003, 66; MarkenR 2003, 23
Rolex-Uhr mit Diamanten	BGH	GRUR 1998, 696; WRP 1998, 604; NJW 1998, 2045
Rolls Royce	BGH	BGHZ 86, 90; GRUR 1983, 247; WRP 1983, 268; NJW 1983, 1431
rolls-royce.de	OLG München	GRUR 2000, 519
Roter mit Genever	BGH	GRUR 1992, 203
roter punkt	BGH	GRUR 1965, 601
S100	BPatG	GRUR 2001, 744
Sabèl/Puma	EuGH	GRUR 1998, 387; WRP 1998, 39; NJW 1998, 741
Salomon	BGH	BGHZ 113, 82; GRUR 1991, 465; WRP 1991, 228; NJW 1991, 3212
Schwarzer Krauser	BGH	GRUR 1990, 681
Scotch Whisky	EuGH	GRUR Int. 1974, 467
shell.de	OLG München	WRP 1999, 955
shell.de	BGH	BGHZ 149, 191; GRUR 2002, 622; WRP 2002, 694; NJW 2002, 2031
Sitting Bull	OLG Hamburg	GRUR-RR 2004, 42
skai-cubana	BGH	GRUR 1967, 315
SL	BGH	BGHZ 113, 115; GRUR 1991, 609; WRP 1991, 296; NJW 1991, 3214
Sorge dich nicht, lebe!	LG München	GRUR 2000, 516; AfP 1999, 384
SPA	BGH	GRUR 2001, 420; WRP 2001, 546; MakenR 2001, 126
Spee-Fuchs	OLG Frankfurt a. M.	GRUR 2000, 1063

Fallname	Gericht	Fundstelle
Springende Raubkatze	BGH	GRUR 1996, 198; WRP 1997, 443; NJW 1996, 744
STEPHANSKRONE I	BGH	GRUR 1999. 240
Stich den Buben	BGH	GRUR 2001, 73; WRP 2000, 1284; MarkenR 2000, 370; NJW 2001, 603
Stüssy	EuGH	MarkenR 2003, 193
südwestbild	OLG Karlsruhe	GRUR 1993, 406
Szene	OLG Hamburg	AfP 1997, 816
SZENE	BGH	GRUR 2000, 70; WRP 1999, 1279; MarkenR 1999, 396
Tagesschau I	OLG Hamburg	GRUR 1999, 76
Tagesschau	BGH	BGHZ 147, 56; GRUR 2001, 1050; WRP 2001, 1188
T-Auskunft	OLG Düsseldorf	GRUR 2001, 247
Technika	BGH	GRUR 1958, 339
Teerspritzmaschine	BGH	GRUR 1972, 558
Telefonkarte	BGH	GRUR 2001, 755; WRP 2001, 804
Telefonnummer 4711	BGH	GRUR 1990, 711; WRP 1990, 696
Terranova/Terrapin	EuGH	GRUR Int. 1976, 402
tnet.de	OLG München	CR 1999, 778; ZUM 2000, 71, 72
Top-Party	OLG Köln	GRUR-RR 2001, 57
Torch	BGH	GRUR 1980, 110
Torres	BGH	BGHZ 130, 276; GRUR 1995, 825; WRP 1995, 18; NJW 1995, 2985
Treppchen	BGH	GRUR 1970, 479
Triumph	BGH	GRUR 1959, 25; WRP 1958, 383; NJW 1958, 1726

Fallname	**Gericht**	**Fundstelle**
Tupperwareparty	BGH	GRUR 2003, 973; WRP 2003, 1338
ufa.de	OLG Düsseldorf	WRP 1999, 343
Uhren-Applikation	BGH	GRUR 1996, 508
Universitätsemblem	BGH	GRUR 1993, 151; WRP 1993, 109; NJW 1993, 918
Vakuumpumpen	BGH	GRUR 1996, 210
VENUS MULTI	BGH	GRUR 1998, 697; WRP 1998, 763
Viennetta	BGH	GRUR 2001, 443
VISA	OLG Hamburg	MarkenR 2003, 401
vossius.de	BGH	GRUR 2002, 706; WRP 2002, 691; NJW 2002, 2096
Warsteiner II	BGH	GRUR 1999, 252; WRP 1998, 1002; NJW 1998, 3489
weideglueck.de	OLG Frankfurt a. M.	CR 2000, 615
Weinbergrolle	BVerfG	BverfGE 51, 193; GRUR 1979, 773; NJW 1980, 383
Wunderbaum	BGH	GRUR 1998, 934; WRP 1998, 759
www.castor.de	OLG Hamm	GRUR 2003, 722
Zentis	BGH	GRUR 1986, 252; WRP 1986, 82
Zwilling	OLG Karlsruhe	WRP 1998, 900
Ohne Name	OLG Frankfurt a. M.	WRP 2002, 1457
Ohne Name	LG Bremen	AfP 1999, 385

Schriften zum Handels- und Wirtschaftsrecht

Herausgegeben von Herbert Leßmann und Ralph Backhaus

Band 1 Thomas Häuser: Die Eigenmittel der Kreditinstitute und mögliche Erweiterungen. 2000.

Band 2 Susanne Koch: Schutz vor kommerzieller Markenverunglimpfung durch das Markengesetz. 2001.

Band 3 Andreas Lachmann: Haftungs- und Vermögensfolgen bei Sitzverlegung ausländischer Kapitalgesellschaften ins Inland. 2000.

Band 4 Markus Fischer: Die freie Benutzung beim Schreiben künstlerischer Literatur. 2001.

Band 5 Frank Zingel: Ausbietungsgarantien. Rechtliche Probleme eines Kreditsicherungsmittels. 2001.

Band 6 Stephan Marienfeld: Konzernproblematiken bei der Publikumspersonengesellschaft. Dargestellt an den Beispielen der Mehrheitsentscheidungen, des Beirates und der Treuhandkonstruktion. 2001.

Band 7 Tobias Menzel: Werbebeschränkungen im Sport. Eine wettbewerbsrechtliche Untersuchung verbandsrechtlicher Werbebeschränkungen am Beispiel des DFB. 2002.

Band 8 Thomas Ullrich: Unternehmensmitbestimmung in der kapitalistischen Kommanditgesellschaft auf Aktien, 2002.

Band 9 Sebastian Jungermann: Der Beweiswert elektronischer Signaturen. Eine Studie zur Verläßlichkeit elektronischer Signaturen und zu den Voraussetzungen und Rechtsfolgen des § 292a ZPO. 2002.

Band 10 Axel Schilder: Schadensersatz bei Durchbrechung der Bindung an obligatorische Vertragsofferten. Eine vergleichende Untersuchung zum BGB und zum UN-Kaufrecht (CISG). 2003.

Band 11 Götz Wied: Gewinnversprechen von Versandfirmen. Rechtfertigung, Auslegung und Anwendungsprobleme des § 661a BGB. 2003.

Band 12 Timo Elsner: Die laufende Kontrolle der Tochtergesellschaften durch die Verwaltung der Muttergesellschaft. Eine Konkretisierung der aktiengesetzlichen Grundlagen. 2004.

Band 13 Elmar Mand: Das Recht der Kabelweitersendung. Kabelweiterleitung von Rundfunkprogrammen im Lichte des § 20 b UrhG. 2004.

Band 14 Thorsten Schaefer: Normenkonkurrenz beim Schutz von Marken und geschäftlichen Bezeichnungen. 2005.

www.peterlang.de

Katja S. Schuhmacher

Die Marken(artikel)piraterie

Ein Phänomen des modernen Wirtschaftslebens unter rechtstatsächlicher und begrifflich-dogmatischer Betrachtung

Frankfurt am Main, Berlin, Bern, Bruxelles, New York, Oxford, Wien, 2005.
XXVIII, 176 S.
Europäische Hochschulschriften: Reihe 2, Rechtswissenschaft. Bd. 4104
ISBN 3-631-53530-9 · br. € 39.–*

Ziel der Arbeit ist es, das Phänomen der Markenpiraterie umfassend zu ergründen, um darauf aufbauend Abwehrmöglichkeiten – insbesondere in Form von Schutzmaßnahmen des nationalen Rechts – zu untersuchen. Einführend wird die Historie der Piraterie und ihrer Bekämpfung dargestellt. Einen weiteren Schwerpunkt der Studie bildet der Versuch der Begriffsklärung (*Produktpiraterie, Markenpiraterie*). Ferner werden rechtstatsächliche Überlegungen angestellt. Den Kern der Arbeit stellt die Analyse der – primär markenrechtlichen – Abwehrinstrumentarien dar. Abschließend werden darüber hinausgehende Vorschläge für die effizientere Bekämpfung der Markenpiraterie unterbreitet.

Aus dem Inhalt: Exakte Bestimmung der Begriffe *Produkt-* und *Markenpiraterie*, sowie Wortneuschöpfung des Terminus Markenartikelpiraterie · Geschichtliche, rechtstatsächliche und -soziologische Hintergründe der Markenpiraterie · Markenrechtliche Präventionsmaßnahmen · Markenrechtlicher Unterlassung-, Auskunfts- und Vernichtungsanspruch · Strafrechtliche Sanktionen · Zollrechtliche Maßnahmen · Verbesserungsvorschläge zur Bekämpfung der Markenpiraterie

FSC
www.fsc.org
MIX
Papier | Fördert
gute Waldnutzung
FSC® C083411

Kolibri 360 GmbH
Ferdinand-Jühlke-Straße 7
99095 Erfurt, Deutschland
produktsicherheit@kolibri360.de

Druck:
CPI Druckdienstleistungen GmbH
im Auftrag der
Kolibri 360 GmbH
Ferdinand-Jühlke-Str. 7
99095 Erfurt